Os Fazedores de Milagres

livros para uma nova consciência

ADRIANA MARIZ P.

O universo da realização pessoal

Os Fazedores de Milagres

EDITORA GROUND

Copyright © 2011, Adriana Mariz P.

Preparação de original: Tuca Faria
Revisão: Antonieta Canelas
Capa: Design CRV
Editoração eletrônica: Spress Diagramação e Design

CIP – Brasil – Catalogação na Fonte
Sindicato Nacional dos Editores de Livros, RJ

P1f

P., Adriana Mariz
   Os fazedores de milagres : o universo da realização pessoal / Adriana Mariz P. - 1.ed. – São Paulo : Ground, 2011.
   344p. : 23cm

   Apendice
   ISBN: 978-85-7187-223-3

   1. Milagres. 2. Curso em milagres. 3. Vida espiritual. I. Título.

11-6426		CDD: 299.93
		CDU: 299.93
27.09.11	04.10.11	030124

Direitos reservados
EDITORA GROUND LTDA.
Rua Lacedemônia, 85 – Jd. Brasil
04363-020 São Paulo – SP
Tel.: (11)5031.1500 / Fax: (11)5031.3462
vendas@ground.com.br
www.ground.com.br

Dedico este livro ao Fazedor de Milagres que existe dentro de cada um de nós. Mesmo em silêncio e esquecido em meio à turbulência da vida, ele é o ser mais poderoso que existe neste Universo, e espero que possa despertar e transformar a existência ao nosso redor.

Tudo na vida é uma questão de escolha. Agradeço às pessoas que escolhi para me acompanharem nesta jornada.

Agradeço à minha mãe, por ter me conduzido desde muito cedo pelo caminho da espiritualidade.

Agradeço ao meu pai por ter me transmitido sua intensa paixão pelos livros; eu nem imaginava aonde isto me levaria.

Ao Bê, que me ensinou a amar e cuidar de outro ser vivo.

Ao P., que me fez rir durante o período em que o livro foi concebido. E ainda continuo rindo...

A Vera, porque sem sua ajuda nada disto teria acontecido.

E finalmente a Issa, o melhor amigo que alguém poderia ter. Foi seu incentivo constante que me fez chegar até aqui.

Introdução, 13

I. **Tateando no escuro**
   Muito prazer em conhecê-lo, 21
   A aceitação daquilo que está para encontrar aquilo que é, 35
   Retirando toda a sujeira debaixo do tapete..., 48
   A difícil missão de evoluir, 72
   O truque dos espelhos, 97

II. **E a luz se faz presente**
   Há uma luz no fim do túnel, 119
   O maior aprendizado de todos: o amor, 132
   Quem somos nós?, 149
   Os dois mecanismos de Deus, 164
   Livre-arbítrio ou destino? É possível escapar do carma?, 186
   O propósito pessoal, 198
   Quem escolhe o quê?, 217

III. **A precisão por definição**
   No olho do furacão, 231
   O trem da esperança, 240
   No limiar da criação, 244
   Não existem opostos na criação, 251

IV. O nascimento de um milagre
   O impulso para subir está no fundo do poço, 261
   O Fazedor de Milagres, 282
   O triunfo do amor, 328
   Uma prece..., 333

Apêndice, 335

A VERDADE É QUE SEUS SONHOS SEMPRE IRÃO SE CONCRETIZAR, MAS O IMPORTANTE É COMPREENDER QUE NENHUM PLANO MIRABOLANTE QUE VOCÊ TENHA PARA REALIZÁ-LOS MAIS RÁPIDO NA REALIDADE FÍSICA SERÁ MUITO PROVEITOSO.

O QUE VOCÊ SONHA E DESEJA SEMPRE ACONTECE, PORQUE A VIDA ENCONTRA OS MEIOS E A FORMA MAIS ADEQUADA, E PERFEITA, DE TORNÁ-LOS REALIDADE, INDEPENDENTE DE SUA PRESSA, DE SEUS ESFORÇOS, DE SUAS MANIPULAÇÕES, PROMESSAS E DE SEUS RITUAIS.

E QUANTO MAIS TEMPO VOCÊ LEVAR PARA COMPREENDER ESTA SIMPLES QUESTÃO, MAIS TEMPO SEUS SONHOS DEMORARÃO PARA SE TORNAR REALIDADE.

AO RELAXAR, AO SOLTAR AS RÉDEAS QUE IMPEDEM O DESTINO, OS SONHOS, QUE VOCÊ SEMPRE ACALENTOU, ENCONTRARÃO A BRECHA POR ONDE ATRAVESSAR A ESCURIDÃO E FINALMENTE NASCER.

PORTANTO, MUITO CUIDADO COM AQUILO QUE VOCÊ ESCOLHE EXPERIMENTAR.

Ayranah

Introdução

Os Fazedores de Milagres... Só de ouvir a palavra *milagre* algumas pessoas já se sentem bastante incomodadas. Por não saberem como eles ocorrem em suas vidas, e nem mesmo o que são os milagres efetivamente, elas acabam se sentindo perdidas e confusas, e automaticamente passam a supor que eles são experiências esporádicas, raras, fenômenos inexplicáveis que acontecem sob a intervenção Divina exclusivamente para os justos e merecedores. Como se o restante de nós ficasse à margem, à espera desse dia jubiloso em que todos nos tornaríamos dignos de receber um milagre em nossas vidas também. Mas o que de fato vêm a ser os milagres?

Os milagres sempre foram associados a ocorrências extraordinárias com o poder até mesmo de mudar o curso de uma vida. Em tempos remotos, eram normalmente relacionados às curas "espontâneas" e "surpreendentes", ou a aparições de anjos e santos que traziam mensagens das esferas mais altas. Mas, no final das contas, acabavam estendendo-se a tudo o que a ciência da época simplesmente não conseguia explicar ou compreender. Um simples eclipse, por exemplo, era considerado algo sobrenatural; um verdadeiro milagre!

Mas os avanços intelectuais e tecnológicos que aconteceram ao longo dos séculos na tentativa de saciar o desejo incessante do homem em compreender os mistérios da vida acabaram revolucionando a medicina, as comunicações, e principalmente o papel desse mesmo homem sobre o meio em que vive. Novas descobertas foram transformando pouco a pouco as civilizações – até já nos levaram à Lua! – e basicamente fizeram ruir as fantasias acerca dos milagres. Ficou possível explicar fatos que até então beiravam o sobrenatural. Novas teorias explicavam os fenômenos da natureza, e as leis da física e suas aplicações descortinaram um mundo novo e fascinante. Os processos fisiológicos do corpo humano foram desvendados, mostrando seu intrincado funcionamento e até a sua capacidade de se regenerar de algumas doenças. E o que o corpo não curava sozinho ficava a cargo dos recém-descobertos antibióticos, que transformaram a medicina. Por um lado nosso entendimento se ampliou, nossas habilidades evoluíram. Por outro, perdemos a capacidade de acreditar nos milagres, e o que antes não tinha explicação, de uma hora para outra se tornou banal e corriqueiro.

Com todo o entendimento que o homem adquiriu, acreditar em milagres passou a ser considerado tolice e uma completa perda de tempo. Aos poucos, fomos perdendo o interesse e também a nossa fé nos milagres. Porém, eles continuaram acontecendo todos os dias, em silêncio, cada vez que alguém realizava um sonho, fosse ele a cura de uma doença, encontrar o parceiro ou a parceira ideal, arranjar um emprego, ou talvez fazer uma viajem incrível. Na verdade, neste exato momento, enquanto você está lendo este livro, muitos milagres estão ocorrendo ao redor do mundo, mesmo que você não se dê conta disso. Porque no intervalo que ocorre entre você desejar uma coisa e o Universo se organizar, para em seguida lhe oferecer a oportunidade e os meios para que você experiencie aquilo que desejou, muita coisa acontece. Um milagre aconteceu!

E o que pensar então de alguém que em pleno século XXI seja capaz de realizar milagres? Alguém que conhece os segredos de manifestar na realidade física o que bem desejar? E se não for apenas uma pessoa, mas um grupo inteiro capaz de realizar milagres? Bem, ficamos imaginando se não são pessoas excêntricas, especiais ou talvez santificadas, verdadeiros mestres de alguma religião desconhecida e que permanecem reclusos, em profundo estado de contemplação dos mistérios da vida. Eles talvez morem em locais remotos, em montanhas isoladas, e só de vez em quando se aproximam de nós, meros mortais mergulhados em vidas complexas e mundanas.

Mas para minha surpresa, os Fazedores de Milagres são pessoas comuns, como você e eu. Levam vidas absolutamente triviais, trabalham, vão ao supermercado, ficam presos em engarrafamentos na hora do *rush*, precisam pagar as contas no final do mês... Alguns casam-se, têm filhos, e os levam ao dentista, ao colégio, ao balé. E todos eles enfrentam grandes desafios em suas jornadas particulares, exatamente como nós. O que nos diferencia e nos separa radicalmente é essa poderosa habilidade de transformar as coisas complicadas do dia a dia em soluções prazerosas, abrindo-se às leis que tornam os milagres possíveis. Realizando, assim, desejos e sonhos.

Revelar desta forma os seus segredos e sua simplicidade pode tirar todo o seu encanto e magia, aquela espécie de aura misteriosa que cerca todo grande Mestre. Alguns se desinteressariam aqui mesmo sobre o assunto, porque talvez ainda precisem acreditar que estão diante de pessoas especiais, fazendo contato com alguém inacessível para a grande maioria. Gostam de acreditar que este encontro faz parte de alguma convenção secreta somente para poucos escolhidos o que os tornaria importantes e especiais também. Isso apenas denota que essas pessoas estão tão embevecidas pela própria vaidade e orgulho que nem perceberam que isso as cegou. Não reconheceriam um grande Mestre mesmo que ele estivesse parado ao seu lado.

Jesus foi um grande Mestre que passou por este planeta. Seus ensinamentos modificaram o comportamento dos homens pelo mundo todo, e em nenhum momento ele desejou ou sequer cogitou a ideia de fundar uma organização secreta. Na verdade, ele nem mesmo fundou uma Igreja, apenas nos presenteou com sua infinita sabedoria. E como o grande Mestre que foi e ainda é, Jesus sempre caminhou por entre a multidão, jamais se afastou das pessoas, justamente para que suas palavras pudessem ser levadas o mais longe possível.

A primeira lição que todo Mestre nos ensina é deixar o ego de lado. A segunda lição é que é bem no meio das pessoas que encontramos a solução para todos os nossos problemas. Porque aquilo que é bom deve ser bom para TODOS. Guardar e sonegar informações, privando as pessoas do acesso a esses conhecimentos, a título de preservar a segurança, a pureza ou a nobreza, é na verdade dar vazão ao ego, àquela parcela do ego que é controladora, vaidosa, e acha que o mundo inteiro gira ao seu redor. No exato momento em que você tenta, de alguma maneira, manipular o caminho da Verdade ao seu bel-prazer, ela já deixou de ser verdade há muito tempo, e passa então a ser apenas uma parte pobre e vazia.

A grandiosidade dos Fazedores de Milagres reside justamente na simplicidade com que eles enxergam as conexões da vida, encarando a Verdade absoluta das coisas, mesmo que a Verdade nunca chegue a ser absoluta em um instante sequer. Mas acreditando sempre que é um dever, senão uma obrigação (de amor, mas ainda assim uma obrigação), revelar e passar adiante todo o conhecimento sobre a vida e sobre nós mesmos a quem se interessar por essas verdades milenares e miraculosas. Esta pode ser a chance que um indivíduo sofrido e desacreditado encontra para levantar os olhos do chão e enxergar a beleza da vida; enxergar a grandeza para a qual todos nós estamos destinados. Quantos não vagam a vida inteira à espera deste momento único, à espera deste milagre?

E é exatamente porque os Fazedores de Milagres são seres comuns como você e eu que eles têm credibilidade. E isso também nos dá a esperança e a confiança de que, se estivermos realmente dispostos e comprometidos a seguir os seus conselhos e ensinamentos, também nós seremos capazes de realizar grandes feitos, porque assim como eles conseguiram transformar suas vidas nós também conseguiremos.

Mas é verdade também que este não seria o primeiro livro a oferecer uma solução, uma alternativa para a sua transformação interior e a consequente cura para seus males. Aliás, muito tem se falado acerca dos milagres e dos segredos que os rondam. Quando chegamos a uma livraria, vemos que os títulos de autoajuda se multiplicaram, oferecendo-nos ótimos e surpreendentes títulos que trouxeram uma nova e refrescante onda de informação, para quem realmente está buscando um caminho melhor para si e para o planeta. Entre eles, você encontra os surpreendentes *Milagres inesperados* de David Richo, e a trilogia *Conversando com Deus,* de Neale D. Walsch. Outro grande sucesso foi o não menos brilhante *O segredo,* de Rhonda Byrne.

Muitos vieram de carona depois disso, mas infelizmente as pessoas acabaram se confundindo ou se perderam pelo caminho. E a partir de então todo o processo da fé, de se ter um sonho realizado, passou a ser interpretado como algo puramente mecânico. Você tem um desejo, se harmoniza, e abracadabra, *voilà,* seu sonho realizado. Como se fosse possível que algo tão sublime – e intrincado – fosse tão desprovido de vida. De repente o poder da realização se transformou em simples matemática, aplicações de leis e técnicas. E por mais lógicas, precisas e organizadas que estas leis – como a própria lei da atração – possam ser (e são), existe algo mais por trás desta história. Não podemos utilizar apenas as leis que nos convêm para nos tornarmos realizados e felizes, colocando de lado, convenientemente, todas as demais leis nas quais estamos inseridos até o pescoço.

Querendo ou não, existem outros fatores determinantes que regem as nossas vidas e principalmente as ocorrências dos milagres. Se fosse sim-

Introdução

ples assim, estaríamos todos com nossas vidas organizadas e plenas. Infelizmente continuamos perdidos e sem realizar muita coisa, não é mesmo?

Existem também aqueles livros que passam capítulos e mais capítulos nos enchendo de esperança, ensaiando um mundo fantástico à nossa disposição: um casamento perfeito com o parceiro ideal, um trabalho estimulante e bem remunerado, uma vida cheia de aventuras, alegria, prazer e saúde. Tudo isso é maravilhoso e eu me arriscaria a dizer que é o sonho da maioria dos seres humanos, se não de todos. E quando acreditamos que tudo isso é realmente possível, que somos sim abençoados e podemos receber tudo isso também, e que vamos finalmente fazer parte daquele seleto grupo de pessoas plenas e realizadas, vem a ducha de água fria. Eles dizem: "...seus desejos, isto é, TODOS os seus desejos, poderão se tornar realidade, sim, contanto que esta seja a vontade de Deus". Epa! Como eu posso saber a vontade de Deus? É nesse ponto que ficamos em dúvida se depende única e exclusivamente de nós realizarmos alguma coisa, apenas aplicando a matemática precisa da lei da atração, ou se no final das contas nada disso importa, porque tudo vai depender da vontade de Deus naquele momento exato. E quem pode saber se Ele está contente conosco e com nossos sonhos? Quem sabe se merecemos ter os sonhos realizados?

Permanecemos nesse limbo, sem saber muito bem no que exatamente acreditar. A vida continua estagnada no meio dessas duas teorias, com a sensação de que algo está faltando. Deixaram de explicar algum ponto, porque primeiro nos prometeram tudo, todas as possibilidades, mas depois precisamos também saber o que Deus realmente quer para nossa vida. É bastante confuso encontrar o caminho rumo a essa tal felicidade, quanto mais realizar milagres.

Então, por que este livro? Os Fazedores de Milagres perceberam que existem muitas pessoas que estão verdadeiramente dispostas a transformar o que for preciso em suas vidas para se tornarem mais felizes. Elas têm sede de saber, e o mais importante, têm a vontade de trabalhar para alcançar seus objetivos. Este é na verdade um momento mágico para todas as formas de vida na Terra, principalmente para o homem. É uma etapa importantíssima do movimento cíclico pelo qual a humanidade passa em sua evolução espiritual. É, na verdade, um privilégio para todos nós podermos participar deste momento de retomada da conscientização global pela vida, pela paz e pela felicidade. Toda essa ideologia ecológica que nos oferece novas tecnologias e soluções para o meio ambiente, e consequentemente para nós mesmos – como o biodiesel, a reciclagem de lixo, o aproveitamento inteligente dos recursos naturais, tudo isto faz parte de um longo processo que foi se formando muito lentamente, e se encontrava em estado latente no inconsciente coletivo, até que emergiu em nossa realidade física, oferecendo-nos essas opções incríveis. Nada disso está acontecendo por acaso. O ser humano já compreendeu em um nível mais sutil, no seu inconsciente, que se não modificar seu comportamento e sua forma de encarar a vida neste planeta, não irá restar muita coisa. Porém, no que tange ao conhecimento e à realização espiritual, os indivíduos têm ficado perdidos ao longo do caminho. Chegou a hora de solucionar essa parte também.

Este é o elo que faltava, que precisava ser explicado e que os Fazedores de Milagres vêm lhe oferecer. Neste livro você irá encontrar o ponto que expõe a verdade sobre realizar seus sonhos e se realizar. E mesmo que o conhecimento desses homens e dessas mulheres não signifique uma grande e revolucionária ideia, capaz de da noite para o dia modificar toda a vida na Terra (e isso não seria mesmo permitido), é na verdade, a peça fundamental para lhe permitir usar as ferramentas que alguns de nós até já conhecem, outros tantos nunca tiveram contato, mas que prometem abrir definitivamente as portas de uma vida nova, feliz e consciente.

O objetivo aqui não é aprender a fazer milagres "sobrenaturais e espetaculares", ainda que isso seja possível se você assim o quiser. O ponto mais importante é aprendermos através da sabedoria dos Fazedores de Milagres a aproveitar as oportunidades de sermos pessoas melhores e com nossas vidas realizadas. Porque todo o conhecimento que você adquire é poder. É poder de transformar tudo à sua volta.

Quando você aprende e domina uma área de conhecimento específico, torna-se uma pessoa poderosa. Você passa a ter credibilidade naquela área, além de ter à sua disposição as ferramentas para trabalhar e se expandir. É por essa razão que as pessoas se dedicam durante anos ao aprendizado e aperfeiçoamento de suas habilidades antes de se lançarem no mundo. Treinam e praticam movimentos repetidos por horas a fio, por anos e anos, até o completo domínio de suas faculdades e aptidões. Fazem doutorados, defendem teses, trancam-se em laboratórios repetindo cálculos e teorias até adquirirem um profundo conhecimento. E não

Introdução

importa se isso se refere à complexidade da medicina ou da engenharia, da perfeição dos acordes extraídos de um violino, da harmonia dos gestos de uma bailarina ou da superação constante de um atleta em busca do desempenho perfeito, todos dedicam suas vidas ao domínio daquela área em particular porque sabem intuitivamente que esse conhecimento, que esse poder será capaz de trazer realização às almas e transformar, assim, suas vidas.

Porém, conhecimento não se restringe unicamente ao que é oferecido nas salas de aula. O homem do campo acostumado a lidar com a terra pode não conhecer teorias acadêmicas, nem ter recursos técnicos disponíveis para executar suas tarefas do dia a dia, mas possui um conhecimento inato, passado de geração em geração para fazer o solo produzir. É na união desses conhecimentos e dessas informações que poderemos ter a oportunidade de dar um salto de qualidade em nossas vidas. O respeito e a valorização são fundamentais, tanto nas antigas tradições quanto nas novidades acadêmicas. Para os Fazedores de Milagres é de vital importância manter-se sempre aberto para receber e também transmitir essas informações. Honrar todas as trocas: esse é o segredo do sucesso! Lembre-se disso.

O que hoje em dia parece ter sido esquecido ou perdeu a importância é que conhecimento é poder, sim, mas é também responsabilidade. Ninguém é chamado a prestar contas de algo que ignora; no entanto, a partir do momento em que você já sabe, poderá ser cobrado em suas atitudes baseado em seus dons adquiridos. Portanto, caberá a você zelar e cuidar do bem-estar de todos, oferecendo a sua sabedoria para a melhoria e evolução da humanidade. Muitas vezes basta apenas o seu exemplo de boa educação e gentileza, ao ceder o seu lugar a um idoso e transmitir aos demais à sua volta a mensagem clara de que esse é um comportamento correto a ser seguido, baseado no respeito e no reconhecimento do longo caminho que aquele idoso já percorreu. Talvez, na próxima oportunidade, outras pessoas já dominem esse ensinamento, e tenham elas mesmas gestos mais condizentes com um estado de consciência em franca evolução. Caberá a elas escolher o momento exato de crescer e multiplicar tais gestos e atitudes. Mas você segue com a certeza de que fez a sua parte.

Quanto maior for o nível de conhecimento adquirido, maior é o poder que o indivíduo passa a exercer, portanto, maior ainda deve ser o senso de responsabilidade com a aplicação desses conhecimentos, e também com as suas consequências a curto, médio e longo prazo. E isso vale tanto para sua vida pessoal quanto em sociedade.

Essa é a razão que me fez revelar, através deste livro, o conhecimento dos Fazedores de Milagres para que todos se realizem e passem-no adiante, e um dia tenhamos um planeta melhor.

Infelizmente, a maioria só se preocupa com seu mundinho, e a consequência disso é que os indivíduos acabam se tornando egoístas e arrogantes. Vivem ao extremo a vaidade e as suas "necessidades particulares"; querem a roupa que é tendência da estação quando o armário ainda está entupido de peças novas; querem o carro do ano, sem levar em conta que o antigo ainda aguenta rodar por mais alguns anos; querem um novo relacionamento e são incapazes de dignamente encerrar o atual; querem um corpo escultural, mas não abrem mão de seus vícios e venenos; querem ver e serem vistos o tempo todo, e quando não se realizam, vem a infelicidade, a depressão e o vazio, sempre acompanhados de dezenas de comprimidos: um para dormir, outro para relaxar, ou simplesmente para aguentar o próximo dia. A vida parece estar esmagando essas pessoas, tudo começa a desmoronar aos poucos. As dores, as doenças e até a violência, que parece incontrolável nos dias de hoje, são nada mais que o reflexo dessa ciranda do querer.

Os Fazedores de Milagres afirmam que não há nada de errado em se querer algo, se prontificam inclusive a nos ensinar como transformar nossos sonhos em realidade. Na verdade, esse é o objetivo principal desse grupo: levar o conhecimento a cada pessoa que deseje se tornar um Fazedor de Milagres também, já que o desejo é a força motriz que nos impulsiona como indivíduos, para a frente, para a evolução constante. Se não fosse a força da intenção e do desejo, nós permaneceríamos parados, sem criar e sem experienciar novidades. Se não fossem os desejos, nada seria construído, descoberto ou criado em nossas vidas.

Os desequilíbrios acontecem quando não refletimos apropriadamente que junto com os nossos desejos vêm também as consequências. Então é fundamental enchermo-nos de coragem, aprender novos conceitos para nos conhecer e conhecermos nossos sonhos.

Você tem nas mãos a oportunidade de retomar o seu poder pessoal e realizar todos os milagres que desejar. Boa sorte!

I

Tateando no escuro

> *Homem conhece-te a ti mesmo.*
>
> Sócrates

MUITO PRAZER EM CONHECÊ-LO

O vento está parado, nenhuma folha se mexe. As águas da nascente continuam correndo em direção ao mar, e o sol se levanta no horizonte pontualmente, deixando a cena logo ao entardecer. Olhando assim de longe, nada mudou, mas um silêncio profundo se espalha pelos quatro cantos do Universo. Uma pausa foi criada, mesmo que a vida prossiga em seu curso natural.

De repente, começa um burburinho no ar, bem tímido a princípio, mas que aos poucos ganha força e contagia tudo ao redor... Nesse exato instante, algo que esteve em suspenso por muito tempo deseja acontecer. É um milagre, querendo rasgar o véu do desconhecido para nascer e invadir sua vida. Ele deseja revolucionar a sua história, deixando transparecer a pessoa incrível, bela e poderosa que você é.

Preste bastante atenção, porque esse milagre está planejado há muito por você e esperava ansiosamente para chegar. Agora ele é inteiramente seu tempo. Ele já está pronto, e nada, nem ninguém, poderá impedi-lo de acontecer. É absolutamente real, se você quiser já poderá até senti-lo e tocá-lo com a ponta dos seus dedos, além de ser incondicionalmente possível de se realizar. Ele espera apenas que você acredite e assuma o compromisso de recebê-lo. Por fim, esse milagre é integralmente responsabilidade sua, assim como tudo aquilo que você vier a fazer com ele.

Nesses longos anos de caminhada, um acontecimento como esse provavelmente será a melhor coisa que já lhe ocorreu, mas permanece esperando pelo seu convite para se aproximar de vez. Então fique atento, porque ele é o sonho tão acalentado por milhares de pessoas em alcançar o sucesso, uma vida saudável, abundante e acima de tudo repleta de amor e alegria. Ele é o sonho do mundo inteiro em evoluir a patamares de realização e paz cada vez maiores. Ele é o seu sonho de sentir-se feliz, pleno. Portanto, siga com passos firmes e levante a cabeça, não permita que essa luz que sempre guiou seus passos se apague agora, deixando-o desnorteado em meio à escuridão, levando todos os seus sonhos e seu ânimo. Lute e não deixe que essa pequenina chama resistente, que ainda arde e vibra tremulando solitária dentro de você, sempre iluminando cada um de seus desejos, acabe pouco a pouco se extinguindo e morrendo abafada pela correria da vida cotidiana. A ambição desmedida que você mesmo impõe à jornada, o ciúme, a inveja e a indiferença que inevitavelmente cruzam o seu caminho também podem levá-lo a desanimar. Então, tenha coragem, porque muitos rostos poderão se virar contra você, muitas mãos poderão se fechar, muitos pés poderão se afastar. Palavras o atingirão com o peso de toneladas, mas ainda assim resista. A verdade é que a vida é a renovação constante, e ela promete que você pode alcançar tudo o que desejar, exatamente como escolher. Basta que, para isso, você permita que esse grande milagre chamado conhecimento invada o seu dia de hoje.

Nos últimos anos, a humanidade ganhou um presente que ela jamais ousou sonhar. Os cientistas conseguiram provar que o pensamento de fato constroi a nossa realidade física. Utilizando-se da mais sofisticada tecnologia disponível nos dias atuais, em laboratórios fantásticos que mais parecem saídos dos filmes de ficção, a ciência vem sistematicamente comprovando o que a espiritualidade sempre soube e pregou: que o poder do pensamento é capaz de operar milagres. Isto quer dizer que os intrincados mecanismos dos milhares de conexões e combinações entre as partículas subatômicas de seu cérebro de fato operam milagres. E esses desbravadores da mente humana ainda nos fizeram o imenso favor de deixar essa fórmula bem explicada para quem quiser abraçar esse presente.*

Assim como a telefonia celular, a internet e a televisão digital estão revolucionando as comunicações e as nossas vidas, a física quântica revoluciona a espiritualidade. E mesmo aqueles que acham que falar de pensamento positivo soa como crendice popular não poderão escapar por muito tempo das evidências que a ciência está colocando bem diante dos nossos olhos. Então, fica a critério de cada um o momento exato em que irá decidir mergulhar de cabeça bem no fundo dessa história para aproveitar cada uma das informações no seu dia a dia. Você tem agora a oportunidade de transformar e revolucionar todo o seu conhecimento, e de quebra realizar alguns milagres.

Então, como estão indo as coisas? Você está feliz? Seus relacionamentos são saudáveis? À noite, ao se deitar, você dorme tranquilamente como os anjos no paraíso? Bem, se você acredita que está tudo bem com a sua vida, se está se sentindo satisfeito e não quer mudar nem uma coisinha sequer, nesse caso você não parece estar mesmo precisando de nenhum milagre para se sentir realizado. Parabéns, você é o que se conhece como uma exceção! Mas, e se alguma coisa acontecesse a ponto de modificar completamente o cenário de sua existência? Será que você teria forças e condições para aguentar a crise e seguir em frente? Ou quem sabe possui as informações necessárias para transformar toda a situação e recolocar a sua vida novamente nos trilhos, para voltar a viver mais uma vez nesse mar de tranquilidade?

E quanto a você, que não se sente tão abençoado assim? Gostaria de passar a ser a partir de agora? Sua vida vem seguindo uma rotina que não o satisfaz? Provavelmente você ganha pouco e suas contas estão sempre atrasadas, seus relacionamentos se tornaram desinteressantes e já não oferecem mais o mesmo prazer. E, ao mesmo tempo que você não consegue se desvencilhar deles, pega-se em alguns momentos sonhando com outras pessoas, desejando quem sabe começar tudo de novo e ter um pouco mais de sorte talvez... No final do dia, a única coisa que você

---

* N. da A. – Para reforçar estas conclusões vale a pena observar o trabalho do dr. Masaru Emoto. Em seu livro *As mensagens da água*, ele relata o quanto o poder do pensamento é capaz de modificar a estrutura molecular da água.

tem certeza é do quanto está cansado, esgotado, muitas vezes de mau humor e se sentindo deslocado no mundo. Como se estivesse preso em um filme ruim, representando um papel cujo personagem não tem nada a ver com aquela pessoa que você sonhou se tornar um dia. Talvez você se encontre em um beco sem saída, e nesse caso saberia exatamente como retomar o caminho para sua realização pessoal.

Você não poderia ter escolhido um momento mais adequado para compreender como os milagres acontecem. Isso porque cada conceito que precisa ser revisto, cada valor que precisa ser modificado em você, pode e deve ser devidamente comprovado através de evidências corroboradas pela ciência moderna que, através da física quântica, demonstra como a nossa realidade é forjada pela nossa intenção. Você não poderia encontrar incentivo maior do que esse para acreditar em seus sonhos, para acreditar no que a espiritualidade canta em seus ouvidos. Afinal, tudo passa a ter um embasamento lógico, o que lhe assegura que você estará dando os passos certos e precisos que o conduzirão finalmente à felicidade. Já não é mais uma conversa de quem tem fé; agora tudo nos leva a crer que realizar milagres se transformou em uma teoria científica. Desse modo, a questão passa a ser: você está disposto a viajar nessas ondas de puro conhecimento e prazer?

Há alguns anos, eu "esbarrei", por acaso, com um grupo de pessoas incríveis, verdadeiros Fazedores de Milagres. Suas habilidades extraordinárias, seus conhecimentos e a inesgotável paciência modificaram completamente o rumo da minha história pessoal. Isso porque minha vida era repleta de altos e baixos, e eu mais errava do que acertava – ou pelo menos assim eu pensava. Nada parecia fluir de forma natural. Meus sonhos simplesmente se recusavam a acontecer. Apesar de eu já ter percorrido tantos caminhos e tantos ensinamentos, no final parecia sempre que alguma coisa estava faltando ou escapava por entre meus dedos.

Com o passar do tempo, meu contato com eles foi se estreitando, e tudo o que fui vivenciando ao lado desses homens e mulheres me possibilitou justificar a sua incrível fama... Os milagres pareciam seguir seus passos, atraídos por alguma força misteriosa, mágica. Ali permaneci, tentando absorver tudo o que pudesse para melhorar a minha situação. O que eu definitivamente não esperava era que, em um dia como outro qualquer, um dos Mestres desse maravilhoso grupo se aproximasse sorridente e me desse a incumbência de transmitir esses conhecimentos. Ele me disse que esta era uma ótima oportunidade para tirar definitivamente as dúvidas e questões que insistiam em ficar pairando no ar, impedindo que as pessoas se sentissem bem e felizes. Em seguida, ele mesmo completou com bom humor: "Definitivo é uma palavra muito forte, já que nada nesta vida é realmente definitivo. E no momento em que você esclarece uma dúvida, outra nasce no lugar da primeira". E saiu rindo, não sei se da minha surpresa diante da gigantesca tarefa que me era solicitada, ou dele mesmo e de seus pensamentos.

Pois é, acontece que, segundo os Fazedores de Milagres, a vida deveria ser vivida com altas doses de bom humor, pois tudo seria muito mais fácil. Quanto a mim, após relutar por quase dois anos para assumir este trabalho, finalmente me encontrei em uma fase da vida em que já não era mais possível escapar ou dar nenhuma desculpa, uma crise me acertou em cheio e precisei encarar o desafio.

O meu nome é Adriana. Neste momento não há muito mais que eu possa lhe dizer. Falar da minha vida pessoal ou de meu *status* não irá revelar quem eu sou de fato. Entretanto, espero que até o final deste livro você compreenda que isto é, na verdade, o melhor que tenho para lhe oferecer. Ao transmitir a sabedoria desses Mestres, estarei revelando quem eu sou.

Talvez eu esteja parecendo mal-educada, antipática ou até mesmo meio esquisita, afinal, não estou dando nenhuma abertura, nenhuma chance para criarmos uma intimidade, e isso com toda a certeza o levará a se questionar se eu posso realmente ter alguma informação interessante para compartilhar, correto? É bastante compreensível, na verdade, mas vou tentar esclarecer para acabar de vez com esse mal-entendido, ao mesmo tempo que lhe apresento o primeiro conceito para você se tornar um grande Fazedor de Milagres também.

Logo nos meus primeiros encontros com esses Mestres em realizar sonhos, fui descobrindo algo inusitado; cada um se apresentava usando exclusivamente o seu primeiro nome. Raríssimas vezes alguém mencionou o próprio sobrenome (passados anos de convívio, confesso que ainda não sei o sobrenome de muitos deles). A princípio era tudo muito curioso; intrigante, para ser mais precisa. No entanto, depois de certo tempo me acostumei, ou compreendi, as razões por trás dessa escolha. Os Fazedores de Milagres sabem que, nada do que venha do mundo exterior pode ou tem a capacidade de nos definir como indivíduos, e muito menos nos proporcionar a felicidade. Isso porque somos mais valiosos do que qualquer coisa que o mundo material possa oferecer. Nem os bens, títulos ou sobrenomes podem revelar quem é você ou quem sou eu de verdade.

Sem contar que a implacável passagem do tempo transforma toda a matéria em algo transitório e fugaz. Isto é fato; na nossa dimensão, a passagem do tempo tem a capacidade de transmutar tudo à nossa volta: as pessoas envelhecem; o que hoje está na moda amanhã poderá estar obsoleto, riquezas mudam de rumo; histórias de amor se desencontram. Até as cores perdem a vida, o viço, e vão desbotando como as folhas amareladas que caem no outono. Nada pode resistir intocado à ação do tempo. Sua passagem é certa, e nos atinge de forma inexorável. A única lição que permanece intocada é que o que vem de fora, sujeito a perder o próprio valor, não pode ser mais importante do que as pessoas que estão diante de você.

O início de todo esse processo para se tornar uma pessoa capaz de operar milagres na própria vida consiste em começar a olhar para si e descobrir-se, encontrar aquela parcela única que existe lá no fundo e que é intocável, permanente, fonte de toda a realização. Consiste em perceber que somos como joias raras e preciosas.

Para os Fazedores de Milagres, essa incrível jornada de transformações e renovações começa através do valor e da importância que a simplicidade tem em nossas vidas. A simplicidade, e o quanto isso é decisivo para alcançar toda a sabedoria que esses Mestres amorosamente vêm nos oferecer. Ser capaz de manter os olhos abertos e observar a vida fluir, sem julgamentos. Escutar as palavras de amor com um sorriso nos lábios, e as de discórdia também. Tocar a vida com delicadeza e presteza. Respirar profundamente, absorvendo a suavidade aonde quer que você vá. Falar acerca de amor e de esperança a todos aqueles que cruzarem o seu caminho, sempre semeando um futuro melhor. Abrir seu coração para a generosidade da vida, que se desdobra em multicoloridos eventos, só para nos deliciarmos com a experiência terrena. Mas isso só se torna possível quando a pessoa tem o desejo sincero de deixar todas as desculpas de lado e começar a lançar um olhar profundo sobre si, capaz de revelar sua verdadeira essência, com toda a simplicidade.

Durante essa jornada vai ser preciso abrir mão de toda a carga emocional que foi encobrindo seus sonhos, e desvendar a maior verdade deste Universo; todo o potencial, todo o conhecimento e toda a realização já estão dentro de cada um de nós agora mesmo, e somente quando nos despirmos das máscaras alcançaremos de novo essa simplicidade. É preciso abrir-se e conhecer-se tão profundamente que você finalmente chegará a um ponto em que nada poderá realizá-lo ou dar-lhe mais prazer do que você mesmo. Nada poderá satisfazê-lo mais do que você mesmo. Nada poderá sequer perturbá-lo, porque toda essa força incrível e maravilhosa estará viva, pulsando dentro de você, trabalhando incessantemente para que você seja feliz e possa realizar todos os seus sonhos. Simplesmente assim.

E mesmo que em alguns momentos a vida o conduza por caminhos um tanto difíceis de trilhar –, mesmo que as suas escolhas em certo momento sejam dolorosas, você irá enfrentar tudo isso com serenidade, segurança e uma paz que nunca imaginou possuir. Porém, para alcançar esse estado de pura mestria você não poderá se desviar do que realmente importa, essa força unificadora que brota dentro de cada um de nós. Você não poderá lhe virar as costas, em função das aparências desse nosso mundo sedutor, ou das suas conquistas pessoais, nem dos próprios sonhos e desejos. É necessário aprender a ser fiel a todo esse potencial, e ele responderá.

"Lançar um olhar para si mesmo." Mas o que isso pode significar exatamente? Quer dizer que qualquer coisa que você deseje transformar, assim como qualquer coisa que você deseje conquistar ou experimentar, vai começar a surgir de dentro para fora, no maravilhoso mundo interior dos átomos e das partículas. Essa força latente despertará desse longo período de adormecimento e irá reacender a velha chama dos seus sonhos. Porque não são os bens, os títulos ou o seu saldo bancário que irão lhe trazer a felicidade. Sua felicidade surgirá quando você instaurar um estado de tranquilidade, receptividade e compreensão em sua vida, pois esse estado impulsionará todas as forças magnéticas ao seu redor para trazer cada uma das experiências que você mais almeja, inclusive as conquistas materiais, um grande amor, a cura de uma doença, a vitória sobre um vício... o que quer que seja. Para ter acesso ilimitado a essa força poderosa, é preciso conhecer-se com muita clareza. Conhecer seus limites e expandi-los, conhecer suas fraquezas e transformá-las em virtudes, conhecer o seu lado pequeno, egoico, e por fim, iluminá-lo.

Você precisará ser capaz de reconhecer o som da sua vibração interior, do ritmo que dita a ordem de tudo o que existe no nosso Universo. É como uma melodia única que ressoa por toda a Criação. Nós podemos ser comparados a antenas de rádio captando essa frequência. O problema consiste em que a maioria das pessoas se perde e passa a vida inteira sintonizada nas frequências do medo, da ambição, da culpa, da crítica, da inveja, da submissão... Você precisa aprender a reajustar a recepção pessoal do sinal Divino e escutar quais são os seus sonhos verdadeiros, os que lhe estão sendo sussurrados. Esta é a parte mais confusa da jornada, porque primeiro você vai precisar ser totalmente honesto e comprometido com a sua busca; depois precisará abrir mão de muita coisa ao longo do caminho, de muitos conceitos equivocados, de hábitos nocivos, e isso certamente irá lhe causar um grande desconforto.

Pouco antes de os primeiros raios de sol aparecerem no horizonte anunciando a chegada de um novo dia, a madrugada tinge o firmamento de breu; é o momento mais sombrio da noite. Chegamos a duvidar que uma força maior possa romper a escuridão. Mas ela sempre chega, sempre renovada, e é sempre benéfica. E acontece exatamente o mesmo nos momentos mais difíceis de nossas vidas, quando somente a dor e o sofrimento parecem nos fazer companhia. É preciso se abastecer de muita coragem e determinação, porque somente a luz do conhecimento será capaz de romper qualquer escuridão que entristeça as nossas jornadas.

Infelizmente, muitos desistem justamente para não ter de se olhar assim tão de perto, e perceber que os fantasmas do passado permanecem de prontidão. Outros nem estão preparados para deixar esses aspectos velhos e distorcidos irem embora, pois não se permitem vislumbrar portos mais seguros e acabam impedindo que essa força ceda lugar à novidade e à realização. Preferem continuar sofrendo e levando a vida do mesmo jeitinho; contudo, seguem reclamando dia após dia.

É claro que surgirão pessoas de todos os lados argumentando que já se conhecem muito bem, e irão tentar justificar isso desenrolando toda aquela novela pessoal: seu nome, sobrenome, sua procedência, a qual família pertencem, frisando muito bem esse histórico familiar e qual o papel que desempenham dentro dele. Irão enumerar seus títulos, sua profissão e suas conquistas, medindo cada vantagem, e assim serão precisas ao dizer onde trabalham, que tipo de vida levam. Principalmente, irão falar de seus bens, de suas posses; inclusive, farão questão de mencionar meticulosamente, aqui e ali, todas as pessoas que elas conhecem e julgam serem influentes ou importantes. E vão terminar afirmando categoricamente que conhecem com precisão quais são os seus sonhos.

Mas qualquer um que entenda um pouco da sabedoria dos Fazedores de Milagres poderia responder que nada disso tem a menor relevância na hora de realizar um milagre, ou de encontrar a tão sonhada felicidade. Aliás, pegue tudo isso e vire de cabeça para baixo, porque esses indivíduos continuam olhando unicamente para fora, valorizando o mundo exterior. Dessa forma não existe poder algum disponível; ao olhar apenas para fora, você não passará de um fantoche que passa a vida somente reagindo às circunstâncias criadas inconscientemente, mas sem conseguir, no entanto, escapar do alcance delas.

É muito fácil perceber como todos nós caímos nessas armadilhas em um momento ou outro. Quando você passa a acreditar que toda a sua felicidade depende do quanto você possui, justamente nessa hora você se perde. Os Fazedores de Milagres, hoje apoiados pela física quântica, afirmam que o poder de alcançar os nossos sonhos vive dentro de cada um de nós, só é preciso acionar esse botão mágico.

Mas como então será possível parar todo esse turbilhão, pelo menos por um tempo, e avaliar a situação para se reconectar a esse poder interno? Ainda mais quando o tempo vai passando e nos forçando a preencher nossas vidas com tantas obrigações. E vamos seguindo, meio robotizados e entorpecidos, acumulando toda essa bagagem que muitas vezes, se não na maioria, se mostra desnecessária? Até parece que você está em um supermercado empurrando um carrinho por entre as prateleiras e vai, distraidamente, enchendo-o de mercadorias, aproveitando as promoções aqui ou as novidades ali, e sem se dar conta já nem se lembra mais do que foi inicialmente comprar. Acaba levando para casa um monte de besteiras e ainda precisa pagar caro por tudo isso. Quem não passou por essa experiência? Ao longo do caminho pessoal, muitas vezes acontece o mesmo, e o preço é igualmente alto.

A verdade é que, da forma como a nossa sociedade está estruturada e se apresenta atualmente, os valores acerca de como alcançar o sucesso e a realização pessoal estão tão invertidos que esse poder que constroi todas as possibilidades e as apresenta para nossa evolução está enfraquecido e sufocado. Desde muito cedo os jovens são forçados a encontrar soluções rápidas e nem sempre muito bem refletidas pois esse nível de discernimento só aparece com a maturidade para sobreviver e sobressair no meio da multidão. Sem uma rede de apoio que sustente esse jovem, sem uma educação adequada, muitos jovem vêm de famílias completamente desestruturadas e sem uma formação psicológica e espiritual consistente, a alternativa é acreditar e buscar no mundo das aparências toda a satisfação e construção da sua felicidade. E muitas vezes eles se lançam nessa empreitada sem nenhum escrúpulo, e indiferentes ao sofrimento que causam a si e às pessoas a sua volta. Gerações inteiras estão crescendo e valorizando o mundo sensorial, apoiadas pelo fascinante e sedutor avanço tecnológico* dos últimos tempos, em detrimento de um desenvolvimento intelectual, espiritual e moral. E esse jovem se transforma no adulto que passa a vida insatisfeito, correndo atrás da felicidade, acreditando realmente que ela se encontra na próxima novidade a ser comprada, a ser possuída...

Não é de se admirar que junto com a evolução da nossa sociedade crescem também os casos de violência, de depressão e de desilusão. Aqueles que correram para conquistar o mundo e depois perceberam que não encontraram a felicidade, ou ainda aqueles que não chegaram nem ao topo do mundo e muito menos à felicidade, transformam-se aos poucos em pessoas ressentidas com a vida. Essa força externa que nos impele a dar conta das obrigações e das conquistas acaba por nos tornar prisioneiros de nós mesmos.

Nós fomos programados para não questionar essa força esmagadora; ao contrário, crescemos acreditando que, ou alcançamos o sucesso ou o aniquilamento completo da nossa identidade. Todavia, com o passar dos

---

* N. da A. – Os Fazedores de Milagres são a favor do desenvolvimento tecnológico; seria impossível frear sua força ou tentar impedir seu caminho. Na verdade, a tecnologia em si é sempre inovadora e fantástica, o problema reside no mau uso que pessoas em desequilíbrio moral e espiritual acabam fazendo dela.

anos, essa força que a princípio nos impulsiona a sair do casulo e ganhar o mundo acaba embaçando nossos sonhos e desejos. Vemo-nos obrigados a sustentar as aparências, mesmo quando uma pontinha de tristeza começa a surgir, incomodando bem lá no fundo do peito. Infelizmente, ignoramos esse primeiro sinal de que as coisas não estão caminhando tão bem assim. Enfraquecidos e envergonhados, permitimos que, silenciosa e insidiosamente, nossas vidas sejam moldadas por esse poder negativo, e, sem perceber, outra geração cheia de promessas é educada sob os mesmos moldes velhos e obsoletos.

Essa força negativa surge de todos os lados, como uma armadilha escondida, pronta para dar o bote. É preciso estar atento para escapar de suas garras. Ela se encontra nas tradições ultrapassadas da sociedade, que dita as regras de um "bom e adequado" comportamento ou até mesmo a aparência correta, mas que ao mesmo tempo julga, critica e aparta todo aquele que tem a coragem de se diferenciar. Ela também pode vir escondida nos interesses políticos e econômicos que alguns governantes ou instituições adotam, prometendo soluções para nossas vidas, mas que no fim preferem um povo ignorante e doente, porém, fácil de manipular. E sentimos essa força até mesmo na imposição religiosa que estabelece regras para que um filho fale com o Pai, mas esconde dos seus fiéis a verdade sobre esse mesmo Pai, com medo de que seus templos fiquem vazios, assim como seus cofres.

Não poderíamos esquecer, é claro, do poder da mídia, que traz para dentro de nossas casas a melhor tecnologia e o melhor entretenimento que o dinheiro pode comprar, e em contrapartida, nos empurra um mundo de pessoas enaltecidas pela própria fama, beleza, sucesso e pelo próprio ego. Tudo isso faz o homem querer de algum modo participar desse jogo, na expectativa de quem sabe? encontrar a felicidade, mas na verdade ele apenas se submete a essa força, e cede aos poucos justamente os recursos internos que poderiam lhe trazer o sucesso, a saúde, o amor...

Repare no quanto é importante nos dias de hoje acumular! Acumular títulos, acumular bens, *hobbies*... Até amigos e conhecidos, é sempre bom acumular! Existe até quem acredite que quanto mais contatos tiver em sua agenda mais popular será, mesmo que isso não expresse necessariamente o quanto é querido ou sequer lembrado. Tudo isso porque pela lógica do homem moderno quanto mais você acumular, mais valerá como pessoa, e quanto mais você possuir para mostrar ao mundo, mais interessante poderá vir a se tornar, e, consequentemente, mais chances de gozar a vida baterão à sua porta. Seguindo este raciocínio, tudo o que você conseguir acumular vai acabar se convertendo em honrarias que conduzem aos céus e ao prazer sem limites! Será?

Ninguém pode negar que ter uma vida cheia de recursos, com liberdade financeira e uma boa dose de aventura e prazer não seja bom. Aliás, ter uma vida abundante e confortável é um direito inato de cada um de nós como filhos de Deus, mas somente poucos alcançam tudo isso de forma suave e tranquila. A grande maioria prefere abrir mão dos seus valores pessoais e morais para correr atrás do dinheiro, de um novo parceiro, da fama ou até mesmo do sucesso. A charada aqui é: existe uma regra no Universo, e ela diz que quanto mais você corre atrás da felicidade, mais ela se afasta de você, do mesmo jeito que um sabonete molhado e escorregadio escapa do alcance de nossas mãos firmes.

Então pise no freio, desacelere um pouco e pense. Afinal de contas, por que os homens trocaram a simplicidade e passaram a se definir exclusivamente por meio de suas posses ou da falta delas? O que os fez acreditar que seguindo esse modelo específico de vida alcançariam a felicidade? Como se esse histórico pudesse revelar quem eles são na intimidade, ou o seu caráter. Como se fosse possível determinar a capacidade de cada um em encontrar a felicidade através desse padrão de comparação estabelecido ao longo dos anos pela sociedade.

Mas a razão para tudo isso é bastante simples: as pessoas ficaram condicionadas a acreditar que, quanto mais têm, a probabilidade de encontrar a felicidade enquanto experimentam tudo o que acumularam aumenta consideravelmente. E no fundo, as únicas coisas reais e tangíveis que elas conhecem para alcançar este estágio de puro prazer e satisfação são exatamente as suas posses e o mundo exterior e, acreditam que isso é o mais importante, devendo até mesmo ser perseguido como uma meta de felicidade. Agindo assim, acabam ignorando os valores interiores e espirituais, e, ironicamente, o quanto eles irão, mais à frente, influenciar na construção do seu mundo externo e da sua felicidade.

Este é o raciocínio do homem que acredita que somente quando satisfizer todas as suas necessidades prementes, tais como abundância e fartura material, relacionamentos prazerosos e realização pessoal, poderá ser feliz. Mas não é assim que funciona, e acredite quando os Fazedores de Milagres afirmam que tudo acontece exatamente ao contrário em nossas vidas. Você não vai conseguir conquistar tudo o que deseja para encontrar a felicidade, mas se conseguir encontrar a felicidade aqui e agora, mesmo quando tudo parece errado e distorcido em sua vida, então certamente realizará cada um dos seus desejos, um após o outro.

Para muitos isso parece contraditório, confuso, desanimador. Falar que a fé e a força do pensamento são determinantes como ferramentas na construção e concepção da nossa realidade física e, consequentemente, para a nossa felicidade soa ilógico para a mente racional porque os seres humanos simplesmente não conseguem ver, nem tocar esse mundo abstrato. E perceber-se de repente como uma personalidade individualizada, que sabe o que quer, mas que depende justamente dessa energia abstrata para se realizar na vida, pode ser algo muito difícil de aceitar, pode até parecer intimidador. Desperta uma sensação de completa incapacidade e impotência diante do desconhecido, do invisível. Sobretudo quando esse ego em particular tem tendência a querer controlar obsessivamente o rumo das situações à sua volta, ou, quem sabe ainda, se tem uma forte propensão à vaidade, à opulência e até mesmo à maldade. Colocar todo esse poder de realização concentrado em uma força interna, invisível e abstrata é quase sinônimo de derrota para essas pessoas. E para não ter de admitir a existência dessa força interior, nem mesmo se dobrar a ela, o homem acaba se assemelhando àquele cachorro que corre atrás da própria cauda, perseguindo em círculos e sem sair do lugar, até que se cansa, e finalmente percebe que não havia nada ali a não ser ele mesmo.

E foi assim, acreditando em conceitos tão equivocados, que as pessoas se perderam há muito tempo. Criaram para suas vidas doses maciças de expectativas, frustrações, ansiedades, vícios e fobias. Nem sempre ao longo dessa caminhada em busca de alcançar o prazer em suas vidas corresponderam com satisfação e alegria. Aliás, vários devem ter sido os sinais de alerta avisando o quanto as coisas não iam muito bem. Mas era preciso ignorar esses avisos e seguir em frente, mantendo a pose, escondendo a dor.

Na maior parte do tempo o homem se dedica a acumular, para na outra parte se preocupar, quase à exaustão, em tentar se proteger com medo de perder tudo o que já alcançou, ou quem sabe, com o temor de não ter tempo suficiente para continuar acumulando mais e mais, além de aproveitar essas conquistas. As pessoas vão seguindo essa rotina sufocante e autoimposta, mas a crença de que talvez a cada nova conquista a vida vá lhes sorrir com a tão sonhada felicidade permanece intacta, inalterada. Nem o sofrimento, nem o cansaço a abalam.

Talvez durante certo tempo isso até possa ter acontecido. Afinal, quem nunca sentiu o entusiasmo contagiante que nos envolve quando tudo começa a dar certo em nossas vidas, ou a alegria quase incontrolável que experimentamos ao realizar um antigo sonho? Mas esses sentimentos não são eternos, porque é praticamente impossível sustentar por muito tempo, essa frequência de êxtase, e, assim como a criança que enjoa do brinquedinho novo, os sentimentos vão aos poucos se desvanecendo e deixando descoberto um enorme vazio, um tédio insuportável. E como "viciados" nesse sentimento de puro prazer, poderíamos seguir correndo a vida inteira atrás de uma nova experiência capaz de nos tirar o fôlego novamente sem, no entanto, prestar a menor atenção às pequenas coisas.

Valorizar o mundo das aparências é um engano. Um engano até justificável quando não se conhece a verdade por trás de tudo o que nos cerca, mas ainda assim um engano. E todos os Mestres nos alertam para que evitemos cometer esse erro tão doloroso. Mas como você irá compreender mais adiante, a vida como nós a percebemos através dos nossos sentidos físicos, isto é, a matéria, o mundo que nos cerca, a tinta que forma as letras deste livro, nada disso é o que parece ou como se apresenta neste exato momento.

Nem mesmo você é como imagina, porque nada é realmente físico, estático ou sólido. E se nada disso é real, então podemos concluir que nada do que você constroi, compra ou usufrui é real também. Logo, por que continuar nessa correria insana, em busca daquilo que possa nos trazer a realização pessoal? Exatamente em que momento nós permitimos que a simplicidade escapasse por entre os dedos? Podemos sentir a alegria do sol batendo em nosso rosto, andar descalços na grama molhada, tentar contar as estrelas do céu em uma noite qualquer, e ainda assim alcançar cada um dos nossos sonhos e desejos?

Definitivamente não se pode continuar no caminho da autorrealização sem resgatarmos a simplicidade. Para tanto, muitas vezes precisamos remexer em histórias do passado e encarar nossas tristezas, decepções e equívocos. Relembrar os fatos que jazem adormecidos pode despertar igualmente nosso pior lado; é preciso estar preparado. Mas não tenha medo, lembre-se de que é necessário conhecer-se de verdade para se tornar um Fazedor de Milagres. Dê a si mesmo uma chance de redescobrir sua essência, e junto com o poder de realizar seus sonhos nascerá também a coragem para seguir em frente, transformando tudo o que for preciso pelo caminho. Não tenha medo.

A ACEITAÇÃO DAQUILO QUE ESTÁ PARA ENCONTRAR AQUILO QUE É

A vida é mesmo assim. Quando você nasceu eram os adultos à sua volta que se encarregavam de sonhar por você. Antes mesmo de você nascer, eles idealizavam cada etapa sobre como seria o seu futuro, e passaram os primeiros anos transmitindo os próprios conceitos enferrujados que iam conduzindo você nessa direção preestabelecida por eles. Mas, conforme você foi crescendo, começou a despertar bem devagarinho o próprio "gosto". Inicialmente você demonstrou isso quando rejeitava os alimentos que não o agradavam ou chorando para as situações que o incomodavam e afetavam o seu bem-estar imediato. Mais tarde, já era até capaz de escolher os amiguinhos da escola, as brincadeiras mais divertidas...

Durante a sua infância aquele pequeno ato de escolher suas experiências baseado no seu gosto particular era fruto da sua inocência, da mais pura simplicidade. Conforme o tempo foi passando, a sua capacidade de escolher se desenvolveu e foi se refinando de acordo com as novas possibilidades que surgiam pelo caminho. E foi então que algo mágico aconteceu: você percebeu que era possível sonhar. Sonhar e desejar tudo o que gostaria de fazer ou de possuir, mas em contrapartida toda a sua pureza e simplicidade desapareceram de seu coração. Você se tornou ambicioso, e por fim, confuso.

Naquele exato momento você se rebelou contra a vontade dos outros, que o pressionavam como uma força invisível guiando os seus passos. A partir de então, o que passou a prevalecer foram as suas escolhas, algumas mais acertadas do que outras, mas enfim, você assumiu o controle de poder escolher, de discernir, de optar pelo que quisesse experimentar. Até mesmo quando vez ou outra se submetia à opinião e à influência que algumas pessoas ou até mesmo o mundo externo exerciam sobre você, ainda assim era você quem escolhia daquele jeito e permitia que acontecesse daquela forma. De outro modo você poderia ter lutado ou se recusado a caminhar submetendo-se eternamente.

Aos poucos você construiu a sua vida, sua profissão, seus relacionamentos, suas crenças e suas bases, exatamente do jeito que decidiu que deveriam ser. Porém, um dia acordou e percebeu que nada disso estava lhe trazendo a tão almejada felicidade, e começou a se perguntar onde foi que errou.

Mas uma coisa você não pode esquecer: é que tudo o que aconteceu foi um ato da sua vontade, e isso inclui tanto os momentos felizes quanto as dificuldades. Hoje a percepção de que aquelas escolhas do passado podem não ter sido as melhores não importa mais. Agora é preciso transformar tudo isso, porque não dá para continuar e prosseguir a jornada desse modo.

Existe um conceito a respeito do homem que fala da sua capacidade de sobreviver a qualquer coisa a todo custo. Para os Fazedores de Milagres essa ideia de sobreviver na verdade deveria ser banida de nossas mentes. Sobreviver soa como aceitar o mínimo, e assim se contentar com pouco, muito pouco.

O problema dessa crença específica é que, por sermos filhos de um Pai grandioso, somos destinados ao amor incondicional, à sabedoria completa e à abundância infinita. Aqueles que sobrevivem a algo estão sempre se agarrando às situações desesperadoras em que suas vidas se encontram. Eles lutam arduamente contra as adversidades, mas acabam se prendendo ao pouco que a vida está de fato oferecendo. E é justamente por termos uma capacidade surpreendente de autorrealização que se torna inconcebível que alguém escolha conscientemente apenas sobreviver.

Sobrevivemos a acidentes e nos recuperamos, sobrevivemos a crises e nos reerguemos, sobrevivemos a desastres, a perdas e rompimentos e seguimos em frente. Mas não é disso exatamente que estamos tratando aqui, e sim daquelas pessoas cujos objetivos se turvam no meio da angústia, do desespero, da depressão, e acabam se agarrando a situações insuportáveis, abrindo mão de experienciar algo melhor. Tudo isso só acontece porque não conseguem deixar para trás todo o seu drama, toda a carga emocional que arrastam para cima e para baixo. Elas preferem sobreviver silenciando o coração, reclamando o tempo todo, submetendo-se a tudo e a todos em nome de seu orgulho e do medo que sentem do desconhecido. É, medo do desconhecido sim, porque, por pior que uma circunstância possa parecer, ainda assim ela é familiar e confortável, como em um jogo cujas regras você já se acostumou, mesmo que perca uma rodada atrás da outra.

Enquanto isso, apostar em uma mudança pode se tornar dramático justamente por não sabermos onde tudo irá parar, ou que transformações irão ocorrer. Muitas vezes o preço de uma mudança pode parecer alto demais.

A grande maioria dos indivíduos descobre ao longo da jornada pessoal que é preciso lutar com muito esforço para conseguir se destacar no meio da multidão. Eles vão crescendo ouvindo coisas do tipo "dinheiro não dá em árvore", "só vence quem dá duro" ou "o amor não bate duas vezes na mesma porta". E tudo isso vai aos poucos se misturando aos seus conceitos sobre a vida, e, antes que você perceba, passa a pensar e a viver exatamente desse jeito, ou seja, de forma limitada! O medo assume o controle, e você então começa a viver com medo de perder suas conquistas, seu "*status*", mesmo que estes sejam parcos. Nasce em seu coração o conformismo e a ideia de que basta ir sobrevivendo um dia após o outro, porque amanhã será um novo dia, e quem sabe tudo poderá ser diferente. Diferente? Para que alguma coisa seja realmente diferente em sua vida é fundamental desejar essa mudança, é fundamental que você seja uma pessoa diferente.

Você se sente pronto para romper com essa ideia de sobrevivência? Sente-se pronto para reivindicar seus direitos através de uma profunda transformação? Porque enquanto você se preocupa em sobreviver a situações difíceis, na verdade, permanece prestando atenção a essas mesmas situações desagradáveis, alimentando-as, cultivando-as, fingindo que as está contornando... Enquanto procura sobreviver, agarrando-se ao que tem nas mãos, cheio de medos e fobias, você se desespera e se lança em uma corrida incontrolável pela felicidade, e nunca a alcança, na realidade.

Quem se recorda dos sonhos que acalentava durante a infância e a juventude? Quem se recorda da inocência daqueles dias?

Todas as "necessidades" que o homem enfrenta para sobreviver e se destacar, aliadas aos prazeres que as experiências sensoriais que se encontram disponíveis ao nosso redor oferecem, acabaram desviando muitos do seu caminho original. Aquele caminho traçado unicamente para despertar o nosso Eu Verdadeiro e alcançar a plenitude.

Então, as crianças crescem e se tornam adultos compulsivos: "Tenho de vencer, tenho de dar duro, enriquecer, comprar isso, comprar aquilo...". De repente os sonhos cheios de inocência e simplicidade tornaram-se coisas de criança, devaneios e ilusões. Como bolhas de sabão brilhando ao sabor do vento, que eventualmente estouram e desaparecem. Enquanto isso, a realidade nua e crua devolvia todo o mundo de volta ao chão. São as contas para pagar no final do mês, a disputa e a competição acirradas para sobressair-se em uma profissão, e até mesmo a corrida implacável para encontrar um parceiro perfeito. E aquele jovem cheio de sonhos, que um dia sentiu o impulso de sair e mostrar ao mundo quem ele era, seus ideais, sua paixão, deixar sua marca, acabou vendo os anos se passarem repletos de sacrifícios e obrigações, e aos poucos se deu conta de que foi o mundo que acabou mostrando o seu lugar; de um alguém infeliz, mal remunerado, solitário e envelhecido. Mas ainda assim a insatisfação não foi suficiente para fazê-lo mudar o rumo das coisas, e ele seguiu sobrevivendo.

Ah, se fosse possível transformar tudo isso... Eliminar a dor, o peso das obrigações, a amargura e as decepções acumuladas ao longo de uma vida inteira. Se fosse possível parar tudo e voltar no tempo, escolher tudo novamente, fazer tudo diferente. Se fosse possível reencontrar aquele jovem que um dia você foi e olhar em seus olhos cheios de vida, cheios de planos, e repleto de uma certeza contagiante de que seria feliz. Como seria maravilhoso sentir esse poder só mais uma vez. Recuperar aquela força, aquela vontade, aquela simplicidade na alma, para reencontrar um a um todos os seus sonhos.

Mas será que tudo isso pode acontecer? Afinal, o tempo não anda para trás, e não importa o quanto as circunstâncias se apresentem conturbadas, infelizmente a vida não pode retroceder. Assim como um relógio quebrado que ainda consegue acertar as horas duas vezes por dia, nós também temos uma segunda chance de lançar um olhar sobre nossas escolhas. A partir daí, só nos resta seguir em frente e assumir as consequências de tudo o que escolhemos experienciar até aqui. Para não continuar a repetir esse padrão de escolhas equivocadas e dolorosas, é preciso fazer as mudanças acontecerem agora, imediatamente. Só assim a realidade no futuro poderá ser distinta.

Vivemos em um mundo de causa e efeito, e simplesmente não podemos escapar a isso – o lixo que se acumula nas ruas causa a enchente de amanhã, o exagero de alimentos nada saudáveis ao corpo causa obesidade e várias outras doenças. O desenrolar dos acontecimentos sempre traz as consequências de nossos atos para dentro de nossas vidas. Sendo assim, é preciso plantar algo novo se você quiser ver o novo nascer em seu caminho; mas para transformar e mudar as experiências de sua existência, a tarefa agora é simplesmente aceitar! Ok, isto não é exatamente a coisa mais fácil de fazer. Como aceitar tudo do jeitinho como as situações se apresentam aqui e agora se o desejo é justamente poder mudar tudo? Aceitar tudo o que está desmoronando? Aceitar que nada está dando certo? Aceitar as perdas, as decepções, os desencontros e as desavenças? É realmente difícil aceitar tudo como está quando o que mais se deseja é ouvir que tudo poderia ser diferente.

Pois é, mas não há outro jeito. E pense no seguinte: gritar, socar, chutar, quebrar um vaso ou dois, ameaçar, discutir, espernear, tudo isso aí pode até dar certo alívio momentâneo, mas você há de convir que talvez não seja muito maduro descontar sua frustração em quem não tem nada a ver com ela. E, cá entre nós, com toda a certeza você já fez isso uma vez ou outra, certo? Agora responda com toda a sinceridade: tomar qualquer uma dessas atitudes resolveu o seu problema? Se a situação chegou a esse ponto é porque a vida está a todo custo tentando lhe sugerir que seria melhor tentar outro caminho. Mas você não está dando ouvidos a ela, e parece que ela também parou de escutar suas lamentações. Houve uma ruptura. Então exatamente aonde espera chegar rebelando-se ainda mais? Nenhuma dessas reações poderá ajudá-lo agora, pois você só estará resistindo à própria vida. Você só estará criando mais confusão para ter de resolvê-la mais tarde. E o pior de tudo é a sensação que você irá sentir depois: culpa, vergonha, frustração... E, quando a poeira baixar, os problemas estarão no mesmo lugar, exatamente do jeito como você os deixou antes de entrar naquele turbilhão descontrolado, pelo único motivo de que desesperar-se não resolve, nem modifica nenhuma circunstância; muito menos pode modificar a carga emocional que você experimenta através dessas situações negativas.

O poder de transformar qualquer situação habita dentro de cada um de nós, e nenhuma gritaria ou imposição fará absolutamente alguma diferença. Aliás, quanto mais barulho você fizer, menos chance terá de escutar a solução que existe no seu interior. Sendo assim, uma vez que seja, tome uma atitude completamente diferente perante os seus problemas, experimente algo novo. Assuma um compromisso consigo mesmo e aceite as coisas como elas se apresentam aqui e agora. Aceite as tarefas que está realizando, seja varrer a calçada ou estudar para uma prova. Aceite a sua situação financeira com todas as dívidas e com todo o constrangimento. Aceite o seu parceiro ou parceira incondicionalmente, mesmo que tenha defeitos. Aceite também a solidão e o silêncio que a acompanha. Inclusive, aceite cada dor, cada ruga e fio de cabelo branco que surgiram nos últimos anos, porque eles contam quem você é. Aceite a saudade de quem já partiu e talvez não volte nunca mais. Aceite até mesmo a melancolia que insiste em transbordar pelos seus olhos. Respire fundo, e simplesmente aceite a vida como ela se apresenta neste momento.

Esta é a sua história, tudo isso que você carrega como uma memória do seu passado, tanto dos momentos agradáveis como de traumas, das situações desagradáveis, tudo isso foi você quem construiu e permitiu que acontecesse exatamente do jeito que aconteceu. Até mesmo os acidentes e as doenças que parecem ter "acontecido" com você, e que de uma forma ou de outra acabaram limitando-o por um tempo, foram escolhas da sua alma, que almejava algum aprendizado com aquela situação específica. Nos próximos capítulos, você compreenderá perfeitamente por que às vezes a alma faz escolhas que mais parecem querer nos fazer sofrer, desmoronar. No entanto, aceite as escolhas que você fez.

Em um quadro mais amplo, cada situação que encontramos pelo caminho é uma oportunidade de escolha, consciente ou inconsciente. Esta é a principal razão para pararmos e observarmos claramente e com imparcialidade cada situação que se apresenta, e nos conhecermos tão profundamente para identificarmos exatamente todos os artifícios do nosso ego, justamente para ter as ferramentas certas em nosso poder e só fazermos escolhas elevadas daqui em diante.

Mas aqui, neste momento, o que importa é aceitar essas circunstâncias, sejam elas quais forem. Portanto, independente da mágoa, da tristeza ou da frustração, apenas aceite o que a vida está lhe apresentando agora. E por que isso? Bom, aceitar o momento presente como ele é, além de trazer um imenso alívio, uma rendição na luta armada contra a própria vida, desperta também a consciência de que o passado já aconteceu, se foi e não poderá ser modificado; isto é um fato. Tentar manter os dramas que já se foram é completamente inútil e sem coerência. Quanto ao futuro, você não o alcançará até que ele se torne o seu presente. Portanto, o único ponto de atuação onde você pode efetivamente trabalhar é o momento atual, e isso por si só é grandioso.

Lembre-se de que aceitar as circunstâncias não significa que você seja obrigado a continuar a vivenciá-las. Pelo contrário, significa que você reconhece aquela situação genuína, e compreende que ela é uma oportunidade de transformar tudo ao redor, de se transformar em alguém melhor justamente porque conseguiu se enxergar através dos próprios equívocos. Aceitar uma circunstância desagradável é apenas aceitar o desafio que a vida lhe apresenta para se observar e descobrir uma forma de responder à situação com criatividade, paciência e amorosidade. E você não conseguirá transformar nem superar nada em sua vida que não seja do seu conhecimento, por isso é preciso estar sempre investigando e sondando a própria consciência. Logo, as dificuldades se apresentam e revelam esses traços complicados da sua história na esperança de que você saia vitorioso, iluminado!

Aceitar o que você está experimentando neste momento, principalmente tudo aquilo que o incomoda e que, portanto, gostaria de modificar, é uma chance de se conhecer, de se perceber, de se observar com clareza suficiente para encontrar as opções mais acertadas para solucionar seus conflitos, de acordo com os objetivos do seu Eu Verdadeiro. Enquanto você grita e se debate no meio da confusão, está apenas criando ainda mais confusão, e pode com tudo isso acabar magoando as pessoas ao seu redor. Depois terá de voltar e arrumar ainda mais essa bagunça. Tudo isso só para esconder a sua recusa em enxergar as dificuldades e admitir a existência delas em seu mundo.

Mas você não poderá transformar aquilo que se recusa a ver, que finge que não está ali, mesmo que continue incomodando silenciosamente. Quando você escolhe agir assim, abre mão da oportunidade de que algo maravilhoso possa surgir naquele lugar. E por que muitos preferem seguir se escondendo? Por vergonha de perceber em si que ainda existem carências, fraquezas e um lado egoico exacerbado que se ressente, inclusive, de admitir que também erra. Repare ainda que aquele que grita, esperneia e esbraveja contra o vento faz isso porque sempre acha que está coberto de razão. Justifica essa ideia tentando convencer todos à sua volta através do barulho e da confusão. Diz o que quer, bate o pé e acha que o mundo inteiro precisa mudar só para satisfazê-lo. Mesmo que em uma ocasião ou outra essa pessoa esteja correta em sua percepção, seus atos e reações demonstram justamente o contrário. Demonstram desequilíbrio, ingenuidade e pura chatice.

No exato instante em que você se enche de coragem e desarma seu espírito para observar esses aspectos negativos mais de perto, percebe que pode transformá-los em algo novo, virtuoso, porque a situação em si é uma oportunidade de crescimento.

E existe outra vantagem em silenciar para tentar uma abordagem diferente diante dessas circunstâncias difíceis; quando aceita o que se apresenta para você exatamente como se apresenta, em vez de espernear e esbravejar, criticar e reclamar, você definitivamente assume o controle da situação, porque primeiro admite a existência do fato, aceita o desafio de crescer com toda a situação mantendo a calma e desenvolvendo um senso de maturidade para enfrentá-lo. Isso significa que você, enfim, está mostrando interesse em se transformar, observando que não é só o seu ponto de vista ou os seus interesses que estão em jogo.

Quando você respira profundamente e aceita uma determinada situação, leva paz e tranquilidade para todo o seu corpo físico, evitando assim ainda mais desgaste. Você interrompe aquela luta travada internamente. Toda a raiva, todas as dúvidas, a impaciência, a irritabilidade, a ansiedade o deixam, e você consegue finalmente silenciar todos os diálogos mentais que não lhe dão paz. Quando aceita as situações, mesmo que por um instante, você relaxa, e isso já é um sinal de que dessa vez você irá responder a um problema de um jeito todo novo. E no meio dessa pausa você só precisa respirar bem fundo, silenciosamente...

Tateando no escuro

Todo o mundo sabe que uma guerra só traz destruição e desespero. Um lado se acha injustiçado e esbraveja enquanto o outro se sente no direito de revidar. E é somente quando as partes envolvidas se permitem uma trégua, um hiato no meio do conflito, que se abre diante delas a oportunidade do diálogo e do entendimento.

Cada vez que uma circunstância externa lhe causa um aborrecimento, você mergulha nesse estado conflituoso consigo mesmo, rebelando-se contra as situações da vida e contra as pessoas ao redor. Permita-se ter um momento de trégua e de silêncio diante dos problemas. Aceite o desafio. Aceite as situações como elas são e só depois as transforme.

Quando você se acalma diante dos problemas a solução começa a nascer bem diante dos seus olhos; embora você ainda não consiga senti-la, ela já está ali. Ao respirar profundamente no meio do silêncio e da quietude, você entra em contato com energias que têm a capacidade de renovar tudo à sua volta, a começar pelo seu corpo, porque é através dos pensamentos e da energia emitida por eles que todo o nosso organismo responde. Na verdade, o teor dos seus pensamentos determina a qualidade de vida que você leva. Tudo existe em função dos seus pensamentos, pois eles funcionam como uma usina que fornece o combustível para a sua jornada. Mas disso iremos falar mais adiante.

Em se tratando de organismos vivos como são os nossos corpos, o que ocorre é que os impulsos nervosos causados pelos níveis de estresse, pela tristeza, pelo ódio, pelo rancor, pela preocupação, pela ansiedade, pelo negativismo em geral bombardeiam todo o sistema físico, levando ao caos e às doenças crônicas. Eles fazem com que o seu cérebro libere neuroproteínas específicas, que são substâncias produzidas pelo próprio organismo e que caem na corrente sanguínea espalhando-se por todas as partes. Ao impregnar as suas células, essas substâncias vão desregulando todas as glândulas e todos os seus hormônios, além do sistema nervoso, e por fim, como um efeito em cascata, atinge todo o seu corpo físico. Uma verdadeira batalha química é travada em seu organismo nesses momentos de crise, e ele aos poucos vai se debilitando; o coração começa a bater mais, a bombear mais rapidamente, o estômago se contrai e vem a sensação de dor, a pressão e a temperatura tendem a subir, surge a sudorese, e todo o seu metabolismo se altera em uma reação em cadeia. Seus músculos se contraem em uma resposta a este "ataque químico". Você acaba ficando agitado, nervoso, com palpitações e dores; e mais estressado ainda. Todo o seu corpo se prepara para a batalha iminente.

O medo, a raiva, a impaciência e a angústia resultam em uma tensão inimaginável para o organismo. Imagine então os estragos causados por anos a fio de torturas infligidas ao seu corpo devido à sua postura diante de suas escolhas. Por fim, você perde a batalha para o seu corpo, e a mente ainda se esgota. Nenhum problema pode ser resolvido desse jeito. Nenhum milagre vem ao mundo nesse ambiente de profundo desgaste.

Por outro lado, quando você consegue manter a tranquilidade diante dos problemas e das dificuldades, seu corpo e sua mente se transformam em grandes aliados para o seu aprendizado naquele momento. O simples fato de não se sentir passando mal, como se fosse um indivíduo impotente e limitado, já é uma grande vitória, um passo importante na luta contra a discórdia interna. Esse silêncio guarda a chave da sua saúde física e mental, e, é claro, guarda ainda as opções para cada uma de suas dificuldades, pois não se esqueça de que o poder de transformar a dor em felicidade habita no mundo interno, e precisa de toda a paz e tranquilidade para, por sua vez, lhe oferecer paz e tranquilidade.

Além disso, aceitando as circunstâncias à medida que elas vão acontecendo naturalmente, você derrota um dos maiores inimigos da autorrealização: aquela velha tendência infantil que temos de insistir em culpar a tudo e a todos pelas nossas dificuldades. Sempre buscando um culpado, um bode expiatório, para assim poder aliviar a pressão e as nossas responsabilidades também. Mas não esqueça: sempre que uma situação se apresenta diante de nossos olhos é porque ela foi previamente programada por nós, e a forma como vamos lidar com ela, aqui e agora, determinará se o resultado será satisfatório ou não no futuro. Se você prefere continuar seguindo em frente responsabilizando os outros pelas suas escolhas, fingindo que é uma vítima das circunstâncias e da maldade alheia, só conseguirá uma coisa com esta atitude: abrir mão completamente da chance de modificar sua vida, e ainda vai se frustrar com isso, porque ninguém tem, na realidade, a obrigação de vir em sua salvação, ninguém irá parar a vida porque você estancou no caminho e agora exige a atenção dos outros. Com essa atitude, enquanto o tempo passa, você permanece parado, sem mudar absolutamente nada em sua jornada, mas também sem se sentir feliz. Observa cada um a sua volta tomando rumos diferentes, e você vai ficando para trás.

É sempre uma questão de escolha, e ela é toda sua: reagir de forma impensada, de forma repetitiva e inconsequente ao que vai surgindo pelo caminho, ou agir de maneira responsável, madura e inovadora.

Mas você pode estar se sentindo incomodado com essa história toda de escolher como as coisas podem vir a ser fascinantes ou um completo desastre, não é? Como, por exemplo, poderia ser escolha de uma mãe ver seu filhinho doente? Ou de um pai desempregado sem dinheiro até para pôr comida na mesa? Ou ainda dos milhares de pessoas que sofrem violências físicas e psicológicas tão terríveis que não conseguimos sequer imaginar? Como é possível que alguém escolha sofrer desse jeito? O normal não seria escolher somente experiências positivas e satisfatórias? Afinal de contas, como pode alguém escolher passar por qualquer dificuldade ou por qualquer nível de tristeza? Esse é um conceito muito difícil de compreender quando não se está ainda tão familiarizado com a espiritualidade, mas tudo se resume às escolhas que você faz, sim. Acontece que nem sempre essas escolhas são feitas de forma consciente e apropriada, pois milhares de detalhes que escapam ao nosso alcance a todo instante acabam determinando nossa situação no presente. Algumas dessas escolhas fazem parte do Plano Maior, que visa o autoaprimoramento de nossas almas rumo a níveis superiores de vida e de energia. Enquanto insistirmos em nossas recusas contra evoluirmos não teremos acesso a essas escolhas, e continuaremos a viver feito marionetes, puxados de um lado para o outro.

Passamos a vida praticamente reagindo ao que vem de fora, enquanto o objetivo é justamente interrompermos esse círculo vicioso e nos tornarmos conscientes de todas as nossas escolhas daqui para a frente. Porém, não dá para falar de aceitação, de escolhas e suas consequências, sem tocar em um assunto muito delicado. Torna-se imperioso falarmos a respeito de carma; afinal, nada pode ser mais determinante na hora de experienciarmos a vida do que ele. E ao mesmo tempo, nada pode ser mais controverso, já que ao falarmos sobre isso, automaticamente nos colocamos diante de um dilema. Por um lado, sugerimos um determinismo que chega a ser opressor. O carma dita a regra de que tudo: o que fizermos voltará a bater na porta mais cedo ou mais tarde, e nos obrigará a prestar contas, a responder por aquela situação, e quanto a isto, inevitavelmente, não nos será dado o direito de modificar nossos destinos, uma vez que nos encontramos de mãos atadas. Por outro lado, se estamos aqui nos esforçando para aprender a fazer novas escolhas, escolhas mais acertadas para vê-las brotar em um futuro melhor, então devemos gozar de alguma liberdade para tal. Mas na verdade, o que parece contraditório é apenas desinformação, e no fundo uma coisa complementa a outra.

Mais à frente você terá a oportunidade de compreender melhor tudo isto. Afinal, o carma não é este bicho-papão que imaginamos. Aceite isso também, aceite que neste momento você está se abrindo para compreender a vida sob uma perspectiva inteiramente nova.

Quanto a culpar as circunstâncias e as pessoas à sua volta por toda a dificuldade e infelicidade em que você se encontra, além de imaturo, é dar poder aos outros. Deixe-me repetir isto mais uma vez: você dá poder às situações externas e aos outros. E, no momento em que faz isso, é como se estivesse gritando a plenos pulmões o quanto você é fraco, impotente e vítima das circunstâncias, e assim nada poderá ser transformado. Nesse caso, a única coisa que resta a fazer é se sentar e sofrer, porque também nada nem ninguém de fora poderá vir em seu socorro.

Quando foi que alguém se sentindo tão inferior assim conseguiu virar o jogo? Isso é impossível! Para virar o jogo, todos os heróis e heroínas das fábulas, da literatura e da mitologia, todos os santos, ícones e mártires da história, sempre recorreram ao manancial inesgotável do poder interno, da sabedoria, da humildade e da simplicidade. E sempre foram atendidos.

Quando você responsabiliza os outros pelos estragos em sua vida está lhes dando o poder sobre você também. E agindo assim você se coloca à mercê da vontade de quem cruza o seu caminho. É praticamente como se dissesse: "Já que foram os outros que causaram tudo isso a mim, só eles poderão reverter a história toda". Você se limita a observar o que a vida vai fazer em seguida, mas se sente à parte e muitas vezes injustiçado. Sem magia, sem poder, sem a chave para solucionar as questões que surgem, você se transforma em um mero expectador, vítima das circunstâncias.

Não, não é assim que as coisas acontecem. As situações são apenas oportunidades. Elas o desafiam a superá-las e a ser uma pessoa melhor, porque através do que lhe está sendo mostrado e exigido no momento, você irá descobrir a sua capacidade de agir, de ser CRIATIVO.

Quanto às pessoas que às vezes nos causam tanta dor e sofrimento, elas não são más ou injustas como muitos gostam de pensar, mesmo quando se regozijam por causar algum mal. Isto se deve a uma cegueira temporária, um lapso de memória durante o qual elas se esquecem de sua origem e condição Divina. Criam dor e sofrimento muito mais para si do que para qualquer outra forma de vida que cruze o seu caminho. No final das contas, elas não passam de mais um instrumento para refletir qual aspecto precisamos melhorar, aprimorar ou transformar radicalmente. Mais tarde, qualquer dano causado por elas durante esse período obscuro da sua consciência deverá ser reparado. E assim será.

Lembre-se de que você aceita a situação, mas nem por isso é obrigado a continuar no mesmo jogo, sempre repetindo as mesmas experiências dolorosas e com as mesmas pessoas ao redor. Tudo pode mudar, tudo pode ser diferente, a questão é ter coragem para fazer novas escolhas.

Aceite a sua responsabilidade perante os fatos. Reflita muito bem sobre o que você fez, ou a forma como reagiu a alguma situação. Algumas vezes, reflita até mesmo sobre sua omissão e a sua recusa em mudar uma condição que se estendeu por anos a fio, causando dor e sofrimento. Preste atenção às suas atitudes; elas mostram exatamente o padrão que você escolheu e as consequências de viver de acordo com ele. No entanto, tudo isso pode mudar. Mas para isso você terá de assumir a sua parcela do poder criativo e aceitar as situações ao seu redor. Pare de culpar o mundo pelas suas dificuldades; na verdade, não culpe mais ninguém, nem mesmo você. Não existe essa história de culpa; o que conta é a sua habilidade em reconhecer de forma imparcial as suas deficiências, e então aceitá-las com toda a simplicidade e sem julgamento, para trazer à tona o seu melhor e responder às situações, transformando sua vida em algo prazeroso e saudável, para você e para todos à sua volta.

Somente no instante sagrado em que você se solta nos braços amorosos da aceitação, e admite para si mesmo que em algum ponto da sua existência permitiu e construiu tudo o que está vivenciando de bom ou de ruim, é que os milagres podem começar a acontecer. Nesse instante sagrado, todo o poder está de volta ao seu lugar: dentro de você.

RETIRANDO TODA A SUJEIRA DEBAIXO DO TAPETE...

E esse poder finalmente começará a se espalhar. A princípio, bem lá no fundo, discreto e quietinho... Mas se você escolher e permitir dar espaço em sua vida à sabedoria dos Fazedores de Milagres para que ela o conduza a estágios de paz e realização, mostrando um conceito novo na construção de uma vida mais feliz, então esse poder se transformará em uma verdadeira correnteza, e não restará nenhum padrão velho e distorcido pelo caminho. A partir desse ponto, muitas coisas poderão não ter volta, porque você será uma nova pessoa.

Sendo assim, relaxe todo o seu corpo, encontre um lugar tranquilo onde você possa se sentar confortavelmente e não ser interrompido. Chegou a hora de olhar mais de perto para cada uma de suas dificuldades e para cada artifício utilizado pelo seu ego, para se esconder do crescimento natural pelo qual sua alma tanto anseia. Não adianta fugir, porque chega um momento na vida de cada um de nós em que o poder do nosso Eu Verdadeiro vibra mais forte, e se torna irresistível ir de encontro a essa fonte poderosa.

Certa vez, quando eu me encontrava um pouco angústiada, um Mestre muito querido pacientemente me pediu que fizesse um exercício. No início achei aquilo tudo tão simplório que não podia nem lhe dar muita credibilidade. Porém, depois compreendi o objetivo. Hoje eu o convido a fazer o mesmo. Por mais bobo que lhe pareça, isso pode realmente operar milagres.

Coloque o livro em um canto por um instante e então feche os olhos. Respire profundamente algumas vezes, penetre no silêncio e... apenas diga o seu nome. O exercício é exatamente esse. Escute com carinho o som que sai da sua garganta, como soa o seu nome? A quem ele está chamando? Essa pessoa é estranha a você? Repita-o mais uma vez e relaxe. Não pense em mais nada, em nenhum problema pendente ou nos compromissos que virão depois. Apenas diga o seu nome (mas deixe de lado o seu sobrenome). Faça isso e depois permaneça por um tempo apenas observando o local onde você se encontra. Preste atenção ao que chega até você, os sons distantes, o cheiro que envolve o ambiente, as luzes e cores. Rapidamente sua cabeça voltará a ser inundada pelos pensamentos repetitivos que poluem seu campo mental, mas por hora basta que você fique um pouco assim, sem fazer nada, e deixe que o trabalho sutil que acontece nesse silêncio faça sua mágica particular.

Quando você escolheu, e digo escolheu *mesmo* nascer aqui, neste corpo, neste lugar e neste exato momento para experienciar a vida, você recebeu uma frequência especial. É uma frequência particular, e ela ativa todos os níveis de energia que sustentam a sua vida, além de lhe dar acesso às ferramentas para sua evolução. Essa frequência está codificada e embutida em seu nome. Você pode não saber disso, mas quando tranquilamente repete para si o próprio nome, está reafirmando em todos os níveis sutis de energia, e para todo o Universo, que se encontra ciente de sua frequência e está pronto para colocar em prática os planos que estão traçados para você.

Pode ser que enquanto estiver fazendo este exercício não sinta absolutamente nada de excepcional acontecendo à sua volta. Não se assuste, nem desanime, porque aquilo que se processa na dimensão sutil dos pensamentos nunca se torna uma experiência palpável na matéria de forma imediata. Mesmo que apenas nanossegundos sejam precisos para que a energia venha a sucumbir em níveis físicos, ainda assim o tempo foi imprescindível como mais um ingrediente de todo esse processo. Sem o tempo não perceberíamos a vida da forma como ela se apresenta, um fato acontecendo depois do outro. Nada é instantâneo na nossa dimensão física, por mais veloz que qualquer partícula se movimente. Aliás, felizmente é assim. Você já imaginou ter de lidar com as consequências de cada pensamento indesejado ou cada palavra proferida impensadamente no calor das emoções? Por mais rápido que possa vir a ser qualquer evento, ainda assim, com toda a certeza, demanda algum tempo para se fazer sentir na esfera física. Não se preocupe, portanto, com os resultados deste exercício; eles poderão ser sentidos mais tarde.

Quando você aciona a frequência particular, está na verdade dando um comando ao Universo inteiro. E assim como um software, seu nome funciona como um programa que está pronto para ser ativado e para executar as atividades precisas que já estejam previamente programadas.

Goste ou não do seu nome, ele é essa frequência que marca a sua existência, a sua passagem por este plano de vida. Curiosamente não acontece o mesmo com o seu sobrenome, isto porque, ainda que faça parte da sua identidade como um indivíduo em particular, ele é na verdade apenas um método engenhoso de identificação utilizado para localizar você dentro da sociedade convencional: "você é filho de fulano, da casta tal...". E o seu sobrenome pode até ser muito importante e cheio de pompa. Pode ser uma marca registrada que lhe abre muitas portas. Pode até ser que você se sinta honrado por utilizar o sobrenome tal, da família tal; ou de forma inversa, você se sinta até mesmo embaraçado, envergonhado e pressionado. Não importa, ele é só mais um dos muitos títulos que você ostenta, e acaba sendo enquadrado por ele.

Quanto ao seu nome, não; ele é sua experiência particular tanto dentro da sociedade estabelecida quanto da sua família. A frequência do seu nome é a sua experiência aqui e agora. Por isso, repita-o quantas vezes achar necessário.

Em momentos de crise, em vez de contar até dez, respire fundo e repita o seu nome. Ao fazer isso, você se concentra novamente no seu poder interno, impedindo que se deixe levar pela irritação e acabe agindo de forma mesquinha e violenta só porque se sente injuriado com a situação difícil. Jogando o foco para dentro, você se realinha com a sua frequência e passa a dar ênfase ao que é realmente importante.

Pode parecer até estranho de repente começar a chamar pelo próprio nome, afinal estamos acostumados a ouvir os outros nos chamando para nos solicitar alguma coisa. Eles chamam por nossa frequência, e nós logo atentamos. Agora acione você mesmo essa força e recorra a ela para o seu benefício. Atenda ao chamado que vem do fundo do seu Ser.

Cada um de nós experiencia a vida sob uma óptica particular. Aquilo que eu sinto não pode ser explicado ou passado adiante, mesmo que eu queira muito isso, e mesmo que eu tenha a melhor intenção. Mas essa é apenas a minha percepção a respeito de um fato ou de um evento. Posso compartilhar o meu melhor, posso oferecer todo o meu conhecimento e transmitir meu ponto de vista, e com isso posso até influenciar as pessoas a repensarem suas vidas e optarem por experiências mais elevadas; mas jamais poderia tirar o que eu vejo, o que eu sinto ou compreendo e colocar tudo isso dentro da outra pessoa. E, mesmo que essa outra pessoa estivesse ao meu lado, observando a mesma cena, seus sentimentos e o seu entendimento a respeito do que está ali acontecendo é tão particular que sua percepção seria completamente diferente da minha. Nossa percepção do mundo e da vida ao redor é tão particular que chega a ser indivisível e impenetrável.

Esta é na verdade a real diversidade da vida, milhares e milhares de percepções diferentes e que juntas completam o Todo. Exatamente por isto, mesmo retirando os sobrenomes e colocando-os à parte, deixando apenas a frequência única dos nossos nomes, duas pessoas que compartilhem desse mesmo nome não teriam a mesma frequência, ela não seria nem sequer parecida porque essas duas pessoas jamais teriam as mesmas percepções da vida.

Essa frequência é particular, única. Por isso ninguém na verdade pode enganá-lo ou manipulá-lo sem que você permita e compactue com essa intromissão na sua vida. E, no caso de acontecer, é porque algum aprendizado você pode tirar dessa situação. Essa frequência é pura, e nada que você possa vir a fazer irá conspurcá-la nem mesmo as coisas consideradas incorretas ou pecaminosas. Essa frequência é Divina, o que o coloca em constante conexão com as forças universais, e, por mais afastado que você se encontre da senda evolutiva, chegará o momento em que o chamado de volta ao Divino, à pureza e à unidade será a sua única razão de existir.

Acessar e dar vazão a essa força é se realinhar e se purificar como um canal para que a sua frequência possa operar livremente. Como um computador livre de qualquer vírus, conectado a uma rede infinita de potencial e conhecimento cósmico. Esse é o sonho de qualquer um, não é mesmo? Então repita o seu nome, sussurre-o só para você, acostume-se a identificar-se através dessa frequência como o Ser Divino que você é. Esteja preparado para receber em sua vida os planos abundantes que só esperam pelo seu desejo. O trabalho agora está só começando.

Você tem um compromisso de evolução com a vida ao seu redor, e esse compromisso não diz respeito somente ao que você está fazendo aqui e agora com a sua vida imediata e particular. Tudo o que você toca, as pessoas com quem convive ou com quem esbarra na rua diariamente, o ambiente em que vive, enfim, tudo ao seu redor está reagindo à sua presença e à sua percepção. Você tem, então, um compromisso com cada um deles também. Escolher passar a existência inteira amargando tristezas e frustrações, além de ser um ato de completo desamor consigo, é privar cada uma dessas partículas que entram em contato com você de sentir a sua vibração em uma escala maior. Seu compromisso, portanto, é evoluir em conhecimento e espiritualidade para que todos à sua volta, eventualmente, sintam essa transformação tão benéfica e desejem evoluir também, ao seu tempo.

Por isto, reiniciar sua trajetória como alguém consciente das escolhas que faz, e que ainda é capaz de realizar milagres, só acontece efetivamente quando você se reconecta à sua frequência particular e passa a assumir as devidas responsabilidades por seus atos. Como alma Divina, você escolheu trabalhar em prol da evolução de todas as formas de vida manifestas no planeta Terra, e na hora certa as oportunidades irão surgindo, uma a uma. É crucial, portanto, aproveitá-las sempre que elas se apresentam para o seu crescimento pessoal.

Agora vamos começar a vislumbrar um pouco as razões de o sofrimento aparecer uma vez ou outra em nosso caminho, e o mais importante: compreender os reflexos que nossos equívocos causam primeiramente em nós mesmos e depois em todos a nossa volta.

Mas reflita um pouco, como você conseguiria se transformar, crescer ou evoluir, como você descobriria o seu melhor potencial, a sua capacidade de reagir, de se reerguer e de se redescobrir, se não fosse através das dificuldades, das crises e rupturas? Basta pensar que, se tudo estivesse correndo maravilhosamente bem, quem iria parar suas atividades para refletir sobre as situações desagradáveis se não as sentisse na própria pele? Você por um acaso interromperia sua festa para refletir sobre as consequências da pobreza e da miséria que assolam a humanidade neste exato segundo? Certamente não! Afinal, se não fosse através dos revezes da vida que nos causam tantos sofrimentos, qual seria a razão de refletir sobre qualquer dificuldade? Porque é somente nessas horas críticas que descobrimos nossas falhas e nossos equívocos, que deparamos com as consequências desagradáveis das escolhas, conscientes ou inconscientes, que fizemos no passado. E se nós quisermos sair de todo esse drama, é preciso nos reconectarmos a uma força superior para nos abençoar com coragem, inteligência e determinação para vencer a batalha.

Pode parecer irônico, mas é nos piores momentos das nossas vidas e daqueles que nos rodeiam que os atos mais puros e generosos vêm à tona. É o nosso melhor submergindo da lama e do egoísmo. Um ótimo exemplo disso é a solidariedade, que só é percebida no meio dos percalços e, principalmente, no meio dos desastres e das misérias humanas. O nosso melhor no dia a dia também surge assim, diante das dificuldades.

E, pensando bem, se tudo refletisse a perfeição e a maravilha de Deus, aqui e agora, não haveria sentido algum em estarmos aqui de sol a sol. Se tudo existisse apenas neste padrão de felicidade e plenitude, ninguém teria a oportunidade de evoluir.

É no atrito do cotidiano que encontramos as ferramentas precisas para nos moldarmos à perfeição do Pai. Essa perfeição já existe em nosso interior, faz parte da nossa essência, nós somos essa perfeição, mas nos esquecemos dela em algum ponto da trajetória pessoal e conquistamos em seu lugar uma imensidão de vícios emocionais. Agora devemos lapidar e polir essa "casca" que criamos através do nosso ego em desarmonia e desequilíbrio. Logo, não devemos temer tanto assim o sofrimento que bate à porta.

É claro que sofrer não é agradável e nem mesmo faz parte dos desejos do Pai para nós. Aliás, no estado unificado de consciências elevadas o sofrimento não existe, e também não é um pré-requisito para evoluirmos. Porém, algumas vezes só o sofrimento é capaz de nos tirar do torpor de uma vida inteira de negligências para com a evolução de nossas almas. Assim é preciso fazer e refazer o caminho quantas vezes forem necessárias.

As crises são, na verdade, as maiores oportunidades de revelarmos o nosso melhor, renascido e renovado, para consertarmos tudo aquilo em que vínhamos falhando em nossas vidas. Não devemos, portanto, temer nem fugir desses momentos difíceis, mas ao contrário, recebê-los e abraçá-los, aceitando o que se apresenta e tendo paciência para pôr em prática as transformações necessárias. Nada pode nos fazer sentir mais vivos e conectados à fonte primordial do que quando ultrapassamos as barreiras impostas pelas nossas fraquezas, completando assim um grande aprendizado. É felicidade pura!

Mas esses aprendizados não precisam ser sempre sofridos e difíceis. Se você desejar se transformar para evoluir com equilíbrio e sabedoria, tudo poderá ocorrer com mais tranquilidade através de novas escolhas conscientes e responsáveis, o que levaria a resultados mais agradáveis e suaves no seu futuro também. E assim, mesmo quando uma dificuldade surgir, tudo será mais fácil.

No caminho da autorrealização uma das coisas mais importantes que você precisa compreender é que nenhum rótulo, nenhuma posse, nenhum título pode defini-lo como pessoa; logo, não pode ser considerado atributo para lhe proporcionar a felicidade. É sempre imperativo lembrar que a ferramenta da qual você se utiliza durante a sua jornada não define quem você é. Os vários papéis que desenvolvemos ao longo da vida como pai, mãe, filho, esposa, professora, médico, bombeiro são os instrumentos pelos quais experimentamos cada faceta do ego, assim como um ator interpreta vários personagens ao longo de sua vida. Uma hora você é uma pessoa paternal, sensual, angelical; outra hora, determinado, educador, executor de ações enérgicas. Expressamos através desses papéis as mais variadas qualidades e também nossos distúrbios. No entanto, qualquer um deles também está sujeito às inconstâncias da vida. Tudo se transforma, e de uma hora para outra você pode se ver impedido de continuar "representando" um desses papéis, quando, por exemplo, um casamento acaba ou um posto de trabalho chega ao fim. Portanto, aproveite-os para observar as suas dificuldades através deles, mas não se identifique com eles, não se confunda com eles. Isso seria criar mais dor, mais apego e sofrimento. Afinal, o ator sabe muito bem que sempre chega o momento de se desfazer dos trejeitos e das manias de cada personagem que interpreta.

A abundância material pode sim nos oferecer conforto, prazer e facilidades, mas isso não é garantia de felicidade. Um relacionamento pode nos trazer todo o carinho e companheirismo com que sonhávamos, mas ainda assim isso não é garantia de felicidade. Quantas pessoas existem no mundo rodeadas pela fartura, pela beleza, pelo prazer e pela opulência, mas que por dentro experimentam um vazio a corroê-las aos poucos, deixando as marcas da tristeza e da solidão expostos? Quantas mantêm relacionamentos cheios de mágoas e de silêncios constrangedores acreditando que pelo simples fato de terem um parceiro ou uma parceira já terão completos a vida e o coração? Mas chega o momento em que esse coração, apertado pela angústia, mostra necessitar de algo novo para continuar batendo. Surgem então as mentiras, porque você tenta desesperadamente se convencer e às pessoas à sua volta de que tudo está indo bem, tudo está indo maravilhosamente bem.

Tateando no escuro

Não é o que você faz ou os títulos que ostenta que mostram quem você é e eles não são, de modo algum, os meios pelos quais a felicidade chegará até você. No entanto, é através deles, enquanto desenvolve e atua no dia a dia, que você se descobre e se conhece. Quem você é naquelas horas em que ninguém está olhando é o que determina implacavelmente se você é feliz ou não, se você está pelo menos evoluindo ou não, ou se você quer evoluir e ser feliz, ou não.

E ninguém pode fazer isso por você. Assim como você, mesmo munido das melhores intenções, não poderá decidir o que é melhor para os outros, por mais que os ame. Isso porque toda transformação que nos eleva e nos torna Fazedores de Milagres acontece no íntimo, em uma parte inacessível a quem está à nossa volta. Na verdade, ela acontece no silêncio das nossas almas, no silêncio de cada um. E esse momento de despertar e revelar a essência é particular para cada um de nós, o que evita justamente que, na visão limitada da situação em questão, passemos a acreditar que conhecemos o que é melhor para o nosso próximo. Quem pode saber isso senão a própria pessoa, mediante seus planos particulares de evolução? Não interferir, dessa forma, passa a ser uma verdadeira bênção que evita que nos tornemos prepotentes, e de atrapalhar mais do que realmente auxiliar aqueles a quem amamos.

Estar de prontidão para apoiar e cooperar na trajetória das pessoas é diferente de passar a vida tentando encontrar uma brecha por onde manipular e conduzir os passos delas. Auxiliar em suas necessidades, amparar em suas dores, escutar seus lamentos, tudo isso são formas de apoiar todas aquelas que vêm em busca de ajuda. No entanto, lhes dizer o que está correto ou errado em suas escolhas, e tentar com isso fazê-las tomar atitudes que no fundo só viriam a nos agradar, é privar as pessoas de se expressarem de forma integral e, por conseguinte, impedir que evoluam. Algumas vezes é preciso inclusive deixar que a crise chegue à vida daqueles a quem amamos, pois só assim eles perceberão que é chegada a hora de modificar um padrão.

Por fim, a felicidade é um estado de ser que brota e começa de dentro para fora, e independe do seu status e do mundo exterior. Não pode ser comprada, adquirida ou roubada. A felicidade é. Todo o poder que é decorrente de um nome famoso, por exemplo, pode vir a se tornar uma herança embaraçosa ou escandalosa, bastando para isso um pequeno deslize. Quantos políticos e artistas nós não vemos no noticiário passando por isto? Um dia ostentam privilégios, e no dia seguinte se escondem, envergonhados. Todo o dinheiro do mundo, mal gerenciado, se esvai como água pingando pela torneira, e sabemos disso pelas fortunas que assistimos, estarrecidos, desaparecerem da noite para o dia. Um título importante e influente pode até ser fascinante, mas é também inebriante, e por causa dele muitos ficam com a cabeça nas nuvens e tiram os pés do chão, fugindo da realidade. Quantos crimes não são cometidos todos os dias por quem acha que a justiça não os alcança devido à importância de seus títulos e de seu status? Casamentos e uniões só são estáveis no papel. Mas com o tempo até o papel envelhece. As fotos vão amarelando... Tudo se transforma, na natureza. Aquele que é sábio aprende a fluir com a correnteza da vida e não se prende ao que é transitório, nem se acorrenta às coisas que acabam perecendo.

Cada vez que você é dividido, avaliado, classificado e rotulado, seja pela sua aparência, pelas suas posses, por seus títulos, suas qualidades e seus defeitos, automaticamente você está sendo limitado por todas essas características que lhe estão sendo atribuídas. Em vez de revelarem quem você é, elas o aprisionam dentro de expectativas alheias a você mesmo. E você passa a acreditar que elas são o retrato fiel de tudo o que você representa, inclusive de tudo o que poderá vir a conquistar em sua trajetória pessoal. Em vez de lhe proporcionar felicidade, elas se transformam em amarras previsíveis no meio das quais seu Eu Verdadeiro se debate.

Algumas dessas características você simplesmente detesta, e passa anos tentando fugir e se esquivar delas, envergonhado, talvez humilhado, e muitas vezes até magoado. Alguns apelidos e estigmas de infância exemplificam muito bem isso. Outras características, no entanto, mexem com a sua cabeça, com o seu orgulho e com a sua vaidade. Elas deixam no ar aquela sensação envolvente e carismática de poder e sedução. Com essas características você luta constantemente, sim, mas para mantê-las vivas, e desse modo seguir influenciando todos à sua volta. Mas, infelizmente, isso não passa de ego, de puro desequilíbrio.

Depois de certo tempo, características boas ou más não fazem mais muita diferença, porque fica difícil seguir em frente sem se identificar e sustentar esses atributos que não podem definir a alma Divina. Imagine

Tateando no escuro

então, depois de anos preso a esses artifícios da sua personalidade, o quão complicado pode vir a ser observar-se sem julgamento, livre, completamente livre. E depois de tanto tempo vivendo assim, em algum nível do seu subconsciente esses registros passam a comandar cada pequeno detalhe das escolhas que você faz e determinam os seus gostos, suas preferências, e até mesmo suas obrigações sem você nem mesmo perceber. Você se identifica com eles, e eles moldam a sua vida inteira.

Você precisa se desprender desse vício, soltar-se dessas correntes que arrasta consigo aonde quer que vá. É preciso se livrar desses atributos falsos para reluzir unicamente os atributos Divinos. E como fazer isso exatamente? Observando seus medos.

Milhares de pessoas andam de um lado para o outro limitadas por suas crenças. No fundo, o que sustenta todo esse sofrimento são seus temores e suas fobias. Mas é comum observar também hoje em dia que algumas pessoas vêm superando a inibição inicial (e até mesmo a vergonha) e acabam admitindo seus medos, e em um segundo momento, chegam até a buscar ajuda profissional. Porém, terminam dopados por quantidades expressivas de medicamentos que embotam a própria consciência. Sonâmbulos dentro de uma crise, seu poder interno para transformar suas vidas se esvai, e por fim o medo vence.

Entretanto, uma grande parte da população insiste em anunciar que vive livre de qualquer medo, que vive intensamente sem se perder nas aflições do temor. Para os Fazedores de Milagres, não basta enfrentar e eliminar apenas as fobias capazes de paralisar a vida de imediato, como o medo de insetos ou o medo de altura, por exemplo. Muitas são as formas por onde o medo, disfarçado de angústia, ansiedade ou frustração, penetra em nossas vidas sem nem mesmo desconfiarmos.

Mas o que têm a ver o medo, as fobias e os temores com os falsos atributos a que tanta importância o homem dá? Sejam rótulos, títulos, qualidades ou defeitos, o que tudo isso tem a ver com o medo em nossas vidas? E, principalmente, como eliminamos tudo isso?

Faz parte da consciência humana o profundo desejo de sobreviver e sobressair-se. O ego, parte essencial da estrutura física e psíquica do homem, existe mediante essas duas vertentes. O que grande parte das pessoas ainda não absorveu foi a ideia de que não somos "apenas" humanos, e por isso existir definido por expressões tipicamente humanas é limitante, além de ser também a receita infalível para o sofrimento.

O homem verdadeiro, por baixo dessa "casca", desse falso verniz, é realmente Divino e precisa viver essa realidade em cada aspecto de sua jornada. Infelizmente, tudo o que uma pessoa faz ao longo da vida está espremido entre essas duas vertentes: sobreviver para em seguida sobressair-se.

Os Fazedores de Milagres já falaram das implicações de passar a existência apenas sobrevivendo, de se viver sufocando essa divindade interior, anulando-se apenas para sustentar ou justificar uma história, e o quanto tudo isso é catastrófico para a evolução pessoal.

Mas quando o indivíduo ultrapassa certos limites e encontra condições (mesmo que momentâneas) de escapar de mera sobrevivência, o desejo seguinte é o de sobressair-se no meio da própria família, perante a vizinhança ou até mesmo no seio da sociedade. Surge a necessidade de aparecer, de conquistar, de ambicionar cada vez mais, até o ponto em que a vaidade ensandecida assume o controle definitivo. O ego humano assume o controle, anulando e obscurecendo a divindade interior.

Assim como em um vício, a pessoa sempre nega que esteja sob a influência do ego; afinal, admitir isso iria contra o princípio de sobrevivência que ele mesmo imprime. Admitir esse equívoco deixaria a pessoa livre para sufocá-lo e transformar-se, no entanto, depois que o ego assumiu o controle da personalidade inferior, ele não vai permitir tão facilmente ser derrotado e jogado de lado. Isso também iria contra a sua constante intenção de sobressair-se e aparecer. Então a pessoa nega, jurando não estar sob a influência de algo tão nocivo.

Esta talvez seja a maior batalha pessoal que o ser humano precise travar e vencer para se desligar definitivamente dos aspectos pequenos que a vida material impõe. O grande problema consiste nas artimanhas empregadas por esse mesmo ego para continuar existindo. A pessoa se faz de sofredora, passiva, amável e bondosa, para esconder toda a bagagem destrutiva do ego. Algumas nem mesmo alcançam esse estágio e permanecem de mau humor, frustradas e encarceradas em uma energia corrosiva e vil. A intenção continua sendo sobreviver aos "ataques" que o mundo lança contra elas, para depois se sobressair e mostrar o próprio valor, sua razão, sua importância.

O que a história não conta é que onde existe ego, lutando para sobreviver ou para sobressair, também existe o medo. Um anda de mãos dadas com o outro. Repare que se você batalha intensamente para não ser aniquilado e muito menos esquecido é porque existe o temor de que tudo isso venha de fato acontecer. Então você luta, esperneia, chora e luta um pouco mais.

O ego não deseja ser sobrepujado pela parte Divina. Isso implicaria viver a plenitude com a certeza de que nada poderia atingi-lo e que não precisaria chamar a atenção do mundo para si. O ego não deseja isso; aliás, ele teme que você alcance esse estágio. E você vive com medo constante, em cada entranha do seu ser. Mesmo que não admita ou sequer tenha plena consciência disso.

Quando o medo fala mais alto, deixando a pessoa insegura, ela é capaz de se sobrecarregar e se descontrolar a ponto de cometer todo tipo de sandices. Portanto, se estamos fadados a existir com o ego humano, a viver entre a sobrevivência e a necessidade de vencer e aparecer, o medo é um companheiro infalível de nossos caminhos. Porque, no fundo, o desejo principal do homem é evitar cair no ostracismo, e ele luta com ardor e tenacidade contra essa possibilidade, temendo não conseguir realizar seus desejos, e com isso passar o resto de sua vida infeliz e frustrado. Temendo inclusive que esse fracasso em se realizar o leve a se sentir derrotado, e por fim, deixado de lado. Segue temendo não conseguir resolver seus conflitos diários, temendo não conseguir conquistar a pessoa desejada, o posto almejado, a mercadoria cobiçada. Temendo não se divertir. Temendo até mesmo morrer. Sem identificarmos onde exatamente o medo se esconde traiçoeiro na vida de cada um de nós, não poderemos realizar milagres e muito menos vivenciar a plenitude, a abundância e a felicidade.

Mas, ao observá-lo, você se liberta não só dos aspectos que limitam a sua jornada, mas também se liberta do jugo do ego. Começa a se transformar em alguém mais hábil, mais pleno, consegue inclusive perceber que nada do que vem do ego o completa ou representa você verdadeiramente. Nesse ponto, você descobre uma força interna incomensurável, capaz de transformar o mundo inteiro.

O poder de realizar milagres é incompatível com o medo. A frequência do amor, da realização, da paz e da plenitude é uma frequência única, ela é uma vibração muito sutil. Poucos de nós no atual estágio de desenvolvimento humano e espiritual conseguem sustentá-la por muito tempo.

Já a frequência do medo é algo completamente contrário, ela nos deprime, tolhe, machuca e nos coloca para baixo cheios de dúvidas. E ela é contagiante, se espalha rapidamente. Todos nós estamos sujeitos a cair nessa frequência não uma, mas várias vezes no decorrer de um único dia. Esta era a razão pela qual o Mestre Jesus sempre nos advertiu para que orássemos e vigiássemos. Vigiar não o mal que vem de fora, externo a nós, mas vigiar o pior de todos os males, aquele que brota em nossos corações e nos cega diante das próprias fraquezas.

O medo pode ser considerado a pior energia que existe em nosso planeta. Aliás, para os Fazedores de Milagres o medo precisa ser erradicado como uma doença nociva e furtiva, que corrói e destrói impiedosamente, tanto quanto um vírus mortal ou um câncer.

Algumas correntes de pensamento afirmam ser a apatia o nível mais baixo da escala da frequência emocional. É verdade que alguém completamente desanimado é alguém que abriu mão, por motivos diversos, do poder de criar. Mas o que é isso se não um ato desesperado e medroso de querer evitar criar qualquer coisa, e assim, evitar também suas consequências e os possíveis aborrecimentos? Enquanto você age abrindo mão de tomar qualquer atitude, consciente ou inconscientemente, tentando assim evitar o sofrimento, você está na verdade vibrando com medo. Medo de agir e fracassar. Medo de ter de se reerguer e para isso ter de encarar os equívocos e as consequências que a vida insiste em lhe mostrar. Medo até mesmo de sair vitorioso de uma contenda, para então sentir o gosto amargo de uma nova queda mais à frente. E a pessoa simplesmente escolhe permanecer quieta, encolhida em um canto. Ela prefere não agir. Abre mão do seu poder criador, criativo e ativo, por causa do medo.

O medo é uma frequência pior do que a apatia, porque, por mais apático que alguém possa estar, não é capaz de influenciar ninguém ao seu lado, justamente porque abriu mão de seu poder interno. E, na verdade, a tendência maior nestes casos é de que as pessoas se afastem do "doente", cansadas de tratá-lo como um coitadinho, e sem, no entanto, observar uma melhora sequer. A vida segue em frente, as pessoas seguem em frente e, enquanto isso, ele permanece assim, isolado do mundo pelo tempo que desejar, até perceber que precisa retomar a própria caminhada.

Diferente da apatia, através da frequência do medo você influencia e manipula os demais, que passam a obedecer com fé cega aos próprios algozes, sem nem mesmo se darem conta disso.

A história da humanidade é repleta de fatos que comprovam o quão poderoso e destruidor o medo pode se tornar quando disseminado entre os povos. O que foram a Inquisição e o Holocausto senão os maiores e mais claros exemplos desse nível de intolerância? Quantos são iludidos por causas improváveis, e quantos não são perseguidos por elas? As pessoas se permitem e se autorizam a crer e a adotar uma postura diante da vida, influenciadas pelo medo que sentem no fundo de seus corações. Partem para a luta, extravasando sua agressividade, tentando desesperadamente defender tudo aquilo que o medo vai aos poucos envenenando e ameaça tomar para si. Vários incidentes assim acontecem todos os dias, mas preferimos convenientemente virar os olhos em outra direção.

O medo intimida, silencia, e dá àquele que pratica a ação de baixa frequência uma falsa sensação de poder. Mas nada poderia ser mais fantasioso do que isso; afinal, que poder pode haver em escolher conscientemente viver na sombra e na escuridão da própria alma?

Pensando a curto prazo pode até ser que alguma vantagem advenha da prática de um ato sórdido, pequeno e maldoso. Pode até ser que isso alimente ainda mais o ego de quem pratica tais atos, mas a vida não se resume a esse curto espaço de tempo que vivemos aqui. A vida é eterna, e ela se transforma constantemente. Então chega o momento em que se torna necessário escolher deixar para trás toda essa lama e toda a dor, e deixar-se guiar pela luz do amor e do respeito.

Mas então como você pode se libertar do mal? Bom, só há um jeito: é refletindo sobre todos os gestos, palavras, atitudes e ideais que moldam a sua vida. Todos eles juntos dizem em que ponto dessa escala de vibração entre o amor e o medo você se encontra. Somente um trabalho sincero e minucioso poderá libertá-lo do medo, mas sem dúvida algumas pistas poderão ajudar neste momento.

Tome cuidado sempre que você se pegar tendo um comportamento ou pensamentos que envolvam a malícia, a solidão, a crítica, a impaciência, a dúvida, a ansiedade, a insegurança, a agressividade, a arrogância, a vaidade, o orgulho, a obstinação, a vingança, a carência, a dependência, o apego, a ganância... A lista, na verdade, não para por aí, mas já lhe garante uma ideia bem clara do imenso trabalho pessoal que é necessário para transformar tudo isso. Porque, cada vez que se afasta do amor, você necessariamente começa a vibrar em alguma frequência referente ao medo. Essa é a realidade enquanto seres humanos; nós somos o fiel dessa balança.

Mas é claro também que ninguém vai passar o dia sorrindo, cantarolando e saltitando por entre pássaros e borboletas, tendo apenas pensamentos felizes. Isso seria no mínimo enfadonho, além de praticamente impossível, já que vivemos com tantas exigências da vida física ao nosso redor. Até porque estamos encarnados justamente para aprender a iluminar esse nosso lado sombrio. Como então evoluiríamos ignorando constantemente o contato com ele? E, como já foi dito, mas é sempre bom lembrar, TODOS NÓS temos esse lado sombrio, inclusive aqueles que se julgam puros e melhores do que os outros: eles também têm esse lado pequeno. Portanto, preste bastante atenção toda vez que essa falsa ideia de superioridade cruzar o seu caminho. A necessidade de se sentir superior também é um sinal de medo, o medo de passar despercebido ou ser desvalorizado, e a pessoa exagera justamente para suprimir esse medo.

Observe os seus pensamentos diários, as palavras e as atitudes que você tem ao longo do dia. Crie a rotina saudável de relembrar cuidadosamente os acontecimentos do dia anterior e do seu passado, e seja um expectador do desenrolar dessas histórias em sua memória. Passe em sua cabeça o filme de cada encontro, diálogo e tarefa que você realizou, retire de cada uma dessas lembranças o momento exato em que aspectos nocivos e recorrentes vieram à tona, e perceba a ideia por trás deles. Vá buscar na origem exatamente quando e por que você se sentiu ameaçado, fragilizado, a ponto de precisar reagir e revidar. A autopiedade, além de não ajudar em nada, esconde o medo de ir a fundo e encontrar parcelas tão negativas que podem assustar. Mas é preciso trabalhar com afinco, sem culpar-se ou martirizar-se, pois o medo se esconde por trás dessas atitudes. É o medo de ser incompatível com a felicidade, o medo de não ser capaz de alcançá-la e de sustentá-la.

Você pode até pensar que nossas ações são imprevisíveis, mas isso não é verdade, pois somos capazes de nos antecipar a cada gesto e cada ideia concebida para planejar uma próxima atitude, mais condizente, mais elevada. Isso quer dizer que podemos, sim, reeducar o próprio comportamento, dia após dia. Observe, portanto, de forma cuidadosa, os seus conflitos e dissabores, porque são áreas em que a frequência do medo se esconde furtivamente.

O medo é ardiloso, ele se infiltra em cada espaço onde o amor não preenche a sua vida. Cada um, munido de uma boa dose de honestidade, é capaz de verificar em que áreas e em que ponto da existência ainda não é suficientemente apto a vibrar o amor. E se você está buscando se realizar, de nada adiantará continuar a ser autocondescendente a ponto de se esconder por trás da necessidade de acumular títulos, bens, reconhecimento... Em vez disso, seja paciente consigo e se observe com imparcialidade; afinal ninguém o estará julgando, já que nenhum de nós está isento de cometer os próprios erros.

Observe aquelas parcelas menos lisonjeiras, que você faz questão de esconder, e cuja existência prefere esquecer porque acha que admiti-las poderá diminuí-lo perante o olhar crítico dos outros. Olhe bem de perto para as atitudes que demonstram seu orgulho, suas exigências descabidas e excessivas, seu egoísmo e seu antagonismo para com o mundo todo. Observe os aspectos negativos da mentira, da falsidade, da fofoca e da malícia. Preste muita atenção ao sarcasmo que pretende fazer as vezes de humor, mas só denota a sua crítica exacerbada e a sua agressividade. Pode parecer incrível, mas tudo se resume ao medo. Medo de não ter o suficiente, de não ser o suficiente, medo de perder e de não ter o devido reconhecimento e ser apenas mais um no meio da multidão. Medo de ser menos do que os outros...

Essa sensação constante de medo abre dois caminhos para nós. O primeiro é o da recusa em continuar caminhado com alegria e vivacidade; nele, passamos a nos sentir fracos pequenos e impotentes. O segundo é o da necessidade quase permanente de atacar, revidar e mostrar um pretenso poder. Nenhum dos dois caminhos é saudável ou sequer frutífero.

Então trabalhe com tenacidade nisso, mas não se esqueça de que é preciso ir à origem, escondida por trás de cada pensamento equivocado, que por sua vez é consequência de uma ideia equivocada. Descubra essa ideia que foi capaz de levar o medo para dentro do seu coração, e terá a chave para transformá-la através do conhecimento e do entendimento.

Existe uma relação bastante curiosa entre observar e anular os medos e a forma como você passa a se relacionar em seguida com as outras pessoas. Enquanto você vive subjugado pelo medo, pela necessidade de vencer e se exibir, você enxerga os demais como uma plateia que precisa ser convencida e conquistada pelos seus dotes, pela sua pretensão. Após esse trabalho minucioso de se transformar e de romper os laços com essas necessidades, as pessoas deixam de ser inimigas ou concorrentes; desfaz-se o temor de que elas poderiam tomar-lhe o lugar, e você passa a enxergar quem elas de fato são por trás de seus dramas pessoais. São pessoas como você, que ainda vivem perdidas e confusas, cheias de medos e sofrimento, que lutam constantemente para sobreviver sob regras e ditames do próprio ego.

E então subitamente você não precisa mais conquistar ou convencer ninguém, não precisa agradar ou se sobrepor a ninguém. Você consegue viver as experiências e as relações de forma honesta e verdadeira, sem segundas intenções, e sem se deixar enganar pela pequenez do outro.

O medo imprime um ritmo e uma conduta nocivos quando se instala no coração. Cada passo que o indivíduo dá a partir dele é um passo em direção a um precipício, onde a destruição e a crise o aguardam pacientemente.

Vamos tomar como exemplo algumas pessoas muito ricas e ver como suas ambições as tornam insensíveis ao meio ambiente. É de conhecimento geral que os recursos naturais do nosso lindo planeta não são inesgotáveis. Ao contrário, são na sua grande maioria recursos que, mal aproveitados, acabam se esgotando e se extinguindo rapidamente. Com o crescimento e o descaso da população mundial com esses recursos, a vida exuberante e majestosa de um mundo rico e saudável pode estar com seus dias contados.

Agora leve em conta que aquela parte da sociedade que vive na opulência, sem se importar com nada disso, teve um dia o contato com uma simples ideia: de que o dinheiro compra absolutamente tudo aquilo que estiver à venda, e que de um jeito ou de outro tudo está sendo oferecido a elas. Essa ideia em si pode não estar de todo errada; no entanto, associada a um ego que ainda se encontre em um estágio inferior na escalada evolutiva, que tem necessidade de se exibir, de se vangloriar, que tem uma completa falta de consciência do real poder do dinheiro e do quanto ele poderia levar ajuda aos necessitados, então essa ideia arraigada no fundo da mente se transforma em um pensamento nocivo do tipo "eu tenho muito dinheiro, então posso tudo, quero tudo, aqui e agora, custe o que custar". E eis a fórmula de uma bomba relógio multiplicada aos milhares. Essas pessoas passam a vida apenas consumindo de forma desenfreada, gastando e desperdiçando, simplesmente porque a ideia original que gerou todo esse comportamento desequilibrado lhes assegura que tudo é permitido no momento em que se tem muito dinheiro, sem ter de se importar com mais nada a não ser o próprio deleite.

Alguns poderiam perguntar se esse comportamento não poderia ser modificado, se a riqueza dessas pessoas não poderia ser aproveitada de um jeito mais consciente, e a resposta é: claro! Todavia, precisamos buscar o que motiva essas atitudes, o porquê desse consumismo enlouquecido, dessa ganância, da pressa e da necessidade de tudo usufruir, de tudo possuir. O que gerou essa forma de viver imprudente, que não pesa as consequências de seus atos? O que gerou esse comportamento? Medo de não ser mais exclusivo? Ou de não ser o melhor? Não ter o melhor? Medo de se sentir humilhado quando alguém simplesmente puder mais? Medo de viver sem luxo, sem ostentação? Medo de perder o prazer? Medo de perceber que se parar por um segundo o vazio poderá sufocá-las, então continuam indefinidamente, sem se importar com mais nada? Ou o medo de voltar às origens, muitas vezes marcada pelas dificuldades financeiras?

Transformar esse comportamento, recuperar o ego dessas pessoas e, principalmente, salvar o planeta só será possível se vier à luz a ideia que originou tudo isso, se a consciência for desperta.

Outro exemplo que podemos ressaltar é o de uma jovem, tímida, que cresceu ouvindo tanto seus familiares quanto seus colegas ridicularizando sua aparência, seu peso, seu corpo, sua forma de vestir... Ela cresceu com a convicção de, independente do que ela fizesse ou do que acontecesse, sempre seria feia e indesejável. Um dia, no entanto, um homem olhou para ela. Ele realmente a desejou, e juntos eles iniciaram a incrível jornada de um relacionamento amoroso. Infelizmente, os dias se passaram e logo veio à tona o padrão de comportamento violento do seu parceiro. Começou com as queixas constantes, as ofensas e reprimendas. Logo vieram as humilhações, e até mesmo as agressões físicas.

Qualquer um pensaria que o correto seria romper com esse vínculo afetivo, mas ela, sempre acreditando ser menos do que os outros, resignou-se com aquele relacionamento. E, nas horas em que não estava disfarçando as lágrimas e o sofrimento, lutava para se convencer mais uma vez de que aquele era o homem certo, que olhou para ela e a fez se sentir amada e querida, ao menos uma vez em sua vida.

Esse comportamento desequilibrado de perdoar vezes sem conta alguém violento, e ainda permanecer ao seu lado, acontece porque ela precisa se sentir amada e não quer ficar só, mas acaba causando sérios desgastes para essa mulher, tanto físicos quanto emocionais. Chega um ponto em que o cansaço desanima tanto que romper um padrão e recomeçar a vida de outra forma parece uma ideia tão distante quanto inconcebível.

Contudo, se ela continuar convicta de que é feia e desinteressante e por esse motivo aquele será o único homem capaz de amá-la, e que em nome desse suposto amor ela tudo deve suportar, perdoar e aguentar, como poderemos simplesmente secar-lhe as lágrimas e esperar por uma mudança? Como ignorar o fato de que esse ciclo só se romperá no momento em que suas crenças baseadas no medo de não ser aceita, de não ser amada, de não ser suficiente para encontrar um novo amor puderem ser transformadas, gerando assim um novo padrão de conduta?

A vida no mundo dualístico do preto e branco, quente e frio, alto e baixo parece implacável com nossos desejos e sonhos, e a nossa personalidade acaba diante de um dilema profundo e por que não dizer traiçoeiro... Se por um lado você quer conquistar a sua realização pessoal sem medir esforços, por outro você tende a se vangloriar daquilo que conquistou até o momento. Mesmo que sejam poucas as suas conquistas, mas em um ego muito em evidência isso já é o suficiente para provocar uma mudança de comportamento.

Quem não conhece alguém que, ao conseguir uma promoção no trabalho, deixou-se levar pela vaidade e pelos excessos? Ou aquele vizinho que troca de carro e faz de tudo para chamar a atenção? Quem não conhece um colega de trabalho que troca o celular e fica horas com ele na mão, na esperança de chamar a atenção de alguém que passa? Ou ainda o parente que retorna de uma viagem e não consegue parar de contar vantagens? E é aí que se encontram os maiores perigos para a alma que está experienciando a vida no plano físico; o medo surge quando você se envaidece e se orgulha das conquistas, ou quando você é ganancioso e obstinado em obter sempre mais. Porque se por um lado você se sente feliz com a possibilidade de realizar seus sonhos, por outro teme não satisfazê-los ou até perder o que conquistou. Isso trará consequências desastrosas para sua vida, pois você sempre irá achar que precisa de mais para se evidenciar e evitar passar despercebido, e não abre mão de nada só para evitar ter o seu orgulho ferido. Assim, segue em frente, cego da própria ignorância, receoso da própria sombra.

E quantos de nós, que nos encontramos há algum tempo no caminho da espiritualidade, podemos, sincera e honestamente, dizer que já nos libertamos completamente de tudo isso? Às vezes, por vergonha ou até por vaidade, muitos escondem em um lugar profundo da mente esses aspectos nocivos, justamente por acreditar serem contraditórios à trajetória evolutiva. Mas uma coisa é certa: se estamos aqui hoje sob o jugo da vida planetária, física e densa é porque com certeza ainda existe um lado sombrio para ser trabalhado. Pode acreditar, se não houvesse esse trabalho para ser feito você não estaria aqui; e isto não é apenas uma questão de lógica, mas também de frequência energética. Como já diz o ditado: "Diz-me com quem andas e eu te direi quem és". Isso quer dizer que, se você já fosse iluminado, não estaria mais por aqui, no meio de tantas dificuldades. Portanto, aceite isso e trabalhe com afinco para modificar essa realidade.

O problema é que continuamos a viver como se fôssemos simples humanos buscando nos espiritualizar, quando na verdade somos espíritos Divinos tentando temporariamente ser humanos para experienciarmos esta jornada; e, no meio desse nó que gerou tanta confusão em nossos sentidos, acabamos vibrando energias de frequências muito baixas, densas e lentas.

Preste atenção a como todas as guerras a que assistimos boquiabertos, todos os conflitos isolados nos guetos e nas favelas, todos os massacres contra nosso próximo ou contra o meio ambiente é sempre uma coisa só: MEDO. É a necessidade de conquistar sempre mais, para sentir que se é mais. E tanto de um lado quanto do outro o medo se instala e estreita a passagem da humanidade.

Para o homem é quase imperativo viver em busca de sua satisfação pessoal, e para isso ele precisa defender o seu espaço, justificar seus ideais, e inúmeras vezes, nesse processo, acaba perdendo a noção de respeito e de limites aceitáveis, bem como tomando atitudes que passam por cima de tudo e de todos em nome dessa satisfação. Mas, quando se sente limitado nos seus esforços, ele se ressente e se vê ameaçado; e é então que surgem a animosidade, a intimidação, a violência e a vingança. E tudo isso arrasta esse homem ainda mais para baixo. Afinal, quem quer ficar para trás nessa corrida? Essa necessidade quase constante de obter atenção e reconhecimento faz desse homem alguém calculista, manipulador e interesseiro, porque esse é o único jeito de ele não cair na obscuridade, onde permaneceria à sombra dos outros.

E uma série de outros comportamentos menos evoluídos aparecem aqui e ali; como a raiva, a obstinação, a imoralidade... Medo. Medo de não atingir os seus objetivos, de não realizar os seus sonhos ou não alcançar a tão almejada satisfação pessoal; a evidência. Daí surge a impaciência, a preocupação, a ansiedade, e tudo isso não é mais do que o medo de não ter tempo suficiente, nem de estar fazendo o suficiente para sobressair. Quando esse medo se torna exagerado, atinge níveis fora de controle, e você se torna obsessivo, compulsivo e neurótico; já não consegue sequer parar para refletir. No final, se você não alcança suas expectativas e metas, nasce a vergonha, a humilhação, a mágoa, a crítica e o ressentimento, tudo isso esconde o medo de quem se sente impotente, inferiorizado e vencido. Você se torna uma vítima das circunstâncias, que agora precisa aceitar o que vier pela frente, sem outras opções. Precisa submeter-se ao sofrimento para sobreviver.

Mas o coração não suporta calado por tanto tempo, e a amargura e a infelicidade brotam como veneno, instigando-o a querer sempre mais e mais, com medo de que, se não experimentar de tudo um pouco, e rápido, não terá compensados todos os seus sacrifícios e esforços. Mas ainda assim, nada é capaz de preencher esse vazio, nada abafa a solidão, e você corre pela vida envelhecido, adoentado e fraco, com medo de jamais encontrar o amor verdadeiro, o amigo sincero, a paz e a tranquilidade. Por fim, você resiste até às inevitáveis mudanças, e vai sobrevivendo agarrando-se, aos trancos e barrancos, a tudo aquilo que o faz sofrer, por puro medo de que essas mudanças acabem por trazer o desconhecido para dentro de sua vida.

O ser humano vive, na verdade, em busca do sentimento acolhedor da aceitação e de pertencer a algo maior. Podemos ver isso em todos os níveis da sociedade, desde os jovens, que se agrupam em suas preferências pelos corredores das escolas e universidades, até os adultos, que se juntam em sociedades, grupos e agremiações, seja de futebol, samba ou religião.

Porém, quando esse movimento de buscar se associar não é imbuído de amor e da emoção de compartilhar as bênçãos da vida, você se submete justamente ao oposto, isto é, precisa encarar a angústia de se perceber só, sempre correndo para tentar agradar. E, para ser aceito nessas circunstâncias, você se submete às regras que os outros impõem, muitas vezes acompanhadas de humilhação e dor. É um preço muito alto, porque em silêncio o sofrimento entra sorrateiro na sua alma, tirando-lhe as noites de sono, a inocência, a saúde e a beleza.

Neste estágio, pode ser que você depare com a culpa, outra grande inimiga da felicidade, pois ela destrói aos poucos a alegria de viver, o otimismo para revelar sempre o que há de bom, e a determinação de mostrar a sua melhor parte, tão necessários para realizar os sonhos.

O medo levanta dúvidas e inquietações perturbadoras porque lhe falta conhecimento suficiente para transformar e iluminar suas angústias. Ele insiste em nos colocar entre antagonistas e vítimas, lutando pelos nossos ideais, até que, uma vez cansados, o medo nos paralisa. Inclusive aqueles que se consideram invencíveis e poderosos escondem profundamente em seus corações o temor da queda e do ostracismo; exatamente por isso prosseguem sua marcha ininterrupta, fugindo do medo da punição.

E todos os medos se resumem a um só: o medo do fim. O medo do nada, do absolutamente e grandioso nada. Porém, só quem se sente separado e apartado desse estado pleno de amor que é Deus pode se sentir tão ameaçado assim. Porque trazemos viva dentro de nós a consciência da mortalidade, e isso nos indica claramente que existe um fim para tudo. Todavia, o homem, em meio à sua insanidade, tenta a todo custo evitar esse fato, e evita, inclusive, o fim da própria luta para não se sentir derrotado.

Para a energia isso não é real. Nada acaba no Universo, tudo se renova, se recicla e se refaz. É o interminável ciclo da vida, e todos nós, como parte integrante e ativa desse processo, também sofremos interminaveis transformações. Aceitar esse convite é a maior derrota que você pode infligir ao medo em sua vida; isto é, dar boas-vindas à transformação.

E não há nada que você possa fazer para impedir isso. O verão se vai e dá lugar ao outono, que só está esperando a chegada do inverno. E quando menos se espera, a primavera acontece, para depois começar tudo de novo. O sol se põe para dar lugar à noite, só para retornar na manhã seguinte. O bebê cresce, e o adulto envelhece. As flores que um dia foram apenas botões se abrem e passam a ser pura beleza e cor. No fim, elas murcham para dar lugar a outras. A vida é uma dança na qual você simplesmente não pode ficar parado. E ainda que você esteja imóvel, plantado com os pés firmes no chão, mesmo que não sinta nem perceba, a Terra continua girando e se movimentando pelos confins do Universo, e você vai junto com ela.

Boa parte das pessoas realmente acredita que o medo faz bem, imagine só! É verdade, elas acreditam que certa dose de medo pode evitar que o indivíduo corra riscos desnecessários ou que venha até a se machucar. Entretanto, existe uma grande diferença entre medo e cautela. O primeiro é uma frequência paralisante, impotente e de completa depreciação da vida. O segundo é puro conhecimento, discernimento.

Você sabe que em dias de tempestade é cauteloso evitar sair de casa e andar por lugares descampados. Você sabe que em locais onde os índices de violência são altos é cauteloso evitar andar pelas ruas desertas à noite. Você sabe que é bom evitar atravessar um rio em seu trecho mais revolto. Você sabe que várias situações do dia a dia requerem cautela. Isso chega a ser instintivo. Porém, cautela é completamente diferente de medo. Seu conhecimento prévio de algumas informações o faz ponderar que seria mais prudente evitar determinadas situações e circunstâncias para desviar-se do constrangimento, da violência, ou até mesmo da morte. Ser prudente e cauteloso é virtude de quem é sábio o suficiente para não se expor gratuitamente, como se a própria vida não tivesse valor.

O medo, por outro lado, transforma as pessoas em covardes que se escondem para não se expor às situações, justamente para não ter de encarar os aprendizados que lhe estão sendo oferecidos.

No entanto, repare no quanto o amor ainda é maior é mais forte que a cautela e o medo juntos. Quantos relatos existem de pessoas que, no auge do seu amor ao próximo, esqueceram-se de seus temores, deixaram a cautela de lado e se lançaram de corpo e alma a socorrer alguém que se encontrava em perigo? Nessa hora não há risco que impeça o amor de se atirar em águas turbulentas, ou de percorrer milhas e milhas debaixo de uma tempestade feroz ou até mesmo de enfrentar a mira de um revólver, se a recompensa for ter a certeza de que o objeto do seu amor estará são e salvo.

Onde existe medo existe também a recusa em transformar trevas em luz. Os Fazedores de Milagres afirmam que o medo paralisa qualquer movimento que a luz tente executar para chegar até nós. E é exatamente por isso que não adianta sentar e esperar que a ajuda caia do céu. Nem mesmo com toda a reza, nem implorando a Deus, se o coração permanece embrutecido nenhuma ajuda poderá nos alcançar vinda de fora, sem que haja ao menos um pequeno desejo de crescer e evoluir. Mas esse pequeno movimento interno basta para que a luz encontre espaço e se expanda.

E nada que não seja a frequência do amor, do respeito, da união e do perdão pode levar luz para nossas vidas, porque é somente nesse estado de consciência que se abre diante de cada um de nós o caminho rumo à felicidade. Só o amor é capaz de nos conduzir na grande trajetória da evolução espiritual; o amor rompe todas as amarras, todas as barreiras que criamos para nós. O amor liberta, impulsiona, ele é capaz de nos fazer ir mais longe do que supúnhamos que seria possível chegar.

E é exatamente em função do caráter libertador que o amor possui que qualquer sinal de ciúme é um alerta soando e avisando que o medo está se instalando nas relações. É o medo de perder a importância na vida dos outros, de ficar sozinho, que gera o apego e o desrespeito.

Enquanto vibrarmos na frequência do medo, as consequências em nossas vidas serão sempre de crises e dificuldades. Até mesmo os animais sentem essa frequência, e a partir daí todo o seu comportamento muda. Os mais frágeis fogem e se escondem, enquanto os valentes atacam e dominam a presa amedrontada.

Portanto, detectar cada atitude, gesto ou pensamento destrutivo não deve ser realizado com o objetivo de autopunição ou autorrecriminação, com o intuito de nos causar vergonha pelas nossas facetas pequenas e sombrias. Muito menos devemos tentar fugir e fingir que elas não existem. O objetivo é olhar com compaixão e perdão para cada uma delas e inundar tudo com o amor infinito do Pai; até porque o que passou não tem volta, e o único momento que importa é aqui e agora. Seu futuro depende disso. O futuro que você deseja depende disso.

Imagine cada aspecto nocivo e reveja essas cenas na sua memória, mas com uma diferença: desta vez, você opta por atitudes amorosas, palavras mais sábias e pensamentos evoluídos. É preciso dar tempo para que a cura se instaure, e paciência nessa hora é fundamental para transformar seus medos em virtudes. A pressa costuma ser inimiga da perfeição, e sabe por quê? Medo! Medo de que não haja tempo suficiente para transformar tudo o que precisa ser transformado, e ainda reste algum para que você possa curtir a vida, se esbaldar finalmente. Então a pessoa segue tentando pular etapas, atropelando tudo o que vê pela frente.

Com a sabedoria dos Fazedores de Milagres você compreende que não é preciso correr apressado e temeroso atrás dos próprios sonhos, porque são os sonhos que correm e chegam até nós; porém, no seu devido tempo. Então, aproveite o tempo que os seus sonhos estão lhe ofertando para transmutar tudo de nocivo que você ainda traz escondido no seu coração, e fique certo de uma coisa: cada transformação interna que você produzir poderá ser sentida também aqui fora.

A DIFÍCIL MISSÃO DE EVOLUIR

A tarefa de criarmos luz em nossas vidas não é tão simples como parece. Encontrar o caminho da autoiluminação pode até ser fácil, mas permanecer fiel a ele ao longo de nossas experiências rotineiras é bastante complicado; afinal, esta é uma jornada bastante conflituosa. Vivemos atabalhoados e espremidos em tarefas exaustivas, e em uma dimensão onde a vida se manifesta na realidade tridimensional e limitada. Precisamos nos alimentar e nos exercitar para mantermos o corpo saudável. Precisamos dormir e descansar de tempos em tempos. É necessário aprender um ofício e trabalhar para construirmos todas as condições da manutenção de nossa existência. E, finalmente, temos de nos relacionar com as pessoas e com todas as formas de vida a nossa volta, respeitando-as e incentivando-as. E nenhuma dessas tarefas é simples, porque tudo o que fazemos gera uma consequência, e no exato instante em que você experimenta essa mesma consequência, automaticamente está causando novas oportunidades para um futuro próximo.

Vivemos em um Universo de causa e efeito, ou seja, uma ação acontece e em seguida sentimos os efeitos e as consequências dessa ação. Todavia, nosso objetivo é justamente encontrar um pequeno intervalo nessa sequência de eventos em cadeia para podermos modificar nossos padrões, nossos comportamentos e, por conseguinte, o resultado deles. Mas é necessário aprender a lidar muito bem com nossas escolhas e com as consequências geradas por nossas palavras, nossos atos e pensamentos. Devemos nos responsabilizar por nossas atitudes, e assim detectar exatamente o que ainda carece de transformação interior, porque estamos continuamente evidenciando um padrão negativo que habita em nós.

Evoluir na verdade é um trabalho para toda a vida. Ilude-se quem pensa que fará tudo isso uma única vez e depois estará livre. Um comportamento evoluído requer disciplina, porém, não tenha receio de achar que isso será para sempre chato ou rígido; depois de certo ponto você passa a fazer automaticamente cada modificação necessária, e com o distanciamento emocional apropriado. Você passa a se organizar internamente com mestria e imparcialidade. Espere e verá.

Porém, algumas pessoas preferem passar a vida perambulando como verdadeiros sonâmbulos emocionais, parando apenas para se observar quando, por infelicidade, deparam com uma dor intensa. É preciso que as crises graves e dolorosas apareçam para fazê-los recuar e despertar, sacudindo todos os seus alicerces. É verdade, também, que outros tantos tentam arduamente ao longo dos anos buscar uma ajudinha aqui e outra ali, mas esforçam-se tanto que finalmente se perdem e acabam desistindo, achando que suas preces não foram ouvidas; ou pior: começam a se martirizar acreditando que muito possivelmente fizeram tudo errado. Talvez tenham feito mesmo, e é muito difícil perceber ou sequer admitir isto. Contudo, se serve de consolo, ninguém está isento de se equivocar uma vez ou outra. O importante nesse caso é retomar o caminho para o autoconhecimento o mais rápido o possível!

Mas não caia no equívoco de acreditar que você deve fazer toda essa mudança interior só para alcançar mais rápido seus sonhos. É impossível ludibriar o Universo dessa forma, porque enquanto você tenta manipular a situação a seu favor, cheio de ansiedade para ver os resultados práticos acontecerem, seus pensamentos continuam emitindo a frequência do controle, da teimosia e do medo, enquanto o seu coração permanece quieto, fechado e isolado, alheio aos seus desejos e à sua pressa. Não há harmonia, nem equilíbrio. Não há espaço para um milagre.

Transformar os pensamentos pode levar uma fração de segundo, e se você está em um dia ruim, tendo apenas pensamentos negativos, tristes e que o deixam melancólico, basta ter um pensamento positivo e alegre para a sua frequência se transformar, e você poderá até se flagrar substituindo as lágrimas por sorrisos. Infelizmente, o mesmo não ocorre com a frequência dos nossos sentimentos, e muito menos com a realidade física. Essa última na verdade, tem uma variação no tempo para que os eventos ocorram que beira o imprevisível.

Quanto aos sentimentos, há um período de ajuste interno, de entendimento, de esclarecimento da nova informação apresentada. Isso é muito fácil de ser percebido quando passamos por eventos em que ocorrem separações ou perdas. Um namoro acaba e você está ciente de que isso foi o melhor para você naquele momento, ou um parente falece e não há nada que se possa fazer, mas nem por isso existe um interruptor que torne possível ligar e desligar o seu pesar, a sua saudade. Existe um período de deixar morrer, de deixar as coisas se transformarem internamente sem precipitação.

Este tempo permite também ao organismo disposição para que todas as células se purifiquem e se preparem para operar na nova frequência. Uma coisa é mudar um pensamento; outra, muito mais trabalhosa, é ajustar seus sentimentos.

E pode até ser que você comece a se sentir bem imediatamente após trocar um pensamento negativo por um pensamento positivo. Isso se deve ao fato de que a energia flui para onde vai a atenção. Se a sua percepção está direcionada para um ponto específico, então é para lá que toda a energia à sua disposição fluirá também.

Agora mesmo você pode perceber isto. Enquanto está sentado lendo este livro, sua mente está absorta e envolvida com o ato de ler, de compreender todas as informações apresentadas. Você não está, por exemplo, pensando no seu pé; mas, neste exato instante em que ele foi mencionado, sua atenção voltou-se para ele, você voltou a senti-lo. Talvez

Tateando no escuro

até sinta vontade de mexê-lo um pouco. Basta mudar o foco da sua percepção que a energia muda também.

A energia sempre acompanha a mudança, saindo da frequência de um pensamento negativo em direção a um positivo ou vice-versa. Mas então, se a frequência de nossos pensamentos pode pular rapidamente do negativo para o positivo, por que quando se trata dos nossos sentimentos isso não é verdadeiro?

O que acontece quando você tem uma ideia ou um novo pensamento é apenas isso: uma ideia. Você não sente absolutamente nada, nem de positivo, nem de negativo ou pelo menos não deveria. Mas logo nosso ego acaba interferindo no processo, e vai buscar na memória qualquer informação similar que tenha ocorrido no passado para classificar e coordenar a nova ideia que surgiu. E a nossa memória funciona exatamente assim, como um gigantesco arquivo onde se encontram armazenados as lembranças, os conceitos e as opiniões formadas. Automaticamente após você ter contato com uma nova ideia ou um novo pensamento, o seu ego corre para verificar essa informação, classificando-a e enquadrando-a nos seus arquivos pessoais. Quando o ego faz isso, ele realmente acredita que está fazendo o melhor para você, fornecendo-lhe instrumentos para lidar com o que se apresenta. Mas o triste é que, depois de passar pelo crivo do ego, aquela ideia já não é mais pura, nem original. Ela está impregnada de julgamentos preconcebidos, está vinculada a preconceitos, argumentos e críticas. Aquela ideia que nasceu legítima foi devidamente disposta entre boa ou ruim, e você passa a simpatizar ou a antipatizar com aquela informação de acordo com a seleção que o seu ego fez.

E então nasce a sintonia correspondente no nível emocional. Um pensamento que você "percebe" como sendo feliz e agradável desperta em você somente o melhor; em contrapartida, um pensamento que você "percebe" como negativo e ruim reflete exatamente isso em você e na sua vida também. Assim, depois de entrar em contato com uma ideia original, classificá-la e finalmente senti-la em seu íntimo como válida e verdadeira, você começa a agir e a viver de acordo com aquela frequência, e passa a atrair para si eventos e circunstâncias que tenham afinidade energética com o padrão que você escolheu trabalhar. Nos próximos capítulos iremos discutir mais detalhadamente sobre como nosso comportamento reflete nossas ideias.

Um pensamento é só um pensamento, e uma ideia é só uma ideia. O que você vai fazer, para que lado você vai pender ao classificar essa ideia original entre positiva ou negativa, vai depender do nível das informações armazenadas em você. Seu nível de disposição para aprender novos conceitos, para transformar sua vida é crucial para enfrentar o desafio que se apresenta à sua frente. E, como o ser humano tem a incrível tendência a ser um pouco displicente quando se trata de olhar para seus equívocos, não é de surpreender o quanto as experiências traumatizantes, apoiadas por esses pensamentos e sentimentos nocivos, vão se repetindo uma após a outra.

Quanto mais puro e inocente você conseguir ser, menos crítica e julgamento haverá em seu coração. Consequentemente, menos crises e eventos dolorosos surgirão. É simples assim. No entanto, não adianta apenas mudar um pensamento de negativo para positivo sem transformar a base interna que serve justamente para organizar seus ideais. Se não formos até a raiz do problema para elevar seu padrão interno através de muita informação e clareza, então toda aquela gama de pensamentos nocivos que ainda resistem em ir embora em pouco tempo estará de novo golpeando sua porta, e você continuará se debatendo em uma angústia atroz. Permanecerá lutando desesperadamente para manter-se otimista em meio a um mar de negatividade, sem levar em conta que esse otimismo é passageiro, e esconde nas profundezas um oceano de pensamentos e ideias equivocados.

A sabedoria consiste em deixar de ser uma pessoa meramente reativa, ou seja, que passa a vida alheia ao próprio poder interno de transformar as situações, e que apenas reage às situações externas conforme elas vão se apresentando, mas depois recrimina o mundo inteiro por seus dissabores.

Os Fazedores de Milagres traçam um paralelo entre a trajetória da energia e o porquê de não transformarmos tão rapidamente nossos sentimentos quanto gostaríamos. Quando a energia primordial iniciou a sua trajetória de experimentações, ela começou uma descida dos níveis mais sutis até a matéria densa. Nesse caminho foram criados vários outros níveis de experienciação, entre eles o campo mental, e em seguida, o campo emocional. Por fim, a vida se manifestou no nível mais denso da matéria: o nível físico. E é exatamente esse o percurso que a energia e a informação faz desde então. Como seres evoluindo na forma física da matéria, ou seja, na ponta mais extrema do fluxo de evolução por conseguinte, mais distante da origem primordial, nós temos também uma parcela da nossa energia vibrando em outros níveis, nos níveis superiores a nós, como se fosse um fio condutor de informações.

No campo mental, a energia vibra de forma muito mais acelerada e, portanto, o conhecimento é transmitido mais rápido. Nesse campo mental, a informação automaticamente se transforma. Aquilo que você pensa você é, sem julgamentos ou argumentações.

Partindo dessa vibração superior, a energia ascendente visita o campo emocional. Ali as coisas se tornam um pouco mais vagarosas, e isso ocorre pelo simples fato de que a vibração da energia se torna também mais lenta, apenas isso. Essa é a razão pela qual nossos sentimentos e nossas emoções não acompanham tão rapidamente as nossas ideias. E se a velocidade da vibração da energia de ordem emocional é mais lenta, então mais lento é o processo de transformação que acontece ali. No entanto, no momento em que essa transformação se instala nada é capaz de deter o poder que a energia concentrada no campo emocional possui. Ela fatalmente descerá para o nível seguinte, atingindo em cheio o corpo físico, assim como um terremoto ou uma avalanche, podendo inclusive fazer surgir todo tipo de mal-estar e de doenças, bem como de êxtase e de prazer.

E finalmente chegamos à vibração densa da energia. É o local onde a matéria física se desenvolve, onde precisamos nos deslocar com dificuldade pelos obstáculos. A lentidão aqui pode chegar a ser insuportável algumas vezes, mas não há como escapar se quisermos evoluir algum dia.

E todo o processo de evolução consiste exatamente em elevarmos a nossa vibração cada vez mais, até o ponto em que a energia se encontre tão pura que se torne possível fazer todo o caminho de volta ao Pai.

É importante que fique claro que para praticar qualquer mudança nessa estrutura você precisará percorrer o caminho inverso em sua vida diária. Para tanto, observe tudo o que o desagrada neste momento em sua vida física; seja verdadeiro, mas não crítico. Observe seus relacionamentos, suas relações de trabalho, como funciona a sua dinâmica com o dinheiro e com os prazeres. Aquilo que o está incomodando na sua vida prática e que não lhe traz satisfação com toda a certeza também está lhe causando certo incômodo emocional, alguma chateação. Essa é a deixa, esse é o sinal a que você deve prestar atenção, porque, se existe qualquer coisa lhe incomodando no emocional, é porque existe uma ideia equivocada alimentando esse circuito também.

Lembre-se de que a energia percorre exatamente esse caminho: mental, emocional e, por fim, físico. E se o desgaste já se faz sentir no campo físico é porque ele deixou seu rastro por todos os outros, isto é, no campo emocional e mental. Então, quando algo o está incomodando, isso significa que a energia está, sim, executando esse mesmo percurso. Uma ideia equivocada gera um incômodo emocional, e você vive reagindo a tudo isto no plano físico, no seu dia a dia...

E se existe uma ideia equivocada que está criando tanto mal-estar é porque ela não vibra o amor, o entendimento, a paciência ou a união. Aliás, para que uma energia cause algum nível de mal-estar é preciso que ela esteja vibrando na frequência da carência, da ansiedade, e de todas aquelas vibrações negativas que falamos no capítulo anterior. O que também nos leva a concluir que de alguma forma você está vibrando na frequência do medo. Reveja suas ideias e conceitos, e, ao modificá-los, seus sentimentos também mudarão. Sua vida prática sentirá essa transformação.

É preciso dar tempo ao tempo para que a cura se instale. Ter em mente um pensamento vicioso, arraigado, que forma a base de toda uma vida, e acreditar que se você for moralista ou crítico estará dando um jeito nessa história é pura ingenuidade. O segredo na verdade está em alcançar esse nível mental que abriga as suas ideias e observar seus conceitos sobre a vida, sobre as pessoas e sobre como ser feliz. Alcançando essas ideias, observe-as com neutralidade, porque a única utilidade que elas têm, na verdade, é mostrar-lhe em que ponto exato da sua evolução você se encontra neste momento: você é alguém que crê na realização pessoal, que acredita que o mundo inteiro é um grande inimigo em potencial, ou, quem sabe, profundamente interessado em evoluir, mas que não encontrou as respostas corretas?

Tendo bem claro tudo aquilo que o está incomodando ou que atrapalha o seu sucesso, a caminhada se torna um pouco mais fácil. Impossível seria desejar encontrar a felicidade sem estar disposto sequer a olhar-se e transformar-se. Portanto, permita sentir-se um pouquinho feliz por descobrir que você carrega alguns aspectos ainda por evoluir. Só com isso você já deu um grande salto rumo à realização.

Levando tudo isso em consideração, você pode compreender exatamente o porquê de muitos de seus pedidos e suas orações terem fracassado ao longo dos anos. Eles eram uma afirmação do seu estado de carência, de solidão. Suas ideias sobre sua vida lhe contavam uma história de limitações, de perdas, enquanto você implorava aos céus por misericórdia; no entanto, para que uma resposta positiva pudesse chegar até você, o caminho que a energia percorreria precisava estar desobstruído, desimpedido de toda a frequência negativa. Bastava que uma lamentação resistisse no seu campo emocional para comprovar que, no fundo, você mantinha suas crenças na limitação, no sofrimento e na crise. Com todos esses pensamentos negativos e todos os sentimentos igualmente nocivos, que solução, que cura, que alegria poderia chegar até você? Qualquer tentativa de ajudá-lo era maculada pelo seu pessimismo e pela constante súplica.

O cenário muda quando você acredita e confia, sem precisar choramingar, implorar ou até mesmo repetir a história um milhão de vezes. Quando os seus sentimentos podem lhe garantir que tudo irá terminar bem, você interrompe o sofrimento desnecessário para quem sabe que a ajuda está chegando.

Enquanto você não transformar esses conceitos ligados aos seus ideais, seu sentimento continuará a ser de sofrimento e ressentimento por jamais alcançar a realização pessoal. E enquanto seus sentimentos forem esses, a vida irá responder continuamente com as mesmas histórias repetidas, ainda que você reze dia e noite, recite mantras ou faça peregrinações.

Uma ideia qualquer se transforma em um conceito, e esse conceito pode lhe fazer tanto bem quanto mal, e a qualidade de sua vida depende exclusivamente disso. Desejar e se prontificar a mudar seus padrões internos vai lhe mostrar na mesma medida se existe ou não condições para você se tornar um Fazedor de Milagres.

No momento em que você escolhe qual o conceito que quer dar a uma informação qualquer, ele passa de forma instantânea a moldar também os seus sentimentos, e, inversamente, aquilo que você sente a respeito de uma determinada situação tem a ver com o que você acredita sobre a situação em si. Uma coisa está intrinsecamente ligada à outra, e, como uma reação em cadeia, cada atitude que você tomar a partir de então será baseada no que você sente, no que você acredita como sendo certo, o que por sua vez está baseado naquela primeira ideia que surgiu lá trás. Agora multiplique isso por todo comportamento, por toda reação, por toda atitude que você toma ao longo dos anos. É gigantesco não é mesmo?

Tomemos como exemplo uma simples informação que chega até você. No noticiário, a meteorologia avisa que há possibilidade de chuvas fortes no final da tarde. Isso é apenas uma simples informação, correto? Mas então você sente um calafrio percorrer sua espinha. Na última vez em que ocorreram essas chuvas, o trânsito ficou caótico e você se atrasou para seus compromissos, não chegou a tempo ao encontro marcado. As ruas começaram a encher, e a água invadiu o seu carro. Ao ir relembrando o passado você se dá conta de que o pânico, o medo e toda a revolta daquele dia rapidamente voltam à sua cabeça. Na verdade, você não precisa nem mesmo ficar parado contabilizando cada um desses fatos, pois, como essas memórias existem em você, instantaneamente elas escapam dos seus arquivos pessoais e lhe trazem uma sensação ruim. Talvez você nem consiga precisar muito bem que sensação é essa, mas ela está ali. Desse modo, todo o seu dia vai ser marcado por essa expectativa.

Com um olho no relógio e outro na janela, você se perde observando as nuvens se formando lá no alto, e aqui embaixo vai ficando relapso com as tarefas que exigem sua atenção imediata. Com isso, pode se tornar ríspido com seus colegas, e finalmente o mau humor e a apreensão tomam conta de você. O estômago dói, a pressão dispara, muitas dores aqui e ali escondem a tensão, o medo.

Uma informação era só uma informação até o momento em que seu ego escolheu classificá-la como um evento desastroso, baseado apenas no que ocorreu no passado. É claro que, se você já passou por esse tipo de experiência, sabe reconhecer os sinais claros do quão prejudiciais esses temporais podem ser. Mas em vez de aproveitar os dados que você tem nas mãos para evitar esses aborrecimentos como fazer um trajeto diferente para casa, desmarcar compromissos e ir em busca de um lugar seguro, prevenindo-se dos danos ao máximo, você passa o dia justamente vibrando e esperando por eles no final da tarde.

Tateando no escuro

Uma coisa que não pode ser mudada é que a tempestade vai acontecer. Isso é um fato, uma informação. Se ela vai ser prejudicial, você escolhe. E se ela efetivamente lhe trouxer danos materiais, ainda assim a forma como você reage aos eventos vai determinar se você vai se reerguer rápido ou de forma lenta, morosa. Se vai seguir em frente com garra, ou entregar os pontos e resmungar até o fim.

Agora, tente pensar de outra forma. Você consegue desmarcar todos os seus compromissos com certa antecedência. Pede a um vizinho que dê uma verificada em sua casa, no seu cachorro, e que fique até mesmo cuidando de seus filhos. Então, antes de sair desesperado achando que poderá enfrentar o poder implacável da chuva, você simplesmente se acalma e relaxa. Reúne-se a outros tantos colegas de trabalho que também ficaram impedidos de ir para suas casas, e começam uma boa conversa. Fazem até mesmo um pedido na pizzaria da esquina. Durante esse bate-papo, acaba conhecendo outras facetas daqueles que trabalham lado a lado todos os dias com você.

Quando menos se espera, a chuva terá passado, e surpresa! nem mesmo foi uma tempestade colossal. Ela foi benéfica porque encheu os reservatórios de água que abastecem a cidade, abastece a sua casa, o seu chuveiro. A água molha as árvores, molha a terra de onde brotam nossos alimentos. Os raios e as descargas elétricas aliviaram a tensão energética no céu. A vida pode seguir em frente, mesmo quando uma grande e destruidora tempestade se abate sobre a cidade.

Recomeçar e reconstruir são tarefas que o ser humano simplesmente abomina por parecerem injustas e derrotistas, mas a vida acontece através de pura e simples reciclagem energética. A transformação é parte vital dos ciclos de nascimento e morte, por onde a vida se renova. Circunstâncias como grandes catástrofes acontecem para que aqueles que possuem uma vida abastada e feliz venham em socorro daqueles que eventualmente perdem tudo debaixo das águas. É uma troca, e como não poderia deixar de ser, é uma imensa oportunidade de crescimento e de conhecimento para todos.

Voltando um pouco atrás, a informação inicial era a chuva que iria cair, o que você sente, o que você espera que aconteça e o que você poderá fazer a partir daí; tudo isto é outra história... E você pode terminar dando boas risadas, ou lamentando e amaldiçoando o céu.

Imagine então a quantidade de conceitos que estão escondidos no seu subconsciente e que direcionam cada passo que você dá na sua vida. A princípio pode até assustar, mas se você observar os seus padrões repetitivos que se sobressaem, e que estão sempre a assombrá-lo, será capaz de trazer à tona quaisquer ideias equivocadas que acabaram dando origem a tantos problemas. Essas ideias, mais cedo ou mais tarde, acabam vindo à superfície, e caberá a você olhar para elas e escolher transformá-las ou não.

É importante salientar que todo o seu comportamento (condicionado) pela vida afora está baseado e fundamentado em todas as suas crenças e conceitos pessoais, pois são as suas ideias sobre o mundo e sobre você mesmo que vão pouco a pouco moldando o seu jeito de agir, a forma de falar e até de pensar. Ao criar esse padrão, esses conceitos geram um ciclo que vai se repetindo indefinidamente, e onde a vida de cada um vai se descortinando. Se você tem qualquer crença equivocada, ela irá afetar completamente a forma como você encara a vida e como se comporta pelo caminho. A tendência é que a vida lhe apresente as circunstâncias exatas para que fortaleça ainda mais esses conceitos internos, e assim você segue reafirmando e justificando para si essa linha de raciocínio em particular, esteja correto ou não, seja benéfico ou não. É preciso ter coragem e ir até a origem de todas as suas crenças e conceitos para poder enxergar e perceber como você vem andando pelo mundo.

Na prática, tirando de lado o sofrimento e os transtornos causados pelas dificuldades em nossas vidas, tudo não passa de um comportamento condicionado. Se você quer que as coisas sejam diferentes, que respondam a um arquétipo mais elevado, será preciso transformar esse padrão condicionado reeducando-se para um padrão superior, mas baseando-o em uma frequência que responda à saúde, ao amor e à abundância, sucessivamente.

Porém, uma vez mais devo ser honesta e lhe dizer que isso não é tarefa fácil. Não basta ler um livro ou dois para que tudo se resolva. Se isso fosse possível, estaríamos todos agora mesmo em uma praia paradisíaca curtindo as nossas vidas ao máximo. No entanto, basta olhar à nossa volta, ou até mesmo para nossas vidas cotidianas, para sermos obrigados a admitir que há muito ainda que precisa mudar.

Primeiro obstáculo: o vício emocional

Existem alguns obstáculos nessa caminhada de transformação que não podem ficar sem um devido esclarecimento. O primeiro deles, na verdade, é físico/emocional. O segundo é um pouco mais complicado, ele é de ordem espiritual.

O que acontece na esfera física que poderia estar dificultando o nosso desejo de ter uma revolucionária transformação pessoal? Bem, vai parecer brincadeira, mas um fator que cria um obstáculo muito difícil de ser transmutado é o nosso corpo físico. Basta você admitir o quão poderoso é um vício qualquer. Milhares de pessoas lutam árdua e diariamente para se livrar dos efeitos entorpecentes que o álcool, o cigarro e tantos outros vícios podem causar. Bilhões são gastos anualmente ao redor do mundo inteiro só para tratar e recuperar aqueles que optaram por esse caminho devastador. Nosso corpo se habitua pouco a pouco aos efeitos que cada reação química provoca. Um simples alimento se transforma no interior do nosso corpo ativando a energia que traz a saúde, ou a energia que nos faz adoecer. Somos um grande organismo com uma estrutura à base de carbono, e ele é repleto de receptores e bloqueadores celulares, que vão reagindo em combinações químicas com tudo aquilo que cruzarem pelo caminho.

E uma reação química é só a ponta desse novelo. A questão está no entendimento de cada comportamento por trás desses vícios. Por que você escolhe acender um cigarro, por exemplo? O que você sente ao fazer isso? Prazer? Relaxamento? Liberdade de padrões? Rebeldia? Porque quando sai com seus amigos você acompanha a onda deles e acaba bebendo mais do que deveria, ou pior, experimenta substâncias muito mais nocivas? A quem você espera agradar realmente? Você está tentando ser aceito? Por que você se senta na frente da televisão e se entope de alimentos que não lhe oferecem uma vida saudável? Esse hábito lhe proporciona algum prazer de verdade ou você está tentando fugir de si mesmo, fugir da sua insatisfação escondendo-se atrás do excesso de comida? Por que você humilha seus subordinados, empregados e funcionários? Tratá-los desse jeito lhe dá alguma sensação de poder? De superioridade? Por que você submete seus familiares a torturas e sofrimentos? Por acaso você teme que, se agir de forma amorosa, eles não o respeitem? O que você deseja sentir quando escolhe praticar qualquer um desses comportamentos? Do que você está se escondendo? *O que você teme?*

O fato é que, para esconder e diminuir a tensão causada pelo medo, você interage com emoções negativas que o levam fatalmente a um vício de comportamento. E, após ele se instalar, fica muito difícil romper essa cadeia de eventos. Ainda mais quando toda hora a química do seu organismo passa a reagir trazendo-lhe uma satisfação qualquer.

E não são apenas os vícios a que estamos acostumados a ver através da mídia que se tornam nocivos à nossa saúde; as emoções também viciam. Na verdade, são elas as principais causas de todos os outros vícios. É o que você sente no seu íntimo que o faz ir atrás de um traficante nas esquinas escuras. Ou sair em busca de hambúrgueres engordurados, do próximo cigarro, um após o outro, ou dos milhares de comprimidos coloridos. As pessoas não imaginam o quanto pode ser viciador o prazer de se sentir importante diante de uma multidão, de se sentir no controle de uma situação qualquer, ou até mesmo de se sentir um coitadinho que precisa de atenção constante. Pergunte-se o que espera ganhar cada vez que pensa, fala ou age em um padrão pequeno, pobre e medroso. O que espera obter através de um padrão de comportamento que se repete ao longo de uma vida inteira? O que você está ganhando com isto? Que tipo de emoção está alimentando? Que fome o faz correr para tentar saciá-la?

É assim que funciona: cada vez que você encontra algum tipo de satisfação no seu comportamento ou nas reações das pessoas a você, esse padrão fica registrado na sua memória na forma de lembranças boas ou ruins. E assim esses dados arquivados após terem sido por diversas vezes acionados e repetidos acabam transformando o organismo inteiro em um boneco gigante de reações químicas a seu bel-prazer. Você persegue a próxima dose de êxtase e euforia, não da droga em si. Você persegue a sensação de bem-estar emocional, e por causa dela busca a qualquer preço algo que proporcione a satisfação física também. Da mesma forma como você foge das sensações desagradáveis e de suas consequências no corpo físico.

Crianças que são criadas em ambientes que as estimulem com um alto padrão intelectual não vão se contentar com brincadeiras que não agucem ainda mais sua capacidade de raciocínio, e isso acontece porque seus cérebros já se condicionaram às exigências do seu intelecto, e como um vício elas precisam sempre de um pouco mais. Podemos facilmente perceber isso nos jovens criados diante da sedução da informática; para eles, brincar de boneca ou de carrinho é coisa ultrapassada. Os resultados desse comportamento tanto podem vir a ser benéficos para essas crianças, educadas no seu potencial máximo, quanto podem se tornar um fator preocupante, quando crescem distantes de moldes morais e espirituais elevados.

Crianças que crescem em ambientes com muito afeto, carinho e atenção são automaticamente programadas para despertar seu lado criativo e altruísta. Seu organismo inteiro está programado para se sentir bem fazendo o bem. E, ao crescer, tendem a ser adultos saudáveis e inteligentes, cheios de bons ideais. Em contrapartida, as crianças que crescem em lares onde imperam a discórdia, os abusos e a negligência se tornarão adultos com um padrão de comportamento semelhante. Passarão a vida anulando-se completamente, vítimas de uma profunda insegurança e falta de amor-próprio. Ou pior, irão se tornar os algozes de outras pessoas; tudo porque seu organismo precisa reequilibrar-se em sua fragilidade emocional. Raros são os indivíduos que rompem essas barreiras sem auxílio externo.

Nossas vidas ficam codificadas nesse padrão, que vai se formando aos poucos, e é a ele que iremos reagir e por ele iremos agir para o resto de nossas vidas. Ninguém pode duvidar do quanto uma emoção pode ser tão poderosa assim! O comportamento que você aprende é o comportamento que você vai ter. Ele é formado por suas ideias e seus conceitos sobre tudo, absolutamente tudo à sua volta. E se nada nem ninguém vier em seu socorro para lhe mostrar uma opção, você envelhece sem transformar uma vírgula sequer. Poderá vir a sofrer ou enfrentar crises e até doenças, mas a dureza com que encara a vida e a reprodução constante de seu padrão vibratório inferior simplesmente não lhe darão espaço, e muito menos lhe permitirão vislumbrar outro caminho.

Um exemplo claro desse tipo de padrão vicioso e nocivo está na forma como conduzimos nossas vidas nesse planeta. Afinal, nosso comportamento consumista, inconsequente e egoísta, que nos faz viver pensando unicamente em obter sempre mais e sempre o melhor, está levando o próprio planeta por um caminho perigoso e sem volta. No entanto, muito pouca coisa está efetivamente sendo feita no nosso dia a dia. E não devemos acusar somente nossos governantes pela completa falta de interesse em encontrar soluções viáveis. Necessitamos com urgência observar o próprio comportamento dentro de nossas casas, no nosso cotidiano, para evitarmos que nossos conceitos equivocados acabem levando à aniquilação da espécie humana. Se não nos educarmos para uma transformação rápida de nossos padrões internos de comportamento, e de nossos vícios físicos e emocionais sempre em busca de satisfação imediata, as próximas gerações serão criadas desse mesmo jeito alienado, mas o planeta já poderá ser um lugar inóspito para nossos filhos.

Os Fazedores de Milagres sempre nos alertam para a importância de evitar os vícios de comportamento, sejam eles bons ou ruins, porque, depois de anos vibrando e respondendo a um padrão criado pelos seus conceitos, que se repetem, seu corpo já reagiu tantas vezes a essa mesma condição que simplesmente não consegue mais trabalhar de outra maneira. Primeiro, as suas emoções positivas ou negativas influenciam e regulam o funcionamento do seu organismo; depois, você perde o controle e passa a vida acompanhando o ritmo que é ditado pela festa química que acontece no interior do seu corpo.

Há anos que a medicina já comprovou que determinados distúrbios de comportamento são decorrentes de falhas no processo químico do cérebro. A esquizofrenia, a bipolaridade e outros distúrbios acontecem no cérebro físico, e a medicina os detecta e tenta tratá-los. No entanto, o que gerou esses distúrbios essa mesma medicina não consegue dizer. Para os Fazedores de Milagres, é a repetição de nossos padrões em buscar a satisfação emocional a qualquer custo que cria o mesmo padrão doente no corpo físico. E esse desgaste que nasce de ideias que foram corrompidas se reflete em um estado emocional frágil, segue se acumulando vida após vida, existência após existência, até que chega a um ponto em que a crise no organismo físico se torna fatal.

Os médicos, porém, acreditam no contrário, isto é, que são os processos químicos em desequilíbrio no organismo que originam os comportamentos desequilibrados aqui fora. Contudo, a espiritualidade vai além e afirma que são os conceitos, julgamentos, as críticas e os medos que iniciam um padrão emocional inconsciente, seguido por um padrão de comportamento correspondente a um padrão no corpo físico.

Emoções viciam e deixam o corpo viciado também. Nosso paladar pode muito bem exemplificar isso. Toda a satisfação que encontramos logo após a ingestão de certos alimentos cria um padrão claro em nosso cérebro. Depois, o indivíduo cresce e vai refinando o próprio paladar. Descobre aquilo que lhe agrada ou causa repulsa, em seguida busca sempre satisfazer essa fome interna de prazer e satisfação, muito mais emocional, pelo bem-estar gerado pelas informações do cérebro, do que propriamente física. Que o diga o poder contido em um simples bombom ou na xícara de café de todo dia. Eles não são necessários para a manutenção do organismo, nem da saúde, mas são essenciais para manter a satisfação emocional.

E por fim, você vira refém de si mesmo, perde a batalha e percebe então que, para se sentir um pouco melhor, basta fazer aqui fora qualquer coisa capaz de repetir a dose de prazer que acontece lá dentro. Nasce um vício, e você acredita que continuar a alimentar esse bichinho fofinho que lhe dá tanta satisfação não pode ser tão ruim. E do mesmo modo aconteceu com cada indivíduo que ingeriu seguidos copos de álcool antes de se viciar, ou com cada pessoa que se perdeu em meio ao vício dos narcóticos embalada no ritmo das festas. Por isso não se esqueça completamente de que quanto mais alimentar esse bichinho, mais ele cresceria, e começará a devorar você.

Quantos viciados na pura adrenalina que um jogo de azar pode causar já levaram suas contas bancárias à falência? Quantos viciados na falsa impressão de saciedade gastam seus salários em compras compulsivas? Viciados na sensação de autoimportância quebram todas as regras e colocam vidas em risco ao dirigir cada vez mais rápido, sem lei e sem respeito. Sem falar nos viciados que, buscando se sentir um pouco amados, criam dores constantes, problemas diários e vivem em eterna crise só para chamar a atenção.

Chega o momento em que as doses de prazer e êxtase precisam ser cada vez maiores e mais fortes, e os meios pelos quais você os encontra vão se degradando mais e mais. As consequências já não importam, e você vai deixando um rastro de mágoa e tristeza à sua volta. O corpo adoece porque as doses químicas que regulam todo esse sistema já estão fora de controle, e mais cedo ou mais tarde ainda terá de enfrentar a verdade de que foi você quem escolheu assim.

Nossos hormônios são capazes de disparar um efeito em cascata que no final causa sensações de bem-estar ou de desconforto, podendo levar até a desequilíbrios graves que colocam a vida sob sérios riscos. Mas quem dispara esses hormônios se não nós? Quando estamos felizes, nosso corpo também está feliz. Mas basta um instante de descontentamento e o corpo responde sentindo o mesmo incômodo, e o impacto advindo de anos acumulados pode parecer irreversível à primeira vista.

Uma ideia é apenas uma ideia. Se alguém lhe dissesse para entrar em uma câmara escura e fechada você até toparia; mas, em seguida, a sensação de perigo viria à mente e você sentiria o medo. Logo, todo o seu corpo reagiria, porque seria disparada na sua corrente sanguínea uma dose de adrenalina suficiente para que você sentisse o pânico, obedecendo cegamente às suas ideias. Seu corpo começaria a suar frio, o coração dispararia, a palidez cobriria sua face...

Ao longo do tempo, ideias equivocadas se tornam capazes de criar um padrão vibratório emocional recorrente que deixa o corpo viciado; e então já não se trata mais de um corpo viciado em cigarros, álcool, chocolates e compras, ele é viciado na química e nas ideias por trás delas. Você se vicia na satisfação que encontra em praticar, falar ou pensar de um determinado jeito.

Porém, falando assim fica parecendo que somente as emoções claramente negativas são capazes de nos viciar, mas isso não está correto. Quem nunca sentiu no corpo aquele frenesi gostoso que dá quando nos apaixonamos? E o quanto não passamos a vida correndo atrás daquela mesma sensação vezes sem conta? Isso é ruim? Ora, apaixonar-se não é o problema, e muito menos emocionar-se por outra pessoa. Mas se você simplesmente não consegue satisfazer essa sede que lhe devora a alma, e começa a pular de um relacionamento para outro sem encontrar alegria e respeito, pode apostar que, além de nocivo, esse comportamento pode se tornar doentio. Tão doentio quanto pode ser o controle obsessivo de pais e mães em relação a seus filhos. Em nome do "amor" e da "preocupação" com seu bem-estar, os filhos tornam-se propriedade de adultos emocionalmente insatisfeitos.

E até aqui já falamos da importância da simplicidade, que nos leva a um estado de complacência para aceitarmos a vida como ela se apresenta, porque tudo não passa de uma imensa oportunidade de crescimento e de transformação. Em seguida, percebemos que por trás de nossos padrões vibratórios, oscilamos entre o amor e o medo. Muito mais para o medo do que para o amor.

Nossos sonhos e desejos estão hoje muito mais envolvidos nessa frequência desarmônica do que supúnhamos. Conquistar, sobressair-se, controlar e curtir, para se vangloriar, se orgulhar e oprimir. No entanto, agora podemos finalmente compreender que não somos tão maus como alguns se sentem ou se julgam.

Na verdade, em essência ninguém pode ser considerado mau, mesmo no momento crítico em que pratica algum gesto de maldade, mas nem por isto devemos deixar de corrigir esses comportamentos. Mas vingar, punir, olho por olho, definitivamente não! Entenda que por trás de cada maldade, de cada malícia, de cada traição, ciúme, ou de qualquer ato violento escondido ou não está a necessidade de saciar essa fome emocional que devora o homem. Fugir de nossos medos é o que fazemos por meio de comportamentos abusivos, descontrolados, compulsivos até, o que leva nossos corpos a se viciar em decorrência de nossas emoções e de nossas ideias equivocadas.

Talvez seja preciso bagunçar um pouco a ordem com que seus vícios físicos sobrevivem para poder arrumar a estrutura interna de outra forma; mais saudável, é claro. Então para realizar milagres é preciso trabalhar o corpo físico também? Sim, porque ele é o veículo pelo qual você se expressa, pelo qual interage com o mundo. Um veículo doente denota uma ideia equivocada que causou esse desequilíbrio, em primeiro lugar. Busque então exercitar seu corpo, purificá-lo. Inclusive, várias filosofias e religiões adotam o jejum como uma forma de transformação espiritual. Nada acontece por acaso, e uma quebra na rotina viciosa das suas reações químicas pode sim ser uma oportunidade para um despertar maior. É um período de clareza e renovação das ideias. Infelizmente, passado esse período a maioria das pessoas retoma o ritmo anterior.

O que você pode fazer na prática é procurar se purificar, buscar alimentos mais saudáveis, recorrer à ajuda de profissionais que o orientem a ter uma alimentação diferente, a se exercitar, caminhar e ficar ao ar livre. Você pode tirar um tempo para descansar, esvaziar a mente das preocupações. E se puder, procure uma terapia alternativa, ou algum tipo de massagem que faça simplesmente o seu corpo relaxar. Desligue por alguns momentos a internet, a televisão e o celular, fique apenas consigo mesmo, observando a vida à sua volta passar tranquilamente. Libere as toxinas do corpo ao mesmo tempo que encara as toxinas da mente.

Afinal, seu corpo é sua responsabilidade, é o único veículo que você tem para fazer cada experimentação aqui na vida, e, quem sabe, alcançar a realização pessoal. Como você cuida dele também é uma escolha, e mostra o seu nível de consciência e de comprometimento com sua evolução. Cada dia conta.

Escolha um estilo de vida melhor para você e vá pouco a pouco transformando essas escolhas em práticas diárias; corpo são, mente sã. Mente sã, corpo são.

Por fim, responda a si mesmo: o que você deseja obter nesta vida? Quais as razões que o levam a optar por determinado sonho? Alcançar isso é realmente importante para você ou existem outras questões por trás de suas escolhas? O que você busca é só uma satisfação imediata para o seu ego? Para satisfazer seu campo emocional? O que você vem fazendo na prática o está conduzindo na direção correta? Ou você continua insatisfeito? O que você teme? Não realizar os seus sonhos? Talvez sentir-se derrotado? Afinal, esses sonhos e desejos podem satisfazer sua alma em constante evolução, ou servem apenas para alimentar o seu lado pequeno e sombrio? Seus desejos nascem de uma fonte pura e saudável ou de uma mente ainda confusa, perdida, e de um coração flagelado? Eles nascem de uma necessidade emocional?

Preste bastante atenção a que tipo de emoção as suas ideias e os seus ideais estão agregados. Se suas emoções são saudáveis, voltadas para o amor incondicional, para a entrega e o altruísmo, então você está indo na direção certa, e neste caso não há espaço para o temor. Continue sua jornada com confiança e de forma destemida, enfrente cada parte que ainda o esteja aborrecendo.

Por outro lado, se suas emoções ainda vibram incomodando-o e lhe causando angústias e sofrimento, comece já esse trabalho minucioso para buscar e descobrir essas parcelas negativas, mãos à obra.

Ao localizar seus conceitos carregados de preconceitos, de críticas, de imposições, trabalhe para transformar seu ponto de vista levando até ele o máximo de informação, até deparar com um ponto em que tudo é calmo e tranquilo, e permaneça nesse local exato onde uma simples ideia

Tateando no escuro

seja imaculada e já não possa lhe fazer nenhum mal. São os conceitos que você vai acrescentando diariamente a essas ideias e informações que lhe chegam que conduzem seus passos pela vida e podem levá-lo ao sofrimento ou à paz.

Passar a vida inteira prendendo-se a conceitos equivocados que sempre se dividem entre o certo e o errado, o bom ou o ruim é um desperdício do seu precioso tempo, bem como viver apenas reagindo constantemente a tudo e a todos como se fossem inimigos de estado. Continuar e persistir em um erro desses seria uma grande tolice, ainda que seja o direito de cada um.

Na segunda parte deste livro, iremos abordar questões que farão você compreender que no estado unificado da consciência não existe bem ou mal, justiça Divina ou sacrifícios e recompensas. Simplesmente não existem coisas como merecimento ou punição. Tentar entender isso agora pode ser bastante incômodo, por isso peço que neste momento você apenas respire fundo e, por enquanto, perceba que estes são conceitos dualistas que tendem sempre a colocar de um lado os mocinhos e do outro aqueles que praticam os pecados, os quais, por que não dizer?, gostaríamos de manter bem distantes.

E, por acaso, quem de nós nunca cometeu um deslize? Nunca invejou a promoção de um colega? Nunca contou uma mentirinha, por menor que fosse? Ou falou mal de uma amiga pelas costas? Estes conceitos dualistas fazem parte do nosso momento de vida, do plano de vida em que é preciso haver a pobreza convivendo lado a lado com a riqueza, em que se destaca a beleza e se expõe a feiúra, em que o sucesso tão almejado ofusca a derrota.

Por certo ninguém deseja permanecer no lado mais difícil da história. Mas até isso é puro conceito dualista e equivocado; afinal, o que é belo, feio, rico ou pobre? Qual a medida certa para se classificar o sucesso? Na verdade, tudo isso coexiste unicamente como oportunidade do desenvolvimento da nossa melhor parte, aquela que é solidária, amiga, fiel e que compartilha o amor e a abundância.

Podemos tirar uma conclusão disso tudo: é através de desejos e aspirações mais elevadas que naturalmente criaremos harmonia e saúde, tanto para o nosso campo emocional quanto para a realidade física; e somente isso pode abrir as portas à ocorrência dos milagres. Porém, alguns diriam que não seriam nada sem suas convicções. Se isso lhes for tirado será como se o pior dos crimes tiver se abatido sobre eles. Admitir que se pudesse ter vivido longos anos para só agora compreender que seus conceitos eram equivocados, causa certa dose de vergonha. A vergonha é outra convicção equivocada de que você é a única pessoa no mundo, naquele instante, que fez algo incorreto e precisa se esconder. Acredite, você não é a única pessoa no mundo que comete erros e que precisa conviver com eles, portanto, ter vergonha de quê? Para essas pessoas, manter suas crenças é vital, algo pelo qual vale a pena morrer para defender.

Para falar a verdade, se essa pessoa estiver disparando em seu emocional a mesma frequência equivocada que insiste em nutrir na sua mente, bastará esperar um pouco para que seu corpo comece a reagir do mesmo jeito, e ela irá encontrar o fim, literalmente, por causa de suas ideias limitadas.

Segundo obstáculo: somente um passo de cada vez

Não são apenas as dificuldades impostas pelos vícios físicos e emocionais que causam impacto em nossas vidas. Existem também as barreiras espirituais que de forma consistente "retardam" a escalada rumo à realização de nossos desejos. E você deve estar se perguntando como é possível que algo espiritual possa ter um efeito tão nocivo na prática de nossas escolhas do dia a dia? É claro que a questão cármica nos ocorre de maneira quase instantânea, mas nesse ponto específico não é nem tanto o seu carma ou o seu darma que pode estar impedindo sua jornada de transformação pessoal. Se você detectou que possui um comportamento condicionado, que vem sendo mantido por conceitos equivocados, e está comprometido a levar luz e informação a esse aspecto pequeno, isso significa que esse aspecto nocivo cumpriu o seu papel. Ele serviu para lhe mostrar que você agia de um jeito que não era muito saudável, mas que, agora se transformou e age de forma completamente diferente. O aspecto foi transmutado e liberado.

Quando você consegue descortinar uma oportunidade assim, deve haver muita comemoração em vez de vergonha ou tristeza, porque este é um momento mágico que se apresenta bem diante de seus olhos. Um momento de deixar para trás mais uma de suas parcelas sombrias. E foi através de muita observação e paciência que você venceu essa batalha. Detectou um comportamento recorrente e que não era muito evoluído, avaliou seus medos e trabalhou em cima deles até conseguir o entendimento de que nada daquilo era realmente verdadeiro. Você evoluiu.

Mas existem momentos em que, por mais que você modifique o seu comportamento, o sofrimento continua ali, parado, sem se mover. E por mais que busque as razões precisas sobre o que pode estar dando errado, você simplesmente não chega a lugar nenhum.

Certos conceitos que desenvolvemos sustentam não um comportamento equivocado, mas vários deles; e por mais que transformemos nossa forma de agir, esses conceitos simplesmente não vão embora. Com o passar do tempo começamos inclusive a achar que estamos falhando no processo, mas não é nada disso. Se a razão de existir desses encontros com nossas partes menos evoluídas é justamente adquirirmos conhecimento e crescermos, aprendendo a ser pessoas melhores, então, se ao corrigir um comportamento equivocado ao mesmo tempo eliminássemos também os sentimentos e os conceitos por trás dele, como poderíamos ser alertados para todas as nossas outras condutas de menor potencial, que eram alimentadas por esse mesmo conceito equivocado? Por certo você não iria desejar continuar exercendo uma atitude pequena, sem conseguir, no entanto, descobrir a ideia por trás desses erros.

Vários são os casamentos aparentemente falidos que ainda resistem à ação do tempo, amargando dor e sofrimento. Em muitos deles, às vezes um dos cônjuges trai seus votos de fidelidade e principalmente de respeito pelo outro. Imagine então que, analisando seus conceitos equivocados na busca pela transformação interna, esse parceiro percebe o quanto manter um comportamento sorrateiro e desrespeitoso está lhe fazendo mal. Sustentar as mentiras e enganar sua família se torna insuportável. Assim, encerrado o caso extraconjugal, um comportamento nocivo, repleto de desculpas escusas e mágoas, foi transformado. Contudo, seu desejo na verdade era simplesmente satisfazer o seu ego, que acreditava poder tudo possuir na base da malandragem, sem medir esforços, para chamar a atenção sobre si e vangloriar-se de suas pequenas conquistas. Puro ego.

No momento em que esse comportamento foi compreendido e superado, as esperanças desse indivíduo passaram a ser de reencontrar a paz e a tranquilidade junto à sua família, e tudo pareceu bem durante certo tempo, até que uma nova insatisfação cresceu em seu íntimo. O problema foi que o medo ainda existia em seu coração, com outra cara, outra faceta nociva. Agora, ele percebia uma pontada de angústia ao observar o tempo passando, sem conseguir sentir, no entanto, nenhuma empolgação em suas relações, sem conseguir sentir-se querido, aceito ou sequer reconhecido. Essa angústia, esse medo lhe deu novamente motivação para buscar satisfação nos vícios do álcool, do jogo, de outros parceiros, sempre fugindo do próprio casamento, mas fugindo muito mais na realidade, do vazio interno.

A ideia que deu "asas" a esse novo comportamento era o simples desejo de amar, de encontrar alegria, o prazer de sentir-se rejuvenescido diante dos anos que passaram. Infelizmente, esse comportamento equivocado escondia a falta de amor em sua vida, e o medo de jamais encontrá-lo. Tudo isso, mal direcionado, levou essa pessoa a desrespeitar tudo e todos ao seu redor, principalmente sua família. E no momento em que esse comportamento se revelou, trouxe ainda mais problemas e desconforto.

Lá atrás, quando o primeiro comportamento foi transformado, sua insatisfação permaneceu escondida, só esperando o momento para aparecer de novo. Enquanto cada aspecto não for observado, esse medo não for tratado, bem como as ideias equivocadas por trás disso tudo, não haverá felicidade e muito menos tranquilidade, porque de uma hora para outra tudo pode voltar à tona trazendo o desconforto e a insegurança.

Transformar apenas um comportamento desequilibrado pode não ser o suficiente para eliminar de vez a dor e os diálogos errôneos que vagam por seus pensamentos. O trabalho nesses casos precisa ser mais persistente.

Este é um ponto crucial na escalada para se tornar um Fazedor de Milagres, porque, quando você acredita que está fazendo tudo direitinho conforme manda a cartilha, e, no entanto, as coisas não parecem ir em frente, é desanimador. Não conseguir distinguir com precisão o que continua lhe trazendo tanta infelicidade parece injusto depois de tanto trabalho. O que posso lhe dizer neste momento é que não pode haver nenhum espaço para a frustração, porque isso seria como um retrocesso, já que frustrar-se é o mesmo que vibrar na frequência do medo, de quem se considera vítima das circunstâncias, ao mesmo tempo que se sente receoso de jamais vencer.

Sendo assim, o que estará mantendo essas informações ocultas? Por que elas simplesmente não surgem todas de uma vez para encerrarmos o assunto? Mesmo que você desejasse muito que tudo pudesse ser rapidamente transmutado, as coisas não acontecem assim. Quando você percebe que vários de seus comportamentos nascem de uma única informação deturpada, as condutas que precisam evoluir só irão se apresentar aos poucos.

Não é por nenhuma maldade pervertida que os seus esforços parecem estar falhando, mas justamente o contrário: é o seu trabalho consistente que está trazendo à superfície vários padrões para serem iluminados. Infelizmente, não temos a capacidade de suportar o peso de encarar todos os nossos enganos de uma única vez, e, acredite, isto é um ato da misericórdia Divina. Algumas pessoas simplesmente levam uma vida para modificar um aspecto apenas; imagine então modificar tudo o que carregamos por existências.

Os Fazedores de Milagres garantem que, ao perseverarmos na nossa busca, estamos enviando um sinal, uma frequência de que nos encontramos prontos e preparados para o próximo passo; e ele simplesmente virá até nós, sem pressa, sem afobação. Portanto, continue investigando pormenorizadamente cada atitude feia e mesquinha, cada palavra ofensiva e cada pensamento medroso que você tem, e na hora em que eles não significarem mais nada, você estará livre. Aprenda a se antecipar às crises e aos colapsos que só ocorrem quando não temos um comportamento evoluído, e para mudar um comportamento você deve pesquisar os motivos que o levam a mantê-lo.

Padrões de comportamentos equivocados se repetem por toda a sociedade, e às vezes é mais fácil apontar o dedo acusador para o comportamento irritante dos outros do que olhar para dentro e perceber o nosso. Não é fácil, nem muito comum, encontrar pessoas que assumem abertamente as responsabilidades por suas ambiguidades. Aliás, o mais comum é encontrar quem seja por demais condescendente com os próprios erros, mas que os vive projetando nos outros.

Porém, quando um padrão de comportamento é percebido e passa a incomodar, você deseja e se propõe observá-lo e cuidar de iluminá-lo, correto? Esse é o caminho para evoluirmos. Realizar essa jornada implica mudar também o seu estilo de vida, e isso pode se tornar muito difícil. Você começa a perceber que seus valores estavam todos desvirtuados, que suas companhias não condizem mais com o seu atual estágio evolutivo. Vai perceber ainda que a forma como vinha levando a vida pode estar ultrapassada. E então descobre que suas noções de cidadania, de responsabilidade social e de evolução espiritual ganharam novas conotações. Essa transformação pode ser radical, e as pessoas ao seu redor podem nem mesmo compreender o que está acontecendo. Anteriormente eu disse que atravessar esse caminho poderia ser doloroso, não pelo que você encontra, e muito menos por aquilo que você descobre sobre si, mas por tudo o que você vai deixar pouco a pouco para trás. Inevitavelmente!

Contudo, todas as pessoas e tudo aquilo que um dia fez parte da sua história cumpriram a tarefa a que se destinavam, e cabe a você unicamente guardar boas recordações e honrá-las pelo serviço prestado ao seu desenvolvimento pessoal. Agora novas circunstâncias se apresentam e é hora de celebrar o novo. É preciso estar preparado para que as mudanças aconteçam, e quando você se der conta será uma pessoa saudável, amorosa e sábia.

E eu pergunto mais uma vez: você gostaria de transformar tudo isso? Então, abra a sua mente, ou pelo menos esteja disposto a dar o primeiro passo; e não precisa ser exclusivamente através das informações e das lições que os Mestres Fazedores de Milagres estão lhe oferecendo. Você pode buscar o conhecimento para iluminar o seu caminho onde quer que se sinta bem e confortável, contanto que lhe aguce a curiosidade de saber sempre mais, e isso o impulsione a descobrir e desvendar os mistérios da vida.

E como você vai saber se encontrou o mentor certo ou a filosofia correta? Você poderá saber se está encontrando as respostas no caminho que escolheu através de dois pontos importantes: o primeiro, é se para cada questionamento que você faz lhe é concedida uma resposta que traga iluminação. Respostas evasivas escondem a necessidade de manter o controle e a manipulação de informações por parte de quem se propõe educar; cuidado com isso! Respostas do tipo "isto é assunto de

Deus" não educam, não lhe dão as ferramentas necessárias para o auto-aprimoramento, elas apenas o afastam do conhecimento e do poder gerado por ele.

O segundo ponto é se lhe dá liberdade para pensar e buscar novos dados, informações e conhecimentos, aonde quer que você vá. Uma filosofia verdadeira que lhe transmite as ferramentas para sua evolução pessoal precisa lhe conceder a liberdade de ser quem você deseja ser. Isso significa que sua roupa, sua orientação política/sexual/econômica não interferem na sua relação com o Divino que existe em você. E se por acaso começar a ocorrer qualquer tentativa de conduzir suas escolhas ou de tolher sua liberdade, fuja! Fuja o mais rápido que puder, porque nada pode vibrar mais a frequência do medo do que quando alguém tenta se apropriar de nossa liberdade de escolha. Um verdadeiro ensinamento não busca seguidores, ele apenas cumpre o seu papel; ele lhe dá as "asas" para que você possa alçar o próprio voo.

O TRUQUE DOS ESPELHOS

Nos parques e nas feiras espalhados pelo mundo, sempre existe aquela tenda escura em cuja penumbra você penetra e depara com diversos espelhos mal iluminados que vão modificando a sua aparência. Aquela brincadeira que nos faz rir ao nos ver altos e finos, e depois baixinhos e rechonchudos, esconde uma verdade incrível: a imagem que projetamos ao longo de nossas vidas pode mudar tão radicalmente quanto o reflexo daqueles espelhos.

O renomado autor Deepak Chopra já mencionou com bastante propriedade algo a respeito dos relacionamentos espelho. Para os Fazedores de Milagres isso é algo fundamental: nós só percebemos a nossa evolução quando nos relacionamos com outras pessoas. E para facilitar um pouco a compreensão desta máxima, aqui vai a explicação desse truque de reflexos e imagens.

Preste atenção a esta frase do poeta inglês John Donne (1572-1631): "Ninguém é uma ilha". Ok, isto é bastante óbvio, afinal ninguém está sozinho. Aliás, para ser bem precisa, somos mais de 6 bilhões de pessoas habitando este planeta chamado Terra, e você pode até escolher acabar isolado em um canto qualquer, mas se pensar na quantidade de gente que povoa estas paragens, ficará difícil imaginar que será possível realmente permanecer só.

Entretanto, com as inovações surgidas nos últimos anos na área das comunicações, permanecer sozinho em uma ilha pode até ser vantajoso, se você puder manter contato constante com o mundo lá fora. Mas a verdade é que, segundo os Fazedores de Milagres, você só se encontra em processo de evolução no momento em que está refletindo sua imagem, isto é, quando o seu comportamento se reflete nas pessoas à sua volta.

E, antes que apareçam dúvidas, justamente daqueles que porventura se encontrem isolados, vamos deixar bem claro que todos nós estamos constantemente em processo de evolução, porém, ele pode ser acelerado de acordo com a nossa predisposição. É claro que se alguém está experimentando a vida nessas circunstâncias, ou seja, de uma forma mais independente e solitária, é porque desse jeito sua mente e seu coração estão alcançando níveis de tranquilidade e serenidade suficientes para que o indivíduo possa observar e detectar os próprios padrões que necessitem de transformação. Quando se sentir preparado, ele voltará a conviver com os demais, e assim sua jornada poderá prosseguir.

As oportunidades de aproveitar esses momentos de paz e de quietude não devem ser descartadas por nos fornecerem verdadeiros intervalos na luta cotidiana, porém, você só coloca em prática um estado novo e evoluído quando está interagindo com outras pessoas. Torna-se, assim, fundamental para quem deseja evoluir espiritualmente e realizar seus sonhos buscar um contato humano sadio e sereno com todos aqueles que atravessarem o seu caminho. Somente através do impacto que o seu comportamento causa nos demais é que você poderá observar o seu reflexo e se testar para descobrir se já alcançou a mestria, ou descobrir o quanto ainda lhe falta percorrer.

Mas como tudo isso acontece? Algumas vezes temos dificuldade em avaliar com a devida imparcialidade nossas atitudes ao longo da existência. Uma vez isolados, então, isso pode se tornar ainda mais complicado, pode se tornar uma armadilha que nos faz acreditar estarmos indo muito bem até que, ao primeiro contato com o mundo externo, descobrimos que as coisas não estavam tão arrumadas assim. Você pode até desconfiar de que algo está fora do lugar, mas não consegue avaliar o quanto. Você acorda, vive confinado em seu dia a dia, e tudo vai se repetindo sucessivamente, inclusive os seus padrões nocivos e os comportamentos condicionados.

Em certas ocasiões você pode até jurar que, ao olhar para si, percebe sua conduta, seus pensamentos e ideais como aspectos perfeitos de sua personalidade, e que não há nada de errado com eles. A maioria vai continuar seguindo por muito tempo com suas vidas com uma frequência bastante desequilibrada, até perceber que na realidade não estamos sós, na prática, somos completa e totalmente interligados.

É exatamente por essa razão que a melhor forma de você se conhecer e se perceber é justamente através do olhar do próximo. O seu comportamento refletido nas relações é capaz de lhe dizer se a sua imagem continua distorcida e equivocada.

As pessoas à nossa volta funcionam como verdadeiros termômetros, medindo nossas capacidades tanto de amar quanto de machucar. Comece a prestar mais atenção aos relacionamentos que você tem, comece a dar mais valor às pessoas que passam por você, porque cada uma estará lhe contando uma parte da sua imagem que ficou espalhada pelo caminho. Preste atenção às suas reações no trânsito, com a multidão nas ruas, com seus filhos, parentes e vizinhos. Recolhendo esses pedaços aqui e ali, você conseguirá com exatidão olhar para si, talvez até pela primeira vez.

Eu sei que tudo isso pode parecer confuso, mas a verdade é bastante simples: todo relacionamento que você tem é um espelho que reflete de volta para você a sua forma de ser com a vida e com os outros. E não se esqueça de que o seu comportamento também foi uma escolha sua.

Mas o que todos nós fazemos quando paramos diante de um espelho? Todos nós, sem exceção, gostamos de nos ajeitar e apreciar nossas qualidades, acentuando tudo aquilo que há de melhor naquela imagem. Uns até se envaidecem com tudo isso. Outros devaneiam. Porém os espelhos exercem seu fascínio sobre nós pela capacidade que eles têm de reluzir cada pequeno detalhe diante de nossos olhos.

Em contrapartida, quando passamos na frente de um desses objetos mágicos, também tentamos desesperadamente esconder cada defeito, cada pequena imperfeição, e saímos convictos de que qualquer falha foi disfarçada e camuflada, para que passemos despercebidos aos olhos exigentes do mundo. Ledo engano, porque na vida nós atraímos dois tipos distintos de pessoas para o nosso convívio. Somos atraídos pela companhia de todos aqueles que possuem exatamente as atitudes que amamos e admiramos – e, é claro, que acreditamos também possuir, embora isso nem sempre seja verdade.

Acontece que acabamos atraindo, da mesma forma, pessoas que têm aquele comportamento que rejeitamos, que não apreciamos nem um pouco. Para elas dirigimos todas as nossas críticas, e as afastamos do nosso convívio. As coisas acontecem assim porque, se trazemos os traços positivos e negativos dentro de nós, então precisamos de pessoas que espelhem para nós tanto a nossa evolução quanto nossas falhas recorrentes. Se nos fosse dado o direito de viver somente ao lado daqueles em quem depositamos toda a nossa admiração, em pouquíssimo tempo descobriríamos que eles também possuem defeitos e aspectos menos evoluídos, o que certamente nos causaria espanto, e que por sua vez traria para dentro de nossas vidas o impacto devastador da decepção e da descrença. Ninguém consegue evoluir sem se entregar, em primeiro lugar, à confiança de que, por mais que venhamos a sofrer com as relações à nossa volta, temos a convicção de estar dando o nosso melhor.

Por esse motivo, ao sofrermos qualquer tipo de desilusão, seja ela proveniente de um relacionamento amoroso, de uma grande amizade ou da sociedade, fechamos nosso coração temporariamente para depurar essa dor. Com o tempo, tudo começa a voltar para o seu lugar, a dor vai se distanciando, até que restem apenas as lembranças, e a partir daí poderemos tornar a preencher o lugar que ficou vazio. Contudo, qualquer tipo de decepção nos marca de uma forma toda especial.

Conviver apenas com aqueles que apreciamos tornaria na verdade nossa evolução ainda mais lenta e sofrida, mesmo que pudéssemos jurar que seria justamente o contrário. Sem contar que, sentindo-nos inferiores e pequenos, longe até do alcance da suposta magnitude daquelas pessoas idolatradas, poderíamos facilmente desistir de perseguir e almejar aquele alto padrão de comportamento. Quantos de nós não prometemos que no, ano novo, faríamos aquele regime tão adiado, cuidaríamos dos armários lotados, ficaríamos mais tempo com os nossos filhos que estavam crescendo? E quantas dessas promessas não ficaram pelo caminho? É comum desistirmos sempre que a tarefa começa a se tornar pesada demais, incômoda demais ou até mesmo chata demais. O estímulo simplesmente nos escapa quando percebemos o trabalho gigantesco que há pela frente.

Então, equilibrar é a chave entre dar dois passos adiante, em direção àqueles a quem admiramos, e um passo para trás, presos aos relacionamentos conflitantes, mas que têm muito a nos oferecer.

Aliás, os Fazedores de Milagres são categóricos ao afirmar que aprendemos e evoluímos muito mais em um único dia ao lado daqueles cujo relacionamento é difícil e tortuoso do que em um mar de tranquilidade e risos ao lado dos nossos "admiráveis". Não podemos nunca esquecer que a razão de estarmos aqui todos os dias é criar, através do atrito entre nossas relações, condições para alcançar um estado de ser muito mais evoluído. Então, fica bastante claro que nesse atrito os reflexos negativos que chegam até nós oferecem muito mais oportunidades de trabalho também.

Chegamos aqui, para nossa existência física, carregando traços do nosso Eu Verdadeiro que ainda precisam ser esclarecidos. São os nossos aspectos deficientes, acumulados após tantos equívocos cometidos nesta ou em outras jornadas. Estar aqui é uma oportunidade de ouro para observarmos cada um desses aspectos e iluminá-los. Se pudermos encontrar pelo caminho pessoas capazes de nos espelhar as imagens feias da nossa personalidade, com toda a certeza serão aqueles do nosso convívio de quem listamos os maiores defeitos. Elas sim são as nossas maiores e mais preciosas ferramentas, elas sim podem, em questão de segundos, revelar a nossa impaciência, intransigência e nosso desamor. Elas podem, inclusive, colocar por terra todo um trabalho árduo de nos aprimorarmos gradualmente.

Afinal, o que um espelho faz se não refletir uma imagem? Você já parou para se perguntar por que o comportamento dos outros o incomoda tanto? Por que você abomina certos aspectos da personalidade dos outros? Você tem de admitir que, por mais que você os critique, julgue ou se irrite com eles, ainda assim, apesar de tantos defeitos, existe quem os admire e até aprecie o seu contato. Será que essas outras pessoas simplesmente não enxergam todos aqueles defeitos? Ou será que é apenas você quem os vê? E se você os vê, o que eles querem lhe dizer?

O pior bandido que você possa imaginar nasceu de um pai e de uma mãe. Provavelmente tem uma família o esperando em casa, tem amigos, parceiros, comparsas, não importa; alguém enxerga algo de bom na companhia daquela pessoa, tão desprezível para você.

E não é à toa que um comportamento qualquer começa a incomodar tanto. Então o que desperta isso? O incômodo que você sente é na verdade mais um reflexo daquilo que você tem como uma parcela da sua personalidade, mas que ainda acha feio e asqueroso, tanto que prefere e se esforça para manter escondido da vista dos demais. Até que chega alguém e, com toda a audácia, revela tudo aquilo que você mais rejeita e gostaria que desaparecesse para sempre. Contudo, como você ainda não sabe lidar com essas informações, nem com os próprios equívocos, essas pessoas se tornam profundamente incômodas e inoportunas. Elas se transformam no seu "calcanhar de Aquiles". E a partir daí, tudo o que elas fazem parece ser na verdade para provocá-lo, azucriná-lo, mas estão apenas sinalizando e lembrando que uma hora você terá de lidar com isso também. O penoso, na verdade, vai ser admitir para si mesmo que traços tão indesejáveis nos outros existem dentro de você. Mas, se assim não fosse, nada disso o incomodaria tanto; seria apenas mais uma característica da personalidade alheia.

Algumas vezes, o comportamento dos outros é mesmo algo assustador e de baixo nível, como por exemplo, os vários casos de crimes hediondos que ocorrem a todo instante no mundo inteiro. Quando assistimos a esse tipo de notícia, além de estarrecidos, sentimos uma onda de revolta e de recriminação, e você pode se perguntar: "Como aquela parcela tão desequilibrada, e que me causou repulsa, pode estar sendo refletida e convivendo dentro de mim sem que eu a sinta ou a perceba?". Nesses casos específicos é bastante provável que você nem mesmo traga esse tipo de padrão dentro de si para ser trabalhado; infelizmente, faz parte do nosso aprendizado nos comovermos com a loucura e com o sofrimento do nosso semelhante para que desperte ainda mais rapidamente em nós somente o melhor, como a compaixão e a caridade.

Todavia, antes de virar a página sobre o assunto, não custa ir bem lá no fundo, naquela área mais escura da sua personalidade só para se certificar de que nada semelhante esteja se escondendo por ali. Algum resquício de maldade, de violência ou até mesmo de curiosidade em assistir ao sofrimento de outrem.

Quando por algum motivo temos de presenciar atos violentos e revoltantes assim, nem sempre é porque existe algo do gênero em nossa personalidade. No entanto, todos aqueles que fazem parte de nossas vidas, e que de um jeito ou de outro nos irritam profundamente, não estão ali sem uma razão. Um Plano Maior existe por trás desses encontros que tão mal nos fazem. São os planos de uma alma em busca de evolução.

E sejamos honestos por um momento: será que realmente importam os defeitos dos outros? NÃO! O problema do outro é aprendizado e escolha dele, e não seu, e ele irá permanecer nessa frequência pelo tempo que desejar, independente do quanto as pessoas reclamem. E é assim mesmo quando o comportamento daquele indivíduo acaba de um jeito ou de outro causando a você algum dano. Reparar esses danos é um trabalho seu, bem como aprender a modificar suas reações e a interação com aquele indivíduo... Quanto aos defeitos propriamente ditos e as dificuldades do outro, na hora certa esses aspectos negativos deverão ser tratados unicamente pelo próprio indivíduo. Não cabe nem a você, nem a mim, nem a ninguém decidir o momento em que o outro deve se transformar só porque o comportamento dele está incomodando. Mesmo que isso signifique conviver por anos a fio aguentando de perto algo que lhe cause imenso desgosto. Mesmo que você precise dormir ao lado do seu maior inimigo.

Agora, o que você precisa aprender convivendo lado a lado com alguém com esse tipo de comportamento é completamente diferente, é algo que você deve observar; afinal não está ali sofrendo à toa. Descubra em você as suas razões para ter de enfrentar um aprendizado tão doloroso quanto esse. Observe através do reflexo dessas atitudes no seu comportamento e, então, percorra os ensinamentos que já foram expostos até aqui, trabalhe unicamente as suas questões, deixando de lado as questões que só pertencem à outra pessoa. Até porque seu campo de atuação se restringe à sua consciência, aqui e agora.

É verdade que, durante o seu processo para encontrar respostas e transformar suas relações, certos dias serão mais fáceis do que outros. É verdade também que várias vezes você poderá se defrontar com discussões acaloradas, e no momento em que for pego por esse tipo de armadilha será você quem estará deixando de evoluir. O seu oponente talvez nem tenha acesso às mesmas informações que você tem; então, nesse embate, você é a pessoa mais bem preparada para acalmar os ânimos, respirar profundamente, sussurrar seu nome invocando todas as suas forças, e então interromper as brigas e buscar uma nova forma de se relacionar com todos. Você está adquirindo neste momento conhecimento suficiente para pelo menos olhar as pessoas à sua volta com um pouco mais de compaixão, e com a sabedoria de que aquilo que você não pode mudar no comportamento dos outros não é assunto seu. Em compensação, sabe também que deve mudar o seu comportamento em cada pequena parcela equivocada, dando atenção especial às críticas excessivas, ou à autocomplacência, que esconde sua falta de atitude.

Mas, como ninguém é santo, às vezes o sangue ferve tanto nas veias que parece que vamos explodir. Então, gritamos, falamos mal e choramos muito. No fundo adoraríamos exigir que as pessoas transformassem imediatamente tudo aquilo que nos incomoda. O problema é que, se tentarmos ir por esse caminho, o máximo que poderemos conseguir é mexer com os brios do outro, deixá-lo acuado e se sentindo ameaçado; e pode contar que ele vai dar o troco na mesma moeda, fazendo com que nos sintamos constrangidos. Ninguém gosta de ser acusado do que quer que seja, muito menos de um comportamento condicionado e nocivo.

Não podemos esquecer que um comportamento equivocado é fruto de uma satisfação emocional equivocada, e essa, por sua vez, nasce dos nossos conceitos e ideais por vezes totalmente deturpados. Apontar os erros dos outros não significa apenas exigir que se modifique um hábito ruim do dia a dia, significa transformar tudo aquilo que alimenta esse hábito, todas as crenças e os conceitos que moldam a vida dessa pessoa. Alguns desses conceitos nasceram na infância, outros são resquícios familiares, portanto, não se trata de tarefa fácil. Assinalar assim tudo o que desejamos ver transformado nos outros pode não passar de um hábito ruim nosso, da própria intransigência e insatisfação. Cabe ao outro desejar mudar qualquer coisa em sua vida.

Além do que, você gostaria que alguém lhe entregasse uma lista com os seus defeitos, exigindo que você se transformasse rapidamente? Será que você não se sentiria invadido, afrontado como nunca antes? E tem mais: talvez as exigências que estivessem sendo feitas por essas pessoas nem mesmo representassem uma parte sua que você estaria disposto a modificar. Talvez você nem mesmo considerasse aquele aspecto apontado como algo ruim da sua personalidade. E então, como você lidaria com essa exigência do mundo pesando sob seus ombros?

Devemos, portanto, continuar a conviver com indivíduos ignorantes e mal-educados, e simplesmente não fazer nada a respeito a não ser adotar a política do "deixa para lá"? Não, é claro que não. Conhecimento é poder. É o maior de todos os poderes, porque ele nos liberta, inclusive da pequenez de caráter e de comportamento, nosso e dos outros. E, uma vez adquirido, ele se torna nossa responsabilidade. Você deve sim transmiti-lo. Deve gritar aos quatro ventos, subir na montanha mais alta, navegar por mares desconhecidos, berrar com toda a força dos seus pulmões, e compartilhar todo o conhecimento que adquiriu: a simplicidade, a aceitação, encarar seu lado sombrio, descobrir quais são seus temores e iluminá-los. Devemos sim ensinar a todo e qualquer cidadão as ferramentas certas para que eles próprios detectem os seus defeitos e tenham a oportunidade de transformá-los. A partir daí, é uma escolha pessoal iluminá-los ou não.

E nem mesmo seu amor pode interferir na escolha de cada um. Mães choram todos os dias pelas escolhas de caminho de seus filhos viciados, bandidos, e com toda a certeza as mães dos corruptos também. Por acaso elas puderam evitar que eles se machucassem, e machucassem também todos aqueles que cruzaram os seus caminhos?

Pode ser que essa medida do "deixa para lá" fique parecendo uma carta branca para o comportamento equivocado daqueles à nossa volta, mas não é assim. Por certo que todos temos obrigações e direitos, além, é claro, de limites. Conhecer e respeitar os próprios limites cíveis evita que as atitudes que venhamos a tomar ao longo do dia incomodem o nosso próximo. E a melhor medida é: não fazer com ninguém algo que não desejamos para nós.

Quanto aos nossos direitos, é evidente que devemos recorrer aos meios apropriados para que o convívio possa acontecer em paz. Portanto, ir em busca dos seus direitos é uma condição básica do ser humano. Tenhamos em mente, no entanto, que valiosas lições também estarão sendo espelhadas em troca, para correção dos devidos equívocos. É obrigação de cada um de nós prezar por uma qualidade de vida com a qual todos sejam respeitados, tendo como ferramenta o pensamento claro de que, se não gostamos de ser passados para trás, enganados, incomodados, acossados, invejados, roubados, traídos e magoados, então certamente não há razão para fazer com que outras pessoas passem pelas mesmas condições.

A tarefa é educar. E podemos até mesmo informar com gentileza qualquer falha que estejamos percebendo na conduta daqueles que cruzam o nosso caminho, mas unicamente com o desejo de educar, sem criar atrito e reclamações. Porque uma coisa é a constatação de um fato; você expõe aquilo que está ali naquele momento, mas precisa se isentar de adicionar qualquer conteúdo emocional ou particular, pois desse ponto em diante, o relato passa a ser crítica, embasado pelo ego, pela personalidade exigente e insatisfeita.

No entanto, é verdade também que não podemos obrigar ninguém a aceitar nossos padrões de exigências. Além de que, como iremos educá-los sem que tenhamos evoluído o suficiente para deixarmos de lado a arrogância de acreditar que sabemos tudo, ou a prepotência de que temos resposta certa para tudo? Se eu tenho os meus defeitos, por certo não posso exigir que alguém mude os seus só para me satisfazer. Primeiro corrijo os meus, e isso por si só já é tarefa suficiente para uma vida inteira.

Agora, e quando o convívio nos obriga a suportar situações muitas vezes constrangedoras ou até de violência? O que fazer? Neste caso, você primeiro precisa descobrir o que aquela relação está tentando lhe dizer. Quais comportamentos estão sendo refletidos para você, como reage a eles, como lida com tudo isso, no que você vem se repetindo sem sucesso. Observe o porquê de estar sempre se colocando à prova em relações e situações que o testam, que o provocam ou que lhe causam dor. Por que você está se punindo ou deixando a vida vir puni-lo por meio desse tipo de circunstância? Observe do que você tem tanto medo a ponto de precisar constantemente se expor e se ferir para encobrir a crise interna.

Mas veja bem: não são apenas as relações familiares, as relações do seu convívio diário no trabalho, na escola ou ainda suas relações afetivas que contam. O quadro é um pouco mais amplo e você deve prestar atenção ao seu comportamento, que é refletido por todas as pessoas que cruzam o seu caminho, todos os dias.

Ao acordar, preste atenção a como você trata seu cônjuge, seus filhos, as pessoas que o servem em casa, observe como você se relaciona com cada um. Olhe bem para suas relações quando você fecha a porta

Tateando no escuro

atrás de si e o mundo se abre à sua frente; os seus vizinhos, o porteiro, seus familiares, amigos, o motorista do ônibus, a garçonete do restaurante, o jornaleiro, o chefe ou os seus funcionários.

Costumamos tratar com deferência aqueles a quem amamos e admiramos, e com completa falta de amorosidade e até de respeito aqueles que esbarram conosco na rua. Você vai pensar que é obvio tratá-los assim, de forma tão diferente, pois você não os conhece, não conhece sua índole ou seu caráter. Mas não importa; você não precisa conhecer as pessoas para que ainda assim elas espelhem o seu comportamento. E talvez seja justamente nessa hora, com completos desconhecidos, que você irá revelar o seu pior lado, por achar que eles não têm importância e que seria perda de tempo mostrar que você tem algo de bom a oferecer.

A única exceção neste caso é a daqueles sujeitos que preferem aborrecer a própria família na intimidade de seus lares, enquanto aos olhos do mundo gostam e preferem exibir uma falsa aparência de cidadão exemplar. Entretanto, só o fato de viverem em uma constante mentira já lhes tira qualquer mérito ou credibilidade desse comportamento planejado, calculado e executado à perfeição, mas que serve somente para enganar.

Você não precisa saber o nome de cada um que cruzou o seu caminho hoje, nem do carteiro, da moça que passeava com o cachorro ou ainda do senhor que lhe deu um esbarrão na rua. Mas para os Fazedores de Milagres a forma como você irá tratar essas pessoas é a resposta para que tenhamos um mundo melhor. E como pode ser isso?

No momento em que você cruza com alguém, anônimo ou não, ele imediatamente serve como um espelho para que você possa identificar os seus defeitos, ou desvios de comportamento, enfim, o seu padrão vibratório. Com essas informações nas mãos você conseguirá observar a sua evolução, as correções que ainda precisam ser feitas e também o quanto você já melhorou. A sua conduta com cada um que cruza o seu caminho pode lhe mostrar se você é educado, polido, prestativo, acolhedor, amigo, paciente e solidário. Porque até mesmo um esbarrão na rua pode ser relevado com um sorriso nos lábios; dependendo da sua predisposição, é claro. No entanto, se você preferir, pode ser intransigente, preconceituoso, impaciente, agressivo e autoritário. Olhando friamente para essas duas opções é certo que iremos escolher o melhor comportamento, mas será que ao sairmos de casa ele se sustentará?

Todo relacionamento existe não para nos oferecer algo, mas para que nós tenhamos a oportunidade de oferecer o nosso lado evoluído a cada um com que esbarramos pela vida, criando laços com os quais a alegria e o amor possam fluir.

Todavia, existe algo bastante divertido nessa história toda de reflexos e espelhos. Assim como um espelho reflete as imagens que nos agradam e as que não são tão bem-vindas também, nós desempenhamos esse mesmo papel na vida de todos aqueles que se aproximam. Podemos tanto refletir as imagens feias e desengonçadas de um espírito ainda mesquinho e pobre como podemos também lhes mostrar as atitudes nobres e admiráveis. Enquanto agimos assim, estamos transmitindo a cada um deles um exemplo a ser seguido ou evitado, representado ora por um comportamento evoluído e saudável, ora por um exemplo execrável, no qual as atitudes são vergonhosas. Eles poderão então escolher repetir o padrão que lhes é mais compatível e conveniente naquele momento.

Exatamente como nós, que passamos a vida tentando copiar os gestos notáveis de quem nos cerca, ao mesmo tempo que buscamos nos livrar de tudo o que é mundano e nos faz infelizes. E é aí que está o poder de realizar alguns milagres, o poder de despertar nos outros a intenção de se transformarem também.

Se você convive no seu dia a dia ao lado de alguém que ainda vive sob a sombra da própria ignorância ou da maldade, e se vê obrigado a sustentar essa relação sem, no entanto, encontrar uma opção para modificá-la, pode achar um completo absurdo ter de respeitar a escolha do outro em continuar sua existência exatamente do jeito nocivo em que se encontra. Talvez você desejasse encontrar nestas páginas algum incentivo para reforçar as suas reclamações e exigências constantes, mas sinto muito, o trabalho de transformação só poderá ser realizado internamente, isto é, em você mesmo e não nos outros.

Porém, existe um jeito todo especial de transformar aqueles que estão a nossa volta sem, no entanto, desrespeitar suas escolhas pessoais. Quantas mulheres existem espalhadas pelo mundo que se acostumaram ao seu papel de mãe e esposa, porque em um primeiro momento cuidar de seus familiares lhes trazia um imenso sentimento de amor e satisfação? Contudo, os anos se passaram e ninguém enxerga mais essas mulheres, a não ser através desse papel de dona de casa, cozinheira, lavadeira, motorista e arrumadeira. Falta a elas tempo para cuidar do corpo e da alma, e a única coisa que escutam são reclamações e exigências. Para quem está de fora parece fácil romper esse ciclo vicioso, no entanto, aquele sentimento inicial de acreditar estar cuidando de seus entes queridos ainda permanece ditando a ordem de seu comportamento, mesmo que agora misturado à tristeza, à solidão e ao desânimo. E é justamente por essas mulheres se agarrarem à necessidade de se sentirem úteis e valorizadas diante de suas famílias que o comportamento de todos os que convivem com elas, por sua vez se sustenta.

Assim, o que antes era uma relação de amor se transforma em constantes situações abusivas, porque todos à sua volta se acomodaram e trataram de cuidar de seus interesses, ignorando os sentimentos daquelas pobres mulheres. Descaso, preguiça, comodismo, imposição, desrespeito são apenas alguns traços do que pode existir por trás dos relacionamentos dessas mães com seus filhos, dessas mulheres com seus parceiros. E não adianta elas resistirem à dor e continuarem reclamando e se martirizando. Não adianta exigirem uma mudança sem, contudo, se transformarem em primeiro lugar. Não adianta seguirem se sentindo vítimas.

No fundo, elas bem que adorariam ver essas mudanças chegando para voltarem a se sentir vivas; mas, se não transformarem seus conceitos internos, nada poderá se transformar aqui fora também. Tire delas a oportunidade de cuidar da casa e de suas famílias, e será como se tirasse também o sentimento de utilidade. Como poderiam elas existir sem seus afazeres? Como suas famílias sobreviveriam sem os seus cuidados? Afinal, depois de anos subjugadas, quem são de fato essas mulheres? Do que elas gostam? Quais são os seus interesses pessoais? O que elas realmente gostariam de estar fazendo? E por fim, o que elas tanto temem que possa acontecer com suas famílias e com suas vidas pessoais a ponto de preferirem a anulação da própria felicidade em troca de serem condicionadas diariamente?

No entanto, todos nós precisamos cumprir tarefas diárias. Para alguns, isso implica lavar a roupa, preparar o jantar, ir ao supermercado e cuidar da família. Mas em nenhum lugar está escrito que se deva chorar e se anular mortalmente ao fazer isso, e nem que se deve abrir mão dos sonhos para experienciar uma história familiar.

Se ao realizar suas tarefas você chegou a algum ponto em que nem mesmo consegue se enxergar no espelho, é hora de mudar. Mude seus conceitos, transforme seu comportamento, cuide amorosamente de suas tarefas, cuide amorosamente de todos aqueles que se encontram sob sua responsabilidade, mas não se iluda acreditando que ninguém sobreviveria sem você, ou que deva suportar calada toda e qualquer reclamação. Em vez disso, aprenda a delegar tarefas, a solicitar ajuda nas atividades exaustivas, e até mesmo nos trabalhos domésticos; afinal, sua família usufrui desse lar tanto quanto você.

Tire um tempo só para si, e se a roupa suja do seu marido ficar largada pelo chão, então deixe estar. Quando ele perceber que você é novamente a mulher, além de mãe e esposa, e não mais sua escrava ou empregada, e principalmente quando ele procurar pela roupa que deseja vestir e descobri-la ainda suja, entenderá que precisa mudar também e se redescobrir em uma versão melhorada.

No início, todos os atos de mudanças podem parecer uma rebelião, mas são somente as estruturas velhas e arcaicas sendo sacudidas. Não esqueça: essas mudanças estarão se realizando para que cada um tenha também a oportunidade de crescer e evoluir, então toda transformação precisará ocorrer livre de brigas e discussões. Apenas faça sua parte nessa transformação de forma silenciosa e amorosa. Descubra o seu lado criativo para modificar as velhas estruturas de seus relacionamentos. Eduque as pessoas, mas deixe a parte da mudança que compete ao outro para que ele a execute, sem críticas ou pressão.

Você já tem na sua bagagem informações suficientes para se autotransformar, e elas consistem em detectar os próprios equívocos e temores, correto? E se vem fazendo o dever de casa direitinho, ou seja, observando-se e iluminando seus aspectos pequenos, então aos poucos você deve estar começando a sentir as coisas mudarem por dentro, e a confiança de que não precisa temer nenhuma dessas mudanças renascendo, pois elas de forma alguma poderão machucar ou até mesmo prejudicar alguém.

E relembrando: se você compreende qual é o seu comportamento nocivo, e percebe qual sentimento você está na verdade tentando saciar, basta colocar em xeque a ideia que criou toda essa necessidade em primeiro lugar. Quando essa ideia e essa emoção forem transformadas, o comportamento simplesmente desaparecerá, por não ter mais nenhuma consistência em sua vida. E o que acontece quando você chega a esse ponto é que você passa a refletir outra imagem para as pessoas também. E de um jeito ou de outro elas se sentirão na obrigação de mudar em seguida, como uma resposta à sua evolução, seja porque compreenderam que mudar é realmente a melhor solução, seja porque perceberam que, se assim não procederem, acabarão se distanciando de você.

No momento em que você fizer essa mudança interna terá cumprido um aprendizado, evoluído mais um pouco, e a consequência disso será o aumento de sua vibração; e cada vez irá ficando mais difícil sustentar as mesmas relações desarmônicas de antes. Você vai, naturalmente e sem nenhum constrangimento, desejar se relacionar com pessoas que possam lhe acrescentar ainda mais conhecimento e trocas saudáveis.

Mudando assim o seu comportamento, você se liberta de condicionamentos que antes o aprisionavam a um padrão energético inferior. Você desejará alçar voos mais altos, e aqueles que permaneceram atrelados aos próprios problemas, estagnados em um nível inferior, sairão aos poucos do seu círculo de convívio. Os relacionamentos com eles espelharam durante certo tempo exatamente o que você precisava aprender, e, agora que você se transformou, faz-se necessário seguir em frente. Infelizmente, talvez eles não tenham desejado o mesmo, ou não tenham percebido a oportunidade que se apresentava bem diante de seus olhos para se transformar também, então será inevitável esse afastamento.

Ao dar um salto de qualidade em sua vida, você está prestando um grande serviço à humanidade. Você passa a refletir um padrão de comportamento mais evoluído, e transmitirá isto a todos que cruzarem o seu caminho, dando-lhes a chance de evoluir também. As pessoas perceberão que você está mudando, está mais radiante e cheio de novidades. Você despertará nelas, também, certa curiosidade de ir em busca de uma transformação. E se você for gentil e suave, conseguirá mostrar que se elas realmente estiverem dispostas poderão encontrar estados de ser muito mais evoluídos e vidas muito mais interessantes. Você estará disseminando entre os demais a vontade de evoluir. Essa é, na verdade, a única forma permitida de ajudar nossos semelhantes: dar a eles a oportunidade de descobrir que, se desejarem, tudo poderá ser diferente.

Os Fazedores de Milagres nos pedem que mostremos às pessoas que existe um jeito, uma forma de transformar o nosso comportamento, e, em seguida, transformar o comportamento do outro. Mas, depois de mostrar esta opção para os demais, é preciso dar-lhes também o espaço, a liberdade para escolher se eles estão prontos ou não para tamanha tarefa.

E nunca é tarde para mudar. Deus é tão magnífico em sua criação que nos deu os dias com vinte e quatro horas para que pudéssemos aproveitá-las na nossa transformação pessoal. Para uns, elas passam com incrível lentidão. Outros gostariam de ter uns minutos a mais. Mas, para todos nós, esse presente maravilhoso, se não for aproveitado aqui e agora, se repetirá amanhã. Isso é incrível, e não pode ser desperdiçado. Então, pense bem em cada um que cruzou o seu caminho hoje, porque foi uma oportunidade para que você agisse de forma diferente. Foi a oportunidade de se observar e se transformar, além de criar uma relação melhor com a vida e com o mundo.

Se você não conseguiu um bom desempenho no dia de hoje, não se lamente, amanhã terá outras vinte e quatro horas para se relacionar melhor. E não adianta espernear e querer mudar as pessoas à força, querer lutar para mudar o mundo à força; o que você pode fazer é mudar a si mesmo e contagiar todos ao seu redor.

Agora preste atenção à seguinte situação. Imagine que você acordou de mau humor, passou pelo porteiro e nem lhe deu bom dia. O ônibus passou direto pelo ponto e não parou. Você ficou lá, debaixo de chuva e praguejando. Acabou chegando atrasado ao trabalho e ainda teve de ouvir uma bronca do seu chefe, e depois seguiu para sua sala debochando dele. Sua secretária esqueceu-se de preparar alguns documentos importantes, e você utilizou a sua posição superior para humilhá-la. Quando retornou para casa, após enfrentar um congestionamento enervante, sua esposa já veio logo lhe falar do cano que estourou e alagou todo o banheiro. Você a deixou falando sozinha, pois não queria saber de mais problemas. Seu filho estava trancado no quarto com aqueles amigos esquisitos, e você passou direto pelo corredor. Sentou-se sozinho no sofá, na frente da TV para assistir a um jogo, mas seu time perdeu.

Então, ali sentado, resmungando, você se pergunta o que poderia ainda lhe acontecer de ruim naquele dia.

É bem verdade que muita coisa poderia ficar ainda pior, mas é verdade também que muita coisa poderia ter sido melhor.

Imagine agora que você acordou mal-humorado, mas, como já está aprendendo a contornar seus aspectos negativos, respira profundamente e relaxa por uns cinco minutos. Passa pelo porteiro e lhe dá bom dia, e dessa vez, surpreso com a sua mudança, ele humildemente sorri e lhe deseja um bom dia também. O ônibus passou pelo ponto e não parou, você dá um sorriso consigo mesmo e compreende que, embora esteja atrasado e debaixo de chuva, nada acontece por acaso. E você pegou o ônibus seguinte. Parece até coincidência, mas ao seu lado senta-se um velho amigo, e vocês marcam um encontro para reunir os antigos companheiros. Pela janela você repara que aquele primeiro ônibus que passou pelo ponto está enguiçado, e o motorista, encharcado debaixo da chuva, tenta consertar o veículo, e você pensa: "Coitado!". O seu chefe já chega lhe dando bronca em função do seu atraso, e você cordialmente explica-lhe o que aconteceu. Sua secretária esqueceu-se de preparar alguns documentos importantes, e você utilizou a sua evolução pessoal e profunda amorosidade para desculpá-la, mas pediu que ela providenciasse tudo rapidamente. Contudo, antes você ainda lhe fez um elogio para que ela não saísse se sentindo tão mal com a própria falha. No trajeto de volta do trabalho, você aproveitou o engarrafamento e meditou um pouco mais sobre seu comportamento. Quando chegou em casa, sua mulher lhe contou do ocorrido no banheiro e, com toda a paciência, você a ajudou a encontrar a melhor solução; afinal, você escolheu amar e conviver com aquela mulher. Seu filho estava trancado no quarto com os amigos, e mesmo sem compreendê-los muito bem você foi até lá cumprimentá-los. Depois sentou-se tranquilamente para assistir a um jogo pela televisão. Infelizmente seu time perdeu, mas isso faz parte do jogo, e você está feliz.

Alguns podem até dizer que estão muito longe dessa transformação toda. Outros vão alegar que é pura utopia manter esse nível de plenitude interior. Mas a verdade é que ninguém está nos cobrando nada, mudança alguma, mas é só através do nosso desejo que poderemos alcançar um nível assim tão plácido diante das adversidades da vida. Ser um Fazedor de Milagres não impede que eventos desagradáveis aconteçam conosco.

A diferença vai estar na forma como atravessamos essa maré, e o quanto vamos aproveitar as experiências e os aprendizados para nos tornarmos pessoas realizadas e plenas.

Portanto, siga o ensinamento dos Mestres, os Fazedores de Milagres, e faça este favor a si mesmo: permita-se ser um observador imparcial do próprio comportamento, através do olhar de todos aqueles que convivem no seu dia a dia, daqueles que lhe são caros, e sobretudo daqueles que lhe são completamente desconhecidos. E então, daí para a frente, tudo começará a se modificar.

Todavia, uma coisa precisa ficar muito bem esclarecida aqui. Toda vez que você percebe que tem um comportamento menos evoluído, que finalmente chegou a hora de deixá-lo partir e que é também chegado o momento de deixar surgir um novo e melhor, é importante que você faça esse movimento por si. Não, não é egoísmo pensar somente em você nessa hora. Até porque, no instante em que se transforma, você passa a ser um espelho muito mais reluzente para o mundo inteiro, e esse, definitivamente, não é um gesto egoísta, mas sim um grande gesto de amor e compaixão pelo próximo, pelo mundo inteiro.

Ao agir pensando em mudar unicamente em seu benefício você evitará o risco de ser manipulado ou conduzido a se transformar para satisfazer a vontade e os caprichos das pessoas à sua volta, acreditando talvez que, ao fazer assim, evitará brigas e exigências, ou até mesmo a separação. Todavia, existe uma grande diferença em prestar atenção aos alertas e, por que não dizer?, às reclamações que nos chegam de fora a respeito do nosso comportamento para que a partir daí possamos ter uma atitude honesta e avaliar o que procede dessas advertências e ouvir o que é puro exagero. Assim então, baseados nessas informações, nesses reflexos que nos chegam, podemos descobrir que é hora de mudar. Ou melhor ainda: nós *escolhemos* mudar.

Permitir-se ser influenciado para modificar o próprio comportamento exclusivamente para satisfazer as exigências daqueles que convivem conosco é sem dúvida ceder ao medo de irritá-los e perdê-los.

Quantos maridos e namoradas não existem espalhados por aí que reclamam tanto de seus parceiros que, se lhes fosse dada permissão, modificariam inteiramente a personalidade de quem eles alegam tanto amar? Mas se você, em primeiro lugar, escolheu estar ao lado dessa pessoa, como pode agora querer transformá-la naquilo que mais lhe agrada? E que direito você pensa que tem de fazer isso? Tendo em vista somente o seu bem-estar? Alegando que seria pelo "bem da relação"?

É bem verdade também que as pessoas têm certa tendência a se acomodar depois de um período de convívio, revelando traços que antes escondiam e que podem, sim, nos desagradar. Como por exemplo o namorado que nunca desce o acento do vaso sanitário, a esposa que nunca fecha o tubo da pasta de dente, o filho que chega da rua e vai espalhando as roupas pelo chão, o marido que só pensa no futebol durante o final de semana, e a mulher que resolve conversar justamente durante o jogo... E você pede uma vez, pede várias vezes, reclama e exige que o outro mude, que tenha um novo comportamento. Talvez você até tenha razão; talvez se o outro mudasse o próprio comportamento, as relações pudessem ficar mais fáceis, mais limpas e mais harmônicas.

Enfim, são esses pequenos detalhes do convívio diário que podem ir minando aos poucos o prazer e a alegria. São coisas que você pode transformar através da criatividade, da paciência, mas não pode obrigar ninguém a transformá-las por você. Compreende a diferença?

Lembre-se sempre que se o seu parceiro, a sua amiga, o seu patrão ou vizinho levam uma vida em que algumas de suas atitudes simplesmente enervam e esgotam a sua paciência, não vai ser listando os seus defeitos um a um, ou repetindo sem parar a mesma ladainha de reclamações e críticas, que os fará mudar. E repare que, enquanto você continuar insistindo em só reclamar e brigar com tudo e todos à sua volta, também estará criando um hábito muito desagradável em sua vida, o que resultará em afastar ainda mais essas pessoas de você. Elas jamais irão concordar com alguém que energeticamente vibra contra elas o tempo todo. Não há como permanecer ao lado de quem só reclama e critica o nosso comportamento sem, no entanto, perceber que por sua vez precisa mudar também. Reclamar, criticar, julgar e obrigar os outros a fazerem o que desejamos é outro comportamento nocivo e condicionado que necessita de cuidados.

A alternativa é sempre mudar o seu jeito de reagir a essas questões antes de criar uma nova discussão. É preciso descobrir um modo de agir antecipadamente, surpreendendo até o outro, para que ele por sua vez compreenda que continuar com o mesmo comportamento é uma atitude imatura. Assim, ambos terão a oportunidade de se modificar, para estágios em que os relacionamentos são mais saudáveis.

E, se nada disso surtir efeito, será porque o que você precisa mesmo fazer é cuidar de seguir em frente com a sua vida, respeitando que talvez aquela pessoa simplesmente ainda não esteja preparada para existir em um estado mais evoluído de ser. Passa a ser uma escolha sua continuar ao lado de quem tanto o incomoda. É você quem muda, sempre, para que em seguida o mundo mude também. Todavia, se você realmente mudar os seus sentimentos, as suas reações e as suas ideias preconcebidas, dificilmente o comportamento pequeno dos outros poderá lhe causar algum incômodo, porque você estará muito acima disso tudo...

Se você andou atraindo para a sua vida alguém que o esteja momentaneamente desagradando tanto, é um sinal claro de que chegou a hora de observar, através do reflexo dela, o que você está fazendo, dizendo ou pensando que lhe causou tanto desconforto assim. Aproveite a oportunidade de enxergar em si as ideias que necessitam de transformação. Quais os equívocos e vícios que estão clamando por sua atenção?

Isso não significa que seja obrigação sua formar uma cruzada para mudar seus parceiros e companheiros de jornada, ou a quem quer que seja. No instante em que você transforma o seu comportamento, torna-se uma opção evidente para os outros desejarem mudar.

A evolução é constante e infinita. São inúmeras as possibilidades de experiências e descobertas por fazer. Não vai ser agarrando-se ao que não lhe serve mais que você irá de encontro a tudo isso. Quem passa a vida exclusivamente a apontar e acusar os erros dos outros está apenas se enganando, acreditando ser um *expert* no comportamento alheio, e ignora os erros que vem cometendo, escondendo a própria conivência com a relação doentia.

Por que será que é tão importante assim modificar o comportamento das pessoas à sua volta? O que você tanto teme que aconteça caso elas continuem exatamente do jeito que estão? Você teme que elas escapem do seu controle? Ou que subjuguem você? Ou ainda, que elas não satisfaçam os seus desejos? Ou que você não aguente mais permanecer ali e decida ir embora?

Para modificar a sua atitude você não precisa radicalizar; às vezes basta apenas que pare de reclamar e abra espaço para uma conversa

Tateando no escuro

franca e amistosa. Silenciar suas críticas elimina a sua aspereza e aproxima os demais de volta ao seu convívio. Isso sem contar que um amigo de verdade não exige a nossa transformação; aliás, o amor verdadeiro não exige absolutamente nada. Ele aceita o outro como ele é, com seus defeitos e vícios. Nada importa, porque o amor verdadeiro sabe esperar pelo momento exato em que o outro escolhe parar e se transformar, ele fica de prontidão para apoiar, incentivar, dizer a verdade quando ela é solicitada. Um amor de verdade é feliz, e não precisa de mudança alguma.

Mas um amor de verdade também não se submete a nenhuma dor ou sacrifício unicamente para manter um relacionamento distorcido e desequilibrado. Até porque não é nesse meio de desencontros e desrespeito que o amor verdadeiro criará suas raízes, nem abrirá suas flores. Amor implica respeito e liberdade. Amor implica perceber o momento do outro, e o momento de renovar.

Portanto, reflita melhor a respeito dos seus relacionamentos, e se por acaso descobrir que já não sente mais o mesmo carinho de antes por aqueles que se encontram ao seu lado, isso não será motivo de vergonha nenhuma. É preciso, aliás, muita coragem para admitir isso para si, e muita sinceridade para poder mudar os rumos de sua vida. O que é uma completa falta de amor é continuar preso ao lado daqueles de quem só conseguimos enxergar defeitos e problemas, tornando nossas vidas um verdadeiro inferno. Você não consegue ser feliz assim, e também não permite ao outro encontrar um pouco de paz.

Persistir reclamando do comportamento alheio só consegue, de fato, alertar o ego dessas pessoas, e ele grita exasperado que alguém está tentando se sobrepor, aniquilar ou desrespeitar sua forma de se expressar. O resultado é que uma resposta nada saudável irá surgir pelo caminho. Afinal, o ego de ninguém deseja ser sobrepujado. Esse ego vai tentar reforçar ainda mais suas estruturas internas para evitar que alguém venha lhe apontar seus erros. Em vez de modificar a relação, mais atrito acaba sendo gerado.

Seguir em frente com sua vida não é desamor algum, nem significa na verdade que você não ame mais aquela pessoa. Significa tão somente que a experiência ao lado dela cumpriu o seu acordo e agora se encerrou. Todos entram em um novo patamar, é preciso buscar novas histórias. E isso vale para qualquer nível de relacionamento, porque relacionamentos novos precisam chegar para espelhar novos padrões que necessitam de transmutação.

Ser honesto é o maior ato de amor com todos que nos rodeiam. É um ato de quem evoluiu e agora espelha o melhor para o mundo. Um dia, quem sabe, poderemos educar nossas crianças sem castigos e recompensas, e em vez disso as educaremos através do amor, do respeito e da sinceridade. Iremos lhes mostrar que através do diálogo e do conhecimento elas poderão descobrir o mundo inteiro, sentindo-se amparadas e seguras, apoiadas emocionalmente. Quem sabe nesse dia estas crianças deixarão de crescer viciadas em manter relacionamentos abusivos e se libertarão do egoísmo que destrói qualquer afeto à sua volta? Quem sabe se, ao lhes mostrarmos que em vez de reagir e reclamar do comportamento alheio elas devem se observar silenciosamente, nossas crianças buscarão opções para transformar o seu comportamento em algo muito melhor? Elas aprenderiam a amar o próximo, a cuidar do planeta e dos animais com mais responsabilidade. Elas seriam responsáveis pela transformação da humanidade.

Apenas através do conhecimento e da observação cada um de nós poderá modificar sua própria vida e espelhar para seus filhos uma existência mais brilhante.

E eis que acontece... Um dia após o outro, uma transformação gradual aqui e ali, e antes que você perceba, seu comportamento desequilibrado terá morrido, dando lugar a uma nova pessoa, mais educada, consciente, generosa, solidária e, acima de tudo, bem-humorada. Para essa pessoa, a sincronicidade parece surgir a cada esquina, presenteando-a com experiências incríveis. E não esqueça: amanhã estarão outras vinte e quatro horas de encontros e oportunidades à sua espera. O que você pretende fazer com tudo isso?

II

E a luz se faz presente

> *Não fale para Deus o tamanho do seu problema,*
> *fale para o seu problema o tamanho do seu Deus.*
>
> Autor desconhecido

HÁ UMA LUZ NO FIM DO TÚNEL

Alguma vez você já refletiu no quanto a vida hoje em dia parece muito mais complicada do que era alguns anos atrás? E isso não parece muito lógico, visto que toda a revolução tecnológica aconteceu justamente para nos beneficiar com a oferta de recursos e facilidades. Mas, pelo jeito, ocorreu o contrário; a tecnologia invadiu nossas vidas com suas incríveis inovações, porém, nós nos viciamos tanto que até viramos verdadeiros escravos de nossos celulares, e completos zumbis diante de um computador.

Tudo seria muito engraçado se levássemos em consideração que a humanidade existe há milhares de anos, e ela resistiu e cresceu sem esses recursos, e só há poucos anos é que usufruímos de carros, energia elétrica, aviões e fibras ópticas. Tudo o que fazemos hoje parece repercutir muito mais do que alguns séculos atrás. Tudo o que nós alcançamos nesse curto período teve muito mais impacto em nossas vidas e no próprio planeta do que todo o resto da história da humanidade. Isso é bom! É sinal de que estamos acelerando a nossa evolução. Mas é também bastante perigoso. É como colocar as chaves do cofre nas mãos dos próprios bandidos. Precisamos nos munir de muita cautela em relação aos efeitos de tudo o que fizermos de agora em diante, porque basta um passo em falso e estaremos acionando um simples botão capaz de eliminar todas as formas de vida sobre a face da Terra.

Assim como em um jogo de xadrez, em que cada jogada é pensada prevendo o próximo movimento do seu oponente, nós temos a obrigação de reavaliar nossas posturas diante da vida, e perceber quais padrões equivocados estão provocando nossas atitudes desequilibradas. Modificar o comportamento é buscar sempre antecipar-se ao movimento dos outros. É parar de reagir de forma repetitiva e explosiva, ou de viver melindrando-se e escondendo-se pelos cantos. É, principalmente, parar de culpar tudo o que vem de fora como responsável por nossa infelicidade. Alterar toda essa estrutura é alterar a ideia por trás de tudo; e essa ideia nociva que nos faz correr pela vida destruindo muito mais do que construindo tem origem no nosso maior mal: o medo.

O mundo anda com pressa de evoluir. Ninguém o segura mais em sua corrida desenfreada. Então, nosso papel consiste primeiramente em parar com todas as desculpas e lamentações e assumir o compromisso pela própria evolução, sabendo o quanto isso irá refletir nas próximas gerações.

Infelizmente, algumas situações parecem não ter mudado em nada. Os anos se passaram e alguns traços do comportamento humano que simplesmente nos causam repulsa insistem em não desaparecer. E agora, unidos a toda essa tecnologia disponível, esses aspectos negativos do homem ficaram ainda mais evidentes e parecem ter ganhado fôlego extra.

A violência hoje em dia chega às nossas casas em tempo real. O que acontece do outro lado do mundo pode ser visto na sua sala de estar. Foi possível até o impossível. Em 1991 assistimos à primeira guerra televisionada (guerra do Golfo), transmitida ao vivo e com direito a hora marcada para começar. Como se estivéssemos assistindo a um espetáculo, sentamo-nos na frente da TV, munidos de pipoca e coca-cola, esperando o primeiro míssil cruzar iluminando os céus. Até parece que nós nos esquecemos, por uma fração de segundo, de que, enquanto estamos seguros no interior das nossas casas, o sofrimento, a morte e a destruição são reais para outras pessoas.

E a luz se faz presente

Anos depois, o mundo paralisaria novamente diante dos monitores de TV quando os aviões se chocaram contra as torres gêmeas do World Trade Center. No entanto, existem ainda algumas imagens mais antigas, anteriores a essa onda ultratecnológica, que marcam a história da humanidade com as cicatrizes feias de nossa negligência e omissão. Elas nos lembram constantemente do quanto podemos ser violentos e destruidores e do quanto fingimos que nada de errado está acontecendo para não termos de arcar com as responsabilidades, e acima de tudo para não termos de reconstruir, educar e transformar a sociedade.

Ao falarmos da África, por exemplo, automaticamente e infelizmente, em vez de vir às nossas mentes a imagem de um continente rico e exuberante, de um povo simples e sorridente, somos forçados a nos lembrar das cenas sangrentas dos conflitos espalhados como doenças virulentas. Temos como exemplos o *aparthaid* na África do Sul, o massacre em Ruanda. Lembramo-nos das imagens da fome miserável na Etiópia, no Sudão. Vemos o Oriente Médio, tão cheio de contrastes, tão rico em ouro e petróleo, abrigando um povo tão carente e sofrido por anos a fio de guerras. E a própria Europa, quem diria, berço da civilização moderna, nos traz recordações nada tão gloriosas de um passado recente, como as cenas dos conflitos no Leste Europeu, que foi devastado e sacudido por homens gananciosos de um lado, milhares de refugiados do outro, e no meio, os francos atiradores brincando de deuses.

Aliás, a história da humanidade parece sempre se repetir entre aqueles que conquistam e aqueles que não têm alternativa a não ser fugir. Hoje, neste exato momento, existem mais pessoas vivendo sob o julgo da miséria, da pobreza extrema, e refugiadas, expatriadas em fuga, do que pessoas saudáveis e felizes em suas casas. Portanto, olhe muito bem à sua volta, observe tudo o que você já conquistou até aqui. Sinta-se feliz por tudo isso.

É realmente incrível essa discrepância. Ainda mais se levarmos em conta, pense nisso na próxima vez que entrar em um shopping para gastar em algumas comprinhas que, segundo um Mestre amigo meu, a maior parte da população mundial não falou ao telefone sequer uma vez, ao passo que a outra parte da sociedade, aquela com maior poder aquisitivo, troca o seu celular pelo menos uma vez ao ano. Ou quem sabe, da próxima vez que nos sentarmos em um restaurante exigindo apenas o melhor, possamos nos lembrar dos milhares de pessoas que não têm nem mesmo um único copo de água potável ao longo do dia. Mas nem por isso vamos deixar nossos prazeres de lado, não é mesmo? Ninguém consegue imaginar como seria a vida se retrocedêssemos no tempo, e perdêssemos o luxo e a comodidade que temos à nossa disposição atualmente. De fato, bastaria que a energia elétrica fosse cortada em definitivo para que a vida ficasse em suspenso, parada e esperando pelo próximo passo.

E, na verdade, não precisamos abrir mão de nada disso além, é claro, das exigências nascidas do ego, mas ao contrário devemos buscar uma solução para incluir cada um desses miseráveis e refugiados na nossa festa também. E fazer isso passa por compreender o porquê de tanta violência, o porquê de tantos confrontos e conflitos. Por que será que o homem necessita tanto ser violento, sádico, ganancioso e hipócrita? É triste pensar que não importa o quanto por um lado sejamos inovadores e criativos, se por outro estamos constantemente em guerra com o nosso vizinho.

Só existe uma resposta para tudo isso: o homem deseja para si tudo de melhor que ele puder conquistar, mas não dá a menor importância ao dia seguinte. Não importa quantos estejam caídos, o quanto tudo esteja destruído ao seu redor se ele se saiu bem e está feliz. A ganância e o orgulho desmedidos mais parecem uma sentença pairando sobre sua cabeça.

Pare para refletir um pouco sobre o que será que passa na mente de cada um que rouba, seja através da corrupção ou de atos violentos, de quem comete crimes e tem um comportamento inescrupuloso, pois todos sem exceção "querem para si", mas não se importam com as consequências de seus atos.

E quanto a nós? O que se passa em nossas cabeças quando jogamos um simples papel ou uma guimba de cigarro pelas calçadas, quando atiramos uma lata de refrigerante pela janela do carro, quando não reciclamos o lixo, quando desperdiçamos água, luz ou gás? Será que, no instante em que cometemos essas pequenas ações, nós nos lembramos do impacto gigantesco que elas terão sobre nossas vidas e sobre o nosso próximo? Será que damos o real valor àquele bem, àquele recurso da natureza, que não é inesgotável? Compreendemos que é um privilégio acionar um interruptor e instantaneamente ter a lâmpada acesa? Ou chegar da rua e simplesmente ligar o chuveiro para um banho refrescante?

E a luz se faz presente

Não, nós gastamos, usamos e queremos sempre mais, mas não nos importamos com o dia de amanhã.

Cuidamos com tanto zelo de nossos filhinhos recém-nascidos, dos nossos animais de estimação, alguns cuidam com extremo cuidado do carro novo na garagem, outros ainda cuidam da aparência. Dedicamos nosso tempo, nosso dinheiro e nossas vidas para cuidar dos bens, daquilo que acreditamos nos pertencer, mas, quando se tratam de questões sérias e profundas referentes à nossa evolução, relevamos tudo com uma completa falta de amor e cuidado.

No filme Matrix, a máquina explica para o personagem Morpheus que nós, humanos, somos exatamente como um vírus que se instala em um corpo saudável e, como um parasita ingrato, vai consumindo e destruindo tudo à sua volta, até que chega um ponto em que não há mais espaço para proliferar, e nem o que consumir. É o caos. É o fim.

Muitos atualmente gostam até de dizer que nós, como sociedade estabelecida, estamos muito próximos desse caos. Alguns preveem inclusive o fim do ciclo da raça humana sobre a Terra. Os Fazedores de Milagres, no entanto, deixam a polêmica de lado, dizendo que estamos somente atravessando um período escuro da natureza humana, mas que ainda existe uma luz no final do túnel, e essa luz tem um nome: ela se chama vibração.

A vibração que você emite é a vibração com a qual o mundo irá lhe responder. No seu dia a dia, a vibração que você emite é responsável por atrair os acontecimentos ao seu redor, e consequentemente é responsável também pela qualidade da vida que você leva. Não há equívocos, ou exceções nessa regra, porque a natureza é precisa e perfeita. Portanto, se estamos mergulhados nesse caos, nessa confusão violenta é porque de alguma forma estamos emitindo exatamente essa vibração para o mundo, e a vida está se desdobrando de forma correspondente.

Neste momento, muito provavelmente você deve estar sentindo certo incômodo, ou talvez até uma certa indignação com o que acabei de dizer. Afinal, você tenta levar sua vida tranquilamente, apenas visando o seu bem-estar e de seus familiares. Como seria possível ser responsabilizado pelo caos no mundo? Pelos conflitos internacionais? Ou pela destruição do planeta? Você jura que vive sem fazer muita balbúrdia, sem agredir ninguém, muitas vezes até sendo agredido e permanecendo calado. Como então, no meio dessa vida pacata, você poderia estar afetando os rumos do planeta? Isso não deve estar certo! No entanto, cada vez que se omite, você permite que a frequência negativa das pessoas ao redor do mundo continue se espalhando e propagando. Cada vez que você se acha pequeno demais e nega poder contribuir para a evolução da humanidade, você permite que a frequência do medo cresça e pressione suas garras mais profundamente. Cada vez que você se recusa a se observar e transmutar seus aspectos negativos, você está consentindo que eles se juntem a todos os outros aspectos negativos de cada habitante deste imenso planeta, e com uma força incrivelmente avassaladora conduzam todos nós em direção ao caos, à violência, à fome, às guerras, à miséria e à dor.

Na verdade, o objetivo de realizar milagres em nossas vidas trazendo paz, abundância, amor e sabedoria, é um pouco mais complexo. Se você conseguir alcançar esse estágio de plenitude e tranquilidade, irá conseguir realizar seus próprios milagres e poderá presentear as pessoas do mundo inteiro com essa incrível vibração de amor, eles por sua vez se sentirão tocados e dispostos a se transformar também, a realizar seus próprios milagres. A corrente que propaga o mal serve também para expandir o bem. Experimente!

Você deve estar se perguntando: como uma única pessoa poderia modificar o rumo da história? Como agir sozinho e ainda assim transformar o mundo em um lugar melhor? Existe muita coisa que pode ser feita, sim, por uma única pessoa e por cada um de nós também, mesmo em nosso dia a dia atarefado. Os Fazedores de Milagres explicam que basta uma única mente aberta para captar uma grande ideia e colocá-la em prática para que no dia seguinte desperte, no mínimo, a curiosidade dos que estão à volta. Basta um coração amoroso para acender uma luz nesses tempos de escuridão, e que ainda desperte nos corações ao redor aquele calor, aquela vontade de atravessar as trevas e ir em direção da luz, iniciando, assim, um processo em cadeia capaz de alcançar um número de indivíduos cada vez maior, até que em um determinado momento, a centelha de luz parece ganhar vida própria e não pra de se expandir. É o que se chama *atingir uma massa crítica*, quando a informação se espalha levando junto todas as possibilidades.

No seu caso, se você se transforma em uma pessoa melhor, transmite isto àqueles que fazem parte da sua vida, porque a melhor forma de ensinar alguém a ser uma pessoa melhor é mudando a si mesmo. Caberá então a elas modificar seus conceitos, e, isso feito, a informação passa adiante, tocando os próximos indivíduos. Por isso é importante que se tenha extrema atenção aos ideais e conceitos, pois eles alimentam nossas emoções, e nos condicionam a agir em função disso. Defendemos nossas histórias com veemência, contudo, se essas mesmas ideias, conceitos e crenças estiverem velhos e enferrujados, iremos nos comportar exatamente do mesmo jeito de sempre; e pior, levaremos adiante esses nossos hábitos feios e distorcidos para todos os que nos rodeiam.

Esta é a nossa responsabilidade maior: perceber o quanto influenciamos positiva ou negativamente os nossos filhos, companheiros, familiares e amigos. Mas também influenciamos os nossos funcionários, prestadores de serviços e todos os anônimos das esquinas da vida. Aquilo que você faz ao seu próximo representa quem você é neste exato momento, e isso é espelhado para o Universo, ultrapassando todas as barreiras de tempo e de espaço.

E não se deslumbre acreditando que por se vestir bem, ganhar bem, andar com pessoas abastadas você é melhor do que os outros. Ainda mais se o seu comportamento for exibido, falso e superficial. Aquilo que você mostra da sua parcela Divina pelo seu comportamento indica o seu nível de evolução. É simples assim.

Transformar nossas vidas se tornou urgente, porque finalmente percebemos que a vida neste planeta corre sérios riscos. Entramos em uma espécie de unidade de tratamento intensivo. Mas claro que há uma luz no final do túnel. Você precisa apenas escolher se vai ficar parado e ser arrastado pela correnteza ou se vai se dispor a transformar tudo o que for preciso, e com isso caminhar para fora desse túnel. A hora é agora. Não há mais espaço para desculpas e mágoas. Há muito a ser feito.

Muito já foi dito, no entanto, provavelmente você continua se sentindo triste, infeliz... Mesmo tendo aceitado todos os seus problemas, observado seus aspectos nocivos e seu comportamento equivocado, decidiu enfrentar seus medos, mas não sabe exatamente como eliminá-los. A vida continua a mesma, mas pode ser que a tristeza tenha aumentado. Não se assuste, pois o processo de se redescobrir pode causar euforia, alegria, excitação, e muitas vezes traz também tristeza e melancolia. É na verdade um sentimento muito parecido com a saudade. Mas saudade do que exatamente? Saudade de alguém? De alguma coisa? Não, é a saudade de se sentir completo, de se sentir inteiro, porque esse é o nosso estado verdadeiro: o de seres inteiros, plenos e felizes. Mas enquanto estamos aqui, evoluindo na forma física, muito dessa informação se apaga, restando essa melancolia que não sabemos explicar, esse vazio que nada é capaz de preencher. E, para piorar, no momento em que cavoucamos nossos conceitos e nossos sentimentos, essa saudade bate mais forte no peito, ela fica em evidência para que possa ser sanada. Porém, enquanto não obtiver as respostas para saciar essa dor, você poderá se esforçar ao máximo e ainda assim estará emitindo essa vibração em sua vida, e ela é nociva e perigosa para os seus planos de realização e paz.

Portanto, mãos à obra. É hora de remover a poeira e preparar a casa para o banquete de alegria que está por vir, porque não adianta apenas sentar-se e desejar que tudo seja diferente, é preciso pôr a mão na massa.

Os padrões de comportamento da vida que você leva respondem à vibração que você emite, e você segue nesse ritmo ininterrupto. Abrir espaço para o novo significa mudar a vibração que rege toda a orquestra dos seus acontecimentos. Essa vibração, que estampa em você o tipo de personalidade, os conceitos, as crenças que você tem, funciona como um ímã. A partir daí, as pessoas com a mesma frequência se sentirão atraídas, e as circunstâncias da vida irão aos poucos conduzindo você às experiências condizentes com essa frequência. Não importa se você está gostando ou não, é assim que acontece.

E quanto mais o tempo passa, mais as situações se repetem e reforçam esse padrão em você. E mais frustração, necessidades, doenças e tristezas aparecem também. Tudo vai se desenrolando de um jeito tão preciso para que você possa no final justificar suas crenças e seus conceitos, mesmo os equivocados. No final, você ainda diz: "eu sabia que tudo ia dar errado"; "por que as coisas estão sempre se repetindo comigo?"; "por que tudo sempre dá errado?". Ora, mas foi você quem escolheu essas experiências! Talvez tenha sido de forma inconsciente, o que é mais uma razão para reavaliar os seus conceitos e evitar outra armadilha dessas. Os conceitos e valores de juízo que você vem se utilizando para determinar as suas ideias e as informações que chegam até você é que são os verdadeiros vilões da história.

E a luz se faz presente

Então, já que este livro visa auxiliá-lo a encontrar as respostas para se tornar um Fazedor de Milagres, nada mais justo que neste momento comecemos a olhar objetivamente para os seus desejos. Que tal fazer uma lista de milagres? E no que consiste isso exatamente? Comece escrevendo uma lista e coloque tudo o que você deseja obter em sua vida. Seja preciso ao dar detalhes. A lista é sua, portanto não se preocupe com a crítica dos outros. O importante é a veracidade com que você escolhe os seus sonhos e dá vazão a eles. Faça a sua lista tranquilamente. Coloque os seus anseios em relação à sua vida afetiva e familiar. Descreva o quanto de sucesso e de reconhecimento é importante obter em sua vida. Seja específico com relação às suas expectativas materiais ou até mesmo à sua saúde física. Não importa se tudo parece um pouco exagerado, apenas descreva cada milagre que você gostaria de ver realizado aqui e agora.

Responda para você mesmo: O que o está impedindo de obter o que mais deseja? Por acaso é a falta de tempo? Ou quem sabe é a carência de dinheiro? Ou ainda a ausência de um companheiro(a)? Talvez você esteja precisando de mais amigos. Ou ter a saúde restabelecida? Afinal, se ninguém está realizado e feliz, o que nos impede de alcançar nossos sonhos e desejos? Por que ficamos parados e perdidos no meio desse túnel escuro sem saber para que lado fica a saída? Será que ninguém poderia acender uma luz que nos guiasse?

Aqui está a luz! Existe, sim, algo maquiavélico, sombrio e maléfico atrapalhando cada um de seus sonhos. E não é nada mais, nada menos do que você mesmo. Mas como é possível? Na verdade, parece bastante antagônico: "Eu quero tudo de bom, mas boicoto as minhas oportunidades de vivenciar o que escolhi?". Acredite: é precisamente isso o que acontece na realidade. O que você quer e deseja experimentar está muitas vezes mergulhado em um mar de negatividade tão grande que se perde na escuridão. Nada nem ninguém poderá socorrê-lo se você não acender a própria luz e transformar esses empecilhos em forças que o auxiliem daqui para a frente. Nada poderá acontecer de novo em seu caminho sem que você reconheça que existe uma vibração semelhante em seu interior.

Vou dar um exemplo. Digamos que uma mulher esteja sempre reclamando de estar sozinha e que seus relacionamentos não duram quase nada, porque os homens definitivamente não prestam. Aliás, volta e meia ela repete que não confia neles, nem em seu caráter, nem em sua sinceridade. Todos os seus conceitos a respeito dos homens dão a ela garantias de sobra desse fato. As histórias que ela escuta sobre traição e separação, os relacionamentos falidos à sua volta só a levam a confirmar ainda mais suas convicções sobre os homens. No entanto, ainda assim ela deseja um novo namorado, alguém incrível, maravilhoso, que traga muito amor e felicidade para sua vida. Quem sabe assim esse relacionamento venha justamente para apagar esse histórico de fracassos amorosos, não é?

Neste caso, esses anseios por um amor, por um relacionamento novo, na verdade estão corretos; no entanto, os conceitos vibram exatamente o contrário. Então, com toda a sinceridade, o que você acha que irá acontecer mais uma vez? Que essa mulher será capaz de atrair alguém inacreditavelmente maravilhoso, ainda que vibre no seu coração tanta crítica e desconfiança? Não. Ela irá atrair alguém que corresponda ao padrão negativo que emite, desconfiando de todo o mundo e se fechando para evitar mais sofrimento. Ela estará de novo satisfazendo as suas convicções internas. E isso não ocorre por culpa de homem algum, foi ela quem atraiu esses tipos para sua vida, foi disso que ela se convenceu que existia lá fora; assim, como poderia ser diferente?

Para encontrar esse homem incrível e viver essa experiência feliz e saudável, duas coisas têm de mudar nos conceitos dela. A primeira são os valores que aplica aos homens e às relações de uma forma geral. É claro que existem pessoas de índole duvidosa, e também relações desarmônicas, mas ninguém conhece o mundo inteiro para poder julgar e generalizar com tanta propriedade assim. Todos nós somos únicos, afinal de contas. Desse modo, se partimos do princípio de que somos diferentes de todos os demais indivíduos, precisamos admitir que outros tão diferentes quanto nós estão peregrinando por aí, talvez em nosso quarteirão, na mesma academia, ou caminhando no calçadão da praia.

Em seguida será preciso que ela relembre fatos, pessoas e situações do seu passado que a deixaram com essas marcas tão nocivas, para, em seguida, poder perdoá-los um a um. Modificar o padrão interno é modificar o julgamento negativo que se faz de todas as relações.

Outra coisa que ela terá de mudar nos seus conceitos é que alguém sempre surge em nosso caminho para nos fazer completamente felizes.

E a luz se faz presente

Não seria muito digno viver uma relação em que o outro é quem tem sempre a obrigação de nos fazer feliz. Até parece que vivemos em um conto de fadas saído dos livros, no qual a princesa enclausurada passa a vida esperando um príncipe para salvá-la. E quanto a nós? O que fazemos em troca? Ofertamos amor e carinho apenas na medida exata em que recebemos? Será que a carência é tão grande que não existe nada para oferecer livremente, apenas para exigir receber dos outros?

Mas isso afinal de contas é amar incondicionalmente ou é uma mera compensação? Eu o faço feliz se você me trouxer a felicidade? Não! Primeiro é preciso transformar nossos conceitos, depois, descobrir em nós a própria disposição, a nossa vontade de experienciar o amor de forma espontânea, segura e integral, porque ele, assim como tudo o mais, já existe dentro de cada um de nós. À mulher do nosso exemplo basta escolher se está pronta ou não para expressá-lo, compartilhá-lo e, consequentemente, recebê-lo de volta em sua vida, refletido no mais alto grau. Somente assim um parceiro incrível se sentirá atraído por uma mulher madura, capaz de amar, confiar e se entregar. Do mesmo jeito que o homem que vibra o amor antes de qualquer coisa estará apto, por sua vez, a encontrar uma parceira que retribua e compartilhe esse amor na mesma medida, livre de desconfiança, de insegurança e de segundas intenções.

Veja, porém, os homens que reclamam a todo instante que só encontram mulheres interesseiras e vulgares quando no fundo gostariam de encontrar uma especial, com quem pudessem planejar um futuro juntos. Mas onde vocês homens andam procurando essas mulheres, afinal de contas? Se eles classificam todas elas como capazes de prejudicá-los e ao mesmo tempo continuam saindo por aí, divertindo-se com uma após outra, o que podem esperar de diferente para além das consequências do próprio padrão que criaram? Mulheres dispostas a se divertir irão ao encontro de homens que gostam de passar a vida se divertindo descompromissadamente. Nada mais justo no Universo. E se você deseja uma mulher diferente, então passe a expressar sua intenção através de suas atitudes, e certamente o padrão interno se transformará.

Ou quem sabe ainda, você já se deu conta de que seu casamento acabou, não existe mais aquela chama nem o interesse de antes. Você sonha em recomeçar a sua vida, no entanto, a mídia, as religiões organizadas e a própria sociedade massacram as suas ideias com todo tipo de recriminações acerca do divórcio e da separação. Você escolhe permanecer quieto, escondido, e se acovarda, traindo em silêncio. Ao mesmo tempo, atrai para si mesmo situações constrangedoras, embaraçosas e críticas, porque esse é o padrão que está vibrando dentro de você. O conflito que você finge não existir no seu interior aparece do lado de fora tentando chamar sua atenção. Fugir não é solução; ser sincero é que lhe possibilitará experimentar a vida com mais dignidade e felicidade. E o amor verdadeiro só surge no caminho quando aprendemos a expressá-lo.

Uma pessoa extremamente vaidosa e consumista passa a vida valorizando apenas a aparência, e reclama quando encontra pelo caminho pessoas vazias e tão vaidosas e preocupadas com a aparência quanto ela própria. Mentirosos encontram situações enganosas e gente desonesta. Corruptos esbarram com corruptores ainda melhores e um dia encontram também a vergonha e a humilhação. O tímido sempre acha um jeito de atrair alguém para expô-lo e criticá-lo, o que acaba também fazendo-o retrair-se ainda mais. O doente sempre encontra a doença perfeita para expressar os seus conflitos internos e clamar por um pouco de atenção e cuidado.

Os nossos conceitos sobre quem somos revela como esperamos ser tratados por aqueles que cruzam nosso caminho. Se você se considera uma pessoa sem graça, impotente, vítima, feia e relegada a um canto, vai sempre esperar que o tratem como se você não tivesse valor algum, sempre esperando algo ruim por parte dos outros. Viverá tentando agradá-los para compensar essa negligência, mesmo que diga que gostaria de ser respeitado. Porém, seu conceito é negativo, e é exatamente assim que será tratado. E isso, com o tempo, justifica ainda mais esses conceitos errôneos, forçando-o a manter essa posição desvalorizada diante da vida.

O pior é que, além de receber esse tratamento desrespeitoso do mundo, você ainda vai se afundar em questionamentos do tipo: "por que ninguém me ama?"; "as pessoas estão sempre me usando, por quê?".

E se, por ventura, alguém se aproximar e o tratar bem, o seu lado pequeno irá desconfiar desse tratamento diferenciado, suspeitando que as pessoas sejam falsas e interesseiras, sempre. Com esse padrão de pensamento não é possível atrair algo diferente da velha forma desequilibrada com a qual você enxerga os outros.

E a luz se faz presente

    Se você se considera pouco, significa que não acredita que tenha algo a oferecer ao mundo; logo, também não poderá receber muita coisa de valor. As pessoas e situações que você atrai com esse comportamento refletem exatamente como você se enxerga.

    O mesmo acontece com as questões materiais. Se você passa a vida reclamando das suas dificuldades financeiras, reparando o tempo todo nas coisas de que sente falta e deseja conquistar, estará declarando o quão pobre coitado, miserável e injustiçado você é. E se você se enxerga assim, esse padrão continuará a trazer essas circunstâncias para sua vida, porque essa é a única coisa que você reconhece, isto é, a sua carência. Pensando no quanto lhe falta, no quanto as coisas são ruins e parcas, você se considera pobre, e não tem absolutamente nada para oferecer ao mundo. E sem oferecer não poderá esperar receber nada de valioso em troca. Não há equilíbrio na energia que você emana.

    Tudo é uma questão da vibração que estamos emitindo, e encontramos pelo caminho pessoas e situações condizentes com essa vibração para confirmar nossos conceitos e para satisfazer nossas vontades ou atrasar nossos sonhos. Mesmo que isso nos machuque e nos faça sofrer, porque, o que você anda recebendo da vida parece ser muito mais um desafio constante do que uma satisfação dos próprios desejos. Contudo, o Universo concede cada um de nossos desejos, sem distinção; entretanto, somos forçados a aprender a lidar com as inevitáveis consequências daquilo que emitimos.

    Somos nós mesmos que boicotamos e destruímos nossos mais caros sonhos. Portanto, reveja a lista que você fez e observe com cuidado; tudo o que você mais deseja é exatamente o que você pode estar colocando bem longe do alcance de suas mãos. Se as coisas não fluem como deveriam, se a vida parece emperrada, assim como uma engrenagem enferrujada, é porque existe um aprendizado que precisa ser adquirido antes de você cair nas boas graças desses milagres. Um aprendizado tão poderoso que é capaz de modificar a frequência interna, capaz de transformar tudo à sua volta. Se não faltasse esse aprendizado em sua vida, não estaríamos aqui discutindo como tornar seus sonhos reais, porque eles aconteceriam espontaneamente. Mas que aprendizado pode ser esse? E por que ele é tão importante para nossas vidas que chega a atrapalhar nossos sonhos?

O MAIOR APRENDIZADO DE TODOS: O AMOR

É preciso que o indivíduo se ame para se tornar um Fazedor de Milagres. Mesmo que isso ocorra apenas por curtos períodos em sua existência, já será o suficiente para permitir surgir o novo em sua vida.

E tentar falar ou explicar o que é o amor parece ilógico, se não impossível. É como tentar descrever com poucas palavras cada nuance de um pôr do sol, é como descrever o aroma das primeiras gotas de chuva quando encontram a terra, ou o primeiro sorriso de uma criança. Tentar descrever o que é o amor é como querer lhe falar de uma flor, de sua fragrância, de sua cor, de seus espinhos. E como querer pôr em palavras a sensação inebriante de se encontrar apaixonado. Por mais precisas que as palavras pudessem ser, ainda lhe faltaria o mais importante no que se refere ao amor: sentir a experiência única de tê-lo crescendo e se espalhando dentro de você.

No instante em que você busca adjetivos para classificar o que é o amor, você está acorrentando o mais puro e livre de todos os sentimentos.

Uns diriam que amar é de um jeito, outros diriam que somente daquela outra forma você encontra o amor. Não podemos dizer quem está certo ou errado quando se trata de amar, mas com certeza, algumas coisas são incompatíveis com o amor.

O ciúme é a forma mais clara e evidente da falta de amor. Muitos, surpresos, diriam que é a finalidade do ciúme proteger o alvo do seu amor. Você ama tanto que chega a doer a simples ideia da falta que o outro causaria em sua existência; tudo parece ficar insuportável. Então, por excesso de zelo e cuidado, o ciúme aparece como um soldado que guarda um tesouro. Mas ele não é nada além de puro controle. Você na verdade se ressente de que aquele a quem você *diz* amar possa ter vontade própria, escolha própria, amigos próprios, enfim, vida própria, onde você não é tão importante ou vital assim. Aos poucos, por completo desamor, você começa a minar a confiança do seu parceiro, fazendo com que ele fique iludido e acreditando no quanto estaria perdendo sem o seu amor, sem a sua atenção ou a sua dedicação. Nesse jogo de toma lá da cá essa história vai se desenrolando e testando todos os limites do respeito, da privacidade e inclusive da tolerância, até que uma hora alguém sai da linha e rompe com um dos acordos tácitos e implícitos que o ciúme impõe à relação: o controle; e é aí que ele mostra a sua cara mais perversa.

Existe também aquele tipo de amor que não liga para nada, e nunca se importa com o que o outro está fazendo. Fica sempre no ar aquela sensação de nunca estar agradando de fato. Nada é dito, nem exigido, mas também nada é compartilhado de verdade. Nestes casos, você nunca sabe onde o amor começa e onde ele termina, porque, na verdade, o amor nunca esteve por ali.

Há aquele tipo de amor em que se confunde educar com castigar, e você jura que o faz pelo bem do seu amado. Mas qualquer ato de privação e punição vai contra um dos princípios básicos do amor, que é a liberdade. O amor que tem necessidades não é amor de verdade, é o medo escondido e fantasiado, e sua maior arma é a manipulação velada para alcançar uma satisfação qualquer.

O amor tem várias caras, tem vários nomes. Existem diversas formas de demonstrá-lo. Você pode ser caridoso com aquele que possui menos que você. Pode ser solidário com aquele que está sofrendo. Pode ainda ser sábio quando se dispõe a educar aqueles que sabem menos do que você. Por fim, pode sentir o amor quando se apaixona pela vida. Mas nada, nenhuma forma conhecida do amor pode ser mais importante na trajetória humana do que o amor conhecido na sua versão mais libertadora: o perdão.

Se você chegou até aqui, então é hora de abordar e de perdoar o seu passado, pois não poderá apagá-lo ou modificá-lo. Ele aconteceu, e você terá de conviver com isso para o resto de sua existência. Contudo, você pode se libertar do peso que essas lembranças causam, e que, consequentemente, bloqueiam a sua atenção do momento presente, distanciando assim a sua vibração interna de atrair a realização pessoal.

Você não conseguirá a sua felicidade sobre os cacos da tristeza e do sofrimento; afinal, você não deposita uma semente do lado de fora do vaso porque sabe que para germinar ela precisará ser colocada em um solo limpo, com todos os nutrientes, com água e sol na medida certa, para que essas condições adequadas façam aquela sementinha se desenvolver e se transformar em uma frondosa árvore. Por certo você vai preferir construir sua nova vida em um terreno fértil e limpo de toda erva daninha. E o que são todas essas ervas daninhas senão os seus aspectos negativos que se transformam em sentimentos desvirtuados, e em seguida em comportamentos inadequados? São parcelas que todos nós carregamos e que nos colocam à prova a todo instante. Eliminar essas ervas daninhas e preparar um terreno fértil passa necessariamente pela força do perdão. Então vamos compreender por que perdoar é um passo fundamental entre todos os aprendizados que os Fazedores de Milagres têm para nos oferecer.

Quantas vezes você abriu mão de realizar um sonho ou um desejo em função de outras pessoas e até mesmo em função de quem você mais ama? Isso, na verdade, é mais frequente do que você possa imaginar. Pais e mães sabem muito bem dos sacrifícios que são impostos em nome do amor, e que muitas vezes exigem que se abra mão dos melhores sonhos. Às vezes um casamento pode atrapalhar na trajetória e na consolidação de uma carreira bem-sucedida. Alguém doente em sua família, necessitando de sua atenção, pode ter feito você abrir mão do seu lazer. E, por mais altruísta que tudo isso possa ter sido naquele momento específico, com o passar dos anos esses sacrifícios podem se acumular e se transformar em arrependimentos, ainda mais se você não estiver feliz, se não estiver realizado. Nesse caso, a culpa por ter abandonado os seus sonhos vai se misturando às frustrações do dia a dia, e isso pode sufocar você.

Mas é verdade também que admitir que você abriu mão de alguns projetos no passado e que, em função disso, hoje você se ressente não é vergonha alguma. Admitir tal coisa não fará você amar menos aquela pessoa, nem tampouco irá transformá-lo em alguém sedento por vingança. Admitir esse seu lado que ainda o magoa só irá lhe fazer mal se você assim escolher, se você assim permitir, porque a outra opção que se abre à sua frente é redescobrir uma nova forma, muito mais evoluída e madura, de enfrentar e tratar todas as suas mágoas, decepções e frustrações que surgiram ao longo dos anos.

E ao ser capaz de encarar-se com um olhar cheio de compaixão e verdade, o seu amor por todos à sua volta só poderá aumentar. Aliás, será uma forma de amar que você talvez jamais experimentou, livre de queixas e de ressentimentos.

Olhar para trás e admitir os erros e equívocos, as crises e os sofrimentos é um ato de coragem, um ato magnífico de desprendimento. Mas, antes de prosseguirmos, você deve compreender que qualquer que seja o resultado que venha a experimentar, ele jamais poderá fazer o tempo voltar atrás ou trazer de volta as experiências que se perderam, elas não retornarão uma a uma, revigoradas para você novamente. É preciso estar ciente de que aquilo que se foi cumpriu seu papel, e definitivamente não poderá voltar.

Outro aspecto importante nesse processo de curar as mágoas internas é abrir mão de qualquer desejo ou expectativa de retratação. Nós passamos muito tempo de nossas vidas remoendo lembranças, argumentando e criando diálogos que só existem na nossa imaginação. Quantas palavras não ditas que morreram na garganta, mas ganharam vida em nossas mentes férteis, e estão lá há um bom tempo, sendo cultivadas, e originando discursos e gritos, à espreita da menor oportunidade que se apresente para virem à tona acusando e rechaçando as pessoas?

Porém, se você compreende que tudo o que aconteceu foram reflexos dos seus padrões internos equivocados, aquelas pessoas, por pior que tenham sido, por mais que o tenham machucado, foram verdadeiros instrumentos de sua evolução; e se você conseguiu de forma efetiva transformar seus padrões e conceitos condicionados, não será condizente buscar nenhum tipo de vingança ou de retratação. Não lhe cabe agora virar juiz e algoz ao mesmo tempo, e ir atrás, um por um, daqueles que de alguma forma lhe mostraram o seu ego choramingão e contrariado. E isso é igualmente válido para qualquer tipo de agressão ou de ofensa que você tenha sofrido no passado. Talvez isso ainda possa lhe parecer injusto; no entanto, mais lá na frente você irá compreender o porquê de ter atraído todos esses eventos traumáticos.

Todo o processo de percepção equivocada acontece no interior de cada um de nós, portanto, a cura também precisa se dar assim, no silêncio, no nosso interior, sem buscar nenhuma forma de discussão.

Entretanto, você pode ir à busca de seus direitos quando a situação assim permite. Você pode até tentar dialogar com aqueles que por ventura o tenham magoado. Mas será que você consegue, neste exato instante, colocar cada um desses episódios de lado e simplesmente respirar fundo, largar o peso, a preocupação, a necessidade de retratação, de discutir, de ouvir o outro reconhecendo os próprios erros? Será que você está pronto para relaxar, perdoar e seguir para uma nova etapa da sua jornada? Sem arrastar corrente, sem nenhum peso, nenhum problema?

Esqueça esses diálogos mentais, ou pelo menos ignore-os por enquanto. Ao longo deste livro você descobrirá uma forma eficaz de parar definitivamente com cada um deles. Liberte-se, pois aquilo que não foi dito lá atrás já se perdeu. O momento agora é completamente diferente. Reviver as suas crises só denota o quanto você ainda está vibrando na frequência do medo. Nessa frequência, a necessidade de defender seu ponto de vista se torna obsessivo, por você temer que, se não agir assim, irá se transformar em alguém fraco e ridicularizado. Essa necessidade de se autoafirmar, de se confrontar o tempo inteiro com os fantasmas do passado, revela o quão inseguro e pequeno você se encontra neste exato momento. Você prefere continuar perseguindo essa autoafirmação ou ir direto à fonte que reside dentro de você?

É por isso que a cura é um processo solitário. Amigos, companheiros e terapeutas podem nos apoiar e nos incentivar, contudo, vasculhar os porões de nossas mágoas e nossos ressentimentos é tarefa que realizamos a sós. E, como o tempo não volta, o resultado da sua recusa em se transformar internamente pode ser a continuação de seus dramas particulares, e a constatação de que dedicou sua vida a amargar frustrações. Mais lá na frente as dores e as doenças contarão essa história sofrida para que você jamais se esqueça de que o melhor caminho é mesmo sempre o amor e o perdão.

E você pode perdoar. Você pode perdoar seus pais por não o terem amado tanto quanto você gostaria que o amassem. Os colegas da escola que debochavam e o estigmatizaram. Os professores que não tiveram paciência com suas dificuldades e limitações. E ainda estender esse perdão para cada vizinho que não lhe deu sossego. Você pode perdoar todos os ex-namorados e ex-namoradas que se foram, muitas vezes até traindo a sua confiança. Os colegas de trabalho você pode perdoar pelas constantes e acirradas disputas. Pode perdoar também o seu chefe intransigente que um dia lhe tirou o emprego. O governo da sua cidade, que muitas vezes promete demais e faz quase nada. Perdoe também os parceiros e parceiras, esposas e maridos por todos os aborrecimentos, limitações, críticas, humilhações... Perdoe todos que cruzaram a sua vida e comece a escrever uma nova história imediatamente.

E a luz se faz presente

E sabe por que é bom perdoar? Bem, se admitimos que ainda temos dentro de nós aspectos sombrios que nos levam a perder a cabeça e a calma em determinados momentos, então por que todas as outras pessoas também não podem ter os próprios aspectos por iluminar? E esses aspectos negativos dos outros só nos incomodam mesmo quando surgem diante de nós interpondo-se aos nossos desejos, ou atrapalhando nossas conquistas. Só quando o nosso ego se ressente, sente-se diminuído e ultrapassado é que realmente prestamos atenção a essas parcelas pequenas e ignorantes de nossos semelhantes. Então, além de perdoá-los é preciso cuidar também do que o nosso ego está revelando sobre nossos conceitos equivocados, nossas frustrações, teimosias, intransigências e autoimportância.

Mas, muito mais do que isso, é preciso ter a convicção de que tudo o que bate à nossa porta foi atraído pela frequência nociva e desequilibrada que emitimos por onde vamos. As pessoas e seus desequilíbrios foram os instrumentos, os espelhos para que pudéssemos nos conhecer, nos transformar. Agora devemos perdoar tudo o que se foi.

Estamos todos no mesmo barco, e nos perdoarmos mutuamente não nos obriga a permanecer sentados ao lado de quem insiste em continuar errando e machucando todos à sua volta. Lembre-se de que, sim, você muda. Mas passa a ser uma escolha para o outro querer mudar também. De todo modo, você perdoa e segue em frente.

E quantas pessoas não passam por nós e acabam nos incomodando com suas manias, inconsequências e até mesmo a pressa, que parece mais uma doença? Elas atropelam nosso caminho, criam confusões que podem levar a resultados desastrosos, marcando nosso dia com sofrimentos e aborrecimentos. Muitas vezes, nesses momentos de disputas, infelizmente chegamos a perder a cabeça entrando em um conflito desnecessário. O que não está revelado é que essas pessoas, por sua vez, estão marcadas pela própria angústia, pelas vidas cheias de dissabores, pela dor da perda de alguém querido. No fundo, falta-lhes amor sincero e fraterno; falta-lhes tempo para brincar com seus filhos depois de um dia de trabalho; dinheiro para pagar as contas no final do mês; saúde para levar a vida com mais alegria. Mas falta-lhes principalmente o conhecimento para superar todas essas carências, para, quem sabe, construir uma nova existência repleta de paz.

No entanto, agora, ao esbarrar com alguém assim, seja no trânsito, em um shopping ou na praia, você saberá que aquilo que falta a esse indivíduo sobra na sua vida em alegria, paciência, desprendimento. Assim, dê um pouco de sua frequência positiva, espelhe para essas pessoas um sorriso de perdão, um aperto de mão cordial. Talvez o seu gesto de compaixão seja o único consolo que elas levarão para casa no final de um dia tumultuado.

Perdoar não é somente relevar uma atitude nociva que nos aflige, que aflige nosso ego. Perdoar é também plantar uma semente de paz no coração do nosso próximo. Fazendo isso a ele, você estará fazendo a si mesmo.

Está sendo difícil essa tarefa? Perdoar algumas atitudes que as pessoas tomaram "contra" você? Então comece perdoando-se. É, exatamente isto. Perdoe-se por toda vez que sua intuição lhe disse para não fazer tal coisa, mas a sua teimosia foi mais forte. Perdoe-se por não ter dado mais atenção aos conselhos que você ouvia dos seus pais ou dos mais velhos, o que o fez pagar um preço alto por sua rebeldia. Perdoe-se por ter escolhido relações que se repetiam em um padrão muito nocivo a você. Perdoe toda e qualquer violência que você sentiu lhe arrancar o fôlego ou até a vontade de viver. Perdoe-se por todas as vezes que falhou nas suas promessas, como, por exemplo, parar de fumar ou ir até o fim com a dieta. Perdoe-se por ter se privado de algumas experiências, com medo do que tudo aquilo representaria no futuro. Perdoe-se por ter escolhido abrir mão de algumas coisas em nome de outras. Perdoe-se por ter chorado e se humilhado vezes sem conta, e ainda assim, continuar se sentindo sozinho e incompreendido. Perdoe simplesmente porque tudo isso acabou, você está aqui e agora, e isso é o que importa.

Na verdade, sempre foi uma escolha sua enfrentar cada uma dessas histórias; no entanto, suas intenções nunca foram de encontrar a dor e o sofrimento. Mas a vida tomou as rédeas de suas mãos no momento preciso em que você se acomodou e se escondeu atrás do seu ego medroso, e então todas as dificuldades surgiram sem avisar. Perdoe-se por ter aberto mão do seu poder pessoal.

São infinitas as possibilidades de aplicação do perdão. Cada um de nós sabe exatamente quais são as situações que povoam as lembranças, e as pessoas que ainda assombram a memória. Para transformar sua vida, vai ser necessário reencontrar dentro da sua mente o instante preciso em que o seu padrão negativo criou o cenário ideal para você observar suas maldades, o momento exato em que sua vibração criou as condições para que você sofresse.

Perdoe o seu passado, porque sem ele você não teria chegado até aqui; e qualquer escolha diferente tomada lá trás teria feito o seu caminho ser completamente diferente, talvez com menos dor, quem vai saber? No entanto, seria diferente não só nos aspectos dolorosos, mas iriam se perder também as risadas com os amigos, as viagens encantadoras, os momentos de alegria com seus filhos, pais e parceiros. Tudo seria absolutamente diferente. Um passo tomado lá atrás em uma direção diferente levaria você para outro lugar, faria de você uma pessoa inteiramente diversa, mas não há nenhuma garantia de que estaria mais feliz ou se estaria prestes a se tornar um Fazedor de Milagres. Portanto, no final, talvez não valesse tanto a pena modificar tudo o que já se foi. Isso nos faz perceber o quanto lamentar é puro desperdício de tempo.

Desejar que tudo fosse diferente nos faz repensar tudo de que teríamos de abrir mão hoje. Não aplique esse tipo de tortura a você mesmo, até porque isso não teria como acontecer. Perdoe o seu passado e tudo o que ainda o magoa, depois continue sua jornada sempre em frente. Foram os eventos do seu passado que forjaram você, então aceite-os, perdoe-se e transforme tudo o que você desejar.

Naturalmente nós nos lembramos constantemente das angústias que os outros nos causaram, mas nunca gostamos de lembrar aqueles momentos em que nós colocamos os outros em saia justa. Na verdade, chegamos ao cúmulo de jurar que nunca sequer fizemos algum mal a outrem. Sempre existe uma desculpa ou uma nova justificativa para o nosso comportamento; entretanto, quando se trata de acusar os outros, a coisa muda de figura. Mas no dia a dia também cometemos pequenas infrações e seguimos com descaso para o quanto o nosso comportamento pode estar sendo agressivo também. Críticas recorrentes, deboche, preguiça, intransigências, preconceitos, impaciência; tudo isso só para começar.

Todavia, depois que a discussão se torna acalorada, coisas são ditas, e no fundo ninguém tem mais razão de nada. Depois da chuva de críticas, reclamações e ofensas, cada um vai para um canto contando as próprias feridas. Cada um estava apenas defendendo o que acreditava ser o melhor naquela hora, até mesmo quando os conceitos e ideais estavam mergulhados na mais pura ignorância. Para toda pessoa que permanece vibrando nas frequências distantes do amor, defender seu ponto de vista é a única coisa que importa.

E repare que quando não estamos subjugados pelo receio nem pelo medo, e em vez disso estamos de bem com a vida e vibrando na frequência do amor, simplesmente não sentimos vontade alguma de defender nossas ideias ou de lutar para impor nossas vontades. Executamos as tarefas, aproveitamos o que a vida oferece, sem precisar conquistar ou convencer ninguém de nossos ideais. Aliás, deixa de ter valor a opinião dos outros a nosso respeito. A vida flui.

Compreenda uma coisa: as pessoas podem até perdoá-lo vezes sem conta pelas transgressões que você cometeu, mas enquanto não aprender a se perdoar, e não transformar seus padrões internos, você não será capaz de perdoar a mais ninguém. Vai continuar seguindo preso aos discursos mentais, exigindo respostas ou reparações. Se você está sempre se achando injustiçado, o que deseja na verdade é uma retratação e, portanto, continua se considerando melhor e mais importante do que os outros. Permanece se esquivando da verdade e construindo um padrão emocional que o levará a mais uma derrota.

É preciso perceber que em meio a todas as crises e aos conflitos que surgem é você, e não os outros, que permanece aborrecido e magoado por se sentir traído e acossado. O que o outro segue sentindo pode nem ser tão sério assim, pode nem significar alguma coisa, mas na sua cabeça fica toda a confusão que você criou. Portanto, não se esconda do perdão projetando o que os outros estão pensando ou sentindo neste exato instante, porque talvez você jamais possa descobrir isso. É a sua dor que precisa ser tratada com amor e perdão.

E o perdão sincero e honesto não pode acontecer se você impõe condições e circunstâncias para que ele se dê. Você pode estar querendo ouvir desculpas, promessas, mas tudo isso constitui apenas a sua intenção de fazer o outro se sentir um pouco humilhado e envergonhado, enquanto você sente o seu ego inflado e dono da razão. De todo jeito, isso ainda não é perdão.

É muito bom quando alguém se retrata e chega até nós para pedir perdão por algum equívoco, mas isso só é benéfico quando voluntário e incondicional. Caso isso não aconteça, você pode sim prosseguir com a sua vida ciente de que, em determinada época, aquela situação ocorreu, e em decorrência disso você acabou se machucando. Apenas isso; uma lembrança, uma recordação de um fato, e não mais um pesadelo constante. Você poderá relembrar desse fato sempre que desejar, porém, livre das correntes e do peso de esperar que uma nova oportunidade apareça onde você possa se vingar ou despejar toda a sua raiva nos outros.

O perdão não é um grande mistério. As pessoas costumam temer essa palavra porque se sentem forçadas a admitir que também erram. Acaba parecendo muito mais um castigo do que um bálsamo para os nossos corações. E o perdão não precisa ser constrangedor nem para quem o pede, nem para quem o concede. As crises só nos atormentam enquanto nós lhes atribuímos importância e significado. O perdão faz as coisas simplesmente desaparecerem, porque, quando você percebe, por um instante que seja, que também você pode ser rude, antipático, e que a sua arrogância pode humilhar seu próximo, quando você admite que carrega em si esses aspectos negativos e permite perdoar-se e transformar-se por se utilizar dessas facetas um tanto quanto pobres, se torna compassivo com a pequenez do seu semelhante. Passa a ver nele as mesmas limitações, as mesmas dificuldades encontradas por você durante a longa caminhada.

Afinal, ninguém é perfeito. Todos nós erramos, uns mais, outros menos. Mas é preciso admitir que todos nós encontramos algumas dificuldades durante a jornada pessoal. Quando qualquer um dos nossos aspectos negativos aflora como raiva, inveja, frustração, crítica, culpa, é sinal de que nossa satisfação e felicidade pessoais são tudo o que nos importa. Porém, não é sentindo e vibrando nessas frequências que as encontraremos. Ao contrário; nesse caso, estaremos nos afastando cada vez mais delas.

Perdoar torna-se um passo importante porque finalmente estamos admitindo que a única coisa que queremos é sentir o amor em nossas vidas, deixando para trás o rancor e a incompreensão. Desejamos filhos saudáveis e alegres. Relacionamentos envolventes e excitantes. Sucesso profissional. Momentos de pura alegria e prazer. No entanto, nada pode nos separar mais desse sentimento pleno e livre do que as amarras que nos atrelam aos equívocos cometidos no passado. É preciso aprender a perdoar se você quiser sair do medo e ir em direção ao amor.

Para fazer uma transformação em sua vida, basta dar o primeiro passo e todo o resto ganha impulso. Então deixe vir à tona tudo o que ainda o aprisiona ao passado. Perceba o que você está sentindo, mas não julgue nem condene isso. Enquanto você insiste em tentar classificar entre bom e ruim, já sabe, estará vibrando sob o domínio do medo, caindo nas armadilhas do seu ego tentando justificar seus atos e recriminar o mundo. Abra mão disso e apenas observe, permita-se descobrir o que esses aspectos negativos ou o que aquelas situações estão querendo lhe revelar. Aceite que você também é capaz de sentir inveja, ressentimento... Aceite também que é capaz de se enganar uma vez ou outra, porque sempre que negamos a presença desses aspectos estamos unicamente nos iludindo.

Pare de responsabilizar o mundo inteiro por tudo o que está acontecendo na sua vida. Não fique sentado buscando com sua mente linear e lógica explicações fantásticas para o ocorrido. E também não tema descobrir um aspecto negativo em você, pois a única coisa que ele deseja é ir ao encontro da luz e do amor. Talvez no passado a sua incompreensão ou imaturidade o tenham levado a fazer escolhas no lado negativo dessa frequência. Agora que ele se revelou, você será capaz de experimentar o outro espectro; de experienciar o amor através do perdão.

Uma transformação importante que ocorre durante o aprendizado do perdão acontece justo quando você se dá conta de que, enquanto passa a vida reclamando e culpando todo o mundo pelas suas dores, está dando ainda mais atenção e energia ao poder que os outros parecem exercer sobre você. Porém, esse poder é falso, porque foi você quem consentiu, consciente ou inconscientemente, em estar ali, vivenciando aquelas experiências e sempre em busca da aprovação e da aceitação dos outros.

Mas ninguém está aqui para satisfazer única e exclusivamente as nossas vontades e os nossos caprichos; ao contrário, as pessoas nos servem como instrumentos para mostrar os nossos acertos e equívocos, os aspectos negativos e os positivos. Da mesma forma que não estamos aqui para satisfazer a vontade de ninguém, mas para compartilhar o nosso melhor e, quem sabe assim, receber o melhor dos outros também.

É claro que você sempre torceu e desejou que o amor verdadeiro aparecesse em suas relações. Mas, no exato instante em que despejou toda a sua expectativa, ansiedade e todo o seu poder pessoal sobre os ombros das outras pessoas, imaginando que elas tinham a obrigação de lhe trazer a felicidade, decretou toda sorte de dificuldades, crises e sofrimentos para si. Você abriu mão do seu poder de escolha e da sua responsabilidade, da própria vontade, da sua determinação e, principalmente, da sua capacidade de transformar a situação. Abriu mão de mostrar o seu melhor lado e, em contrapartida, permaneceu esperando que todos lhe oferecessem sempre o melhor.

É por isso que você vive agarrado ao desânimo: porque acreditou que enquanto os outros lhe forneciam amor, alegria, prazer e satisfação tudo estava bem. Mas, no momento em que eles decidiram mudar ou sair de cena, você se ressentiu. Achou que estavam lhe tirando tudo o que você mais gostava, quando na verdade tudo isso já deveria existir em você, e existe; mas talvez você ainda não tenha percebido. Justamente por tudo isso se constituir de atributos seus, atributos inerentes à alma Divina, ninguém poderia lhe dar alegria, amor ou satisfação para preenchê-lo. Eles já estão lá dentro. Assim como alguém que resolve ir embora não pode levar tudo isso para longe de você.

Aqueles que cruzam o seu caminho podem compartilhar momentos em que esses sentimentos vêm à tona, mas eles são e sempre foram seus. E você, por sua vez, escolhe compartilhar toda essa felicidade ao seu redor. Assim, quando acontece qualquer desentendimento na sua vida ou quando uma relação termina, ninguém tem o poder ou a capacidade de levar embora o seu prazer, ou algo parecido. Eles permanecem com você, adormecidos, à espera de um novo despertar. Todavia, o segredo de uma vida plena é aprender a mantê-los vivos e ativos, ainda mais quando tudo ao redor parece triste e solitário.

Você se acomodou, deixou os anos passarem cobrindo de mágoas todos os acontecimentos que o aborreceram, seguiu fingindo que lutava constantemente para modificar as circunstâncias da sua vida, mas ainda não se deu conta de que permanece ofuscando a sua melhor parte cada vez que insiste em reclamar e criticar a própria situação ou os acontecimentos que já se foram.

Agora, evite ao menos piorar tudo ainda mais: culpar-se ou arrepender-se de suas transgressões e dos estragos causados pelo tempo perdido de nada adiantará. É preciso reunir as suas forças e direcioná-las para o que realmente poderá ajudá-lo neste momento: sua coragem, honestidade, força de vontade, persistência e paciência.

No final, você precisa se perguntar: "Onde eu estou?". No passado, onde essas situações dolorosas aconteceram, ou aqui e agora, onde tudo tem o frescor e a possibilidade de ser diferente, de ser melhor? Onde você está, afinal de contas? Onde você pretende continuar vivendo?

O amor e o perdão não devem ser buscados fora de você. Definitivamente! Não adiantam regras e imposições religiosas para que você encontre o amor e o perdão. Eles estão dentro de cada um de nós, muitas vezes soterrados por camadas e mais camadas de máscaras e pompas.

Tentar culpar os outros pela falta de amor em sua vida e persegui-los tentando arrancar uma gota que seja desse amor é uma das atitudes mais infantis que o ser humano evoluído pode tomar. Ninguém deve ser responsabilizado pela falta de amor na vida de ninguém. Se você não encontrou até agora o sucesso, a plenitude, a abundância, a compaixão e o amor, não é porque alguém o está impedindo, mas porque você aceitou e permitiu que os outros ofuscassem a sua jornada, em um desejo inconsciente de acordar para os próprios defeitos. Então, acorde! Observe-se! Transforme-se! Tudo já existe bem dentro de você.

Agora é preciso reconectar-se com a fonte dos seus desejos e permitir-se seguir em frente, saindo desse lamaçal, contornando as dificuldades e as pessoas difíceis. Mas não se iluda de que poderá algum dia obrigar alguém a amá-lo ou satisfazê-lo. Nem mesmo após tantas transformações internas poderá forçar alguém sequer a gostar de você. E quanto mais tentar invadir a frequência do outro para exigir amor e respeito, mais ele irá se ressentir e acabará escapando, e mais você também se afundará na carência e na solidão.

Amor é um sentimento nobre, sutil, ele brota e vai crescendo no seu ritmo próprio. Não se compra amor, nem se troca amor, muito menos se obriga alguém a nos amar. Por isso fica sempre o alerta de que, após tantas modificações dos valores e dos padrões interiores, você sai renovado, mas percebe que é hora de deixar para trás muito mais do que apenas lembranças. Algumas pessoas simplesmente perdem o encanto porque você vai conseguir observar a verdade em seus corações, e ela nem sempre o agradará. E por mais que você deseje a mudança dessas mesmas pessoas, o respeito por suas escolhas será o maior e mais nobre gesto de amor que você poderá oferecer-lhes.

Mas então como o amor poderá se expressar na sua vida? Quando você voltar a se amar, recuperando a autoestima, respeitando-se e transformando-se, ele surgirá. Quando modificar de vez a sua frequência interna, responsável por atrair exatamente aquilo que você emite. Ao perdoar todos à sua volta e principalmente perdoando-se por ter compactuado com momentos tão difíceis. A partir de então, você só poderá atrair pessoas conscientes, amorosas, alegres e confiáveis, e nesse meio poderá até encontrar um grande parceiro ou parceira de jornada. Quando você estende o amor além do seu campo interior, em direção ao mundo, ele encontra a mesma frequência e retorna para você, colocando bem diante dos seus olhos as pessoas certas, as situações precisas, e os seus sonhos se realizam um por um.

Contudo, nas nossas relações cotidianas é muito difícil nos lembrarmos conscientemente que o amor é liberdade, igualdade e respeito. Passamos o tempo todo oscilando, ora com a sensação de superioridade, perante algumas pessoas, ora com a sensação de inferioridade diante de outras. Manter esse equilíbrio tênue pode evitar muitos estragos e aborrecimentos, porque no fundo nós nos esquecemos que somos todos apenas Um, e isso é causado pela interpretação errônea que o nosso ego cria, e que valoriza as aparências em detrimento da Verdade Maior.

E é bastante comum os indivíduos que ainda não se libertaram das garras do próprio ego confundirem todo o processo do perdão. Algumas vezes, para evitar que atos criminosos e irresponsáveis possam vir a se repetir, é extremamente importante delatá-los e esperar que correções sejam feitas. No entanto, descobrir o erro e levá-lo a público não é um ato efetivo de perdão, é muito mais o ego tentando humilhar e magoar o outro, buscando a própria satisfação na reparação das circunstâncias através da exposição das dificuldades e limitações da pessoa.

Passar a vida relembrando o passado, ou esperando que a justiça Divina leve algum tipo de punição a quem errou e prejudicou seu semelhante é uma grande perda de tempo. A esperança de que essa pessoa sinta remorso ou culpa por seus atos, e consequentemente se transforme, não é uma via real. A culpa e o remorso são energias tão nocivas quanto o ato praticado em si. Não há transformação em um indivíduo que errou vibrando em uma frequência negativa, e agora precisa espiar seus crimes através da culpa, martirizando-se indefinidamente. No fundo, a única coisa que poderia tirar essa pessoa de uma vida repleta de transgressões e irresponsabilidades é justamente a frequência de cunho positivo, que eleva e transmuta o coração de quem se equivocou. Continuar direcionando uma frequência nociva e antipática rumo às pessoas que um dia se enganaram, e com isso acabaram cometendo algum tipo de erro, não só será ineficaz para transformá-las como fará com que você continue atrelado a energias distorcidas de desamor e incompreensão das Verdades Superiores.

Para todos aqueles que sofreram e foram alvo da ignorância alheia, ver seu carrasco se debatendo nesse tipo de angústia pode até lhe dar alguma satisfação momentânea, mas veja bem: comprazer-se em observar o sofrimento de qualquer parcela Divina é, no mínimo, desequilibrado, pois você estará vibrando em cima do sofrimento do Todo, e estará também prorrogando o seu sofrimento.

Portanto, ninguém que tenha cometido um equívoco irá encontrar saída para o caminho da luz através da culpa ou do remorso. Não será através de uma frequência ainda negativa que o amor entrará em suas vidas. Isso se dará por meio de uma vontade honesta e sincera de se observar, em detectar esses aspectos em desequilíbrio, e através do amor, do perdão, do entendimento e da compaixão pelo Todo, procurar uma profunda transformação interior. Depois, de forma imparcial e sem julgamentos, essas pessoas poderão se mostrar arrependidas por seus atos passados, cometidos enquanto ainda vagavam pelas sombras que o ego criou. Constatar que errou, reparar seus erros e se dizer arrependido são provas de evolução. Tanto quanto aprender a perdoar. Viver pelos cantos lamentando os próprios erros e passar o tempo todo culpando-se é continuar equivocado e muito longe do amor.

A culpa definitivamente não é um ato amoroso de quem percebe os seus equívocos. O que a culpa pode fazer além de confrontá-lo com mais problemas, de deprimi-lo e constrangê-lo? O que é tudo isso se não o medo tentando sobrepor-se ao amor, que é capaz de perdoar em silêncio? Além de que, existe uma substancial diferença entre reconhecer e admitir um erro e, se for o caso, fazer os devidos reparos possíveis, ou sentar-se e ficar lamentando e se punindo, soterrado pelo remorso. Não se esqueça de que a culpa é o subproduto de uma mente conturbada pela crítica, pelo julgamento excessivo e pela intransigência, uma mente que não se cala e também não permite fechar a porta para o passado.

Mas a vida nos mostra que não são apenas as ocasiões em que há rompimentos e partidas que deixam suas marcas para trás. Algumas vezes, eventos e crimes nos quais ocorre a perda de entes queridos ou de bens materiais podem abrir feridas tão graves que você, sem nenhuma intenção, acaba direcionando o foco da raiva aos causadores de tal circunstância. O ódio e a revolta, nesses casos, surgem devastando o que ainda resta de pé na vida daqueles que ficaram perdidos no meio da dor. Como zumbis vagando sem rumo, percebem o tempo passando vazio, quase sem sentido.

Certamente, essas são as ocasiões mais difíceis de perdoar o próximo. Entretanto, através do conhecimento você tem a oportunidade de compreender que milhares de laços cármicos envolvem a situação, e que, por fim, um aprendizado de alma estava se cumprindo. E isso é tanto verdade para quem sofreu a ação em si quanto para todos aqueles que prosseguem na jornada, sejam amigos ou familiares. No entanto, resgatar esses algozes de suas vidas construídas na total escuridão da consciência é um ato supremo de amor e perdão, e é a única forma de transformá-los, mostrando algo bom e inovador em suas existências nefastas.

Por mais difícil que seja reconstruir a vida sobre os escombros das crises devastadoras, ou sem a companhia daqueles que se foram muitas vezes vítimas de atos tão banais e hediondos, ainda assim perdoar e voltar a sentir o amor inundando suas vidas é imprescindível para aqueles que buscam se realizar e evoluir. Sofrendo e com raiva, a pessoa não compreende que o aprendizado que está sendo oferecido é exatamente livrar-se da frequência nociva do ódio, da revolta, da amargura e encontrar no poder do perdão as forças necessárias para retomar a jornada, e quem sabe ainda descobrir uma parcela tão maravilhosa de si que seja capaz de contagiar todos em volta. Essa é a oportunidade de revelar a capacidade pessoal de reagir ao mal, reconstruindo-se internamente através de valores nobres, em uma frequência que possibilita a ocorrência de milagres ao redor.

Esse é o poder do perdão. Esse é o poder do amor. Esse é o poder que habita cada um de nós, porque ele é a própria essência Divina operando.

Esse é o poder que o ego humano mais tenta esconder com subterfúgios, autoimportância e ambição.

Reconhecer um aspecto negativo, uma atitude nociva ou um pensamento equivocado é uma atitude evoluída: "Eu agora estou consciente de que esse aspecto negativo está presente em mim e que sou capaz de magoar meu próximo, mas não o farei porque compreendi a dor e a destruição que isso pode acarretar. Certa vez senti essa mesma dor, e não desejo mais espalhar o sofrimento. Portanto, perdoo essa parcela em mim, transformo-a em algo melhor, evoluído, e posso seguir em frente, livre".

Quando sentimos as angústias e o sofrimento causado por uma crise costuma ser difícil pararmos para refletir ou termos a consciência de abraçá-los e observar a lição que está se apresentando. Em vez disso, tentamos primeiramente ignorar os sintomas iniciais, e, quando isso não é mais possível, lutamos e nos desdobramos para tentar expulsá-los de nossas vidas. O problema é que, quando agimos assim, debatendo-nos, estamos dando ainda mais força para todo esse conflito. Dialogamos mentalmente tentando encontrar respostas e justificativas, mas no fundo estamos direcionando mais energia para o local doloroso que focamos. Não observamos, por um segundo sequer, que essa área de nossas vidas que está em crise é justamente a área que mais precisa de cuidados para que a insatisfação dê lugar a um milagre. Um milagre não seria útil onde tudo corre às mil maravilhas, mas exatamente onde uma crise se instalou. Portanto, não é tratando com desamor ou nos esquivando que abriremos espaço para a graça penetrar em nossas vidas.

Finalmente chega um momento em que o pesar e as lembranças desagradáveis imploram por sua libertação. Alguém que passa a existência colecionando esses recortes dolorosos do passado não terá outra história para contar a não ser a repetição daquilo que já nem mais existe. Parece um louco fantasiando sobre uma realidade que já se foi. Mas algumas vezes encontrar o perdão, e a calma que se segue, não escapa de um diálogo conciliador. No lugar da troca de acusações e de levantar velhas bandeiras, o diálogo possibilita o entendimento e a paz. Quando os ânimos de ambas as partes assim o permitem, então reaproximar-se de um velho camarada que esteve distante devido à mágoa pode ser algo muito valioso. Algumas vezes basta ser criativo, e no lugar das palavras, que sempre podem ser mal interpretadas no calor das emoções, ofereça um presente, flores... O valor em si não importa, mas deixe as portas abertas para a reconciliação e para o perdão, que por fim irão impulsionar toda a sua vida.

Contudo, não fique buscando culpados e ofendidos. Não tente classificar nem julgar a situação. Basta observar e transformar esses aspectos no silêncio do seu coração. Talvez você não tenha nem mesmo a oportunidade de rever as pessoas do passado; talvez seja melhor assim. Logo que o perdão se instalar dentro de você, essas situações que só existem em sua memória se desintegrarão. Tudo poderá começar de novo, com mais amor. Finalmente você compreende que o passado tem de ir embora sem que precise segurá-lo ou tentar resolvê-lo.

E a maior pista que você pode ter de que o amor se instalou em sua vida é compreender e vivenciar um dos princípios básicos da filosofia dos Fazedores de Milagres: somos todos Um. Se você ama de verdade, não vai querer nem desejar o mal para seus irmãos, pois o mal praticado a eles é infligido a você mesmo. Além, é claro, de imprimir um padrão nocivo na sua vida.

"Não faça aos outros aquilo que você não gostaria que lhe fizessem." Porque somos todos iguais, somos todos irmãos, somos todos parcelas do infinito amor que é o Pai. E infinitas formas têm o amor para se expressar; apenas dê-lhe a chance e ele fará milagres por você.

QUEM SOMOS NÓS?

Saber a verdade sobre quem nós somos realmente possibilita abrir espaço para um novo momento em nossa história. Possuir esse conhecimento, tão temido pelos religiosos do mundo inteiro, pode causar uma revolução em sua vida. Com certeza você irá definitivamente compreender questões que sempre ficavam sem respostas, meio confusas e perdidas.

Saber quem somos implica conhecer Deus, saber qual o papel do cosmos e das leis da física em nossas vidas. Lançar um pouco de luz sobre esses assuntos se torna quase imprescindível no caminhar da alma humana, mais cedo ou mais tarde. Contudo, para muita gente esse é um tema controverso. Levantar questões sobre o poder da fé ou sobre a nossa origem parece não agradar, porque somos confrontados com os preceitos com os quais crescemos e, principalmente, com as crenças e ideias daqueles a quem amamos ou tememos.

Porém, conhecimento é poder. Ele liberta e nos faz ascender. Talvez não falar de Deus e de nossas origens isente essas pessoas, durante certo tempo, da responsabilidade que têm sobre suas vidas e do seu próximo.

Para os Fazedores de Milagres não há uma alma sobre o planeta que não carregue em si o poder da fé. Por opção ou talvez por imposição, melhor dizendo, alguns são apresentados a essa incrível força desde muito cedo, através das religiões e dos credos adotados por seus familiares. Crescem e perpetuam suas crenças, sempre acreditando nesse pilar da esperança: o poder da fé.

No entanto, por outro lado existem aqueles que, de um jeito ou de outro, se afastaram desse caminho e preferem manter-se assim, como se estivessem defendendo a sua postura livre e isenta dessa "insanidade" chamada religião. Todavia, os Fazedores de Milagres afirmam que seria impossível retirar essa parcela de dentro de nós, visto que ela faz parte da nossa própria essência.

Então, a fé está presente em todos nós, até mesmo naqueles que renegam a existência de tal força. A única diferença que existe entre os que acreditam ser ela uma ligação com Deus e os que assim não acreditam é exatamente isto: classificar a própria fé, tentando dar um nome à sua origem.

A força que motiva alguém a buscar um novo emprego e alcançá-lo está presente em ambos. A intenção de se reerguer após uma crise e a força de vontade de seguir em frente está presente em ambos. O poder de acreditar nos sonhos, de batalhar por eles e de encontrar a felicidade, também está presente em ambos. Esta força, que uns relutam tanto em nomear como sendo fé, é o que nos faz seguir adiante, superar os obstáculos e acreditar que as coisas sempre podem melhorar.

Para alguns, essa força só é acionada quando realizam seus rituais para pedir as bênçãos dos céus, mas a fé não é mais do que a força do próprio pensamento positivo embalado pelo amor, e que nos presenteia com a realização pessoal. Como esse é o objetivo comum da humanidade, encontrar a felicidade, então a fé está sim presente em todos nós, independente de se admiti-la ou da forma como se escolhe nomeá-la.

E a luz se faz presente

Contudo, não seria possível explicar a fé sem explicar sua origem, que uns podem chamar de Deus, Pai, Iavé, Aba... Para outros ela é inominável, é pura energia. Então, que origem é essa, que força pode ser essa?

Existem dois focos distintos para serem observados quando falamos de Deus. O primeiro explica a evolução histórica da nossa percepção humana e sua consequente relação com Deus e com a fé propriamente dita. Abrange os estágios pelos quais o Homem passou para tentar responder quem é essa força chamada Deus. O segundo foco está direcionado para explicar o que realmente essa energia máxima faz em nossas vidas, a origem de tudo o que é.

O conceito de Deus

A humanidade evoluiu atravessando ciclos para chegar ao que hoje entendemos como nossa sociedade atual. Essa evolução aconteceu em todos os níveis: social, físico, psicológico, intelectual e espiritual.

O homem pré-histórico não possuía um nível consciencial suficiente que lhe permitisse se fazer questões tão profundas como: "Quem somos?"; "Para onde vamos?"; "Por que estamos aqui?". Mas, conforme foi se estabelecendo a evolução e o desenvolvimento intelectual, todo o mundo ao seu redor acompanhou essa transformação. A percepção se modificou. Aos poucos, o seu nível espiritual também começou a se expandir e aprimorar.

O homem passou da completa ignorância acerca da existência de Deus para um estágio em que reverenciava essa força que ele ainda nem conseguia explicar, mas entendia intrinsecamente como sendo a origem de todas as coisas.

Conforme o mundo material e físico lhe mostrava sua força, por vezes destruidora e indomável através dos próprios elementos da natureza, tais como vulcões, terremotos, enchentes..., esse homem passou a imaginar que esse ser superior e supremo detinha a palavra final sobre a vida e a morte, e que podia eventualmente se zangar e lançar contra a humanidade toda a sua fúria. Para aplacar esse Deus vingativo, o homem se submeteu, criou dogmas e normas para que fossem seguidas e assim adulá-Lo. Não segui-las resultaria em uma falta grave contra essa força poderosa.

Tal relação de medo e conflito sempre foi, na verdade, uma projeção dos padrões vividos pela própria humanidade, e de seu estágio evolutivo. Por vezes, para se redimir de suas transgressões, esse homem recorreu aos sacrifícios e à superstição. Uma vez saciada a ira desse Deus, a vida poderia transcorrer sem grandes problemas pelo menos isso era o que se esperava, ou então até que algo despertasse novamente a fúria desse Ser.

Essa ideia de um Deus como força superior, esmagadora, vingativa, primitiva e cheio de regras, infelizmente nos acompanha até hoje. Quem ainda não se pega, às vezes, conjecturando sobre a justiça divina e sobre as inúmeras regras preestabelecidas por um credo ou uma religião em particular, para se cultuar esse Deus? O Deus das religiões dogmáticas continua "exigindo" essa obediência cega, e ainda promete punir todos os infratores de suas leis, como no dia do juízo final, a partir do qual os pecadores queimarão no fogo eterno, distantes do paraíso.

Com o tempo passando, e a sociedade aproveitando e se deliciando com todas as novidades que o despertar intelectual e material começavam a proporcionar à humanidade, ficou um pouco de lado toda essa obrigação de creditar tudo a Deus. Na verdade, nascia aos poucos a negação completa dessa força externa. O homem agora deixava de ser um mero joguete nas mãos de um Deus enfurecido, para se tornar a origem, a força propulsora da evolução, responsabilidade primeira da própria criação, largando um pouco a ideia de um Deus regendo tudo e todos.

Surge então o conceito do livre-arbítrio, segundo o qual o destino de cada homem dependia agora de suas escolhas e suas ações. É bem verdade que esse momento da nossa evolução foi de extrema importância, não só pelas descobertas e inovações que iam surgindo uma após a outra, e acabavam trazendo melhorias nas condições de vida desse mesmo homem, mas foi crucial por ter aguçado no inconsciente coletivo a vontade de buscar e de criar uma vida melhor, livre e abundante, o que é fundamental para um bom Fazedor de Milagres.

O materialismo ao mesmo tempo revolucionou e possibilitou um salto na evolução da humanidade, como fez aflorar também o nosso ego com todas as suas forças. Foi então que o mundo se dividiu: Ego x Deus. De um lado uma fonte misteriosa e inatingível; do outro, o poder terreno representado pelos esforços do homem em construir e criar suas invenções mirabolantes.

E a luz se faz presente

O tempo e as gerações foram se sucedendo até que a humanidade se viu novamente às voltas com a obscuridade de sua alma, do seu ego. O homem percebeu aos poucos que enaltecendo unicamente esse mesmo ego e suas vaidades não encontraria todas as respostas para suas inquietações. O mundo foi assolado pela miséria humana, pelas doenças, e nem todo o contentamento material ou intelectual conseguia satisfazê-lo mais como antes; era preciso retomar o caminho para Deus e tentar obter novas respostas que pelo menos saciassem a dor e o sofrimento. E a humanidade se volta novamente para Deus, implorando misericórdia e fartura. Esse é o retorno para os braços do Pai.

Infelizmente, as religiões sempre utilizaram sua influência sobre o povo para aplicar também os seus interesses particulares, econômicos e políticos. O homem foi por muito tempo e em muitos lugares ainda é, obrigado a respeitar os governos oficiais através da própria Igreja. Respeitar o governo local era o mesmo que respeitar e reverenciar a Deus. Ir contra um era ir contra o outro.

A inquietação da humanidade abriu caminho nos últimos séculos para que novas religiões se formassem no cenário; cultos, filosofias e doutrinas surgiram como água brotando na nascente. Todas oriundas dessa necessidade do homem de reencontrar o caminho para Deus. Para um novo Deus, talvez.

Contudo, novas regras e promessas diversas tentavam mais uma vez indicar esse caminho de volta aos braços desse Ser supremo. Talvez você esteja agora mesmo trilhando um desses caminhos. Mas, para a maioria das religiões existentes atualmente, esse Deus ainda é visto como um ser superior a nós, afastado de nós, detentor de todo o poder sobre nossas vidas. Quando fazemos a Sua Vontade, ele nos agracia com uma vida repleta de felicidades. Mas se não estamos em suas graças, teremos infindáveis dificuldades pelo caminho. Fica implícito que devemos obrigatoriamente obedecer às suas leis e suas regras para retornarmos à sua Boa Vontade. E no final da jornada, persiste a ideia de que iremos nos encontrar frente a frente com sua justiça implacável, capaz de avaliar se fomos bons filhos. Caso isso se confirme, abrir-se-á diante de nós um verdadeiro paraíso para o filho obediente. Porém, o mau filho será condenado ao inferno ou às estâncias mais cruéis que possamos imaginar.

Existe apenas uma pergunta a ser feita a cada um de nós: que pai é esse que condena um filho que inadvertidamente pecou, ou até mesmo repetiu o seu erro vezes sem conta? Você, pai, mãe, irmão, condenaria alguém a quem tanto ama dessa forma? Como imaginar um Deus, acima de todo o sofrimento e de toda turbulência material, que seja capaz de condenar a própria criação? Será que o amor infinito desse Pai é incapaz de perdoar, de educar, de estender as mãos para o filho pródigo? E por outro lado, como premiaria o bom comportamento do filho que evoluiu, já que esse é o nosso objetivo? Por que nos presentear quando realizamos exatamente o combinado?

O homem persiste, de forma quase desesperada, em aplicar os seus conceitos a esse Ser supremo. Como se fosse possível que Deus perdesse tempo olhando para os nossos equívocos, e depois ainda nos punisse com tamanho rancor. Esses são conceitos meramente humanos: desejamos sempre o melhor, e esperamos que de alguma forma a justiça prevaleça nos lugares onde o mal causou algum dano.

Mas Deus não é nem uma coisa nem outra. Deus não pode ser um conceito que nós fazemos dele. Deus é, e ele não precisa do nosso sofrimento ou dos nossos apelos para se fazer presente, porque Deus é tudo!

Deus e o começo de tudo

A ciência explica a origem do Universo através da teoria do Big Bang, segundo a qual uma imensa explosão desencadeou a expansão da matéria primordial, que foi sofrendo modificações diversas e continuou se expandindo. Aliás, continua a se expandir até hoje, pois os astrônomos confirmam que este é um Universo ainda em expansão e que está se desenrolando e evoluindo constantemente através do tempo. Ainda não se sabe até quando.

Para a espiritualidade, a origem desse Todo acontece assim como a nossa respiração, isto é, esse Deus energia pura, que tudo é e tudo abrange, experiencia a si de tempos em tempos como se inspirasse e expirasse. Cada ciclo perdura um número infindável de anos.* A contagem exata dessa cifra não é relevante, mas sim o que acontece nesse intervalo de tempo.

É durante os períodos de inspiração, em que a matéria se dilata, expande e se experiencia, que nós temos a oportunidade de evoluir, e seguirmos nos depurando até podermos voltar para a origem, para Deus. Quando esse ciclo se completa, um novo se inicia, continuamente. Inspiração, expiração. Um momento Ele é, apenas é. No silêncio, no vazio. A existência completa. Em seguida, Ele se expande, se projeta, se experiencia.

Os Fazedores de Milagres fazem uma importante analogia entre esse movimento Divino de inspirar e expirar com a respiração humana. Todo ciclo de vida infinitesimal do nosso organismo vivo acontece durante o curto período entre uma inspiração e uma expiração. Células se renovam, o sangue circula sendo bombeado pelo coração, impulsionando a vida por todo o corpo e levando oxigênio e nutrientes para manter o ritmo de tão complexa existência. Tudo isso acontece nesses poucos segundos que duram o ciclo de uma respiração.

E é por isso que um dos segredos de uma vida mais saudável e tranquila está intimamente ligado à qualidade de sua respiração. Os médicos já constataram os males que os distúrbios respiratórios causam à saúde do corpo ao longo do dia, e que persistem também durante o sono.

Vários seguimentos da espiritualidade também afirmam a importância de se aprender técnicas para respirar melhor,** e consequentemente, oxigenando melhor o corpo e revitalizando a mente.

Mas, além desses benefícios comprovados até pela medicina tradicional, existe uma ideia original unindo a realização de milagres a uma respiração equilibrada. Na pequena fração de segundo entre a inspiração e expiração, a energia do seu corpo paira em estados de consciência

---

* N. da A. – Helena P. Blavatsky relata em sua magnífica obra teosófica *A doutrina secreta* que esses períodos compreendidos pela respiração Divina são chamados *manvantara*. No volume I, "A Cosmogênese", todo cálculo esotérico de duração desses ciclos é devidamente exposto.

** N. da A. – Nos períodos de contemplação você encontra um estado de ser mais pleno, e a observação dos ciclos respiratórios é utilizada durante a meditação como ferramenta para se alcançar essa paz. Práticas como ioga, reflexologia, tai chi chuan entre outras levam o indivíduo a penetrar nesse patamar de tranquilidade interior.

mais elevados. São rápidos encontros com esse estágio, mas é o suficiente para nos manter conectados e firmes com nossos processos de evolução. Entre uma inspiração e uma expiração existe o silêncio. Esse silêncio muitas vezes pode até não ser percebido pelo nosso corpo em agitação constante, nem pela mente lógica e racional, mas ele está lá. Nesse silêncio é onde nos encontramos com Deus e com os milagres.

Inspiração. A energia primordial se expandiu, Deus se expandiu. E, assim como explica a teoria do Big Bang, um núcleo altamente denso se colapsou em uma expansão contínua. Essa partícula primordial se fragmentou durante esse impulso. Deus então se fragmentou e se dividiu em milhares de partículas Divinas. Cada uma delas é uma parte desse Deus, carrega em si toda a força, todo o amor, todo o poder e toda a sabedoria desse Deus – origem. Mas, para continuar nessa trajetória em busca de se autoexperienciar, foi preciso se expandir mais e mais, descendo em níveis e dimensões variados da energia.

A intenção sempre foi a experiência em si; no entanto, sendo Deus Absoluto, Ele não poderia ter a consciência de existir fora desse Absoluto. Assim como você jamais conseguiria se perceber enquanto trancado dentro de um quarto fechado, se não levasse em conta o resto da casa. O quarto, para você que estaria dentro dele, nem mesmo existiria, se não fossem os outros cômodos da casa para estabelecer um parâmetro sobre o que era o quarto, em primeiro lugar. E, para perceber cada aspecto desse quarto, você precisaria sair dele e observar como era estar lá dentro no instante anterior.

Deus não poderia ter a experiência de si e consequentemente de tudo o que Ele é, a menos que conseguisse criar um pano de fundo capaz de lhe permitir olhar para si e experienciar a si, mas agora não mais como o Absoluto, e sim estando fora dele. Sua percepção mudou; nesse momento Ele poderia se contemplar em sua totalidade. Ao comparar esses dois estados, o de ser e de não ser Absoluto, Ele experimenta ao máximo sua Criação.

Ao fragmentar-se e subdividir-se infinitamente, essas partículas Divinas separadas entre si puderam perceber umas às outras como sendo partes de um Todo, porém, separadas e únicas. E essa diferenciação do Todo possibilitou que a vida experimentasse estados diversificados da matéria.

E a luz se faz presente

Em um momento Deus é; no seguinte, Ele experiencia o não ser através das partículas divididas entre si; e é nesse estágio que cada partícula executa todo o processo de se redescobrir como sendo Divina, pura e eterna. Isso acontece através das inúmeras experiências, nas quais muitas vezes mais equívocos ocorrem do que acertos propriamente ditos. Mas isso só se dá porque essa partícula está se experimentando em busca de reencontrar o seu melhor potencial para evoluir. Nada que mereça punição, castigos ou recompensas.

Então, no final do ciclo, no período de expiração, cada uma dessas pequenas partes do Todo retorna ao seu estado original e unificado, ou seja, o Deus que tudo é. Portanto, continuar insistindo em imaginar Deus como um velho barbudo, sentado em um trono de nuvens, anotando cada um de nossos erros e acertos para depois julgar um a um nossos delitos é realmente uma imagem lúdica, porém injusta. Afinal, quais seriam os parâmetros desse Deus para julgar nossos pecados? Os meus parâmetros estão mais corretos do que os seus? E será ainda que na vastidão do nosso Universo visível Deus estaria realmente preocupado com a nossa pequenez? Imagine então a vastidão de tudo o que nem tomamos conhecimento ainda!

Infelizmente, tentar explicar através da nossa limitada linguagem aquilo que acontece em estágios superiores da existência acaba se tornando falho, já que nossa mente é desprovida de tal genialidade. O ser humano reage às informações processadas por seu cérebro, que não passa de um órgão físico voltado para decifrar unicamente os símbolos e as informações captadas pelos sentidos físicos da matéria, como ver, tocar, cheirar... Tudo aquilo que é sublime nos escapa ao alcance das palavras.

E a partícula Divina continuou a se subdividir pelos estágios diversificados de energia; no entanto, sempre carregando dentro de si, em estado latente, uma parte desse Deus que é puro amor. Assim como o grão de areia continua sendo areia mesmo quando é levado pelo vento para longe da praia. E exatamente como a areia, nós seres humanos, vivendo na matéria densa, ainda somos essa partícula Divina, com todos os seus atributos e todas as suas qualidades.

Para facilitar mais a sua compreensão, imagine uma vela. Você risca um fósforo e a chama se acende. Ela oscila um pouco, até que adquire seu formato padrão. Sua luz azul e amarelada, seu calor, tudo está ali, presente naquela chama. Então você aproxima uma segunda vela e imediatamente o pavio dela também se acende. O mais impressionante é que, apesar de o fogo inicial ter se dividido para acender a outra vela e agora você tem duas acesas, nem por isso a chama da primeira diminuiu; pelo contrário, ambas têm agora suas chamas com o mesmo formato, o mesmo padrão, a mesma luz e o mesmo calor. E você pode continuar a acender quantas velas desejar naquela primeira chama que o fogo inicial jamais se apagará, nem se esgotará. Ele se subdivide em calor, luz, formato, mas permanece o mesmo, sempre. E será assim enquanto você permitir, enquanto acender outras velas. Mas o curioso disso é que quanto mais velas você acender, mais iluminado será o ambiente, e mais você poderá experimentar aquilo que percebe ao seu redor.

Assim é Deus, que em seu profundo amor se repartiu em milhares de partículas que carregam a sua essência igualmente Divina por toda a Criação. Essa Criação prossegue se expandindo e se experienciando, inclusive através de cada um de nós, até cumprir sua jornada.

Entretanto, a chama da vela que ilumina o caminho escuro também pode ser a chama que incendeia e queima, machucando e destruindo tudo por onde passa, por isso, a responsabilidade é sempre fundamental no emprego do conhecimento.

Deus é exatamente assim, como a primeira célula que deu origem ao embrião que se desenvolveu e por fim deu origem a você. Aquela primeira célula foi se subdividindo, criando outras, sempre guiadas por um plano traçado pelo seu DNA. Esse DNA, seu código genético, está presente em cada célula que compõe seu corpo. As células que formam o seu coração, o seu estômago, a sua pele, o seu sangue, enfim, todas elas carregam o seu DNA. E ele é único, é seu. Agora imagine só: são inúmeras células com funções tão específicas e variadas, e mesmo assim o DNA em cada uma delas é exatamente o mesmo. Juntas elas formam o Todo. Elas compõem o seu corpo.

Deus é esse corpo unificado. Toda a sua Criação carrega esse DNA. Cada partícula em separado se expande, vive, experiencia e cumpre suas funções e seus desejos, para depois se reconectar a todas as outras e voltar a ser apenas UM. Uma partícula não sobrevive sem as outras. Aliás, segundo os Fazedores de Milagres, o mais importante aqui é que nenhuma partícula evolui ou se reunifica na origem primordial sem que as outras acompanhem esse passo glorioso*. (Ver Apêndice p. 335)

Mas chegará certo momento da evolução em que essa expansão cessará. A vida como nós conhecemos não terá mais funcionalidade, o projeto estará completo. Então o movimento contrário passará a conduzir toda a energia criada de volta à origem.

Estamos no meio desse processo. É o momento de purificar e libertar nossos aspectos que ainda nos limitam e nos prendem à dimensão física, onde a doença, o sofrimento e as crises funcionam como ferramentas de depuração de nossos equívocos anteriores.

Que Deuses são esses?

O que podemos concluir a respeito desse Pai-Deus-Origem é que Ele é puro amor e sabedoria. Que Ele é abundância. Nada existe fora Dele, por isso Ele é pura realização. Mas existe uma informação contida nas entrelinhas que é, na verdade, a chave de todo o poder rumo à felicidade.

Deus é a origem de tudo. Ele se repartiu milhares de vezes para se experienciar. Cada partícula, portanto, é o próprio Deus se experienciando, e, já que ela é uma parte desse Deus, carrega em si todos os atributos Dele.

E você não precisa esperar pelo dia do juízo final para se encontrar frente a frente com Ele, porque você é uma parte Dele, aqui e agora. Isso modifica completamente a nossa visão sobre a vida. Você passa a ter como compromisso buscar se transformar não só para viver em um estado de

---

* N. da A. – Procure informar-se com a sua associação de moradores e busque em sua cidade, até mesmo na sua igreja, algum serviço comunitário ao qual você possa se associar para ajudar o seu próximo. Além de fazer novos amigos como um estimado voluntário, você ainda estará transformando o nosso mundo em um lugar melhor. Cuide do seu jardim, cuide do seu quintal, cuide da sua calçada. Recolha o lixo espalhado. Informe-se sobre reciclagem e reaproveitamento desse lixo. Doe suas roupas usadas. Doe seus livros antigos. Realize encontros com seus amigos para divulgar e conscientizar o maior número de pessoas, em um verdadeiro mutirão para a evolução do planeta. Eduque as crianças. Dê bons conselhos, mas dê bons exemplos. Eleja políticos conscientes e fique de olho neles. Poupe água e energia elétrica. Cuide dos animais, respeite-os. Compartilhe os seus dons. Dê o melhor de si nas próximas vinte e quatro horas.

plenitude, mas para honrar esse Ser a quem você tanto reverencia. Honre-o, transforme-se. Não espere para amanhã ou para um futuro distante.

Se você realmente compreendeu tudo isso, então se surpreenderá ao perceber que você é o elo final dessa cadeia. Você é a própria partícula Divina se experienciando. Eu sou outra partícula. Sua mãe, outra. Seu chefe, outra ainda... Inclusive o mendigo da esquina. Alcançar essa compreensão é indispensável para a construção da sua realização e consequente felicidade. Porque se todos nós somos centelhas Divinas, temos todos a mesma origem, todos carregando uma parcela Divina, e todos com um só objetivo: a reunificação. Eu não existo sozinha, assim como você também não. Tudo o que eu fizer a você, estarei fazendo a mim, visto que estarei fazendo ao Todo ao qual pertenço. Estarei fazendo mal a mim quando me recusar a me transformar e a perdoar meu próximo. Estarei fazendo mal a mim quando insistir em continuar vibrando nas frequências nocivas do medo. Estarei fazendo mal a mim quando desrespeitar o meu semelhante ou quando desrespeitar o meio ambiente. Ao se voltar para a profundidade do que foi dito, você compreenderá a importância e a urgência que cada um de nós tem em se regenerar e retornar ao UM.

A razão que os Fazedores de Milagres nos deram para olharmos com carinho as pessoas que cruzassem o nosso caminho foi: elas estavam nos servindo como um espelho capaz de refletir o nosso comportamento. Quando você se enxerga através daquela pessoa, você está percebendo o Todo bem diante de seus olhos; e então o que escolherá fazer? Continuar agindo sob a influência dos próprios aspectos por evoluir, sombrios e nocivos, ou preferirá enaltecer com amor e responsabilidade cada parcela do Todo, do qual você também faz parte? Repare que é sempre uma questão de escolha, e tudo o que você fizer àquela parcela Divina, estará fazendo a si mesmo, e vai perceber o quanto ainda está distante de se reunificar na pureza do Pai. O caminho é longo, e será ainda mais longo enquanto perdurarem as nossas desculpas e recusas em nos trabalharmos internamente.

Se você machucar essa partícula que cruza o seu caminho, estará machucando a si mesmo. Se você exaltar essa partícula, estará exaltando a si, e ao Todo também. Ao agir com amor, honestidade, respeito e verdade com uma partícula, além de ela refletir de volta esses atributos, no final as suas ações retornarão a você mesmo. Jesus disse: "Em verdade vos declaro: todas as vezes que fizestes isto a um destes meus irmãos mais pequeninos, foi a mim mesmo que o fizestes" (Mateus 25:40). Ele sabia dessa Verdade.

Portanto, olhando dessa forma, muitas coisas absurdas e agressivas que temos assistido acontecer diariamente no mundo, seja nas grandes cidades, nos nossos bairros, nas nossas relações do dia a dia, finalmente encontrariam nessa informação a sua mais clara e perfeita solução. Se pudéssemos ensinar esse conceito ao mundo inteiro, talvez as pessoas parassem para perceber que cada vez que alguém levanta uma arma e dispara um tiro contra o outro estará desferindo esse tiro contra si mesmo. Cada vez que você passar por um mendigo faminto e sujo e lhe virar o rosto com repulsa, negando-se a ajudá-lo, estará se recusando a ajudar-se. Cada vez que tentar tirar alguma vantagem da situação que se apresenta, causando danos às pessoas à sua volta você será o maior prejudicado. Cada vez que você causar qualquer dano ao meio ambiente e aos animais, estará se condenando a viver em sofrimento durante muito tempo.

Além do fato de sermos todos partes igualmente Divinas que estão experienciando a vida, existe mais um fator desconcertante nessa história; para que o Todo possa um dia se reunificar em sua majestosa abundância e sabedoria, cada parcela precisará estar pronta para dar esse passo. Isso significa que você, eu, o seu vizinho, o ditador de um país qualquer, um soldado, um terrorista, todos sem exceção terão de voltar às estâncias superiores. Não adianta você cuidar unicamente de si, da sua vida em particular, do seu círculo de convívio, e ignorar o resto do mundo, porque você não estará completo se evoluir e deixar para trás inúmeras partículas que também compõem esse Todo. Você definitivamente depende de cada outra partícula, de cada outra centelha, de cada outra forma de vida e de energia que se expandiu durante a inspiração Divina. Você vai depender de cada uma delas, para que, uma vez juntas, essa reunificação possa enfim acontecer.

Vários Mestres e seres iluminados visitaram o nosso mundo exatamente nessas condições. Eles já se encontravam em uma esfera iluminada e talvez nem precisassem passar por aqui novamente, mas compreendiam o fato de que ninguém pode ir em frente se deixar um irmão para trás. Por isso, em um ato de extrema compaixão, Buda, São Francisco de Assis, Jesus, entre outros, escolheram estar entre nós e despertar em nossas consciências a Vontade de nos reunificarmos. Com paciência eles nos consolaram e nos educaram para que levantássemos os olhos e buscássemos a própria iluminação. Eles indicaram o caminho de volta para casa.

Quando você se dispõe a ser uma pessoa mais simples, aceita a vida como ela se apresenta, encara e enfrenta seus medos e seus aspectos pequenos, perdoa cada um deles, e volta a amar a vida, você está realizando o milagre de refletir para cada partícula Divina o mapa que as conduzirá de volta para casa também.

Agora pense nas crianças que dormem ao relento, debaixo dos viadutos, viciadas e famintas, sem o direito de frequentar uma escola, sem o direito de ser criança. Pense nos velhos abandonados pelos hospitais e asilos. Eles deram tudo de si acreditando que estavam fazendo o seu melhor, e ainda assim foram deixados de lado, do mesmo jeito que você esquece um casaco velho no fundo do armário. Neste exato instante milhares de famílias perderam o seu sustento, não têm o pão em cima da mesa, não têm nem mesmo uma mesa para, ao redor da qual, reunir sua família. Lembre-se de todos aqueles que estão pelas ruas perambulando, sem destino, sem documento, sem esperança, loucos com a própria dor. Imagine-se agora no lugar deles, porque cada uma dessas pessoas é parte de você.

Por outro lado, observe a sua intransigência ao longo do dia, perceba os seus caprichos e as suas vaidades, olhe bem para os seus excessos. Preste atenção ao quanto você vem acumulando de roupas, de brinquedos, de livros... Será que um pouco daquilo em que você exagera não faria a diferença para os seus semelhantes?

Todos esses milhares de pessoas são partículas Divinas como você e eu. Esses indivíduos existem muitas vezes sem a mínima condição de evoluir sequer como seres humanos. Mas são partículas do Todo, e dependemos delas também se quisermos alçar voos mais altos.

Agora, pense na natureza, no lixo que não reciclamos e que se acumula nas ruas. Um simples pedaço de papel que cai da bolsa, cada ponta de cigarro... Quantos gases poluindo nossa atmosfera, quantas queimadas destruindo nossas florestas, quantos interesses econômicos ainda vão ditar as regras sobre nossas vidas? Você está realmente preparado para mudar? Mudar seu comportamento diário, sua relação com o mundo?

Estamos assistindo de braços cruzados aos animais silvestres serem capturados e vendidos como relíquias. Animais domésticos serem maltratados e criados com extrema violência. Ainda criamos esses mesmos animais e os engordamos para depois, sem nenhuma compaixão, abatê-los para saciar nossos desejos carnívoros. Será que você já parou para pensar em cada pequena atitude que você toma, e o quanto ela pode estar agora mesmo contribuindo para esse terrível cenário? E depois, para onde iremos? Ou por acaso você também não mora no planeta Terra?

Cada uma dessas infinitas expressões de vida são partículas do Todo, e enquanto não cuidarmos com respeito daquilo que nos foi confiado, jamais poderemos nos reunificar. Não poderemos subir às estâncias mais elevadas e largar essa bagunça e essa matança para trás, porque tudo isso é responsabilidade de cada um de nós. Seja porque fizemos com nossas mãos ou porque nos omitimos em transformar tudo isso, incentivando esse louco capítulo de nossas vidas.

Mais uma vez os Fazedores de Milagres afirmam: conhecimento é poder. É o poder de transformar. E transformar é urgente! Interromper esse panorama nada Divino de quem se julga muito evoluído, mas destrói impiedosamente, que fere e mata o próximo. Cada vez que você educa, compartilha, ampara, faz o seu próximo sorrir, está expressando o que há de melhor em você, o que há de melhor em todos nós. E você estará fazendo isso a você mesmo, estará fazendo a mim.

Hoje você foi mais longe do que nunca, e compreendeu que não basta apenas não fazer o mal ao seu semelhante. Você tem o poder, o conhecimento e a responsabilidade de fazer e de levar o bem aonde quer que vá. Então poderemos mudar aquela frase e dizê-la: "Faça aos outros e pelos outros tudo aquilo que você faria e gostaria que fizessem a você". E o que você pode fazer hoje para mudar a sua vida? O que pode fazer para mudar outras partículas do Todo? Pergunte-se a todo instante o que você pode fazer pelo seu próximo, ou por uma situação qualquer. Habitue-se a prestar o seu melhor serviço ao Todo. E seja lá o que você puder fazer hoje, eu lhe agradeço.

OS DOIS MECANISMOS DE DEUS

Para que a vida pudesse se desenrolar, algumas leis e regras foram criadas para organizar e conduzir toda essa jornada das partículas Divinas. Algumas dessas leis são do domínio da física, que as explica com mestria. Entre elas encontramos as leis de Newton, as leis da termodinâmica etc.

Os Fazedores de Milagres explicam que outras regras foram estabelecidas no decorrer da descida da centelha Divina até a matéria densa, mas essas são regras de ordem espiritual. Elas são na verdade mecanismos úteis para que essa centelha, hoje conspurcada pelas dificuldades e limitações da vida tridimensional, possa aos poucos se depurar, se harmonizar, evoluir e finalmente ascencionar.

Neste capítulo, iremos falar desses dois mecanismos Divinos e por que eles são uma peça tão importante desse incrível quebra-cabeças que é realizar milagres. Sem compreendê-los, jamais entenderemos a forma como a vida se desenrola e sua importância para os eventos pelos quais tanto ansiamos ou que tanto temermos. E eles são a reencarnação e o carma.

Para se realizarem milagres e se satisfazerem desejos, esses dois mecanismos podem até gerar certa confusão, no entanto, isso não passa de uma má interpretação desses fantásticos instrumentos Divinos.

Porém, antes de entrarmos nesse assunto propriamente dito, existe um equívoco quanto a um possível terceiro mecanismo: a justiça divina. Ela até poderia ser considerada mais um desses mecanismos pois é comumente associada à descrição dos poderes de Deus se não fosse o fato de ser apenas uma projeção dos homens.

A maior parte das pessoas se sente mais confortável acreditando que, se de um jeito ou de outro, a justiça dos homens falhar, pelo menos da justiça divina ninguém escapa. Ainda mais se levarmos em conta o mundo violento e desigual em que vivemos atualmente e ao qual estamos sujeitos.

Essa ideia de punição e compensação acompanha a humanidade desde que o conceito de um Deus punitivo, até mesmo zangado, surgiu na concepção religiosa e filosófica. Esse arquétipo funcionava para direcionar a conduta das pessoas, e sempre foi utilizado muito mais como uma ferramenta de ameaça em massa do que um conforto para os corações afligidos.

E a luz se faz presente

Quantas guerras não foram feitas em nome do Senhor? A ordem era punir, conquistar, catequizar, doutrinar. A religião dominante sempre acreditou possuir os conceitos certos e que por isso tinha por dever "educar" os outros povos "incultos e descrentes", sempre convencida de que conhecia o caminho que levava ao Deus verdadeiro, pronta para "conduzir" os infiéis do mundo inteiro. E no meio disso tudo, a justiça sempre foi um mero conceito que escondia por trás interesses pessoais.

Sempre que se mencionava essa dita justiça divina, ela soava como uma ameaça velada para os infiéis e pecadores, para que retornassem ao caminho dos "justos" e voltassem a agir de acordo com os interesses dos poderosos. As multidões temerosas acatavam as decisões de seus superiores religiosos por acreditarem serem eles os contatos mais diretos com as esferas celestiais. E enquanto o poder religioso e o poder político andavam de mãos entrelaçadas, a punição e a justiça divina foram os melhores instrumentos para doutrinar e calar o povo. Nada poderia surtir mais efeito do que incutir o medo nos corações das pessoas e esperar que elas obedecessem cordialmente cada regra, cada imposição. Afinal, como contestar a sabedoria vinda dos servos de Deus, que se supunha transmitirem a palavra Dele? E se você questionasse esse poder opressivo e contrariasse as regras vigentes, poderia despertar a ira desse Deus, e então estaria se condenando a queimar no fogo eterno.

E quando se pensa na justiça sendo realizada após a passagem para outro mundo, que conceitos formarão as bases de um julgamento "justo" se não os conceitos que os homens concedem ao "seu deus particular"? Pois veja só, uns acreditam que basta o arrependimento puro e simples e seu lugar entre as nuvens estará assegurado. Outros pensam que podem tornar-se mártires de uma causa, e os portões do céu lhes serão abertos incondicionalmente. Então, onde estará a justiça? Onde estará Deus nesse caos?

Hoje em dia, apesar de a maior parte da população mundial não viver em sociedades sujeitas a um regime religioso quase ditatorial o que infelizmente ainda se registra em tantos outros países, ainda assim podemos notar o quanto as religiões estabelecidas estendem seus braços e tentam conduzir seus seguidores e a opinião pública de acordo com suas diretrizes internas: "não faça isso"; "não faça aquilo"; "isso é pecado"; "isso vai contra Deus". E isso quando certos limites ainda são respeitados, porque vivemos momentos turbulentos no mundo inteiro justamente em função do fanatismo e da intolerância religiosa que impedem o homem de enxergar a própria loucura, a própria insanidade ao se referir a Deus empunhando uma arma contra seu vizinho.

Olhando ainda mais de perto, vemos tratar-se apenas do reflexo do medo absoluto que se instalou nesses corações. Sentem-se tão ameaçados pelo seu oponente que preferem mutilar, torturar e até matar seu semelhante. Não há coexistência pacífica para quem vive regido pelo medo; logo, como podem querer falar em nome de Deus?

Às vezes essa intransigência doutrinária, essa manipulação da consciência dos fiéis nem se refere a casos dramáticos ou que levem à morte. Um fato curioso e recente que ocorreu poucos anos atrás, mas que prova o quão agressiva pode ser essa intolerância religiosa, foi a tentativa frustrada da Igreja católica ao tentar obrigar seus fiéis a abandonar a ideia de ler ou de ter contato com a obra do escritor Dan Brown. Para esses clérigos, o livro *O código Da Vinci* era uma obra difamatória, e os puros e tementes a Deus deveriam se abster de ter qualquer relação com ela. A tentativa massiva de boicote e, por que não dizer?, de manipulação através de influência religiosa na verdade não deu muito certo: Dan Brown vendeu milhões de exemplares pelo mundo todo.

E fica aqui uma pergunta: será que o caminho mais reto para Deus, para nos reunificarmos com o amor Divino, não está justamente na busca pelo conhecimento através da liberdade e regidos pelo respeito? Então por que, afinal de contas, algumas filosofias e religiões temem tanto que seus fiéis se encontrem com Deus justamente através do amor, e continuam insistindo em conduzir e manipular em nome de um amor que não é livre?

No dia a dia, as coisas são tão rígidas quanto sutis, já que as ameaças de punição do outro lado da vida são levadas tão a sério que já fazem parte da cultura de massa. São crenças e conceitos tão arraigados que muitos, inclusive, cometem assassinatos em nome de Deus, agarrando a "justiça" pelas próprias mãos, acreditando que essa é a Vontade Dele, e que por isso serão recebidos com honras e glória no paraíso.

A justiça divina tem essa incrível tendência de ser considerada um bálsamo para os aflitos. Todos aqueles que sofrem, ou são atingidos de alguma maneira pelas garras da violência, se conformam e buscam consolo na crença de que se não houver entre os homens algum tipo de reparação que condene o culpado, então pelo menos no momento supremo da morte essa justiça encontrará seu objetivo final: punir de forma extrema todos os criminosos por cada infração às leis de Deus, na esperança máxima de que aprendam de uma vez por todas a obedecê-lo.

No entanto, acreditar em tal conceito nos leva de volta a uma velha questão sobre quais seriam esses critérios divinos utilizados para julgar os pecadores, já que tudo vai depender da crença de cada um, e esses conceitos mudam de pessoa para pessoa, de religião para religião. Aliás, isso remete a outra questão ainda mais assustadora: que Pai é esse que, para corrigir um filho, em vez de perdoar, dialogar e educar, prefere execrar, punir e causar bastante dor?

Ao observar esses critérios de justiça, rapidamente percebemos certas falhas no "caráter desse Deus", falhas de caráter comumente encontradas entre os homens, cujo ego gosta de repreender seus semelhantes para se sobressair e se sentir bem. Ninguém conseguiria condenar o próprio filho à eternidade de sofrimento e dor, então como Deus poderia fazer isso conosco? Que Deus é esse que age assim?

E um fato ainda mais desconcertante permanece sem resposta: se somos criação deste Deus, e tudo à nossa volta também é criação Dele, seria correto concluir que, indiretamente, tudo o que fazemos também é criação desse Pai. Nada existe que não seja a sua Vontade, portanto, Deus não previu que seus filhos ainda cheios de imperfeições poderiam errar e pecar? E se previu, ainda assim nos pune? Afinal de contas, não estamos aqui justamente para "relembrar e trazer à tona" através de nossas experiências diárias o que é o amor, o respeito e a liberdade? Como então um Pai de infinita bondade e misericórdia pode se virar contra seus filhos, contra sua Criação? Você por acaso bateria em seu bebê cada vez que ele caísse porque ainda não aprendeu a se equilibrar e caminhar só?

Mas o que todos esperam, na verdade, é que, por mais banais que sejam os pecados, pelo menos não haja impunidade. Todavia, todos gostariam também de serem perdoados e absolvidos do mesmo jeito. Entretanto, vivemos sob os ditames de uma justiça construída pelos homens, e justamente por ser criada e executada pelos homens ela é falha. Nesse sistema deficitário, muitos crimes acabam passando em branco, muita corrupção e dinheiro desvirtuam o caminho da justiça. É comum até generalizar que os ricos podem pagar pelos melhores advogados, logo suas chances de escapar das mãos da justiça são maiores, o que não acontece com todos aqueles que não usufruem de uma vida cheia de vantagens.

E dizem que a justiça é cega, mas não poderia ser, pois ela deveria estar constantemente de sentinela observando, enquanto nós, seres em evolução, precisássemos de seus cuidados. Ela de forma alguma poderia ser manipulada por interesses escusos. Imparcial ela também não é. As desigualdades sociais e econômicas empurram muitas pessoas para o crime. E enquanto houver tanta pobreza, falta de educação, de assistência médica e muitas vezes até de condições humanas dignas para que as pessoas possam evoluir, não poderemos jamais dizer que a justiça é imparcial. Se a vida não é imparcial, já que nos coloca de frente para tantas desigualdades, como esperar que a conduta dos homens seja?

Uma coisa intrigante que acontece no meio dessa pretensa justiça dos homens é que a punição aplicada raramente corrige o âmago da alma. Uma sentença, quando não é acompanhada pela educação, pelo conhecimento, pelo perdão e principalmente pela transformação interior, não é capaz de fazer o cidadão retomar o caminho da evolução. Quantos presos, depois de cumprir suas penas, retornam para as ruas ainda como bandidos? A justiça dos homens é falha quando se quer transformar a alma. Ela pode ser até necessária na atual situação social, mas segundo os Fazedores de Milagres não podemos nos confundir entre utilizar esses recursos e nos apoiarmos na justiça e em suas sentenças, esperando por dias melhores.

E o equívoco está justamente em esperar que algum dia a justiça prevaleça entre nós; afinal, você só necessitará da força da justiça enquanto as partículas Divinas estiverem sob constante atrito. No momento em que se perceber que o atrito, o desrespeito e o desamor estão ultrapassados, de que servirá a justiça? A quem ela precisaria punir e corrigir? Exatamente por isso, nos níveis de vida superiores a nós, onde prevalecem o amor, a sabedoria e a abundância, a justiça é um artigo inútil e obsoleto.

Por enquanto, conservamos a crença de que quando a justiça dos homens falha, existe a promessa de que, do outro lado, castigos e punições irão definitivamente colocar o filho rebelde nos trilhos. Todavia, se Deus é perfeito, supremo, onisciente, onipresente, Pai e Criador de todas as coisas, ele não poderia sequer utilizar a palavra justiça para se referir a algum de seus filhos.

E a luz se faz presente

Isso pode parecer revoltante a princípio, mas nada poderia soar mais ilógico do que esperar que Deus seja justo. Os Fazedores de Milagres vêm em nosso socorro, para explicar que Deus não é e nunca foi justo, porque, afinal, Deus é perfeição, Deus é amor, Deus é sabedoria e abundância. Um Ser que abrange tudo isso não precisa recorrer à justiça para corrigir nenhum erro, já que Deus não os comete. Deus apenas é. E como Deus é tudo isso, e se repartiu em infinitas partículas para se experienciar, de onde exatamente surgiu o pecado, ou os erros e os crimes? E sobretudo, de onde surgiu essa necessidade de julgar e de reparar esses erros com tamanha crueldade?

Deus se repartiu e permitiu que cada partícula experimentasse a vida. No nível do Absoluto, não existe dor, sofrimento, perdas, doenças ou crimes. Não existe o desrespeito porque ele é o resultado dos equívocos cometidos pela própria partícula Divina durante seus experimentos de vida. No nível do Absoluto, Deus apenas é.

Foi através da experimentação particular de cada uma dessas partes Divinas espalhadas que surgiram os enganos e, consequentemente, o sofrimento. Machucamo-nos uns aos outros e esperamos o justo ressarcimento posterior. Mas, no fundo, essas reparações só acontecem no nível em que os próprios enganos foram cometidos, isso é, se os erros aconteceram no plano físico, da matéria, então ele deverá ser corrigido e compreendido ali também, como aquele velho adágio que diz "aqui se faz, aqui se paga". Ninguém pega seu lixo, coloca-o no porta-malas do carro e dirige alguns quilômetros até a casa de um amigo para despejá-lo na porta dele. Da mesma forma, seria muito fácil passar uma vida inteira cometendo todo o tipo de abusos e inconsequências, para no final pedir perdão e partir para o paraíso sem nenhum aprendizado no nível do amor, largando para trás um rastro de atos menos dignos.

Por isso foram criados o carma e a reencarnação, os dois mecanismos Divinos que permitem a cada um de nós a oportunidade de resolver os próprios equívocos. Esperar que um Ser angelical estivesse neste exato momento anotando cada pequeno gesto que fazemos, para que então no dia do juízo final ele pudesse puxar essa lista e nos condenar, além de não ser um gesto nem um pouco caridoso, seria completamente inútil, pois ninguém escaparia desse julgamento. E o céu permaneceria vazio.

Quem nunca mentiu, ainda que uma mentirinha daquelas do tipo "inocente"? Quem jamais traiu um companheiro? Quem não fofocou sobre os amigos, ou sobre os inimigos? Quem não praguejou no trânsito, não furou uma fila, não recriminou um vizinho? Quem não foi desonesto, intransigente, vaidoso, arrogante, ciumento... alguma vez na vida? Quem não ofendeu, falou mal ou amaldiçoou o próximo? Quem não virou o rosto e fingiu não ver o mendigo esfomeado? No momento em que você tomou algumas dessas atitudes, que podem até mesmo ter passado despercebidas, despejou o seu pior lado em outra partícula Divina, e então nada mais importa a não ser reparar os danos.

Mas se abríssemos mão do conceito de justiça Divina, como poderíamos ver como correto que pessoas que passaram a vida da forma mais honesta possível se vissem nas mesmas condições que os grandes criminosos da Terra, ao chegar do outro lado? Como estar ao lado de Hitler, por exemplo, ou de Gengis Khan? Ou ainda de um estuprador? Um estelionatário? Ou talvez de um assaltante? Na verdade, ninguém chega do outro lado nas mesmas condições, porque as experiências de cada um de nós são únicas, e vamos encontrar aquilo que quisermos encontrar e pudermos alcançar de acordo com as condições e com a evolução que realizamos ao longo de nossas jornadas. Cada um de nós é responsável por criar o próprio paraíso ou o próprio inferno.

E não vai ser Deus ou nenhum outro ser celestial que irá nos julgar. Seremos nós mesmos os nossos próprios juízes, desejando unicamente reparar a dor causada ao nosso semelhante. E, como muitas vezes só nos damos conta da dor infligida aos outros quando por nossa vez também a sentimos, vai ser preciso encarar o sofrimento em algum ponto da jornada. Sabendo que esse é o único jeito real e verdadeiro de evoluirmos, buscaremos por livre e espontânea vontade exaltar cada partícula Divina, que, assim como nós, ainda se encontre em sofrimento e agonia.

Deus não olha para nosso sofrimento ou para nossos pecados. Deus não olha sequer para nossas súplicas, nossos choramingos e nossas lamentações. As esferas celestiais se compadecem de nós, de nossas angústias, e até nos motivam e nos dão forças, mas as ferramentas para nos reerguermos estão dentro de cada um de nós, e não fora.

Não faz parte do plano unificado e de puro amor, que Deus é, nenhuma forma de dor, de sofrimento ou de desespero; isso porque todas essas frequências estão na verdade vibrando muito longe do amor e da sabedoria. Nós criamos, por meio de nossos gestos, palavras e pensamentos uma vida de paz ou de profunda tortura. E o sofrimento, qualquer que seja ele, nasce exatamente em função desse sentimento de separação do estado unificado, de puro amor e sabedoria.

Você, eu e cada habitante deste planeta, cada partícula de energia ligada a ele, ou ligada ao Universo, somos todos responsáveis por nossas criações, e quando erramos, a reencarnação e o carma nos oferecem a oportunidade de reparar esses equívocos consequentes da falta de amor.

É um completo contrassenso acreditar em um Deus que, embora perfeito, tenha falhado ao permitir que seus filhos pecassem; e então, para corrigir seu engano, Ele terá de usar a sua pior faceta para redimi-los. O fato é que todos os resgates dos erros que cometemos serão reparados por meio justamente do amor e da liberdade, e não de punições e condenações. No momento em que percebemos que nos afastamos do amor, do respeito pelos outros, e finalmente decidimos por livre e espontânea vontade que é hora de reparar esses equívocos, voltamos à cena do crime, e voluntariamente buscamos os meios para tal tarefa. E leve o tempo que levar, crise após crise, porque é exatamente isso o que estamos fazendo aqui e agora, buscando aprender com nossos erros, e buscando aprender a amar incondicionalmente. Estamos buscando o melhor caminho para voltarmos a nos reunificar.

Portanto, não espere que a justiça o alcance ou alcance um irmão; antes, espere que o amor e o perdão os alcancem, e lhes espelhe um estado de ser muito melhor e evoluído. Assim, você ou seu próximo, irão desejar por si só retornar aos braços amorosos do Pai. Um dia, sem que ninguém nos ameace ou nos force através de punições, estaremos todos juntos de novo, em paz.

Nesse dia, Deus não precisará nos compensar por nada.

Reencarnação e carma

Várias são as vertentes espiritualistas no mundo inteiro que pregam e acreditam na reencarnação e no carma. Infelizmente, no entanto, ao longo dos anos esses dois mecanismos Divinos passaram a se assemelhar a uma condenação compulsória da alma que se vê obrigada a resgatar e sofrer por seus crimes. Tudo isso se transformou em um grande exagero que mais amedronta do que esclarece esses conceitos.

A explicação dada pelos Fazedores de Milagres poderá encontrar alguma resistência, mas também visa expandir nossos horizontes e permitir que novas informações cheguem até nós, ou que velhos conceitos desgastados pelo tempo sejam revistos e liberados de nossas vidas.

Portanto, pode até ser que você não concorde com nada disso, pode até ser que tudo isso seja uma blasfêmia para o seu coração, mas apenas permita-se conhecer outra forma de contar a história da justiça entre os homens.

Os Fazedores de Milagres acreditam firmemente que todos somos UM, isto é, Deus que tudo é, e que se dividiu para experienciar e criar. Essas partículas, levadas por sua natureza curiosa e ativa, foram se afastando e se subdividindo mais e mais. Até que finalmente a partícula começou a sua experimentação física, o ponto mais distante de nossa origem Divina.

Percorrendo esse longo caminho, as partículas buscaram se diferenciar inúmeras vezes, para que através dessa diversidade pudesse acontecer o maior número de experiências possível. No entanto, aquele DNA Divino permanecia intacto, inserido como parte essencial de toda a Criação. Aliás, nada poderia sobreviver ou sequer existir sem que tivesse uma parte desse DNA Divino, ou seja uma parte do próprio Deus.

Ao experimentar a vida em um nível tão afastado da origem, muitos equívocos aconteceram. Interpretações errôneas, apegos e várias dificuldades para empreender essa viajem. Então, na ânsia de experienciar ao máximo as sensações físicas, essas partículas, esquecidas temporariamente de sua condição Divina, optaram por tirar vantagens e cometer vários crimes abertamente. Feriram-se umas às outras. Como então se reunificar em um patamar de puro amor, respeito e liberdade se tudo o que essas partículas faziam era justamente a prática do desamor, do desrespeito e da privação? E, assim como uma roupa suja que precisa ser lavada várias vezes até que as manchas se soltem, nós vamos lavando nossas almas de cada delito, de cada pecado, de cada ideia falsa que nos conduz a um comportamento nocivo, contra nós mesmos e contra qualquer outra parcela da Criação.

E a luz se faz presente

E existe também outra questão que costuma gerar muita inquietação: Como se explica o fato de que Deus, amoroso e misericordioso, pudesse cometer uma "injustiça" tão grande com seus filhos? Porque, se a reencarnação é uma fantasia, uma ilusão, como Deus poderia criar um filho perfeito, abastado e cheio de possibilidades, para conviver ao lado de outro filho que nasceu pobre, de minorias étnicas, carregando no corpo as evidências de doenças graves e debilitantes, e que definitivamente não tem as mesmas possibilidades que tem o primeiro filho? Por acaso Deus tem preferências? Enquanto uma alma pode tudo, a outra apenas sofre? Que mente tortuosa criaria essas duas figuras tão distintas, e lhes daria uma única chance de aproveitar a existência? É porque sem a reencarnação para explicar essas incongruências, nós só poderíamos aproveitar a oportunidade de evoluir e de acertar com cada uma de nossas escolhas uma única vez.

E, cá entre nós, seria terrível ter de aceitar um Deus que criasse tamanha discrepância, tamanha injustiça; e também não seria possível evoluirmos sem compreender o objetivo disso. E se você pudesse escolher o que iria preferir: uma única oportunidade na qual lhe fosse permitido experimentar a beleza, a saúde e a riqueza, ou outra em que você sofre com todas as limitações, preconceitos e descasos? E agora, você ainda acha que Deus é "justo" com você? Ou já começa a achar que a justiça divina não o favoreceu tanto assim? Que você merecia um pouquinho mais de consideração? Ou talvez um pouco mais de dinheiro? Quem sabe então um pouco mais de amor? Saúde? Liberdade? Com toda a sinceridade, você não gostaria de ter outra chance?

Não seria possível explicar todas as diferenças e desigualdades sem considerar a reencarnação e o carma como instrumentos válidos de nosso aprendizado de alma.

E quanto aos milhares de crianças que nascem e prematuramente são arrancadas do convívio dos seus familiares? Crianças que muitas vezes nascem com doenças sérias e mal chegam a sonhar com uma vida futura. Crianças que sofrem violências gratuitas e padecem de forma inimaginável. Criança sem escola, lar, família, educação... Que Deus daria a essas almas uma única oportunidade de nascer e então subitamente as levaria embora marcadas pela dor, pela miséria e pela tristeza? E com qual objetivo Ele faria isso?

Muitos gostam de responder a essas questões argumentando que "essa era a Vontade de Deus". Bom, se você pensar que todos somos Um, parcelas desse Deus, então está correto dizer que essa foi a vontade de Deus, vontade de cada partícula experimentando a vida. Mas por acaso isso explica as razões nada imparciais dessas escolhas? Não. Então nesse caso algumas pessoas diriam que não nos cabe saber a Vontade de Deus. Mas se não nos cabe conhecer o nosso Pai e o seu infinito amor que na verdade somos todos nós, então isso seria o mesmo que dizer para cada um continuar vivendo a própria vida de forma egoísta, violenta, sofrida, ambiciosa sem problema algum. Sem ter de olhar para o lado você poderia até passar por cima de tudo e de todos para ser feliz. Porém, não existem garantias de que encontraria essa felicidade, não é mesmo? Aliás, algo no seu íntimo lhe assegura que você jamais encontrará paz e amor, felicidade e tranquilidade se continuar esmagando os seus semelhantes pelo caminho. Essa voz que fala em seu coração, em sua consciência, é a sua parcela Divina, é Deus lhe sussurrando a Verdade. E essa Verdade conta a seguinte história...

A viagem de uma partícula Divina

Uma partícula viaja pelo cosmos. Ela é parte do Divino que se desprendeu do Todo original, Deus unificado, que tudo é. Desejando criar e experienciar, ela parte em uma jornada rumo ao desconhecido. Contudo, sua frequência energética muito alta só lhe permite ir até um determinado ponto. Ir além não é possível devido a essa incompatibilidade vibracional. Impedida de seguir em frente, o que vem depois permanece um completo mistério, todavia, ela é curiosa.

Então, ali, parada, ela se subdivide em outras partes menores. Essas também são partes Divinas, mas dessa vez são parcelas antes de tudo submetidas a essa partícula única, viajante do tempo e do espaço.

Nas últimas décadas, muito se tem falado a respeito do Eu Superior, mas talvez pouco tenha sido efetivamente compreendido sob a importância e a influência que ele exerce em nossas vidas cotidianas e sobre nossas aspirações. Pois veja bem, cada um de nós, presentes nesta fantástica experiência terrena, é apenas uma fração do nosso verdadeiro Eu, aquela partícula Divina que se experiencia através da própria Criação. Mas, assim como uma pedra não consegue passar pelos minúsculos furos de um filtro, ela também se vê impedida de prosseguir em seu caminho na escalada vibratória, e então se fragmenta em pedaços ainda menores para poder ir mais longe, bem como a poeira que é levada pelo vento. Esses fragmentos conseguem penetrar qualquer espaço ou lugar da vastidão do Universo, sem, no entanto, haver nenhum tipo de interferência energética, já que sua frequência passa a vibrar em uma escala inferior e, portanto, suas experiências são ao mesmo tempo extremamente ricas e intensas. São facetas de uma vida que, reunidas a tantas outras, criam e recriam a própria história do Universo.

Vejamos uma partícula, por exemplo; ela é pura, Divina e eterna. Nesse nível tão sublime de existência ela jamais suportaria viver na matéria física, sob a radiação negativa que o pensamento e os atos da humanidade criam a todo instante. Seria como ligar um eletrodoméstico na voltagem errada.

No entanto, essa partícula deseja experienciar a vida, deseja tocar outras formas de vida e sentir esse contato com a ponta de seus dedos. Ela deseja sentir a água escorrendo pelo seu corpo e as ondas do mar batendo sob seus pés. Ela anseia sentir o calor do sol em seu rosto, aquecendo cada célula do seu organismo. E então, respirar o ar puro das noites estreladas e das flores quando exalam o seu perfume. Essa partícula deseja sentir o paladar de uma comida quente e caseira em um dia frio, ou talvez a excitação de provar algo exótico. Gostaria de ouvir o som gostoso da gargalhada dos amigos reunidos, ou até mesmo um beijo delicado acompanhado do som das palavras de uma declaração de amor. Ela gostaria de estar aqui entre nós, e como neste Universo cada pedido nosso é uma ordem, ela se fragmenta, e uma de suas minúsculas parcelas tem como destino o planeta Terra. As outras partes se espalham pelo cosmos e pelas várias dimensões, experimentando outras formas de vida, outras histórias, colecionando assim várias informações e criações. Desse modo, a vida se estende indefinidamente e se diversifica totalmente. (E é daí que surge um termo muito utilizado pela espiritualidade: a multidimensionalidade,* isto é, a capacidade do Ser de existir

---

* N. da A. – O conceito de multidimensionalidade gera um interessante argumento sobre a

em várias dimensões ao mesmo tempo por meio de suas partes, todas elas interligadas, com o objetivo único de evoluir através de suas criações.)

Mas estar aqui em um corpo físico pela primeira vez não é tão fácil como parece. Mesmo tendo diante de seus olhos e ao alcance de suas mãos tanta beleza e tantas possibilidades, a partícula precisa se submeter a um corpo que tem várias necessidades e que aos poucos envelhece e adoece, causando dissabores diversos.

Para lidar com todas as suas descobertas, ela se reveste de um campo emocional, que funciona como um filtro para revelar os sentimentos nobres como o amor, a solidariedade e a compaixão por toda a Criação Divina. Mas que também, em decorrência de todas as turbulências físicas, pode oscilar e acabar mostrando os traços da raiva, da impaciência, da intolerância etc.

E ainda tem de formular suas ideias, recebendo para isso um campo mental. Aos poucos, descobre que essa parte de sua energia vibra na velocidade mais alta que ela já concebeu, e isso a assusta. Esse é um campo repleto de ideias inovadoras e inúmeros recursos à sua disposição. É um campo de puro potencial positivo; contudo, ele é parcamente utilizado e se fragiliza de forma muito acelerada quando influenciado por outro tantos campos negativos ao seu redor, podendo colocar toda a experiência terrena a perder.

Por fim, essa partícula precisa estar sempre em contato com sua parte Divina, e por isso recebe também um campo de energia etérica, responsável justamente pela conexão constante e ininterrupta com seu Eu Superior, sede da consciência real e de luz. No entanto, esse é o campo energético que mais sofre e se retrai quando essa pequena parcela chega a uma experiência física e se sente tentada por todos os lados. Afinal, há tanto para ver e fazer que mal resta tempo para lembrar-se do Alto.

---

possibilidade de haver ou não vida inteligente além dos limites do planeta Terra. Essa vida existe, a espiritualidade afirma isso, pois o que não teria muito sentido seria supor que Deus, Criador de um Universo tão vasto, tivesse desejado que apenas um pequeno ponto perdido nessa imensidão sustentasse vida inteligente e nem sempre tão inteligente assim. O problema consiste em esperar encontrar vida unicamente na nossa frequência física, deixando todo o resto passar despercebido aos nossos sentidos limitados. A vida pode se apresentar sob vários aspectos, diversas dimensões e frequências.

E, para completar o cenário, cada uma dessas parcelas recebe um código, aquele que os Fazedores de Milagres já mencionaram anteriormente. Elas são batizadas com um nome, um registro da sua frequência particular que traz armazenada cada informação vital para que a sua jornada tenha sucesso. Mas esse nome tem por trás um artifício muito perigoso. É que ao ser destacada para uma existência de criação e manifestação, essa parcela desenvolve uma nova personalidade. Ela é totalmente volúvel, suscetível, frágil e passageira. A personalidade sobrevive baseada na sensação de independência do Eu, que se encontra temporariamente individualizado, e, exatamente por se identificar com essa antítese de Deus, ela se aniquila dentro da própria ignorância e se desfaz quando chega o momento da morte.

Portanto, em se tratando da evolução dos homens rumo a níveis de consciência superior, o que conta mesmo é tudo aquilo que fica armazenado em seus corações, o que fica marcado em seus corpos e o que se cristaliza em suas mentes. Através dessas informações adquiridas ao longo de uma vida, o saldo pode ser a evolução de mais alguns degraus ou a paralisação momentânea. Mas ainda assim a tarefa não é fácil, porque a personalidade, revestida pelo ego, insiste em chamar a atenção sobre si e acaba se perdendo em meio a tanta fantasia.

A necessidade de existirmos através desse ego que dita todas as regras do jogo e se impõe de forma tão drástica é inevitável e até mesmo fundamental; sem ele nós seríamos como bolas de bilhar empurradas daqui para lá. Esse ego cria a fronteira do eu pessoal, da individualidade, o que por sua vez nos traz a nítida sensação de sermos únicos, isto é, separados uns dos outros, separados de toda a Criação.

O ego direciona todo o movimento que fazemos para evoluir, mas infelizmente ele não se satisfaz apenas com isso e deseja também controlar esse movimento a seu bel-prazer. Aliás, em pouco tempo, esse se transforma no único objetivo do ego: alcançar a própria satisfação, sempre mantendo uma postura que é ao mesmo tempo defensiva e solitária. E é aí que tudo desmorona, porque, não importando o quanto se esforce, se você não for mais forte do que seu ego, será devorado por ele e viverá sofrendo angustiado e ansioso, sendo arrastado para dentro de um ciclo vicioso que parecerá não ter fim.

A função do ego é simples: ele organiza a sua mente abrindo espaço para cada experiência vivida, e segue catalogando pequenos diálogos, cheiros, gostos, sensações, histórias e conceitos... Ele registra cada fato, cada evento, cada pedacinho da história pessoal. Com tudo isso arquivado de forma muito clara e organizada, ele acaba criando um padrão que define a sua personalidade ao longo de uma existência. A partir daí, seu condicionamento está formado, e você passa a viver repetindo e copiando esse padrão sem parar, e sem nenhuma criatividade, como uma máquina copiadora que segue executando sua tarefa monotonamente.

A qualquer momento, quando solicitado, esse programa, o seu ego, é capaz de ativar o cérebro para resgatar qualquer informação previamente arquivada. Ele molda passo a passo a sua memória, tão importante para que se possa valorizar e compreender o passado e os passos dados até aqui. Mas também torna-se tão perigoso por construir muros altos, de padrões rígidos e antiquados, que acabam aprisionando você dentro de suas paredes.

A partir daí, cada vez que você colocar um pedaço de chocolate em sua boca, cada vez que der um gole em uma taça de vinho, ou que reencontrar pelas ruas aquele antigo namorado, quase instantaneamente esses arquivos vivos trarão à tona uma série de informações pré-calculadas, indicando-lhe se aquilo é gostoso, se lhe dará ressaca na manhã seguinte, se você ainda se ressente ou não dos fatos do passado. O que você fará, as ações que irá tomar são fundamentadas nesse padrão, e isso tanto pode lhe ser benéfico como você pode estar construindo a própria prisão.

A princípio, essas informações podem parecer úteis e até mesmo vitais para a sobrevivência. Quando você reconhece algo que já havia experimentado e que não lhe fez bem, essa informação poderá evitar muitos aborrecimentos, é bem verdade; contudo, o problema acontece quando o ego se torna tão importante, tão inflado, que passa a controlar tudo à sua volta, e você perde a autonomia sobre si. Você deixa de ser inocente e criativo e se torna crítico, enjoado, reclamão, prepotente, e em muitas ocasiões se torna até mesmo indesejável. Você começa a supor que já sabe e conhece tudo à sua volta. Insiste em separar tudo o que é considerado bom daquilo que considera ruim. Mas o que pode ser ruim, afinal? Lembre-se de que isso é apenas mais um conceito particular, um ponto de vista momentâneo sujeito às preferências do ego, que

E a luz se faz presente

pode mudar rapidamente. Porque o veneno que mata em certa dose é o mesmo que salva em outra quantidade. As ervas que se transformam em alucinógenos e viciam milhares de pessoas pelo mundo afora também se transformam nos abençoados anestésicos cirúrgicos. Classificar algo como bom ou ruim é um artifício do ego na tentativa de nos controlar, de sobrepor-se à própria parcela Divina. Isso é desnecessário e perigoso, porque faz parte do mundo dualista, não unificado, onde os opostos devem se complementar e se aniquilar em nome do Todo.

E enquanto você mantiver uma postura tão rígida estará sempre se colocando como oponente de alguma outra parte da Criação. Mesmo que essa outra parte ainda esteja em uma frequência nociva, a sua posição de antagonista também é um equívoco, também é uma frequência negativa que traz consequências posteriores tão nocivas quanto as das outras pessoas.

A importância da memória é inegável, porque conta a nossa história como civilização. Ela nos traz a sensação de continuidade, da importância de estarmos aqui. E é justamente através do nosso ego que cada informação vai sendo selecionada e arquivada. Sua história passa então a contar seus gostos, suas preferências, seu credo, sua nacionalidade, sua família, e revela também nossos direitos conquistados com o passar do tempo, além de nossos deveres como cidadãos. Mas como toda essa gama de informação é registro particular de cada ser humano, particular também vai ser a conduta de cada um, que é regido unicamente por o que seu ego lhe conta.

E se somos seis bilhões de pessoas convivendo nessa experiência, são também seis bilhões de pontos de vista únicos e diferenciados. É por isso que apesar de leis estabelecerem as regras de conduta de toda uma civilização, algumas pessoas ultrapassam e estendem esses limites, cometendo assim crimes, ofensas, criando desavenças e consequentemente carma.

Essa é a maior razão para que todos nós nos empenhemos em adquirir força de vontade para observar os padrões equivocados construídos pelo nosso ego, e em seguida transformá-los.

De repente, a experiência que se descortina diante daquela inocente partícula transforma-se em um excesso de sensações, prazeres e dissabores. A cada infração cometida, cada vez que ela pensa, age e fala qualquer coisa que vibre na frequência afastada do amor, ela cria para si uma dívida, um débito que acaba gerando uma mácula em seu código, em sua frequência particular mas, ainda assim, não há ninguém compilando esses dados para um julgamento posterior.

A vida prossegue. A cada dia, novos desafios, novas aventuras, algumas vezes excitantes, em outras, maçantes. No final desse vaivém de emoções e desejos, conquistar o seu espaço, encontrar o parceiro ou a parceira compatível, enriquecer e obter sucesso para experienciar ainda mais a vida se transforma num vício em que o ego quer sempre se impor. Ele deseja sempre o melhor em cada ocasião, deseja sempre ter razão para se sobressair, mas acaba na verdade tecendo pouco a pouco as teias do próprio carma.

Ao se desprender dos laços físicos do corpo que um dia ela animou, a partícula segue em sua jornada, carregando consigo cada registro de suas atitudes ao longo da experiência física. Ela inicia então uma nova viagem, agora por dimensões onde a frequência é tão diferente da nossa que seria impossível tocá-la. Na verdade, somente poucos conseguem acessar níveis de consciência onde rompem essas barreiras que dividem esses dois mundos e são capazes de vislumbrar o outro lado.

Porém, os Fazedores de Milagres afirmam que nos próximos anos muitos de nós alcançaremos um ponto na evolução pessoal que nos permitirá abrir as portas de nossa frequência para conviver e observar a vida em várias outras dimensões. O tão aguardado contato com formas de vida extraterrestre poderá se dar exatamente por esse meio.

Quanto à parcela que encerra sua jornada física, ela retorna aos níveis superiores para reencontrar seu Eu Superior e se acoplar à sua energia sublime. E tudo isso se processa sem julgamentos ou condenações prévias.

E não há nenhum tipo de sofrimento ou dor no momento da reunificação. No entanto, todas as consciências terrestres que partirem deste mundo ainda apegadas às velhas formas, à noção do ego apartado de tudo e de todos, encontrarão em seu caminho tudo aquilo que estiver vibrando na mesma frequência com que elas conduziram sua vida enquanto encarnadas. Retirar uma alma de seu habitat e jogá-la em um mundo onde nada lhe parece familiar seria um castigo inconcebível para o amor de Deus por toda a sua Criação. É por isso que a tônica do estilo de vida que você leva marca também tudo aquilo que você irá encontrar em seu caminho após a vida física.

E a luz se faz presente

Se a personalidade conduziu sua vida enquanto encarnada voltada para os altos padrões de espiritualidade, será esse o cenário em que será recebida do outro lado. Se ela primou pelo respeito, pelo amor incondicional e pela solidariedade, então a tranquilidade em sua consciência a conduzirá gentilmente até os braços do seu Eu Superior, onde ela irá se reunificar a esse nível de consciência elevado e permanecerá aguardando a próxima oportunidade de criar novas experiências ainda mais empolgantes.

Cada informação obtida, cada experiência armazenada ao longo de uma jornada física, vai se misturar a todos os fragmentos que um dia aquela partícula Única e Divina (Eu Superior) expandiu pelo Universo. A reunificação de todos esses fragmentos permite a evolução da própria Criação.

Todavia, a parcela fragmentada que ainda vive seu experimento particular precisa aprender a lidar com seu ego. E quando a experiência é carregada de desejos, desrespeito, atitudes infantis e comportamentos nocivos, além de um completo desamor pela Criação Divina, no momento em que se vê fora do corpo físico essa pequena parcela, essa personalidade desequilibrada, pode ser completamente comprimida pelo peso da culpa, do arrependimento, da incompreensão, ou até mesmo da soberba e da própria ignorância. Nesses casos, o inferno se abre diante dessas parcelas. Mas não o inferno descrito pela imaginação popular ou pelas religiões estabelecidas, onde labaredas e rochas incandescentes abrigam seres malignos à espreita de infligir dor e tormentos inenarráveis. No lugar disso, surge diante dessa consciência em sofrimento um inferno criado por ela própria, com cenários de angústias e privações.

Enquanto essa consciência atormentada e perdida em meio à sua invenção acreditar que merece estar nesse completo caos, então, assim será. Infelizmente para seu Eu Superior, essa parcela de si se perde na obscuridade e na dor. Os Fazedores de Milagres contam que muitos anos podem se passar até que alguma luz chegue às trevas do coração dessa pequenina parte da Criação. E finalmente, quando isso acontece, ela é alçada a estâncias onde pode se regenerar e se recompor, para então se reagrupar ao seu Eu Superior.

Contudo, todos os equívocos cometidos, cada crime, ofensa, roubo, descaso, pensamento nocivo, ciúme, inveja, enfim, cada pequena emissão dessas frequências negativas é levada junto para o coração do Eu Superior. Como esse Ser é uma parte Divina de puro amor, pura sabedoria e compaixão, Ele é a força que nos guia e ampara em tudo o que fazemos, nenhuma dessas distorções criadas por suas frações diminutas pode atingi-Lo ou tirá-Lo do estado absoluto de amor e paz. Todavia, essas informações impedem, por sua vez, que esse Ser, partícula Divina, possa também algum dia galgar níveis mais altos e se reunificar ao Todo, pois carrega estilhaços de desamor que simplesmente não se fundem ao restante da Criação.

Nesse caso, o que fazer? Lamentar e permanecer quieto? Não! Pois em uma engenhosa articulação, outra fragmentação acontece, e uma jovem parcela se desprende do Eu Superior novamente, e parte enfim, empreendendo outra jornada. É uma nova encarnação, uma nova oportunidade, uma nova personalidade, e carrega em meio a essas informações algumas daquelas velhas noções equivocadas e distorcidas do passado; o sofrimento, o medo, a culpa e toda a negatividade acumulada por suas parcelas antecessoras. Em estado latente, essas informações aguardam no tempo certo pela oportunidade de se destacar, e, com um pouco de "sorte", se transformar.

Mas é preciso mesmo muita "sorte" e determinação para equilibrar e harmonizar essa personalidade, porque, se já não bastassem os equívocos do passado que tanto necessitam de luz, ainda existe o risco a todo instante de novos transtornos serem criados e adquiridos por esse novo ego, que vive na esfera física da mortalidade.

Caso ainda não tenha notado, cada dificuldade, crise e sofrimento pelo qual você está passando hoje está refletindo esse padrão interno que você trouxe, e pode estar neste exato instante eliminando de sua frequência pessoal um equívoco do passado, tornando-se assim mais puro, e consequentemente mais perto de nossa Origem. Da mesma forma que cada nova atitude de desavença, mentira, desequilíbrio emocional, cada conchavo, cada negócio escuso, cada ato ilícito, cada movimento de vaidade, de violência e de desrespeito a todas as formas de vida estará criando mais conflito para o futuro.

É claro que esse assunto é muito mais complexo e incrível. Os Fazedores de Milagres revelam tantos detalhes, tantas nuances a respeito dos laços que envolvem o desenrolar de uma encarnação e do próprio carma que a direciona e conduz, que seria possível preencher um outro livro.

E a luz se faz presente

Todavia, no que diz respeito a criar milagres, o carma pode parecer um grande inimigo, talvez o maior de todos, o grande vilão da história.

Então você encarnou aqui e sua vida não está nada fácil. Será que por ter consciência de que está resolvendo cada pequena pendência do passado você deve se conformar com a infelicidade e desistir de lutar? É claro que não. Será que deve desistir de sonhar ou de tentar melhorar a sua vida? De modo algum.

Sonhar é o que nos impulsiona como partículas Divinas. Desejar ver nossos sonhos realizados é, portanto, a maior força em operação neste Universo. Mas é óbvio que se você tem entre os planos Divinos para esta existência escolhidos pessoalmente pelo seu Eu Superior, atravessar alguns períodos de dificuldades justamente para recuperar sua frequência Divina, então, sentar-se e divagar com sonhos mirabolantes jamais irá salvá-lo ou satisfazê-lo.

Sendo assim, por que não podemos nos lembrar do passado, dos equívocos, de todas as coisas ruins que fizemos ou que outras parcelas Divinas anteriores a nós tenham feito e que trazemos armazenadas em nossa frequência, para que, assim, rapidamente, possamos encarar esses monstros transformando-os e nos libertando para aproveitar a vida mais intensamente? Por que esperar tanto?

No capítulo "A difícil missão de evoluir", os Fazedores de Milagres se referiram aos obstáculos que encontramos quando desejamos evoluir. Um dos obstáculos citados foi esse aparente transtorno causado pelo esquecimento do passado e de nossa condição Divina. Mas ele é, na verdade, um grande gesto do amor Divino atuando em nossas vidas. É um milagre diário na forma de compaixão por toda infração que cometemos ao longo da jornada.

Nada poderá ser transformado ou melhorar em nossas vidas de um momento para o outro, e muito menos se não houver um comprometimento consciente e sério em nos observarmos, modificarmos nossos velhos padrões de comportamento e ainda aceitar de bom coração cada nova situação que for surgindo pela frente. E esse movimento nunca acontece de fora para dentro, porque esse potencial é parte de nossa essência Divina. O potencial de transformar tudo à nossa volta, capaz de realizar verdadeiros milagres, é interno, e para que seja contínuo ele dependerá exclusivamente da nossa dedicação na manutenção dessas condições. Caberá a cada um de nós manter o padrão de consciência elevado para modificar o efeito de todos os antigos equívocos que criamos atrás de nós.

Não basta um ritual e dez pensamentos positivos por dia para que seus sonhos se realizem. Para que isso aconteça você precisará se alinhar à frequência desses sonhos. Mas por dentro, no íntimo de cada um, ainda existem vibrações negativas ativadas por conceitos equivocados. Nosso carma acumulado nesse ponto pode muito bem impedir que as melhores coisas aconteçam para nós, ou até mesmo impedir que elas saiam do jeito que sonhávamos. Mas ainda é possível modificar tudo isso.

Quando se inicia essa jornada evolutiva, isso só acontece porque seu Eu Verdadeiro deseja essa evolução. Ele está pronto para assumir e cuidar de cada detalhe de sua transformação interior. Uma a uma, as oportunidades e dificuldades vão se apresentando. Essas ocorrências de forma alguma surgem do nada, de lugar algum; antes, elas são atraídas pela frequência que você emite e que registra todos os equívocos e desequilíbrios que necessitam de cuidados.

Assim, quando por ventura alguém comete algum deslize que acaba atingindo outras pessoas, é impossível existirem culpados ou inocentes. Contudo, isso não é uma autorização para sairmos por aí tendo um péssimo comportamento, já que no futuro esse chamado ficaria para mais reajustes e consertos. Mas se por um lado você atraiu aquela situação específica, espelhando um distúrbio interno, e aquela situação é em si uma oportunidade de crescimento, então como poderia considerar-se vítima das circunstâncias? Ao contrário disso, é apenas o desejo expresso do seu Eu Superior para que, através de uma resposta positiva da sua parte, você possa transmutar esse padrão.

Por outro lado, se você foi o causador de tais crises é tão somente porque você ainda carrega dentro de si um padrão desequilibrado. Infelizmente, no momento em que esse padrão foi provocado por situações externas, você permitiu que seu ego fosse mais forte do que sua parte Divina, e momentaneamente ele ganhou a partida. No lugar de transformar o padrão negativo através da crise que se apresentava, você o liberou e ainda acendeu a brasa que em um segundo se descontrolou e colocou tudo a perder nesse incêndio de paixões, vaidades e atos impensados. Será preciso recomeçar e aguardar por novas oportunidades e, principalmente, torcer para que da próxima vez o trabalho interno tenha sido eficiente e feito a contento.

Um padrão negativo ninguém encontra caído pela calçada; e se encontrasse, deveria sair correndo para longe dele. Quando aqui chegamos para uma renovada oportunidade de evolução, escolhemos previamente para quais equívocos estamos prontos e com disposição de cuidar. Eles ficam registrados e adormecidos para que não tenhamos nenhuma chance de tentar evitar enfrentá-los com escapismos e desculpas tolas. Afinal, como seria possível evoluir se apenas enxergássemos o nosso lado resplandecente e continuássemos ocultando de nós mesmos cada infração cometida contra a Criação Divina?

Imagine então o quanto seria insuportável reconhecer a todo instante cada um dos crimes e atos desonrosos que praticamos no passado. Conviver com essas recordações poderia nos levar à loucura. Viver lado a lado com aqueles a quem causamos qualquer tipo de dano e dor não nos daria uma trégua sequer para transformar essas frequências negativas, e ainda teríamos de nos habituar às constantes acusações e cobranças em nossas portas. Se um ego mal suporta se sentir diminuído e menosprezado no dia a dia, e ainda por cima luta constantemente para se inflar e aparecer, como então admitir e pedir perdão, sentindo-se humilhado e devorado pelos cantos, sem nem mesmo ter uma chance de mudar tudo isso? Não haveria espaço para o crescimento apropriado de nossa melhor parte.

Agora pense em algo ainda pior. Imagine ter de reconhecer em seus familiares, e em todo aquele que você ama e estima, nada mais que seus grandes desafetos do passado, que buscaram se redimir permanecendo ao seu lado, sob o mesmo teto. Isso seria um motivo mais do que suficiente para que a evolução que você vinha fazendo até ali simplesmente fosse interrompida pelo seu ego ressentido, dando lugar à desconfiança, à raiva e até mesmo ao desejo incontrolável de vingança. O amor cederia espaço à animosidade em pouco tempo, e não há evolução assim. Não há milagres assim.

Como poderíamos olhar para nosso semelhante, tentando despertar a compaixão e solidariedade, sendo atacados pela própria memória que conta uma história de dor e sofrimento? Seria impossível estabelecer qualquer tipo de relacionamento sincero e fraterno sem que antes os nossos equívocos fossem transmutados; haja vista os atritos que mantemos em nossas vidas diárias baseados justamente no desequilíbrio que ainda não foi possível corrigir. Esquecer o passado nos dá mais liberdade para tal tarefa.

Por fim, você compreende que não precisa fuçar nem descobrir os detalhes sórdidos do passado para poder evoluir. Eles estão lá, e você fica sabendo disso quando o seu comportamento revela esses traços negativos no decorrer da caminhada, então basta apenas observá-los e transformá-los.

No momento certo, na hora certa, as circunstâncias exatas nos colocarão diante de nossas velhas histórias, para que dessa vez, munidos de sabedoria e amor, um milagre possa acontecer e o resultado consiga ser diferente do velho padrão distorcido.

Quando esse código das frequências nocivas foi transmitido do Eu Superior, à pequena partícula que partia para iniciar uma nova jornada, em uma nova encarnação, ele passou a ser responsabilidade dessa parcela Divina. Usar a desculpa constante de que não se recorda de ter criado algo tão ruim ou de que não foi nem apenas você quem agiu de forma negativa, não passa mesmo disso: desculpa. Desculpa para não realizar a tarefa de evoluir. Porque o seu Eu Superior só deseja isso de você; empenho, dedicação, confiança, entusiasmo e alegria para seguir em frente.

Os Fazedores de Milagres confirmam que, em se tratando de recordar o passado, ou até mesmo nossa condição Divina, é melhor que isso aconteça aos poucos, conforme formos evoluindo internamente e amadurecendo espiritualmente, para que essas lembranças não despertem a culpa, nem o medo pelos absurdos causados ao longo da jornada, o que resultaria em uma paralisação, aqui e agora.

Vamos deixar que aos poucos essa ciranda de vidas sucessivas possa ir traçando o registro universal, e conte a linda história de um Ser que caiu, levantou-se e prosseguiu em sua caminhada rumo ao infinito.

LIVRE-ARBÍTRIO OU DESTINO? É POSSÍVEL ESCAPAR DO CARMA?

Os Fazedores de Milagres contam que o Eu Verdadeiro, Superior e Divino deseja anular cada equívoco experienciado por suas partes igualmente Divinas que vivem espalhadas pelo tempo e pelo espaço. Para

E a luz se faz presente

isso Ele se prepara e escolhe uma nova encarnação com o objetivo de se purificar justamente desses aspectos negativos. Minuciosamente organiza essa empreitada, inserindo os registros com os fatos relevantes que precisam de cuidados urgentes, e prepara as ferramentas necessárias para a execução dessa enorme tarefa. Tudo é programado com muito zelo e sabedoria.

Quando é chegada a hora, uma partícula se desprende do Eu Superior e desce por inúmeras dimensões até o novo corpo físico que irá abrigá-la. Ela traz consigo codificada apenas aquela parte da consciência com a qual deverá trabalhar, isto é, com os aspectos que precisam ser transmutados. Todo o resto permanece adormecido, à espera de uma ocasião futura em que a consciência possa estar totalmente livre, podendo inclusive acessar cada registro do Eu Superior. No entanto, essa caminhada é longa.

No momento em que essa parcela se desprende do Eu Superior, seu destino já estava traçado em cada pequeno detalhe. Contudo, ela é dotada de livre-arbítrio para modificar seus padrões interiores. Parece confuso? Afinal, como pode uma pessoa que tem o seu destino pormenorizadamente traçado antes mesmo de nascer, com cada evento e circunstância previamente marcada, cada encontro devidamente agendado, ainda assim ter espaço suficiente para exercer seu livre-arbítrio? Isso por acaso não implicaria fazer escolhas que burlariam o próprio destino?

A consciência das pessoas está mesmo dividida entre esses dois conceitos: destino ou livre-arbítrio. Ainda bem que os Fazedores de Milagres vêm em nosso auxílio, evitando ainda mais confusão, porque essas questões sobre livre-arbítrio ou destino surgem até mesmo nas conversas cotidianas. Uns acreditam tão cegamente no destino e nos desígnios de Deus que buscam os oráculos como o tarô, as runas, os búzios e outras artes divinatórias esperando que o mapa de suas vidas lhes seja completamente desvendado bem diante de seus olhos. E ainda preferem jogar a culpa no destino por toda má sorte que encontram pelo caminho.

Já outros preferem o inesperado, o surpreendente. Sentem-se mais à vontade com a ideia de que são suas escolhas imediatas que moldam o futuro em um próximo instante. Para essas pessoas, ter alguém controlando e decidindo previamente cada passo do caminho, cada acontecimento de suas vidas, parece injusto e indesejável, pois ficariam parecendo muito mais joguetes nas mãos de um tirano. Mas e se algum Mestre Fazedor de

Milagres lhes dissesse que as duas correntes de pensamento estão certas? Como você se sentiria?

Quando se acredita em um destino previamente costurado pelas mãos de Deus perde o sentido fazer qualquer mudança interna visando evoluir e realizar milagres, porque, se tudo já está traçado, que diferença poderia fazer o esforço sobre-humano para vencer um vício ou transformar um hábito nocivo? E você pode inclusive alegar que, por causa do destino previamente traçado, todos os atos ruins que você comete, todos os equívocos e atitudes infames são inevitáveis justamente porque você não teve opção a não ser seguir os planos do próprio destino. Nesse caso, o melhor seria aproveitar a vida ao máximo, sem pensar muito nas consequências; quer dizer, isso se o seu destino assim permitir.

No entanto, acreditar no livre-arbítrio lança uma incrível responsabilidade sobre nossos ombros. Tudo o que você vier a fazer terá, certamente, consequências, imediatas ou não; e somos livres para escolher o que fazer e como reagir daí para a frente. Escolhemos evoluir através de um comportamento voltado para as Verdades Superiores ou estagnar e embarcar em uma espiral violenta.

Na verdade, se tomarmos como base o raciocínio do homem moderno, essa teoria parece ter mais sentido, já que a percepção da realidade no nosso mundo nos faz acreditar nesse conceito de um tempo que se desenrola de forma linear, e uma coisa se sucede a outra, revelando-se de acordo com os fatos que a originaram aqui e agora. "Se faço uma determinada coisa, uma consequência logo surge adiante, sem interferência externa – apenas causa e efeito."

Porém, quando uma encarnação acontece, dizem os Fazedores de Milagres, nada neste mundo reagirá por acaso. Nenhum fato, acontecimento ou até mesmo um padrão de comportamento desequilibrado surgirá ao acaso. Absolutamente tudo acontece com um propósito, e esse propósito foi previsto e desejado pelo Eu Superior. Então, onde fica exatamente a liberdade, o desejo de evoluir, e principalmente o espaço para a ocorrência de um milagre surpreendente?

Para compreender tudo isso, vamos voltar um pouco no capítulo anterior, e relembrar aquela pequena partícula que se desprendeu de seu Eu Superior para se lançar em uma jornada pessoal rumo à evolução. Seu objetivo, além de criar e experienciar o seu melhor, era, concomitantemente, transformar os aspectos negativos que jaziam adormecidos na sua frequência e que a impedem de alcançar níveis superiores de energia. Pois bem, conforme esses aspectos emergem até a superfície de sua personalidade, surge também a oportunidade no seu cotidiano de transformá-los definitivamente; e, caso ela tenha êxito na empreitada, um novo caminho, mais feliz e harmônico, se abrirá. Tudo isso já vem programado com esta partícula, e não se pode mudar.

Essa partícula realiza sua evolução descendo a níveis de existência onde a energia é profundamente densa e condensada. Tão condensada que nossos sentidos são enganados por nossa percepção, que nos faz acreditar, por exemplo, que uma pedra é sólida e se a chutarmos ainda quebraremos o dedo do pé. Todavia, essa mesma pedra, vista sobre outra óptica, é composta por inúmeras moléculas, por átomos, e estes por sua vez são compostos por partículas subatômicas que vibram em frequências energéticas que não podemos ver ou sequer tocar; contudo, acabam criando exatamente essa ilusão de solidez em nossas mentes.

E tão logo essa parcela Divina abandona o estado sublime de pura luz e inicia essa jornada rumo à densidade dos planos inferiores, sua consciência vai ficando entorpecida, e no seu lugar, o ego e a personalidade vão ganhando forma e espaço. Ao nascer no mundo físico, é essa consciência pessoal que fica ativada, gerenciada pelo ego, e que define a sua personalidade para o mundo exterior. Aos poucos, esse ego vai passando a assumir o controle da vida ou pelo menos gosta de acreditar que está no controle. Por fim, essa entidade se perde no turbilhão físico/emocional, e vaga por aí, inconsciente do seu real valor e, principalmente, cega aos fatos que vão acontecendo.

Seu livre-arbítrio foi devidamente respeitado e nenhum direito foi suprimido dessa forma de vida. Acontece que ele foi de extrema importância justamente na hora de escolher e traçar o destino. Parece irônico, não é mesmo? O livre-arbítrio é fundamental ao Eu Superior para escolher, criar, planejar e construir cada evento, circunstância, cada encontro e desencontro da caminhada que se inicia. Depois de traçado, esse destino é único e está selado.

Imagine que você decidiu viajar no feriado para visitar seus familiares que moram em outro Estado. Você pode optar por ir dirigindo seu automóvel, completamente livre e sem horário fixo; no entanto, a viagem é longa e você vai precisar parar de tempos em tempos para descansar. A viagem em si faz parte dos planos traçados pelo seu destino, entretanto, tomar esse caminho é escolha sua. E, se porventura algum incidente acontecer, ele já estava programado, fazia parte da sua evolução porque algum aprendizado estava escondido nesse evento. Livre é a forma como você irá encarar esse desafio, podendo aborrecer-se e estragar o passeio ou podendo levar tudo numa boa.

Entretanto, você pode também escolher ir de ônibus ou de trem. Poderá ficar relaxado, curtindo as horas de viagem, todavia, nesse caso, não vai ter a mesma autonomia, nem o mesmo conforto. A viagem em si faz parte dos planos traçados pelo seu destino, mas o caminho escolhido é escolha sua; e se porventura algum incidente acontecer, é porque já estava programado, fazia parte da sua evolução, pois algum aprendizado estava escondido nesse evento. Livre é a forma como você irá encarar esse desafio...

Você pode ainda optar por ir de avião. É claro que o custo será mais alto, mas certamente será mais confortável e mais rápido também. A viagem em si faz parte dos planos traçados pelo seu destino, entretanto, tomar esse caminho é sua escolha, e se porventura... E então, o que vai ser?

Uma coisa é certa: você deseja essa viagem e vai escolher a forma de chegar a seu destino antes mesmo de embarcar. Aliás, chegar a seu destino é a única coisa que importa no momento, nenhum imprevisto pode desanimá-lo. A escolha está em suas mãos, e na verdade, depois de tomada essa decisão, você embarca na viagem e pronto, não fica pensando nos problemas que poderia encontrar. Você apenas deseja chegar a seu destino, mas não pode escapar de suas consequências. E como você vai reagir aos "imprevistos e acidentes de percurso", só cabe a você decidir. Esse é o seu livre-arbítrio.

A vida se desenrola de forma bastante parecida, depois que o Eu Superior define as estratégias sobre que conceitos equivocados transmutar, e como fazê-lo, não sobra muito espaço para qualquer outra coisa. Não se esqueça de que as escolhas não são necessariamente suas, da sua personalidade, e sim de algo muito maior. O seu Eu Superior é quem faz essas escolhas, você as vivencia, livre para aprender com tudo o que vai surgindo em seu caminho, ou se martirizando e sofrendo, revoltado com a vida e com Deus. A não ser que você resolva mudar tudo de novo.

Eu sei que isso pode parecer contraditório e confuso. Os Fazedores de Milagres contam que esta pode ser a parte paradoxal e também a mais engraçada de todo o aprendizado sobre fazer milagres. Afinal, você prefere deixar sua vida nas mãos do destino, e abençoá-lo ou amaldiçoá-lo dependendo do que a vida lhe trouxer, ou acha melhor pegar o destino nas próprias mãos e transformar tudo o que for surgindo pelo caminho?

Depois que a partícula encarnou e deixou adormecida a grande verdade sobre quem ela realmente é, ela passa a se identificar com essa personalidade transitória. As necessidades e os desejos afloram, e junto nasce o medo de não ser bem-sucedida. A vida se comprime embolada a angústias e temores, e no meio disso tudo, encontros, desencontros, amores, paixões, amizades, desafetos, viagens, empreendimentos, crises, doenças, acidentes... Todas essas coisas "parecem" ir acontecendo de forma inesperada em nossas vidas. E conforme cada uma vai surgindo, coloca à prova a nossa capacidade de responder e tratar dos padrões internos desequilibrados com toda a sabedoria.

É por isso que, diante dos conflitos e desafios, você tem o livre-arbítrio de agir de forma consciente e evoluída, ou de reagir compulsiva e negativamente. Os fatos já estão marcados desde a hora em que você chegou aqui, mas como vai se comportar diante de tudo isso só depende de você. As cartas estão na mesa, porém, a jogada final pertence exclusivamente a você; é ganhar ou perder.

Contudo, você deve estar se perguntando se as opções no modo de responder às questões da vida podem de alguma forma mudar os rumos da história, e nesse caso, como o destino saberia de antemão qual escolha você iria tomar? E os Fazedores de Milagres fazem uma comparação aos jogos eletrônicos que já trazem inseridos em sua memória cada opção possível para as jogadas, e elas são inúmeras. E para qualquer movimento que você faça na vida real, os resultados e as consequências também já estão previstos, cabendo unicamente a você avançar ou ficar estagnado em um mesmo episódio. No seu caso, cada opção para suas escolhas pessoais também foi calculada, e os rumos que a sua vida pode tomar também fazem parte do seu destino. Essa é a razão por que algumas vezes tudo parece caminhar tão devagar em nossas vidas, pois tudo de bom que esperamos e desejamos, e que está de acordo com o planejado pelo Eu Superior, fica em suspenso esperando que façamos o movimento certo, capaz de atrair o que queremos para nossas vidas.

E você pode tentar enrolar a vida o quanto quiser indo daqui para lá, de lá para cá, mas aquilo que precisa acontecer e que está determinado para você não poderá ser evitado. Sua resposta negativa ou positiva tem o poder de intensificar, amenizar, piorar, suavizar ou abrandar tudo ao seu redor. E a crise que seria gigantesca transforma-se em uma marola que mal lhe perturba o sono. Todavia, para suas respostas negativas o destino faz o mundo inteiro parecer inóspito e inimigo.

Então você chega aqui com o seu destino já traçado. Os fatos marcantes estão todos previstos, inclusive as opções possíveis que podem ser vislumbradas com antecedência pelo tarô, pelo I Ching ou pela quirologia, entre outros, com o intuito de ajudar e de prepará-lo para enfrentar as dificuldades e os eventos futuros. Seu livre-arbítrio foi usado justamente na escolha dessas circunstâncias. Agora só resta seguir em frente, como quem sente o frenesi ao se sentar em um carrinho de uma montanha-russa, e de repente já não pode mais sair dali e sabe que vai ter de confiar e suportar a descida eletrizante, e também cada curva para lá e para cá, até chegar ao fim. A sua escolha a partir de então se resume entre aproveitar o passeio e se divertir, tirando o máximo de proveito da experiência para si e toda a Criação, ou fechar-se no medo, na angústia, no desespero, cerrando as portas para a alegria e a evolução.

Contudo, mesmo sendo o destino preciso e implacável, ele chega também revelando o nosso carma para ser transformado. E como isso pode acontecer? Como podemos alterar o nosso carma? Bom, existe um único jeito: conciliando e anulando toda a carga resultante de uma ação negativa criada na ignorância e na obscuridade do Ser.

Há pouco tempo perguntei sobre esse assunto a um Mestre Fazedor de Milagres, porque gostaria de confirmar justamente se era possível fugir, queimar, mudar ou transmutar o carma de alguma outra forma, menos sofrida, talvez praticando algum ritual ou alguma meditação, ou quem sabe ainda com a repetição de mantras, e ele foi categórico. Eis aqui o que ele me disse:

As pessoas costumam fantasiar acerca do carma e de como ele funciona. Referem-se ao carma como se fosse uma entidade vingadora, ou uma ferramenta restritiva nas mãos de Deus, mas o carma não é nada mais, nada menos do que uma simples vibração.

Pegue a escala de frequência entre o amor e o ódio e coloque ali todos os sentimentos e todas as emoções humanas de que você for capaz de se lembrar. Porém, tenha em mente que todas as referências que você fizer serão pontos de vista de uma entidade encarnada no plano físico, então será muito difícil compreender e acrescentar nessa escala algum sentimento de teor puramente Divino. Qualquer sentimento no nível humano está aquém dos níveis Superiores de consciência. Mas mesmo assim, essas são as expressões emocionais à sua disposição. Sendo assim, use-as como referência.

Imagine o marco zero dessa escala como sendo você mesmo, ou seja, o eu inferior encarnado. Então, esse eu inferior se divide constantemente nessa dualidade entre o bem e o mal, o negativo e o positivo, pendendo ora para um lado, ora para o outro.

Agora observe que o amor verdadeiro e Divino é parte intrínseca de Deus e de toda a Criação, ele é único e puro; todo o resto, isto é, todos os outros estados emocionais têm o seu ponto de contrapeso. O amor mais conhecido como paixão tem no ódio o seu oposto; a alegria é o oposto da tristeza, e assim por diante. O carma é criado toda vez que a personalidade escapa de seu centro neutro de pura conexão com o seu Eu Superior. Ela começa a oscilar de um lado para o outro, de acordo com seu ego e suas vontades mais evidentes, e acaba cometendo infrações na frequência negativa do espectro; como o ciúme, o rancor, o preconceito... e cada vez que isso acontece, fica registrado na frequência particular desse indivíduo cada um de seus atos bons ou ruins. Transformar esse carma só é possível quando porventura essa personalidade encontra uma nova oportunidade de anular essa frequência, e, assim como a polaridade negativa de uma carga se anula diante de sua polaridade positiva, um ato, um pensamento ou uma palavra generosos se contrapõem a todo ato, pensamento ou palavra que originou o carma negativo.

Resumindo, não basta compreender o mal praticado, é preciso revertê-lo em uma frequência oposta, e no caso, positiva para que ambos se completem e se anulem,* e juntos anulem também a dualidade da consciência encarnada. Nada, além disso, tem o poder de transmutar o carma ou de elevar a consciência.

A única força capaz de guiar e sustentar alguém que deseje realmente transformar seu carma é a força do amor. Quando um Ser já se encontra em um determinado estágio evolutivo, ele não se incomoda em enfrentar crises e dores, se com tudo isso ele puder expressar o seu amor de uma forma mais ampla.

O mal se anula por si só através do bem. Se durante a sua jornada você vibrar na frequência do medo, vaidade, intransigência, mau-humor, descaso..., não haverá alternativa a não ser reverter esse quadro com uma frequência oposta e amorosa, colocada em prática na própria dimensão em que você se encontra.

Cada frequência negativa que você vibra e emite, se não for devidamente transformada aqui e agora, com toda a certeza ficará acumulada para o futuro. Todas as tarefas que você precisa resolver hoje, cada conta que você necessita saldar hoje, cada louça suja que você deixa para lavar depois, cada brinquedo espalhado, lições colocadas de lado, nada disso irá se resolver em um passe de mágica (infelizmente). Aquilo que você se recusa a resolver hoje, caso isso esteja sendo solicitado, e escolhe colocar de lado, estará amanhã do mesmo jeitinho que você deixou. E o mesmo se dá com os relacionamentos falidos, as atividades sufocantes, as depressões e os sofrimentos. Se você não fizer nada a respeito, o amanhã será apenas uma repetição justa do padrão que você escolheu vivenciar. Ainda que exista alguém que arrume suas bagunças, pague as suas contas e dê um jeito na aparência externa de sua vida, essa pessoa decerto não resolverá e muito menos ajeitará toda a confusão interna em que você se meteu. E essa confusão vai permanecer pelo tempo que você se recusar a se olhar e transformar, e sua vida continuará respondendo a essa frequência. Isto é carma.

E o carma é a ação mais palpável que podemos observar no que diz respeito à lei universal de causa e efeito. As condições que você cria no

---

* N. da A. – Na física aplicada esse conceito é provado pela lei de DuFay: Princípio da Conservação de Cargas Elétricas.

seu dia a dia aumentam e causam um impacto inevitável em sua vida. O resultado disso cria um padrão, e você só interrompe esse ciclo de resultados indesejáveis se conseguir evitar repetir as condições que originaram tudo isso em primeiro lugar.

Essa é a abertura para a ocorrência dos milagres em sua vida, porque, se você partiu das esferas mais altas com os rumos da sua jornada já traçados, então é a sua habilidade em responder a esses fatos com aceitação e amorosidade, criatividade e inovação que transformarão a sua vida completamente.

Pense em alguém que viveu uma vida inteira vibrando em uma frequência negativa com padrões de comportamento equivocados. Esses traços negativos lhe foram concedidos para o aprimoramento do melhor que essa pessoa poderia oferecer aqui embaixo. No entanto, cada crise que aconteceu em seu caminho foi planejada e traçada pelo seu Eu Superior na forma de destino, para que, de tempos em tempos, o atrito dessas ocorrências despertasse essa pessoa.

Esse é o destino. Os fatos que nos ocorrem não acontecem por acaso. Um emaranhado de planos e opções compõem o universo do destino.

Mas, continuando no exemplo dessa pessoa em particular, após sucessivas crises e recusas em se transformar, essa rejeição baseada no medo acaba trazendo ainda mais energia negativa para dentro de sua jornada particular. Mais carma está sendo criado por esse indivíduo. Em vez de aproveitar a experiência física para melhorar sua situação, ele acaba piorando e se perdendo em suas criações.

Então, lá pelos cinquenta anos, esse personagem descobre que está gravemente doente. Essa doença faz parte de mais uma tentativa traçada pelo destino do Eu Superior, para sacudir os alicerces dessa pessoa. Agora o livre-arbítrio é claro; ela pode optar por aceitar o destino com tranquilidade, e ainda assim cheia de confiança para se observar e se transformar internamente. E enquanto a medicina tradicional segue cuidando do corpo físico, ela cuida da própria alma. Mas ela pode também rejeitar mais essa oferta do destino, e encarar esse acontecimento como uma tremenda injustiça de Deus. E ao fechar o seu coração para a aceitação e para a compreensão, ela se fecha em um negativismo que alimenta ainda mais o seu carma e a doença em si.

A escolha entre transformar-se e libertar-se ou debater-se e revoltar-se, são dois caminhos distintos e com consequências igualmente distintas. Uma poderia ser a cura e a renovação da vida; a outra é o sofrimento e a dor. Porém, ambas já estão previstas como puro potencial Divino.

A cura pode acontecer ou não; a doença e a crise faziam parte do seu destino. Aproveitar as oportunidades para se reavaliar e evoluir é opcional. E as consequências são evidentes; de um lado você tem alguém pragmático, revoltado e ressentido com a vida. Do outro, você tem alguém vivendo seus dias com aceitação, amorosidade, intensidade e libertação. Quem você acha que encontrará um milagre? Na verdade, o milagre já aconteceu para aquele que compreende o propósito da existência.

Mas veja que coisa curiosa poderia também acontecer. Essa pessoa que passou a vida inteira esbarrando em crises preparadas pelo seu destino, e sempre se recusando a observá-las como oportunidades de crescimento, às vésperas dos seus cinquenta anos acaba tropeçando em mais um desses eventos que criam atrito. Esse evento também já estava programado em seu destino, mas dessa vez, finalmente, esse indivíduo percebeu seus equívocos e seu negativismo, e resolveu realizar de uma vez por todas uma profunda transformação interior. E tudo isso aconteceu justo antes de o destino lhe pregar a última peça: uma doença grave.

O destino precisa e vai se cumprir. Mas, nesse caso, pelo simples fato de ela ter compreendido o funcionamento da vida e dos valores Divinos, essa pessoa se transformou e evoluiu tanto que a doença não chega a seu caminho com a mesma gravidade, nem com a mesma intensidade. E aquilo que poderia se tornar um capítulo desastroso, agora não passa de um pequeno percalço. Isso porque a frequência interna dessa pessoa já não é negativa, e a aceitação faz com que tudo se desdobre com extrema simplicidade.

Evitar nosso destino é impossível; transformá-lo em situações mais suaves e sublimes é totalmente possível, e é exatamente o que o nosso Eu Superior espera de cada um de nós. A capacidade de transformar nossos erros em acertos pode não modificar nosso destino, mas em vez de um caminho arenoso e acidentado, abre-se um magnífico jardim florido, e o destino ainda assim é o mesmo.

Os Fazedores de Milagres afirmam que os milagres adoram acontecer quando a gente abre as portas de casa, estende um tapete vermelho,

E a luz se faz presente

escancara a janela para a luz penetrar, sacode a poeira, enfeita a sala e aguarda a sua visita.

Embora o destino pareça implacável quando coloca em nossos caminhos algumas aventuras e eventos sinistros, nossas atitudes e respostas são livres, e são essas atitudes e essas respostas que podem transformar nosso futuro. Todavia, você vai argumentar que, se existe a possibilidade, por menor que ela seja, de mudar o rumo de uma história, isso por si só já reflete o fato de que o destino não existe. Contudo, por acaso você pode, com absoluta certeza, afirmar que até mesmo essa mudança já não estava escrita em sua vida, para acontecer exatamente assim? É claro que estava, pois o potencial Divino traz cada uma das possibilidades de mudança já previstas e inseridas em nossa trajetória.

No fundo, o que pode determinar o nosso futuro, e se estaremos aptos a presenciar os milagres e toda sorte de coisas boas, depende exclusivamente de estarmos vivendo o nosso destino ao máximo e deixando de rejeitá-lo e de amaldiçoá-lo. Não adianta desejar a vida inteira e frustrar-se a vida inteira por algo que não faz parte do seu destino, como por exemplo, ganhar na loteria para ficar rico e livre de uma hora para outra, se nos planos traçados pelo seu Eu Superior você precisa experienciar as crises e dificuldades financeiras, para interromper algum padrão nocivo que se apresenta constantemente em seu comportamento pela vida afora. E ao fazer isso, ou seja, aceitando o seu destino e permitindo essa mudança interior, você descobre que a sua vocação era outra, e então passa a obter o sucesso e a fartura que sempre desejou.

E, no final das contas, até mesmo aqueles que insistem em negar a existência do destino, e afirmam categoricamente que a vida é regida ao acaso e que a força do pensamento positivo, em raros indivíduos, notadamente transforma a vida deles, têm de concordar que não há uma só alma neste planeta isenta de enfrentar dificuldades, crises, mortes, perdas e dores. Essas situações desagradáveis sempre chegam de forma inesperada; mas, se não é o destino inerente a cada um que coloca esses eventos pelo caminho, então que força poderosa é essa que atropela e modifica a história pessoal e supera muitas vezes até os melhores sonhos, os mais caros desejos? É muito fácil negar o poder do destino e intitular-se senhor do próprio caminho, e ainda assim cair e ter de se levantar. Dizer que isso é acaso não explica as razões por trás das desigualdades humanas, nem pode nos dar a chance de modificar essas estruturas, já que o seu esforço poderia ser anulado por qualquer evento vindo de fora, a qualquer momento, por mero acaso.

Se você não permitir que o seu destino se abra diante de seus olhos, irá lutar eternamente contra a própria vida, e, além de se esgotar sobremaneira, o destino ainda assim será mais forte do que você. O destino precisa acontecer, e nele está contida a semente da liberdade de escolher uma profunda transformação em todas as áreas de sua existência. É pegar ou largar. É permitir ser arrastado pelos acontecimentos ou aceitar o convite para se divertir com a viagem; afinal, para cada transformação realizada com sucesso nas crises apresentadas pelo seu destino, mais chances você tem de receber verdadeiros milagres em sua vida.

O PROPÓSITO PESSOAL

Por incrível que pareça, o mais difícil nesta vida não é propriamente realizar milagres e muito menos vê-los acontecer ao nosso redor. O mais difícil, na verdade, é descobrirmos e nos alinharmos ao nosso real propósito para esta jornada em particular.

A vida não espera muito por esse passo da nossa parte. Ela vai se desdobrando e prosseguindo, e quando você se dá conta o tempo passou e tudo pode ter se transformado em um verdadeiro fardo, pesado demais para suportar. As doenças, desavenças, frustrações e decepções são sinais bastante claros de uma existência distante do real propósito que a sua alma deseja. Mas é tão simples concertar tudo isso...

A importância de se reconectar ao propósito da sua vida é a decisão consciente de viver em um estado de paz e tranquilidade, ou não. E esse propósito particular e único é que deveria determinar o seu estado de espírito e a forma como você segue vida afora; no entanto, a personalidade corrompe essa comunicação, e as vontades e os desejos escondem o verdadeiro propósito do Ser. A partir de então, tudo o que você experimentar ao longo do caminho poderá estar em completa desarmonia com o seu propósito interno, o propósito que vem da sua alma. Quando isso acontece, você passa a existência com uma sensação de estar repetindo um velho

E a luz se faz presente

disco arranhado e inaudível. As coisas andam devagar e nunca são suficientes ou capazes de proporcionar a satisfação e a alegria internas.

Mas você pode também se sintonizar perfeitamente com o seu propósito Divino e levar a vida de forma tão pacífica quanto plena. Contudo, é preciso ser muito honesto e jogar limpo. Se não for suficientemente sincero consigo, não vai conseguir afinar-se corretamente ao fluxo, e só você irá arcar com os desencontros futuros. Não vai adiantar jurar que deseja uma determinada situação, mantendo os mesmos velhos hábitos e repetindo os mesmo padrões. É a sua sinceridade que vai espelhar aquilo que vibra no fundo do seu coração, e a sua intenção, o seu propósito mora ali, e só está esperando o seu chamado para se apresentar.

Afinal, nesta jornada evolutiva, é aquilo que você pensa sobre si e os seus conceitos, preceitos e preconceitos a respeito do mundo ao seu redor que vem determinando de forma implacável a qualidade de sua vida cotidiana, e ainda revela de quebra tudo aquilo que você espera ver acontecer no seu futuro, na sua realidade física. Fica bastante claro que os nossos aborrecimentos e as nossas frustrações nascem justamente em função de tudo o que nos é caro, importante, mas que de um jeito ou de outro ainda não alcançamos. Essa angústia em reconhecer tudo aquilo que nos falta começa, minuto a minuto, a minar todas as forças e vai nos afastando do nosso propósito pessoal. Uma vida pode facilmente se perder assim, porque em vez de olhar para o momento real, aqui e agora, você se sobrecarrega com suposições e devaneios, tristezas e decepções.

A pressa, o estresse e a depressão são reconhecidamente doenças dos tempos modernos. O relógio permanece marcando as mesmas vinte e quatro horas de sempre, porém, nossa necessidade de tudo fazer e de tudo possuir causou uma revolução temporal, e agora não temos tempo para quase nada, passamos a vida reclamando e correndo atrás de algo que possa preencher esse eterno vazio. O problema é que não encontramos absolutamente nada e ainda sofremos muito mais.

Os Fazedores de Milagres sempre deixaram bastante claro que não é exatamente o que você faz, nem a velocidade com a qual você realiza alguma coisa, que pode lhe trazer a felicidade mais rápido. Na prática, você não tem de se deslocar para ponto algum ou possuir absolutamente nada para se sentir feliz, e até o final deste livro isso ficará bem claro.

A única coisa que pode de fato fazer você se sintonizar à ocorrência dos milagres é descobrir a quietude interior. Ela é como o mapa do tesouro que revela os caminhos que você deverá percorrer na sua jornada. Para ela não existe pressa em chegar a lugar algum. Não existe estresse para conquistar nada. Não existe nada vindo do mundo externo que tenha a capacidade de lhe trazer a felicidade, ou que tenha um valor maior do que a própria pessoa tem em seu íntimo.

A quietude não é um mito. Ela é a passagem para o outro mundo, o mundo do seu propósito pessoal. E quer saber? Talvez você já esteja no próprio caminho que o seu Eu Superior traçou para sua plenitude; no entanto, não percebeu, nem sentiu isso em seu íntimo. Ou talvez você ache que está tudo fora do lugar, sem sentido e sem alento. Mas o que vale ressaltar é que no silêncio e na quietude você se reconecta a esse código interno, e não importa o que você venha a fazer ou em quanto tempo seus sonhos se realizarão, você já estará feliz e pleno, esse é o segredo.

Na quarta parte deste livro você irá aprender a focar sua atenção para fazer brotar a quietude no seu coração. Por enquanto, vamos prosseguir concentrados nessa busca para realizar milagres, e começamos revendo alguns valores que infelizmente foram mal compreendidos e hoje nos atrasam imensamente.

É bastante comum acreditar que aqueles que vivem rodeados pela fartura, pela abundância, pelo prazer físico, pela exuberância, beleza, por relacionamentos excitantes e mil aventuras são necessariamente pessoas felizes e em harmonia com a vida. Isso raramente é verdade. Aliás, muitos dos que vivem como num conto de fadas são os que mais se desgastam tentando esconder as fissuras do mundo ilusório que criaram para si. Esse estilo de vida, no qual mostrar o tempo todo que está tudo sempre belo e perfeito, gera transtornos inimagináveis. A pior fantasia não é a que criamos para enganar os outros, mas aquela em cujas teias acabamos presos.

E quantos não passam a existência correndo atrás da felicidade, gastando aquilo que nem mesmo possuem, fingindo ser aquilo que não podem ser, exigindo e se exaurindo ao mesmo tempo, tudo para tentar ingressar nesse mundo fantasioso, e, através de todos esses artifícios, encontrar alguma beleza na vida? O vazio da alma é uma tortura silenciosa. Viver sem um propósito é como um barco sem o leme, à deriva em um oceano de oportunidades, mas sem o rumo certo.

E a luz se faz presente

Segundo os Mestres Fazedores de Milagres, se você perguntar a cada cidadão deste planeta se ele está satisfeito com a própria vida, 99% responderiam que não. Eles perceberiam que não estão vivendo, na prática, aquilo que palpita no fundo de seus corações. E isso se justificaria inclusive no que eles alegam ser culpa da rotina, que repete o caos e o sofrimento, impedindo que alguma mudança ocorra.

E aquele que deveria ser o nosso maior aliado na construção de um caminho pessoal feliz tornou-se o vilão mais astuto da história. O próprio ego nos transformou a todos em zumbis, e segue repetindo constantemente o quão a nossa atual situação não é satisfatória. E mais: insiste que precisamos fazer algo a respeito, e com urgência, se quisermos encontrar a felicidade. E eis a fórmula do desastre: você, infeliz e insatisfeito, acredita que precisa correr o mundo em busca da satisfação. Todavia, esse tipo de pensamento tem uma frequência de cisão muito forte. Ela reforça ainda mais a distância entre a sua parcela Divina e o propósito que você tem para esta jornada.

Ao perceber que os seus pensamentos estão vagando soltos, com o ego gritando e reclamando insistentemente, você se ressente da vida, e seu foco de atenção se divide entre dois momentos distintos: o primeiro é o passado. Caminhando por lá, você começa a ficar saudoso, relembrando os momentos bons e felizes que experimentou. Mas de repente o ego lhe diz que hoje você já não é mais tão feliz como foi outrora. De forma quase automática você se revolta, se desespera e começa a avaliar, comparar, reclamar, criticar e a se desapontar ainda mais com as circunstância atuais. E dos momentos felizes resta pouca coisa, pois você passa a se recordar unicamente das situações difíceis, das crises, dos acidentes e dos rompimentos que tanto o atrapalharam. Nesse ponto, você perde o controle, e então a raiva e a frustração tomam conta de tudo. Você culpa os outros. Culpa a si mesmo. Você culpa até Deus pela sua infelicidade.

Quando você já está bem impregnado dessas imagens e desses sentimentos nocivos, o ego o carrega em uma viagem imaginária através de seus sonhos e desejos, alimentando expectativas de ser alguém mais feliz. Em pouco tempo, você está fantasiando o seu futuro e volta a se sentir bem, a se sentir confortável desejando realizar seus sonhos. As promessas e os planos são perfeitos e impecáveis. Até que o ego lembra a você o fator tempo. Quanto tempo até você sair dessas dificuldades?

Quanto tempo até cair de braços abertos nesses sonhos incríveis? Quanto tempo até um milagre acontecer? E até lá, o que fazer? Será que se fizer tudo de um determinado jeito a vida andará mais rápido? Ou se for por outro caminho a felicidade chegará mais fácil? E então o ego dá a cartada final: ele faz você perceber o quanto está longe de ser feliz, e o quanto está envelhecendo depressa demais.

A fissura interna acontece porque você não consegue permanecer conectado ao seu centro, ao seu Eu profundo. Sua mente não conhece mais o silêncio e permanece o dia inteiro plugada, como se houvesse uma estação de rádio particular instalada no seu cérebro, mas em vez de tocar boa música ela fica em uma retórica insuportável. Desde o momento em que acorda até o momento em que vai dormir, a última coisa que você encontra é a quietude. Sua consciência pula do passado para o futuro e em seguida retorna ao passado mais uma vez, retomando diálogos interrompidos, criando novas discussões e novos argumentos. Da alegria você passa para a frustração, depois para a ansiedade e por fim à decepção. Seu foco de atenção escapa do momento presente atribulado com os problemas não resolvidos e com a expectativa de melhora. Sua vida perde o sentido porque você dá toda a vazão aos padrões negativos e equivocados. Então, em vez de evoluir com graça, você se repete criando carma e mais carma.

A quietude existe somente no momento presente, porque o seu próprio nome já diz que ao viver nesse estado de consciência, não há preocupação com o futuro, não há mágoas com o passado, não há ansiedade ou desejos descontrolados. Nela não há pressa nem desgosto, passado ou futuro. Você está feliz e tranquilo com a vida, mesmo que as coisas ainda precisem melhorar à sua volta, mas você as aceita com amor e disposição.

Em contrapartida, seu ego passa o tempo relembrando e discutindo com o passado. Fatos e memórias são trazidos à tona, para que ele, o ego, enquanto reavalia e analisa essas situações, possa assumir o controle e encontrar uma solução. O problema é que o passado já se foi. Ele já aconteceu. Aquele diálogo, aquela discussão, o acidente e o incidente, tudo isto já ocorreu. Nenhum desses eventos está acontecendo neste exato momento, portanto, nada de prático poderá ser feito a respeito. Mas se por acaso, dentre essas situações ainda reste alguma atividade para ser realizada, ela deverá ser executada aqui, no momento presente, e não lá na frente. E para que esse movimento seja um momento de evolução para todas as partes envolvidas ele não poderá repetir os velhos padrões do passado. É preciso, portanto, dar espaço para que o novo possa surgir, primeiramente do lado de dentro, isto é, na sua consciência, para depois surgir aqui fora na forma de uma ideia criativa e inovadora. Por isso continuar discutindo consigo, criando diálogos e lembranças, não vai resolver, nem permitir que a solução chegue até você.

Enquanto permanece analisando a situação através do seu ego superinflado, usando o raciocínio lógico para descobrir uma saída, você está distante léguas e léguas da quietude. Essa armadilha criada pelo seu ego revela o medo que você tem de soltar as amarras do problema, e assim não ter mais nenhum controle sobre ele, sobre as pessoas envolvidas, nem mesmo sobre a solução propriamente dita. No fundo, em vez de encontrar essa solução, o ego e a mente racional ficam dando voltas sem sair do lugar, exaurindo suas forças e seu ânimo.

Quando parece que o ego vai finalmente dar uma trégua, ele começa tudo de novo, mas agora ele imagina cenários, pessoas e conquistas, muitas conquistas. Sua mente vaga por momentos que ainda não existem. Você então planeja, deseja, sonha, mas como o seu foco está distante, num tempo em que você não pode executar nenhuma ação, na verdade não está transformando nada da sua real situação.

A visualização criativa não tem a ver com permanecer com a cabeça lá na frente, mas com os pés ainda plantados aqui no presente. Essa é a outra trapaça do seu ego, porque enquanto você está no futuro, viajando pelas maravilhas a serem conquistadas, você sente que está no controle. É seu ego que está no controle, entretanto, e isso significa que você está separado do poder interno do seu Eu Superior, porque nega ardentemente a sua realidade, nega o momento presente onde fica justamente a morada da quietude e da realização, e onde residem também todas as dificuldades que esperam uma resolução, e das quais você foge desesperadamente.

O ego não tem poder para criar. Se bem que os Fazedores de Milagres brincam com isso dizendo que o ego cria uma coisa sim; ele é capaz de criar uma grande confusão interna. Você então se vê tomado por esse estresse, já que de uma hora para outra não deseja mais estar aqui no presente, onde tudo é ruim, mas deseja sim estar lá no futuro, onde todas as coisas que tanto almeja já terão acontecido e você estará vivendo uma felicidade incrível.

Nada pode estar mais equivocado do que isso. Você não vive mais no seu passado, portanto não pode mudar nem uma vírgula sequer. Aliás, se você olhar para um relógio, vai perceber que já nem mesmo existe o minuto que acabou de passar; a não ser na sua memória, é claro. Da mesma forma, se você pensar em algumas horas adiante, nem suas mãos, nem seus pés poderão tocar naquele momento que ainda não chegou, e isso acontece porque você não está lá. Você está aqui e agora, no único momento que realmente importa.

Mas talvez você precise se reconciliar com o seu passado, acertar as contas com certos eventos que ainda podem estar lhe causando algumas feridas. Todavia, através do perdão e da aceitação você percebe que se nada daquilo tivesse acontecido você nem mesmo seria quem é hoje. Você sofreu, mas agora sabe quais são os seus pontos fracos, você os conhece. Seus padrões de comportamento equivocados foram revelados, e uma oportunidade de transformação se abriu bem diante de seus olhos. A questão, no fundo, não tem a ver com o fato de recordar os problemas e conflitos, mas com assumir a responsabilidade a respeito de suas atitudes e das mudanças que você poderia ter realizado e não fez. No entanto, agora a tarefa está aqui de volta ao seu dia a dia; aproveite-a.

Seu passado serve exatamente para lembrá-lo de que é preciso transmutar os padrões entorpecidos se você quiser uma vida diferente. No entanto, a parte da memória que guarda seus momentos felizes... bem, com essa você não precisa se preocupar, não precisa esquecê-la, pois seus acertos e momentos de evolução estarão sempre sãos e salvos para que você possa recordar-se do amor e da alegria em sua longa jornada. Mas essa parte da memória não permanecerá tanto nos domínios do ego, mas muito mais no domínio do coração. Ela servirá para reconhecer os momentos em que você mostrou ao mundo o seu melhor, mesmo que tenha sido um aconchegante almoço em família, ou um passeio bucólico pelo parque em uma tarde ensolarada.

Quanto aos planos e sonhos, eles só poderão se tornar realidade se você se sintonizar a eles no presente, aqui e agora, no único ponto em que qualquer coisa que você faça levará a uma consequência inevitável.

Porque o futuro não existe. Ele jamais existirá, mesmo quando o próximo minuto chegar; então ele é presente novamente, e não mais futuro. A verdade é que nós nunca chegaremos ao futuro. Portanto, esqueça o futuro. O poder de realizar qualquer coisa está no momento presente, e que você acessa através da quietude.

Isso significa que você não possa vislumbrar algo melhor para acontecer em um próximo momento? Claro que não! Imaginar, sonhar e planejar são ações criativas e evolutivas. Pertencem à nossa essência Divina. Não se esqueça de que os Fazedores de Milagres ensinam que estamos aqui justamente para criarmos e aprenderms a conviver com cada consequência. O problema consiste em se perder no meio de todos esses sonhos e não mais estar "presente e apto" para construir um mundo saudável. Dessa forma você estará projetando e esperando tudo de melhor para só acontecer em um tempo futuro, em um tempo que simplesmente não existe. Assim, estará se distanciando mais e mais a cada dia da tão desejada felicidade.

É fundamental compreender que o poder criativo reside no presente. A quietude abre as portas deste momento singular. E então, tudo de maravilhoso começará a ocorrer em seu caminho. O que você necessita é silenciar sua mente, calar seu ego, e a melhor forma para isso acontecer é a completa aceitação da realidade, sem subterfúgios (sem desculpas, sem dramas), e ainda o profundo perdão, por compreender que o que passou representava uma parte equivocada que necessitava de cuidados. É preciso permitir que o silêncio e a paz voltem a reinar e revelem a você qual é o real propósito de sua alma.

Não pense, no entanto, que esse propósito envolve a fama, a fortuna, a beleza física, o sucesso e a evidência. Não envolve um casamento ou um namorado específico, tampouco um cargo político ou de chefia. O propósito jamais será encontrado nos resultados de nossas ações, e muito menos nos alvos específicos que escolhemos através do ego.

Repare no seguinte: mesmo que você queira muito se tornar uma pessoa famosa e reconhecida pelas ruas da cidade, o seu propósito não pode apontar para as necessidades da personalidade corrompida pelo ego. O seu propósito não pode ser a fama ou a evidência pública, porque isso alimenta unicamente o seu ego, que deseja chamar a atenção para si, que necessita de elogios, que se envaidece e por fim acaba se perdendo no meio da confusão. Para sua alma, nada disso importa, porque ela sabe que somos todos Um, e ninguém é melhor do que ninguém.

Contudo, se ainda assim alguma coisa em seu coração continuar vibrando e repetindo que você adoraria ser alguém capaz de levar a arte e a cultura até as outras pessoas, ou que pudesse encantar e entreter o público através de seus dons artísticos, por exemplo, então essa pode ser a chance de você mostrar o seu melhor. Talvez o que você sinta seja a vontade de compartilhar o seu melhor e transmiti-lo através de sua voz, de sua emoção ou até mesmo da sua beleza natural. Aí então, deixando-se conduzir pelo propósito de levar o bem, de compartilhar a sua melhor parte com a multidão, você talvez acabe permanecendo por anos a fio em evidência e alcance também a notoriedade e o sucesso.

A fama, a evidência, o dinheiro e até um relacionamento saudável são consequências de se estar em harmonia e equilíbrio com esse propósito interior, e não propriamente o objetivo, porque este consiste em *ser* uma pessoa melhor a cada passo do caminho.

Assim como o seu desejo não pode ser tornar-se um empreendedor rico e poderoso, nem mesmo um político articulado e engenhoso. Essa necessidade de mandar e desmandar é fruto de um ego que acredita nesse poder, e que no fundo está baseado na frequência do medo. Pense: Quais as vantagens pessoais que esse ego busca obter com tamanho poder e ambição?

Todavia, se você sente no seu íntimo que suas ideias criativas e soluções originais podem ser compartilhadas com o mundo, que seu talento pode melhorar a vida das pessoas, que sua capacidade administrativa pode ser benéfica para a evolução dos povos, então naturalmente a vida o conduzirá aos altos escalões, onde você poderá oferecer o seu melhor e, consequentemente, exercer o poder e a notoriedade com responsabilidade.

O seu propósito não se esconde por trás do dinheiro, do sucesso, em um relacionamento específico, nem na evidência pública ou no poder. E mesmo que durante o caminho você encontre tudo isso e aproveite sua vida com intensidade, ainda assim o seu propósito não pode ser perseguir esses objetivos. Você vive de acordo com o seu propósito quando faz o seu melhor, consciente e presente. Se ao realizar as tarefas do destino, sempre visando o melhor para o Todo, você encontrar a riqueza, o sucesso, a fama, um companheiro e o poder, então saberá agir com humildade, respeito, e vibrando sempre pelo lado positivo do espectro emocional. Estará livre do ego e de suas vaidades insanas que levam a cometer exageros e consequente criação de carma. Livre da prepotência que leva a mandar e desmandar, criando também mais desequilíbrio. Livre da insensibilidade com os semelhantes e com todas as outras formas de vida que leva a humilhar e destratar toda a Criação, gerando definitivamente carma. E o mais importante: estará livre do medo que tolda a visão da personalidade encarnada, levando-a a se perder no obscuro mundo da ignorância.

Enquanto você desejar encontrar primeiro a fama, o dinheiro, estará pensando nas vantagens que poderá obter, estará pensando de forma egoica. Tudo isso representa o seu ego querendo se sobrepor, envaidecer-se, tornar-se importante para o mundo, e isso nos leva a concluir que, no fundo, você está infeliz com sua situação presente e acredita que, se alcançar todas essas coisas no futuro, então tudo será maravilhoso. O que você não percebe é que ao permitir que o ego conduza o seu propósito de vida você permite que uma cisão interna o divida ao meio, impedindo a realização desses mesmos sonhos. E se ainda assim, através de um enorme esforço e sacrifício, você os alcançar, estará tão despreparado para lidar com as consequências que será uma temeridade para o seu Eu Superior observar, impotente, a sua pequena parcela envaidecida e corrompida pelo próprio ego.

É urgente que larguemos a identificação com o nosso ego, com a nossa personalidade separada do Todo. Não, é preciso lembrar que através dele o sentimento de separação se torna forte demais, e por fim assistiremos indefinidamente nos noticiários que uma religião está se opondo às outras. Um país será sempre inimigo de outro. Um motorista desejará sempre fechar o da frente. Um vizinho estará sempre desrespeitando os demais. Um parceiro estará sempre mentindo e jogando com o outro. Nesse estado de consciência, o ânimo se altera muito rápido, então guerras, violência e desrespeito brotam dessa constante necessidade de querer se sobrepor aos outros.

Já a consciência unificada não é assim. E mesmo que você siga sua vida com seu credo particular, valorizando suas origens, executando suas tarefas específicas, vivendo em comunidades e sociedades estabelecidas, e até mesmo no meio da sua família, você compreenderá que essas barreiras são apenas linhas imaginárias para a alma Divina. Fazem parte unicamente das ferramentas para a experiência terrena, e, como esta é passageira, os reais valores das circunstâncias e das pessoas saltam diante de seus olhos, que sempre viram o mundo como um inimigo a ser conquistado.

Quando você vive o seu propósito verdadeiro, quando realiza a tarefa que se apresenta no momento presente com respeito, primor e atenção, ou seja, sem críticas, mas com amor e dedicação, então seus desejos mais fúteis se perdem para a grandiosidade da alma e para a grandiosidade do momento único, que está permitindo que o Todo evolua.

Enquanto as pessoas não largarem seus dramas e situações precárias para trás, aceitando a vida, perdoando o passado, assumindo a responsabilidade pelo momento que estão enfrentando, não será possível encontrar a felicidade, nem hoje, nem no futuro.

Qualquer sentimento nobre é um estado de ser. Você é feliz: você não segura, não vê, nem toca a felicidade. Você é pleno, mas não cheira, nem escuta plenitude. Você é abundante, e não vai conquistar abundância, muito menos comprá-la na esquina. Você é feliz, pleno e abundante, e só não sente nada disso porque perde seu tempo valorizando e dando importância para o que o seu ego sussurra.

Ao romper com o ego, com suas partilhas e fissuras, com seus dramas e suas necessidades, você se torna presente e interrompe um velho padrão. Continuar identificando-se com tudo isso mostra que, em vez de encontrar a real felicidade, você deseja unicamente chamar a atenção para si. Sem dramas, fofocas excitantes, críticas ferrenhas, ou até mesmo as dores enigmáticas, quem restaria por trás? Alguém notaria a sua presença? Mas você não precisa parecer rico ou importante para o mundo notar a sua presença, não precisa viver rodeado por uma multidão para se sentir importante, ou carregar para cima e para baixo um parceiro qualquer só para se sentir amado, você só precisa ser feliz e pleno para evoluir e viver um destino saudável; apenas isso.

Qual é o seu propósito de estar aqui e agora neste exato ponto da história? Qual é o seu melhor? Os Fazedores de Milagres explicam que existem dois propósitos na vida de cada um de nós. O propósito momentâneo é a atenção focada. É realizar cada tarefa que vai surgindo, como varrer o chão, lavar a louça, enfrentar o engarrafamento, assistir à aula, pegar o ônibus... Não importa a ação; a tarefa do momento que se apresenta deve ser executada com total presença e atenção, estando o indivíduo mergulhado no silêncio e na quietude, isto é, livre de críticas.

E a luz se faz presente

Significa anular e silenciar a mente. Afinal, ela pode rapidamente convencê-lo de que fazer isto ou aquilo é ruim para a sua imagem, e então você cairá novamente no drama.

É claro que existem tarefas que simplesmente não suportamos. Algumas podemos até evitar, outras tentamos contornar. Mas haverá algumas cuja execução nenhum esforço de nossa parte poderá impedir. Será preciso realizá-la, com a quietude na mente e a dedicação do coração. E tudo passa.

Manter o foco no presente é como domar um cavalo selvagem: ele vai espernear, e você irá cair algumas vezes, mas no final tudo se harmonizará perfeitamente. No seu caso, você vai domar a sua mente, e no início isso pode muito bem parecer brincadeira de gato e rato. Você respira profundamente, deixa a mente silenciar por alguns instantes, jogando toda a atenção para o movimento ou a tarefa que está executando no presente, mas em questão de segundos um velho pensamento volta a surgir, e durante esses poucos períodos de quietude, intercalados com a constante maré de pensamentos que vêm e vão, o importante é que você não discuta com seus pensamentos, não critique, nem alimente nenhum deles. Não argumente e tampouco responda a esses diálogos intermitentes. Observe à distância todo esse barulho acontecendo no seu interior, mas não se envolva.

Até que então uma segunda voz aparece, mas desta vez essa voz nasce de uma parte mais profunda do seu Eu, e ela surge para pôr ordem na casa. Porque quando você consegue manter esse distanciamento dos dramas pessoais, consegue também fazer a sua voz verdadeira ser escutada aos quatro cantos, e ela interrompe esse fio perdido de discussões, sonhos e fantasias. Essa voz rompe com esse raciocínio proveniente do ego automaticamente, pois você volta a estar presente e percebe que ele estava na verdade tentando levá-lo para um lugar distante. Basta que você diga: "Pare, volte, preste atenção aqui e agora". Os pensamentos furtivos são apenas ilusão e se desligam assim que você assume o posto novamente.

Porém, não pense que a luta está vencida. Em poucos segundos o ego acionará seu mecanismo de defesa e tentará retomar a posição de soberano da sua personalidade vezes sem conta. O único jeito de vencê-lo é tendo bastante paciência e compaixão com o seu novo aprendizado de superar seu eu inferior. Portanto, não desista, permaneça centrado e focando na tarefa que se apresenta. Não permita que seu ego o leve para muito longe, contando suas frustrações e seus anseios.

É uma questão de tempo e de prática até adquirir a habilidade de observar de pronto esses ataques do ego. E uma boa dose de persistência nesses casos é imprescindível. Mantenha o hábito de se perguntar de tempos em tempos o que você está fazendo, qual a tarefa que necessita da sua atenção imediata. Isso faz o seu foco permanecer centrado e a atenção na tarefa. Seu ego não poderá penetrar seus pensamentos enquanto você estiver centrado. No entanto, basta um pequeno descuido e...

Se você está fazendo compras, preste atenção ao serviço que está realizando em vez de ficar relembrando a traição do marido. Deixe para pensar nisso no momento em que reencontrá-lo e puder fazer algo a respeito. O sofrimento antecipado é desnecessário, porque você não está lá atrás, no momento em que o evento aconteceu, e também não está no futuro conversando e resolvendo essas questões; você está aqui e agora, vivenciando e realizando outra história, e ela pode conter a semente de uma grande mudança em seu caminho.

Se você conseguir se manter presente, realizando a tarefa solicitada, a paz, a tranquilidade e o frescor de novas ideias poderão surgir, trazendo-lhe as ferramentas para resolver as questões críticas sem brigas, sem desgaste, mas com nobreza, e a superioridade que só uma alma evoluída pode oferecer.

Então, se estiver no cinema, assista ao filme e aproveite o seu lazer. Durante esses momentos, se você mantiver a quietude, a sincronicidade poderá lhe enviar vários sinais, mas deixe para avaliar a situação da bolsa de valores e analisar números e saldos bancários no momento em que puder tomar uma atitude palpável e realista.

Se estiver conversando, dê toda a atenção ao seu interlocutor, e você perceberá que ele também tem defeitos, é claro, mas faz parte do Todo, e assim como você está tentando evoluir e melhorar. Ajude-o mostrando o seu melhor lado e permita-se ser ajudado por ele também.

Se você está trabalhando, realize seu trabalho com amor e respeito, sem ficar reclamando que o tempo demora a passar. Por acaso você preferiria estar sem o emprego? Sem seu salário? Se estiver se alimentando, saboreie a comida, e vai perceber que no fundo precisa de muito menos alimento do que vinha ingerindo. Se estiver brincando com seus filhos,

E a luz se faz presente

passeando com os amigos, viajando por uma estrada, preparando uma refeição, tirando o lixo, não importa, dê a sua atenção ao que está fazendo, ao que está acontecendo à sua volta. Abra espaço para que a quietude invada sua vida, e a seguir, você aprenderá a plantar seus sonhos de forma inteligente e coerente.

Tudo requer atenção constante, não só para a correta execução da tarefa, mas para silenciar o ego, que vai resistir e insistir em boicotar o seu ânimo. E toda vez que você se desconectar do momento presente, irá experimentar algum nível de sofrimento, porque terá saído da sua conexão com o seu Eu Superior, o que permitirá que o ego lhe mostre todo o descontentamento com o seu atual momento de vida.

Mas a personalidade não compreende a grandeza de se conectar ao propósito Maior e evoluir; no fundo ela teme profundamente que, ao se lançar nessa jornada de evolução, possa acabar perdida, sozinha e isolada dos prazeres terrenos. Nada mais irreal. Porque, infelizmente, o ego não deseja ser anulado, já que ele adora se exibir, e também se retrai de acordo com as circunstâncias. Aliás, no início, ele irá reclamar, esbravejar como se a própria identidade corresse risco de ser aniquilada. Ele vai tentar lhe incutir o medo de que, ao se tornar um com o Todo, você se tornará passivo e sem graça. E, além disso, ele tentará convencê-lo de que o mundo inteiro tentará levar vantagem sobre você. Todavia, ao se conectar ao seu Eu Superior, você brilhará e será mais criativo e original do que nunca. Terá momentos de prazer e alegria intensos e verdadeiros, e a diferença será que você estará em paz e sem a necessidade de se exibir, humilhar ou se vangloriar de absolutamente nada.

Contudo, um segundo propósito anima o nosso espírito, bem como o nosso destino. Esse propósito pode ser sentido como a nossa meta de vida. Todos nós realizamos tarefas diárias e necessárias, como levar os filhos à escola, ir ao médico, pagar as contas no banco. Mas por trás dessas situações corriqueiras e cotidianas existe um chamado muito forte em nossos corações. Os anos em que acumulamos desgosto e sofrimentos podem até abafar esse som, mas, se você seguir os conselhos revelados pelos Fazedores de Milagres, muito em breve estará novamente conectado, e ele soará como música para sua alma. Ele soará tão forte e poderoso que será capaz de revelar a verdadeira razão de sua jornada aqui no planeta Terra.

Lembrem-se mais uma vez de que esse propósito não envolve as vaidades e os desejos baseados na necessidade do ego em se pôr em evidência, em contrastar com o resto do mundo, mas sim em mostrar, compartilhar e criar o melhor para si e para todos à sua volta.

Então os Fazedores de Milagres fazem um convite a você. Pegue aquela lista de milagres que você fez alguns capítulos atrás. Releia a sua lista com muita calma. Perceba agora tudo aquilo que é fruto do desejo e da vaidade do ego, e seja honesto quanto às razões pelas quais você deseja receber isso ou aquilo. Quando detectar esses desejos, frutos da personalidade, liberte-se deles, da necessidade que seu ego impõe para que você alcance aquela determinada situação, porque no fundo esconder a sua inadequação é o desejo por trás dos desejos do ego.

Por outro lado, tome consciência de tudo o que você realmente almeja e que lhe dá a verdadeira razão de existir. Os projetos importantes através dos quais você poderá expressar o seu melhor para sua família, para seus amigos, e até mesmo para a melhoria da qualidade de sua vida. Mas você não precisa temer seus sonhos ou se envergonhar de desejar determinada coisa; basta ser verdadeiro e consciente dos motivos que o impulsionam, até mesmo no caso de uma cirurgia plástica ou qualquer outro procedimento para embelezar e tratar do seu corpo. Se você estiver consciente de que isso irá melhorar sua vida, então é o caminho certo; mas se o que o motiva é a vaidade e o ego, então fique alerta.

Tudo é valido, mas se você quiser riscar algum item, modificar ou acrescentar alguma coisa, esta é a hora. Este é o momento de detectar seus desejos puramente mundanos e desnecessários, suas frações ainda perdidas no ego, na vaidade, na excentricidade. Este é também o momento de conhecer o seu lado verdadeiro, o lado amoroso e Divino, pronto para viver em paz.

Talvez você queira uma casa nova. Mas por que exatamente? É uma necessidade real? É um sonho há muito acalentado ou é apenas o seu ego ditando regras e imposições? Quem sabe para ter uma casa maior só para chamar a atenção dos vizinhos e familiares? Talvez você esteja desejando mais dinheiro. Mas esse dinheiro tem um propósito válido, como lhe proporcionar conforto, ou é somente para o seu exibicionismo? Você deseja um novo parceiro ou parceira? Mas você já está vivendo o seu melhor ou está esperando alguém que venha resgatá-lo da tristeza? Seu

E a luz se faz presente

lado equilibrado, afetuoso, que preza pelo respeito, pela sinceridade, pelo bom humor já aflorou no meio de suas intransigências e falcatruas? Ou será que você continua atado a um relacionamento falido, só esperando pelo próximo? Sem coragem para ser honesto consigo e tampouco com todas as outras partes envolvidas? Permanece seguindo na vida desrespeitando todo o mundo?

Vai ser realmente bastante proveitoso se você começar a se fazer perguntas assim cada vez que brotar um sonho ou um desejo, e em seguida tornar isso um hábito saudável para a sua evolução. Cada vez que desejar ou sonhar com algo novo, pergunte-se qual o real objetivo por trás de seus desejos. Porque de nada vai adiantar conquistar o mundo e continuar sentindo-se sozinho nele. Seu objetivo não é encontrar e vivenciar a felicidade? Portanto, observe a sua resposta para cada questão que surgir em seu caminho; a sinceridade vai mostrar o ponto em que você se encontra na evolução pessoal. E então, você só pensa em si? Você só pensa em controlar a vida dos outros? Só pensa em se satisfazer a qualquer custo? Quando faz alguma coisa, por menor que seja, como por exemplo, escutar música alta sem se importar com os vizinhos, martelar durante a madrugada, e até mesmo acender um cigarro em um bar, você se pergunta se isso poderá estar afetando, incomodando, atrapalhando, ou prejudicando as pessoas à sua volta e até mesmo a natureza e aos animais? Por outro lado, quando deseja crescer e ser pleno, pensa em compartilhar tudo isso com o seu próximo?

A medida de tudo o que você oferece ao mundo é a mesma medida que o mundo irá lhe oferecer em troca. Seja gentil, e em algum ponto encontrará a gentileza de volta ou então a oportunidade de educar alguém a ser gentil; vale da mesma forma.

Repare em seu comportamento, suas atitudes, pensamentos e palavras. Repare nos seus sonhos. Observe como você vive no mundo, porque desejar tudo de maravilhoso para si e em contrapartida não se esforçar nem um pouquinho em se transformar e oferecer o seu melhor para os outros é sinal de que o ego continua vivo e forte, e em desequilíbrio.

Reveja a sua lista. Se todos os seus sonhos estão fundamentados no seu melhor e visando o bem de uma forma geral, irão se realizar sem problemas. Mas se vibram na frequência do medo, do ego... então eles eventualmente acabarão trazendo consequências desagradáveis também, além, é claro, da frustração.

Você está percebendo que talvez ainda precise trabalhar mais essas questões internas? Sendo assim, aproveite, este é o momento; afinal, quem diria que ao encarar seus sonhos e desejos você iria dar de cara com os resquícios da personalidade perdida e separada do Todo? Quem poderia imaginar que, ao observar tudo o que desejamos para nossas vidas, ainda iríamos perceber que precisamos, antes de qualquer coisa, evoluir também?

É preciso abrir mão de sonhos que não são nascidos do propósito Maior, que são basicamente oriundos do ego e da constante necessidade de colocar-se em evidência. Esse tipo de sonho encerra em si a vibração desse mesmo ego em conflito, traz escondidos as necessidades, as aflições e os medos. Não é um bom sonho afinal.

O propósito da alma se revela de forma surpreendente, e você não pode tentar descobri-lo a seu bel-prazer, muito menos através da mente lógica. Mas alguns exemplos podem ajudá-lo a compreender a sutileza de como tudo isso se processa. Algumas pessoas são tocadas durante o sono, por sonhos e visões, sobre o que elas precisam fazer em seguida. Outras sentem uma palpitação no peito indicando-lhes o caminho a ser percorrido. Quantos não estavam trilhando a jornada pessoal, e de repente um sinal claro lhes revelou que outras coisas tão incríveis e desafiadoras os aguardavam? Até mesmo as crises podem nos fazer parar e rever o andamento da própria existência, colocando diante de nossos olhos estarrecidos a fórmula perfeita para reiniciar a jornada, construindo uma vida com mais saúde, dinheiro, amor, alegria, diversão...

Escolhas novas precisam ser tomadas. Mudanças de rumo repentinas e rompimento com velhas estruturas indicam que você está buscando se conectar e vivenciar uma nova experiência, uma experiência sussurrada pelo seu Eu Superior.

Esse momento se revela de um jeito particular para cada um de nós, e isso acontece exatamente como está escrito em nosso destino. Se você tentar fugir ou se esquivar será tomado por um sofrimento ainda pior; algo como o arrependimento, já que o único desejo real aqui é contribuir para a própria evolução. Então por que fugir?

E a luz se faz presente

E, para se abrir e receber o aprendizado que sua alma está buscando, a única coisa que aciona esse momento de realização pura é a tranquilidade em seu coração e na sua mente. Aceite o que a vida está lhe mostrando, aceite o desafio.

Não pode haver críticas aqui, pois, veja bem, o propósito de uma vida não precisa ser necessariamente algo grandioso e chamativo. Para alguns esse propósito se realiza ao cuidar das coisas mais simples, como, cuidando de um jardim para ver as flores se abrindo, ou da própria família, construindo um lar repleto de harmonia e paz. Outros sentem que estão em sintonia com o propósito pessoal enquanto estão vivendo no meio do campo, dedicando-se a cuidar dos animais, rodeados pela natureza. Talvez esse propósito esteja vinculado à jornada nas grandes cidades, executando tarefas essenciais para a sociedade. E pode ser que esse seja um serviço bastante singelo como levantar um prédio, tijolo por tijolo, colher as frutas que seguirão para os grandes mercados, recolher o lixo e todos os dejetos para manter a cidade sempre limpa; enfim, talvez para essas pessoas o trabalho que elas já vêm executando diariamente seja exatamente o aprendizado que seu coração tanto buscava, e ali, no trabalho silencioso, seu destino se cumpre, sua alma realiza o propósito de servir e de estar aqui. E agora, com o conhecimento, os milagres também poderão começar a acontecer.

Uns sentirão o propósito se realizando ao se tornarem médicos, bombeiros, advogados, atrizes, donas de casa, projetando estradas ou criando roupas. Não importa se você é policial, professora ou um industrial, basta estar cumprindo com amor tudo aquilo que o seu coração está solicitando para experienciar a sua melhor parte e oferecê-la ao Todo, bem como compartilhar tudo aquilo que a vida está lhe ofertando.

O truque nestes casos é perceber o nível de satisfação que você está obtendo na vida, principalmente com as tarefas que realiza, e isso não tem absolutamente nada a ver com dinheiro, aparências ou reconhecimento. Se você corre atrás disso antes de se colocar à disposição do destino, vai se cansar de tanto fracassar. Mas todos sabem bem lá no fundo que qualquer trabalho, quando concretizado com total dedicação, gera um sentimento de satisfação e plenitude, e é esse sentimento, essa frequência que faz a vida caminhar em direção ao sucesso, à fartura e à realização pessoal. Esse é o seu melhor.

Nem sempre descobrir esse propósito o levará a uma profunda mudança dos aspectos cotidianos. E, caso isso aconteça com você, não se assuste, nem desanime. O trabalho, a família, os amigos e as obrigações poderão continuar as mesmas, mas é você quem muda, passando por uma intensa transformação nos seus valores e conceitos. A partir daí, a sua atenção, compreensão, o seu comportamento e a satisfação mudam completamente, sem a valorização externa, apenas a sua satisfação e felicidade. E então milagres surgem de todos os lados, e seus sonhos se realizam um por um.

Porém, outros sentirão uma grande reviravolta em suas vidas. Estejam preparados, pois perceberão que precisam modificar tudo ao redor, mudar o trabalho que já não satisfaz, transformar as relações que se perderam no tempo, mas principalmente irá se transformar o comportamento que vinham tendo. E tudo isso será feito para satisfazer esse chamado Divino, tanto quanto para satisfazer as necessidades físicas e pessoais.

Entregar-se ao propósito interior no entanto, é o maior milagre que poderá lhe acontecer. Estar em sintonia com ele significa estar em harmonia com o próprio destino, e então tudo virá até você de forma muito mais fácil.

Um médico poderá sentir que o seu melhor será aproveitado justamente ao oferecer seus dons a pessoas necessitadas, e a urgência desse chamado em seu coração o levará a ingressar em alguma organização humanitária presente nos países com condições sociais e econômicas bastante críticas. Ali, longe da fama, do dinheiro e até mesmo da família, ele se tornará essencial para outras pessoas. Esse médico terá encontrado o sucesso e a realização onde outros jamais conseguiriam imaginar. Mas nem isso o salvará da necessidade de se manter vigilante diante do próprio ego, de manter o foco sempre presente, revelando o padrão do amor e da compaixão a todo instante. Do contrário, rapidamente a tristeza e a desolação ao redor, além da crítica pessoal, corromperiam suas forças e seus ideais.

Um segundo médico, no entanto, percebe que o seu melhor será mais bem aproveitado se montar uma clínica para realizar cirurgias estéticas, tornando as pessoas mais contentes consigo mesmas. No seu dia a dia, rodeado pela fama, beleza e fartura, consequências do seu trabalho bem feito, ele está realizando o seu propósito, mas se não mantiver o foco e a atenção nos planos do Eu Superior, de levar o bem ao próximo, então seu ego destruirá suas intenções e a vaidade reinará sobre ele.

Como você vai oferecer o seu melhor? Pense nisso! Para quem vai oferecer? Será que você está fazendo a diferença na vida de outra pessoa? Afinal de contas, é isso o que realmente importa nesta jornada. Enquanto estiver executando suas tarefas, seu trabalho cotidiano, se você conseguir melhorar a vida do seu próximo estará melhorando a sua própria.

O desenrolar do seu propósito Maior acontece naturalmente, se você está convicto de estar fazendo o seu melhor, de que está realizando tudo com muito amor, atenção e dedicação. O resultado disso não poderá ser diferente dos inúmeros milagres pipocando à sua volta. Acredite e faça o seu melhor!

QUEM ESCOLHE O QUÊ?

Ao longo da jornada, o ser humano coleciona tantos desejos, tantos anseios que alguns se perdem nos recônditos da memória. A vida de um jeito ou de outro acaba impondo um ritmo tão frenético que sustentar a paz e a tranquilidade está mais para fantasia do que para uma possibilidade real. Entretanto, alguns sonhos, apesar das inúmeras diferenças entre um indivíduo e outro, são profundamente semelhantes; o desejo de ter saúde, de manter a integridade física e mental. O sonho de ingressar em uma carreira, em uma profissão que traga um retorno financeiro considerável. Encontrar o apoio dos amigos e o amor incondicional de um parceiro ou parceira. A partir daí, construir e consolidar uma existência prazerosa, confortável e feliz.

Realizar milagres, para a grande maioria, é justamente a realização desses sonhos. Contudo, para que o destino se cumpra trazendo-lhes o máximo de amor, saúde, paz e dinheiro, certamente é imprescindível que se permita que um milagre também possa acontecer na sua consciência.

Mas com toda a certeza, no decorrer da sua vida, muitos também foram os sonhos que brotaram com a mesma força que a água possui quando atravessa um caminho carregando tudo o que há pela frente.

Você desejou, lutou e buscou desesperadamente realizar esses sonhos, talvez até com algum relativo sucesso.

Hoje você está aqui transformando sua história pessoal para se sentir mais feliz, mais à vontade com a própria vida; no entanto, ainda devem persistir alguns desejos e projetos referentes a conquistas afetivas e materiais. E quer saber? Não há nada de errado com isso, porque o propósito de alguém pode ser justamente contribuir para a melhoria das condições de vida de seus familiares. Quem sabe construindo uma casa nova, abrindo um pequeno negócio, ou talvez, então, encontrar um grande amor e experimentar tudo de maravilhoso que poderá advir disso. Ou até superando alguma doença para viver com liberdade e intensidade.

E, já que não há julgamentos e muito menos censura, você pode simplesmente desejar conquistar o mundo; casas, carros, joias, viagens, roupas caras, amores, fama, beleza e reconhecimento. Na verdade, você pode sonhar com o que quiser; entretanto, você só irá alcançar seus sonhos se eles fizerem parte dos planos da sua alma para você, para esta jornada específica. Olhando assim, isso parece muito injusto. Afinal, como saber que planos são esses? E se tudo aquilo que você mais almeja está incluído nesses planos, então como agir?

Segundo os Fazedores de Milagres, quem faz qualquer escolha real é o Eu Superior de cada um de nós. Ele sim teve, e tem, a liberdade de traçar os caminhos e desvios de nossa jornada pessoal. Ele criou e projetou nosso destino, mas infelizmente, por não nos lembrarmos desse fato, desse momento único de nossa trajetória, acreditamos que as escolhas são de nosso domínio consciente, e que decidimos os rumos de nossas vidas de acordo com o desenrolar dos eventos, aqui e agora.

Esse é um equívoco muito sério. Esse assunto de escolhas conscientes e escolhas inconscientes causa vários transtornos e sofrimento em nosso dia a dia. Se você compreende que essas escolhas são de âmbito do Eu Superior, já é um grande passo, pois só caberá a você daqui em diante aceitar as circunstâncias apresentadas e aproveitá-las ao máximo para evoluir. Ou você realmente acredita que se choramingar bem alto vai fazer a piedade Divina dar sumiço em seus problemas? Muito provavelmente você já implorou e suplicou antes, não é mesmo?

Porém, se é realmente assim que funciona, por que sentimos que as escolhas são nossas, que decidimos o que queremos, na hora em que queremos? Bom, jamais se esqueça de que, no fundo, tudo é uma questão de energia, de frequência e informação. Ao planejar nossa jornada pessoal, o Eu Superior programou com exatidão o momento preciso para que cada evento acontecesse. Inclusive, planejou as possíveis opções coerentes com a nossa receptividade ou negação para tais circunstâncias.

Mas veja bem: essa precisão não está associada a um cronograma físico, isto é, a datas e horários específicos. O Eu Superior não marcou um compromisso em nossas vidas utilizando um calendário humano. Essas circunstâncias que foram planejadas estão programadas, e são acionadas mediante a nossa frequência interna, que disponibiliza a própria lei da atração para trazer esses eventos e fatos até nós.

Codificados, armazenados e adormecidos, todos os nossos desejos e sonhos livres do ego já nasceram conosco, e estão dentro de cada um de nós desde o momento do nosso nascimento, e estarão até a hora de nossa morte. Essa frequência permanece quieta, até que uma situação vivenciada aqui fora nos faça sentir o desejo brotando no fundo do peito, ao mesmo tempo que uma ideia surge em nossa cabeça. E ainda seguimos com a sensação de que esse sonho, na verdade, está sendo criado naquele exato instante.

Um jovem, quando se prepara para prestar o exame para uma faculdade, tem à sua frente uma gama de opções para escolher qual carreira seguir. Uns já chegam a essa hora com muita determinação, mas muitos se sentem perdidos e até pressionados. O que fazer? Qual caminho seguir na vida? Entretanto, no final, uma única escolha determinará os rumos da história pessoal. Levando em conta suas aptidões e sua vocação, essa escolha, entre tantas possíveis, não acontece sem uma razão. Esse jovem começa a ser motivado, sem nem mesmo ter consciência disso, pelo propósito pessoal que já estava programado, especificando qual carreira tentar, qual caminho seguir. A intuição lhe sussurra qual a melhor opção para desenvolver mais tarde todo o seu potencial. As tarefas escolhidas pelo Eu Superior estão decididas; no entanto, como esse jovem vai executá-las só depende da sua disposição em facilitar o caminho ou dificultá-lo com queixumes e tristeza.

Em teoria, quase todas as mulheres nascem programadas para ter filhos, mas somente algumas se permitem vivenciar isso. Você acha que quando essa escolha, esse momento chega isso aconteceu por acaso? De uma hora para outra? Não, é claro que não, a maternidade já estava escolhida e programada, o momento chegou quando algo aqui fora despertou esse desejo adormecido. Na maioria das vezes, a frequência é acionada, mas a consciência humana está tão conturbada e embotada por seus dramas que nem mesmo se dá conta desse mecanismo. Depois classifica os eventos como "acidentes de percurso". A gravidez não foi uma ideia, um desejo da personalidade mundana que se deixou levar por uma simples vontade, ela é na verdade um contrato, um acordo de alma traçado muito tempo antes, planos estes que envolvem a mãe certa, o pai exato e o filho perfeito que irá nascer.

A frequência dos sonhos está alojada dentro de você. Quando um desejo em particular é acionado, você acredita que está escolhendo algo totalmente novo, mas na verdade essa criação já se deu. Você vai experimentar na prática os efeitos e as consequências na esfera física, e, ao experimentá-los, novas escolhas brotarão, podendo levá-lo muito longe. Todavia, tudo responde a uma frequência interna, e você não vai desejar nada que já não esteja programado antecipadamente. Salvos os delírios compulsivos e os devaneios do ego, e essa é, portanto, a razão mais clara para que você entre em sintonia com o seu propósito Maior, deixando de lado esse descontrole obsessivo da personalidade, que não irá levá-lo a lugar algum. Do contrário, só encontrará frustração e desilusão pelo caminho, por todos aqueles sonhos que simplesmente não se realizam, não acontecem nem mesmo quando você se esforça ao máximo, quase à exaustão. E por que eles não se realizam? Porque não fazem parte das escolhas do Eu Superior, do seu destino, da sua frequência interna, do seu programa para evoluir; e se eles não existem dentro de você, então não há como atraí-los para a realidade física.

Então esses códigos, os desejos, conservam-se adormecidos, e na hora certa vão despertando um a um, seja na forma de sonhos, ideias, novos projetos... E a vida responde a esse padrão gerado pela nossa frequência e segue moldando aos poucos o rumo da história. Quando essa frequência é acionada em nosso íntimo, acreditamos que estamos escolhendo essas situações. Infelizmente, ao ser liberada, sentimos o forte impulso de querer ver esses sonhos se realizando imediatamente. Somos tomados pela pressa e pela angústia.

E a luz se faz presente

O Eu Superior prevê e reserva a possibilidade de todas as coisas maravilhosas e abençoadas para o nosso deleite. Contudo, não podemos nos esquecer de que ele também dispõe em nossa frequência de cada um dos equívocos e distúrbios programados para serem transmutados. Quando estamos aqui, vivemos nossas vidas acreditando realmente que são as nossas escolhas, tomadas de acordo com os acontecimentos imediatos, que acabam determinando as causas e consequências. No entanto, tudo isso já foi previsto, calculado e traçado. Resta-nos apenas ir dançando conforme a música, e não importa se rodopiamos para cá ou para lá, porque todos os possíveis resultados e todas as eventuais consequências já foram previstos. Inclusive se você "escolher ir para um lado ou para o outro", evoluindo ou permanecendo estacionado no meio da dor.

E tudo isso é muito fácil de verificar no dia a dia, porque não importa a nossa origem, nossa condição social, cor, raça ou credo, ainda assim os acontecimentos fatídicos, os acidentes e as catástrofes irão ocorrer e nos atingir indiscriminadamente, de acordo com o destino de cada um. Desse tipo de evento não se pode fugir, não há como evitá-lo. Nós simplesmente aceitamos e lidamos com o que a vida nos apresenta.

Você pode achar tudo isso muito chato, sem espaço para a espontaneidade, mas no fundo o fato de você não se lembrar de nenhum dos planos traçados para sua vida faz com que cada passo que você dê seja realmente algo novo, original e criativo. E eles são mesmo tudo isso, porque você, como personalidade aqui e agora, desconhece completamente os rumos e os desfechos de suas histórias e de suas "escolhas" imediatas. Mas seu Eu Superior sabe exatamente quais são as suas medidas defensivas para atrasar os aprendizados necessários. Ele previu e organizou todas as opções para que o seu destino se desenrole continuamente.

Você saberia dizer neste exato instante qual será o resultado de cada atitude que você está tomando agora? Não, é claro que não. Mas o Eu Superior sim, em cada pequeno detalhe ou desvio que você possa tentar tomar. Então, por fim, tudo acaba sendo novo e inusitado para você. E não se esqueça de que, ao experimentar as consequências, as crises e as dificuldades, você tem a oportunidade de escolher qual caminho percorrer; seja ele rebelar-se mais uma vez e desse jeito perpetuar essas dores, ou aceitá-las e transformá-las inteiramente. Escolhas feitas pensando somente no seu bem-estar, baseadas no ego, vibrando com o medo e a ansiedade, retardarão a sua evolução e a felicidade, porque atrasam os planos de abundância e amor delineados para você. Escolhas visando o seu melhor, para ofertá-lo ao seu semelhante, farão o tempo desaparecer, e em questão de segundos você avançará mais em direção à plenitude do que pode imaginar. Esta é ou não é uma tremenda liberdade de escolher como será a sua vida no próximo segundo?

Mas o que cria essa falsa sensação de liberdade de escolha em nossas vidas é a identificação constante com a personalidade, com o ego. Afinal, ele existe exatamente para nos ajudar a selecionar, escolher, optar, e é por isso que crescemos detestando alguns sabores e adorando outros, preferindo algumas músicas e mal suportando outras. Todos nós temos cores, pratos, filmes, livros e lugares preferidos. Essas escolhas são tão pessoais que marcam nossa identidade, e isso pode se tornar bastante perigoso por nos limitar e acabar com a inocência e aceitação das circunstâncias que a vida apresenta. Muito podemos perder ao nos recusarmos experimentar o novo, preferindo acreditar no que o ego diz.

Achamos que nos conhecemos através desse "gosto disso" e "não gosto daquilo", porém, essas são escolhas superficiais, escolhas práticas para as necessidades diárias. Mas, quando você se decide por um parceiro específico, que a princípio se mostra um cavalheiro e depois se transforma em um carrasco particular, esse tipo de escolha responde a um nível mais profundo. Essa escolha nasce no seu inconsciente, é fruto da frequência interna que você traz codificada na sua alma e revela uma área da sua vida que necessita de atenção para se transformar.

E depois você ainda se pergunta como está sempre atraindo e repetindo os mesmos tipos de relacionamentos abusivos. Isso acontece unicamente porque lá atrás você, quando ainda estava unida ao seu Eu Superior, escolheu e permitiu que essa frequência fizesse parte da sua vida, atraindo assim esses tipos valentões, um após o outro, para que nesse atrito causado pela dor e pelo sofrimento você pudesse acordar e transformar os velhos padrões internos e nocivos. Tudo poderia ter sido mais fácil para você? Sim, bastava que tivesse aprendido e transformado sua frequência interna com o primeiro relacionamento desequilibrado; mas você não percebeu isso, e somente no décimo, enfim, acordou para a necessidade evidente de mudar.

Então, ótimo! Faça o mesmo com todos os aspectos e todas as situações desequilibradas de sua vida, pois estamos aqui para experimentar as consequências de nossas criações e escolhas. Transforme-se, porque enquanto um padrão interno distorcido não mudar, a situação incômoda irá se repetir vezes sem conta aqui do lado de fora, como uma engrenagem quebrada. Esse nível de escolha é de sua responsabilidade. Decida se aceita o que a vida apresenta e consequentemente dá o seu melhor, ou se resiste e recrimina a história toda.

No entanto, não parece muito correto responsabilizar alguém por vivenciar resultados dolorosos em decorrência de escolhas de que ele simplesmente não consegue ter muita consciência ou das quais nem sequer se recorda. Até porque, se você permanece como um sonâmbulo, ignorante das Verdades Superiores, de onde poderia tirar alguma lucidez para fazer "escolhas acertadas"? É lógico pressupor que para se escolher entre uma coisa e outra é preciso conhecer e estar informado das possibilidades. Mas acontece também que se estivéssemos inteirados de que uma das opções nos levaria direto ao sofrimento e às crises, certamente passaríamos a vida nos recusando a liberar e tomar conhecimento de nossas parcelas pequenas e desvirtuadas. Mesmo sabendo que através desse passo um padrão qualquer poderia ser curado, ainda assim prefeririríamos constantemente evitar a dor.

Entretanto, o fato de o destino existir não pode servir como desculpa para a má índole de qualquer indivíduo. Seria muito fácil infligir algum mal e depois colocar a culpa no destino, afirmando que cada atitude já estava programada, portanto sua prática era inevitável.

Se um mal é praticado, não foi certamente o destino que, implacável, decidiu transformar a vida de todos ao redor. Uma atitude má é uma escolha de uma mente afastada da luz. Quando se vê diante de um dilema, sua frequência interna rapidamente o leva para a direção das crises, dos desequilíbrios e carmas. O fato de o destino estar traçado só indica que o período conturbado está previsto e deve ser superado, mas se infelizmente essa pessoa não se elevou o suficiente, quando chegam os eventos difíceis, sua índole a leva a escolher o caminho da dor.

Essa possibilidade, inclusive, em nenhum momento passou despercebida dos planos do Eu Superior. Ele melhor do que ninguém conhece e sabe a frequência que sua diminuta parcela precisa trabalhar. Quando ela não alcança a luz diante de suas fraquezas, não é evidentemente culpa do destino.

E o que vemos hoje no mundo é um aglomerado de seres agindo impulsivamente e muito longe do discernimento. Contudo, quando fomos destacados para esta jornada, cada um de nós recebeu o livre-arbítrio de continuar no erro, persistindo e repetindo um padrão nocivo, doloroso, pré-instalado em nossa frequência pessoal, ou poderíamos optar por acordar de tanto sofrimento, de tanta dor, e nos libertar para uma nova forma de vida.

É uma escolha diária e pessoal permanecer no erro ou acertar. É inteiramente escolha sua a forma como você vai trabalhar os fatos que vão surgindo em seu caminho. É uma escolha continuar e insistir em relacionamentos abusivos, em situações precárias... É uma escolha permanecer com dores e sofrendo, é uma escolha tomar atitudes na mais completa falta de caráter, só visando o próprio bem-estar. É uma escolha roubar, trair, mentir, ter ciúme, estressar-se, ofender, impacientar-se ou até mesmo desistir. Que pelo menos a partir de agora, qualquer que seja a sua escolha, que ela seja feita em concordância com o seu propósito, visando evoluir e transmutar tudo de nocivo em sua jornada.

Mas algumas pessoas insistem em espalhar que tudo é possível a qualquer um. Eles dizem que basta você se harmonizar com qualquer desejo e pronto. Essa frase acaba sendo por si só um verdadeiro sonho na vida de qualquer um que se encontre desiludido. Você pensa: "Uau, então realmente eu posso ter tudo o que eu quiser? Ora, assim serei feliz". Mas isso não é verdade, e os Fazedores de Milagres explicam que, entre outras razões, manter esse raciocínio do "ter para ser" é um grande equívoco. Outro engano neste caso é fazer as pessoas acreditarem que elas podem alcançar tudo, e ter o mundo em suas mãos, mesmo que nada disso esteja previsto para suas vidas.

Eu lhe pergunto: quantos livros você já leu em que lhe prometeram a realização máxima de cada um de seus sonhos? Quantas palestras já assistiu nas quais lhe asseguravam que tudo era possível? Quantas pessoas já não lhe disseram isso, uma vez ou outra, incentivando-o a manter sonhos em desacordo com o seu propósito Superior? E por acaso você realizou tudo o que desejava? Ainda não? E saberia explicar o porquê? Você ainda acredita que Deus está sendo injusto com você? Ou acha que não compreendeu direito o passo a passo prometido nesta crença fantástica: "Você poderá conquistar e realizar tudo o que desejar"?

É bem verdade que tudo isso seria maravilhoso. Acontece que um fator decisivo parece ficar esquecido nessa hora: o nosso carma pessoal, o fatídico equilíbrio e desequilíbrio energético que simplesmente determina as experiências que poderemos ter e que estamos aptos para ver acontecer.

Ao ler isto você deve ter se sentido totalmente desanimado. "Então é isso o que os Fazedores de Milagres vêm explicar? Que nem todos os nossos sonhos se tornarão realidade? Que, no fundo, acreditar que tudo é possível não passa de um conto da carochinha?" Mas a verdade é que cada um nasceu com sua frequência particular, e inseridos nela estão seus padrões equivocados à espera de oportunidades para um realinhamento. Junto nasceu também o propósito de cada um para crescer, evoluir e construir o melhor internamente, e então oferecer esse melhor ao Todo. É, portanto, completamente injusto esperar que através de sonhos mirabolantes ou de promessas vãs seis bilhões de seres humanos fiquem lindos, ricos, cultos e saudáveis ao mesmo tempo, só porque assim o desejaram. Você realmente acha que isso seria possível?

A natureza mostra que nada acontece de uma hora para outra só para nos satisfazer. E também não vai ser assim em um passe de mágica, ou depois de uma leitura, que a vida de cada uma dessas pessoas se transformará em um mar de rosas. Antes, há muito trabalho interno para ser feito, e infelizmente muito ainda será preciso fazer para vermos o planeta Terra se transformar inteiramente também. Entretanto, quanto mais tempo levarmos para dar o primeiro passo, mais tempo levará para vermos os resultados satisfatórios ao nosso redor.

Algumas pessoas ainda nascerão na miséria, outras nascerão com distúrbios e doenças. Alguns chegarão muito ricos, outros belos; alguns irão encontrar o amor de suas vidas, outros amargarão um longo período de solidão e desamor. E isso representa, por exemplo, o aprendizado pessoal de aceitar as dificuldades financeiras para, quem sabe, através do livre-arbítrio, transformá-las em plenitude e abundância. Representa também o aprendizado de vencer as moléstias do corpo para que, através de uma transformação pessoal, possa o indivíduo viver plenamente a saúde. Ou ainda enfrentar as dificuldades e humilhações para compreender o aprendizado de que o real valor de exercer o poder reside justamente em compartilhar e oferecer o bem maior ao seu próximo. O certo é que o aprendizado chega muitas vezes através das dificuldades e, ao transpô-las com a humildade e simplicidade, a vida passa a se mostrar mais suave e plena. É assim mesmo quando a vida está transcorrendo de forma fácil e bela, ou principalmente quando tudo se mostra adverso e obscuro.

Ao negarmos às diferenças e desigualdades do mundo, estamos negando também o direito de cada uma dessas pessoas evoluírem do atrito constante em direção à luz do conhecimento. E em tudo há um desafio para a alma encarnada. Nenhuma ideia surge à toa em sua cabeça, nenhum desejo vem à tona surgindo do nada em seu coração. Tudo acontece regido pela frequência que você traz codificada, e no momento preciso os sonhos despertam e vêm à superfície, então você se ajusta a eles, e o desafio está lançado em sua vida.

Mas esse desafio, inflexivelmente, pode limitar as possibilidades de cada um de nós em alcançar tudo o que o nosso ego deseja a qualquer hora. A consequência de viver dando vazão exclusivamente aos devaneios e melindres da personalidade é a criação de mais carma, mais sofrimento para você e para o Todo, porque o uso mal direcionado da riqueza, da beleza, do poder, do conhecimento e algumas vezes até da paixão gera uma frequência negativa que, mais cedo ou mais tarde, exigirá os devidos cuidados e reparos; e mais tempo será preciso para harmonizar uma situação que fica se repetindo, enquanto já poderia ter sido transformada e liberada, dando lugar à paz e à realização pessoal.

E se ainda assim você desejar neste momento comprar um carro novo, mudar de residência, fazer uma longa viagem, encontrar um grande amor, ou ainda obter alguma liberdade financeira, não se culpe, nem se desculpe por isso. Apenas certifique-se de que o propósito que o impulsiona seja o propósito da alma, e não o propósito do ego, porque você não precisa justificar para o mundo a sua posição ou o seu status. Certifique-se apenas de fazer sempre o melhor da sua parte, e tudo de maravilhoso vai acabar chegando às suas mãos como consequência de uma vida responsável.

Os Fazedores de Milagres são categóricos em afirmar que conquistar todas as coisas incríveis da vida, que estão disponíveis para cada um, é um direito do ser humano. É uma condição clara do estado de uma alma que deseja evoluir, e também oferecer e obter sempre o melhor de forma natural e simples. Porém, você deve, por sua vez, desejar compartilhar a sua boa sorte com a outra parte da população, aquela parte ainda perdida e distante dessas verdades. A diferença diária em sua vida, no início, poderá ser até bastante sutil, mas determina se você pensa exclusivamente em si ou se já compreende de forma definitiva, que todos somos Um.

Seria muito simples desejar que o pensamento positivo ou que até mesmo algo vindo de fora destruísse de vez as dificuldades e todos os aprendizados dolorosos; assim poderíamos viver como em um conto de fadas. Mas então qual seria o objetivo a seguir? Sem um novo desejo, sem a vontade primeira de enfrentar e de vencer essas dificuldades, o ser humano se abateria profundamente no desânimo e buscaria formas nocivas para se boicotar. E em vez de evoluirmos felizes e contentes acabaríamos estacionados nesse marasmo cor-de-rosa. E não se esqueça de que o objetivo de "estarmos" humanos temporariamente é podermos voltar um dia a "sermos" Divinos de forma definitiva, e isso só vai acontecer quando nos livrarmos de todo desequilíbrio cármico.

A verdade é que cada um vai encontrar em seu caminho exatamente aquilo que desejou e escolheu antes mesmo de ingressar no plano físico; amores, fortuna, aventuras, crises, acidentes... Ao experimentar esses eventos predeterminados, a escolha passa a ser a rejeição ou a aceitação dessa realidade. Duas possibilidades previstas, com condições e consequências igualmente previstas. Dois caminhos diferentes se abrem. Mas é você quem irá escolher qual deles deseja percorrer.

Se você deseja algo novo e prazeroso, então tem de escolher aceitar a realidade presente, fortalecer os laços positivos e implantar o novo em sua consciência, através de novos conceitos, crenças e ideais renovados. Do contrário, não adiantará acreditar por acreditar em uma mudança, porque se a frequência interna não se renova a vida não pode se renovar.

Se os problemas são a tônica da sua vida, você respira, fala e vivencia problemas em sua jornada pessoal, então não se surpreenda se mais deles surgirem em seu caminho; afinal, se é de problemas que você vive, então mais deles lhe serão ofertados. Se você só enxerga dramas e sente dores o tempo todo, espere mais disso, pois é só isso o que a vida poderá responder ao seu padrão energético. É por esse motivo que aqueles que estão bem, felizes e realizados sempre atraem situações prazerosas, pois esses eventos são atraídos pela frequência positiva desses indivíduos. Em contrapartida, a maior parte da população vive na dor, no sofrimento constante e em crises sucessivas, sem conseguir transformar muita coisa. Atingir esse ponto é difícil, é trabalhoso, mas é benéfico e importante. Romper o ciclo das desgraças requer atenção constante, responsabilidade e, acima de tudo, vontade sincera, isto é, comprometimento com a própria transformação interna.

Para os Fazedores de Milagres, a promessa de que você poderá alcançar absolutamente tudo o que desejar pode levá-lo a cometer um gravíssimo erro. Isso porque você poderá alcançar sim, tudo de maravilhoso nesta vida, mas dentro das possibilidades que o seu Eu Superior reservou para a sua jornada evolutiva. Como você simplesmente desconhece esse limite, precisa continuar sempre em frente, melhorando cada vez mais, e alcançando sempre mais. E esse limite é diferente de pessoa para pessoa, tanto quanto as experiências e os aprendizados cármicos são completos e totalmente diversificados.

O que significa dizer que duas pessoas distintas podem alcançar a fartura e a riqueza material, contudo, os valores e a forma de conseguir tudo isso vão ser muito variados. Cada uma poderá encontrar ao longo de sua existência tudo o que está reservado para o seu prazer, mas para isso acontecer elas precisarão se colocar nos trilhos certos, que as conduzirão nessa direção. Pode ser que uma delas encontre, um a um, todos os tesouros escolhidos por seu Eu Superior para uma vida abundante aqui na Terra, enquanto outra talvez não consiga alcançar esse patamar, e fique pelo caminho só experimentando uma pequena fração de tudo o que havia sido planejado anteriormente. O destino de ambas se concretizou. Os fatos marcantes aconteceram para o aprendizado de cada uma delas. Ambas experimentam uma vida saudável, contudo, a primeira tem o claro sentimento de liberdade, de paz e satisfação. A segunda, não encontrou o prazer, nem toda a satisfação que imaginava, apesar de suas conquistas; porém, muito mais poderia ter sido alcançado.

O mesmo ocorre nos relacionamentos, quando duas pessoas têm traçada em seu destino a possibilidade de viver e experienciar uma linda história de amor. Enquanto uma encontra a realização dentro de suas relações, e ruma definitivamente para uma vida plena ao lado de seu parceiro, a outra se recusou a completar seus aprendizados emocionais, e agora se debate em um relacionamento que tinha todas as promessas de ser fantástico, mas vai aos poucos se tornando desarmônico e insuportável. A falta de empenho em se melhorar gera um desequilíbrio, que acaba transformando toda a situação em um eterno drama de puro descontentamento.

Durante o seu caminho você pode se recusar a aceitar todas estas bênçãos bastando para isso permanecer na negatividade. Mas você também poderá abrir-se a todas elas, indo ao máximo na extensão dessas possibilidades incríveis, bastando apenas para isso viver sua jornada baseada no seu propósito Superior. Contudo, essas possibilidades já foram previstas pelo seu Eu Verdadeiro, e por isso acreditar que neste momento você pode conquistar tudo o que lhe der na cabeça, influenciado pela sua personalidade, vai acabar gerando indiscutivelmente uma profunda descrença, visto que, cada vez que a vida falhar em lhe fornecer o alvo do seu desejo, você se ressentirá e negará o poder interno.

Esse raciocínio da força do pensamento positivo surgiu, na verdade, apenas como uma ferramenta para a evolução da humanidade. Ele funciona despertando em cada um de nós a vontade de seguir na positividade, mas de forma alguma pode cumprir a promessa de se sobrepor às experiências reais e previamente programadas pelo carma pessoal, inclusive as experiências difíceis e dolorosas. Basta observar ao redor: por acaso o mundo já alcançou esse estágio de realização instantânea só com a ajuda da força do pensamento positivo? É claro que não, porque é preciso ater-se ao propósito de sua jornada, que contém os aprendizados e as lições de que sua alma tanto precisa e pelas quais tanto busca, muito mais do que realizar desejos e vaidades da personalidade inferior.

O pensamento positivo é essencial para o primeiro passo do homem rumo à realização. Ele fomenta o desejo de se reerguer no meio do sofrimento e de transformar cada aspecto desequilibrado. Todavia, ele por si só não é suficiente para construir o sucesso ou atrair os sonhos e desejos. A qualidade da frequência interna é que realmente tem o poder para tal. Aliás, o pensamento positivo é apenas mais um dos aspectos entre o negativismo e o positivismo, ou seja, outra armadilha criada pelo mundo egoico tridimensional, que divide, separa e quantifica a vida ao redor. O pensamento criativo reside no vazio, no silêncio, na quietude.

Por ora, basta compreender que todo pensamento positivo tem o seu contrapeso no lado obscuro da negatividade. Ambos ainda são formas de expressão no campo da dualidade, e escondem armadilhas para aquele que segue desavisado. Entretanto, ainda assim, um bom pensamento positivo é sempre bem-vindo para o despertar da vontade de vencer as batalhas cotidianas. No entanto, devemos nos manter alertas para não abrir espaço justamente aos escapismos do ego. E todo pensamento positivo abre um campo energético para que o homem possa almejar o melhor, sabendo, contudo, que é o propósito pessoal que irá lhe mostrar definitivamente o que a vida lhe reserva de mais perfeito.

As dificuldades encontradas ao longo do caminho, e até mesmo todos aqueles sonhos e desejos que nunca chegaram a se realizar, são verdadeiras fontes de crescimento, justamente por revelarem nossas vaidades, nossos medos e anseios que ainda resistem. Sem elas, equívocos e padrões nocivos permaneceriam com o indivíduo de modo indefinido.

E se, ao se apresentarem as crises, você insistir em entrar no negativismo, rejeitará as mudanças e as "recompensas" pelo êxito em se autotransformar. Lembrando, é claro, que essas "recompensas" não são favores despendidos pelo Alto em favor de seu bom comportamento, uma troca compensatória pela sua mansidão diante das dificuldades, mas sim uma simples consequência que se segue a uma mudança benéfica em sua vida.

Aprender e evoluir são escolhas pessoais ligadas ao Eu Superior. Ironicamente, ao aceitar o desafio que a existência está apresentando no momento presente a pessoa descobre seus dons verdadeiros, encontra o ritmo e o rumo perfeito de sua vida e se coloca na frequência traçada para o seu crescimento, para a tranquilidade, o sucesso, a saúde e o amor. Tudo se encaixa, tudo se realiza.

Silencie por um instante, respire profundamente. Escute o seu coração; não os lamentos e as queixas de um ego insatisfeito e amargurado, e sim a vontade sincera de crescer e evoluir rumo a estágios de amor e plenitude. Agindo assim, mais cedo ou mais tarde lhe será revelado o propósito da sua jornada pessoal. Ele implica compreender que ao realizar a tarefa que lhe está sendo solicitada você estará fazendo o seu melhor, compartilhando o seu melhor, e se sentindo muito feliz, grato pelo momento presente. E então, a vida desabrochará.

III

A precisão por definição

Um pequeno passo para o homem, um grande salto para a humanidade.

Neil Armstrong

NO OLHO DO FURACÃO

É fascinante acompanhar as imagens da passagem de um furacão através dos telejornais. Infelizmente, por onde eles passam, deixam um rastro de violência, destruição, e muitas vezes até de mortes. Mas eles nos fascinam exatamente por sua força e por seu poder incomensuráveis. Na verdade, até hoje, o homem desconhece o que se possa fazer para evitar que a natureza, de tempos em tempos, se mostre soberana sobre todos nós. E o fato é que muito provavelmente jamais encontrará essa saída.

Contudo, a magia e o encanto de toda a natureza tiveram início muito tempo atrás, mais precisamente há catorze bilhões de anos. Esse é o período estimado pela ciência moderna para o começo da jornada do nosso Universo. Foi no início desse período que aconteceu o evento mais surpreendente e também o mais dramático da trajetória de vida no mundo tridimensional até agora: o Big Bang.

Todo o corpo científico trata desse episódio como uma singularidade, e, de onde existia apenas um ponto superconcentrado, após uma grandiosa explosão, passou a existir o incrível e desconhecido Universo que habitamos. Logo após essa explosão, a expansão que se seguiu foi se projetando de forma infinita, criando o tempo, o espaço e a matéria que hoje conhecemos. E o mais incrível é que esse Universo continua a se expandir até os dias atuais.

Aliás, esta é uma das grandes incógnitas acerca do futuro do nosso Universo vivo: até quando ele continuará se expandindo, permitindo que a vida se desenvolva em sua magnificência? Será que, em certo momento, algo ou alguma força misteriosa seria capaz de interromper esse movimento, dando fim a esse ciclo e iniciando justamente um movimento retrógrado e contínuo, até nada mais restar?

A ciência ainda não encontrou uma resposta contundente para essas questões, e diz, inclusive, que, se o Universo continuar se expandindo indefinidamente, chegará um dia em que o combustível que alimenta as estrelas terá se extinguido e elas se apagarão uma após a outra. Como as luzes que se apagam e encerram o espetáculo, o frio e a escuridão cobririam toda a Criação Divina, assim como um manto recobrindo toda forma de vida. Seria então um Universo fantasma vagando pelo infinito. E depois, o que aconteceria?

O homem em sua irrequieta curiosidade continua apontando seus olhos e os olhos dos potentes telescópios para o céu, e nos últimos anos os avanços nessa área são incontestáveis. A cada instante novas imagens de rara beleza são divulgadas, assim como novos conceitos também. Contudo, novas indagações surgem igualmente rápido, mas para nossa sorte e privilégio contamos com dedicados cientistas e astrônomos dispostos a desvendar esses mistérios um a um, à medida que eles vão surgindo.

Quanto a nós, resta-nos apenas admirar e acompanhar essa jornada, torcendo para que surpresas nos sejam reveladas, dúvidas possam ser esclarecidas, e quanto maior o entendimento sobre a nossa origem, maior será também a capacidade de realizarmos novos milagres. Mas, segundo os Fazedores de Milagres as leis e regras que nos auxiliam a realizar os nossos sonhos são precisamente as mesmas leis mostradas pela física moderna, e que regem a vida por todo o Universo. Mas isso não poderia ser mesmo diferente.

Entretanto, a maior satisfação que podemos ter neste momento é observar a junção de ideias entre a ciência e a religião. Depois de décadas tendo de um lado as religiões dogmáticas combatendo a ciência, alegando ser tudo o que ela afirma fruto de mentes malignas, e do outro lado a

A precisão por definição

ciência renegado as religiões, afirmando que eram todas perda de tempo, assunto para os lunáticos e fanáticos ignorantes, hoje, uma começa a confirmar o que a outra diz, e ao caminharem assim, lado a lado, a humanidade ganhará um presente fantástico: a oportunidade de compreender cada passo que ela própria dá rumo à evolução, rumo a Deus.

Exatamente por isso alguns Mestres Fazedores de Milagres recomendam que você assista ao filme *Quem somos nós?*. Nele você poderá ver que religião, pensamento positivo, visualização criativa e ciência aplicada são uma coisa só: um caminho para a unificação, um caminho para Deus. Contudo, a espiritualidade sempre soube disso, e aguardou pacientemente este dia chegar. Agora, tudo isso na verdade é um convite para que embarquemos de forma consciente em direção a uma nova fase da vida planetária.

Os Fazedores de Milagres alegam que uma premissa deste Universo é a constante reciclagem. Tudo está o tempo todo se renovando, se recriando e se reciclando, e temos como exemplo disso o ciclo do oxigênio, o ciclo da água, e até mesmo em nossas vidas diárias podemos perceber essa verdade na reciclagem do lixo, tanto o industrial como o caseiro. Toda a matéria no Universo se recicla e se transforma. Nada é definitivo. Além disso, outra característica marcante é o fato de que tudo se perpetua, isto é, nada realmente acaba, apenas se transforma e segue em frente.

A água que corre e despenca nas hidroelétricas se converte em energia que vai parar nas casas, iluminando e aquecendo. As folhas envelhecidas que caem se decompõem e se transformam em adubo, para novas plantas crescerem em solo fértil. O oxigênio que você inspira transforma todo o seu corpo através de reações químicas, e ao expelir esse ar, outra pessoa que vem atrás absorve e reutiliza essa energia. As combinações químicas, tão complexas e diversas, mostram esse ir e vir entre matéria e energia. E nada poderia mesmo desaparecer, visto que cada pequena fração existente e espalhada pelo cosmos é uma parte do Todo Divino, e no momento certo deverá se reunificar.

Enquanto tudo segue se reciclando aqui e ali, nós também vamos nos transformando; do bebê até o jovem, as células se desenvolvem até que chega um momento em que o adulto envelhece e a morte surge para encerrar esse capítulo, revelando três caminhos para o que um dia foi o homem; o corpo, um organismo complexo, parte física e densa da estrutura que abriga a partícula Divina, se decompõe completamente voltando a se misturar aos átomos do cosmos. Confirmando assim a célebre frase do livro de Gênesis 3:19: "Porque tu és pó e ao pó hás de voltar".

A essência Divina, a alma propriamente dita, no entanto, retorna a níveis de vida e consciência diversificada, isto é, cada um vai acordar deste mundo de pura fantasia e deparar com a continuação da existência, encontrando pela frente um cenário compatível com seus méritos ou deméritos, de acordo com suas escolhas, sua evolução, ou, infelizmente, de acordo com a própria vontade de permanecer nas sombras da ignorância.

E, por fim, todas as energias necessárias para unir esse espírito e essa matéria são também recicladas, retornando ao planeta Terra para que uma nova consciência possa chegar aqui e continuar a evoluir. A jornada, portanto, prossegue continuamente, sem fim e sem retrocesso, até o momento em que o Todo estará unido na perfeição e no amor.

Abordar o conhecimento da física para realizar milagres não é nenhuma novidade, e um dos melhores títulos sobre este tema é *O universo em um átomo*, de sua Santidade, o Dalai Lama. Ali ele escreve: "Assim como uma rocha é constituída por uma agregação de partículas materiais, o corpo humano é composto por partículas materiais semelhantes. De fato, o Cosmos e toda matéria nele contida são feitos da mesma essência, que é reciclada interminavelmente de acordo com a ciência, os átomos do nosso corpo pertenceram em tempos passados a estrelas distantes no tempo e no espaço".

Além desse título, outros são igualmente fascinantes e merecem atenção especial. Um deles, *O Tao da física* de Fritjof Capra, conseguiu unir as filosofias orientais e a física moderna com mestria. É surpreendente observar, através do olhar do autor, o quanto fazemos parte de uma intrincada rede de pura energia e vida.

E a vida é mesmo fascinante! Os Fazedores de Milagres afirmam que, baseados nessa premissa de renovação e reciclagem, chegará um momento na história do Universo em que ele deixará de existir como nós o concebemos. A inspiração Divina cessará, interrompendo este período particular de criações e experimentações. Nesse exato momento, o Universo adormecerá temporariamente, se esvaindo de todo o resto de vida que ainda possa existir. Mas em seguida, assim como nós precisamos do ar e da respiração para continuar vivendo, essa força primordial, ou seja,

Deus, também voltará a se expandir, expelindo novas partículas que voltarão a criar e a renovar a vida. Outra inspiração Divina dará o contorno de um novo Universo se formando, se expandindo e se transformando, em outro momento... E isto já pode estar acontecendo agora mesmo, em outra dimensão, quem pode saber?

E assim como Deus se repartiu para se experienciar, o Universo faz o mesmo a todo instante. E quanto mais se expande, partindo do momento unificado em direção à diversidade, ele vai se tornando mais complexo, mais dinâmico e por que não dizer? maravilhoso também.

A existência tridimensional, para uma partícula Divina que se separou de seu estado unificado e habita de forma temporária o mundo material, é como estar no olho do furacão. Ali, bem no meio, ela observa a agitação e o atrito ao redor. Sem querer, ela acaba sendo sugada pela forte tempestade e é levada para muito longe do seu estado de consciência pura e amorosa. Alguns erros aqui, alguns equívocos ali, e então ela se vê presa à esfera física até conseguir recuperar a harmonia e o equilíbrio de volta, mas a todo instante o furacão emocional parece ameaçar a assustada e pequenina partícula, e o ego distorce e derrota suas esperanças mais uma vez.

Portanto, não há como escapar das consequências de tudo aquilo que causamos durante a longa jornada. Aonde quer que o homem vá, pelos confins do cosmos, ainda assim não haverá como escapar do próprio Universo, e somente a responsabilidade e o conhecimento poderão libertá-lo desse ciclo doloroso em que se encontra nos dias atuais. Reciclar nossas intenções e nossos atos, e adquirir conhecimento, faz-se necessário para rompermos com tudo o que ainda possa estar nos prendendo ao sofrimento.

Todos os cálculos e postulados sobre leis e sobre a dinâmica desse conjunto fascinante que é o nosso Universo apontam duas questões bastante sérias sobre a forma como a vida se desenrola. Uma é a questão sobre causas e efeitos, e através do ponto de vista da espiritualidade, a reencarnação é a ferramenta perfeita para fazer o carma, ou seja, as consequências de atos passados, serem compensados e reciclados no momento presente.

A outra questão é sobre a lei da atração. Ela resume a capacidade de se atrair qualquer coisa para dentro de nossas vidas. A força do pensamento positivo é o seu braço nas esferas místicas, e é explicado que basta você acreditar em algo para que ele se torne uma realidade plausível. No último capítulo, no entanto, já foi comentado que estas duas leis trabalham em conjunto o tempo todo em uma perfeita interação, sem que se possa escapar nem de uma, nem da outra. Todavia, que a força da atração é capaz de transformar nossas vidas integralmente, isto é inegável.

Além desses pontos, outro bastante debatido entre os círculos metafísicos é a questão do tempo; e você já reparou que para quem deseja realizar milagres ele sempre parece ser urgente? Afinal, o tempo é real ou não? O tempo pode ser diferente para duas pessoas? É verdade que o tempo está andando mais rápido ultimamente? E mais, aquilo que foi previsto vai acontecer ou não? São dúvidas infindáveis.

Vamos então começar por olhar todas essas questões mais de perto, esclarecendo como o tempo se faz presente em nossas vidas, e isso implica falar também sobre as imagens que nos chegam ou percebemos através dos nossos sentidos físicos, vindas do mundo à nossa volta. Porque é por intermédio dessas imagens, se sucedendo umas às outras, que criamos e sentimos a ação do tempo passando por nós.

O tempo e o espaço (imagens) são inseparáveis. Você não sentiria o tempo passar se não fosse o espaço à sua volta se transformando continuamente. É esta transformação que gera a noção do tempo sempre andando e se desenrolando para a frente de forma linear, com um passado, um presente e um futuro.

Pense em uma televisão. Ali os personagens desenvolvem histórias e notícias; o mundo cabe nas telas minúsculas dos celulares assim como nos imensos monitores. Entretanto, nada está ali de verdade acontecendo naquela caixa. No fundo, aquelas imagens são pura ilusão, mas ainda assim torcemos pelo nosso time favorito, nos emocionamos com atores e seus papéis memoráveis, e ainda conhecemos o outro lado do planeta através de cores e luzes.

Quando ampliamos isso para nossas vidas diárias parece loucura dizer que a imagem que você tem neste exato instante diante dos seus olhos, na verdade, não existe; pelo menos não desse jeito como você a vê. Ela não passa de um monte de sinais, impulsos eletromagnéticos acontecendo dentro do seu cérebro. E tudo o que é captado pelos olhos humanos, pelos ouvidos aguçados, pelos sentidos físicos de uma forma geral, seja de uma delicada pétala de rosa ou de uma imponente monta-

A precisão por definição

nha, acontece de fato dentro da nossa cabeça. Ali dentro esses sinais são decodificados, classificados e sentidos ora como um objeto leve, ora pesado, ou talvez pequeno, colorido, e assim por diante.

    O que gera essa enorme confusão é a percepção que temos da realidade. A vibração dos átomos está muito longe de ser percebida por nós; ela acontece em uma velocidade além de nossas capacidades visuais, em um mundo microscópico além de nossas capacidades sensoriais. E é aí que nos enganamos. Não observamos um aglomerado de átomos, mas são eles que criam a solidez de uma cadeira ou a maciez da seda. Todavia, nunca enxergamos de fato que a realidade é um grande vazio, acelerado e criativo.

    Quanto ao tempo, essa é outra enganação de nossos sentidos. Se nós só conseguimos entender a vida ao nosso redor através da noção que o cérebro humano possibilita, isso significa que invariavelmente somos enganados por nós mesmos. Para o cérebro, uma imagem é captada em uma frequência, e quando você tira uma foto, por exemplo, você consegue captar aquele instante estático. Luzes e cores criam e moldam aquela imagem para a eternidade. No entanto, quando você coloca a máquina fotográfica de lado, a imagem já se transformou. O vento que passou balançou as folhas das árvores. O sol começou a se pôr, deixando a paisagem com outras cores, outras sombras. O sorriso se fechou e as pessoas retomaram a sua caminhada.

    Quando a imagem que percebemos muda em um instante seguinte, temos a noção do tempo se formando em nossas mentes. Cada onda de luz, cada vibração que as partículas fazem no espaço, cada pequeno movimento muda a imagem que chega até nossos sentidos. O cenário se transforma sucessivamente, uma coisa acontecendo e depois outra, e quando nós nos damos conta, estamos presos à noção do relógio que marca as horas cadenciando o eterno e infinito.

    O tempo passa de fato, isto é inegável, mas a percepção que fazemos dele pode mudar de forma muito drástica. Quando estamos de luto ou quando uma crise está instalada em nossas vidas, o tempo se arrasta de um modo mórbido e sarcástico. Como se desejasse mesmo que sofrêssemos bastante. Mas no fundo é a nossa inabilidade em sair da crise que perpetua a dor e prolonga o tempo. Quando rimos entre amigos o tempo flui, chega até mesmo a voar, como costumamos dizer. A noção do tempo se apaga porque ele não é mais importante para escaparmos do sofrimento. Estamos felizes, e é isto que importa. Nessas horas, o tempo é um aliado para trazer a paz e a alegria para dentro da vida de cada um de nós.

Isso quer dizer que o tempo pode variar? O relógio diz que não! Mas a nossa sensação diz que sim. Isso é possível? É, porque, mais uma vez, tudo se resume àquilo em que queremos acreditar. Tudo se resume à conotação que você dá à vida, ao que sente e ao que acontece à sua volta. A afirmação dos Fazedores de Milagres é que quanto mais descontentes estamos com a vida, com o momento presente, quanto mais conectados estamos ao ego, mais o tempo exerce seu poder e seu peso. Sentimos a dor, a tristeza, a saudade e a ansiedade como inimigos que lutam contra nossos desejos de felicidade e abundância.

Mas o pobre tempo não pode nos atingir dessa forma. O estudante que deseja exercer a medicina compreende que só o conseguirá após o período confinado nas salas acadêmicas. Antes da própria dedicação, ano após ano, nenhum milagre poderia transformá-lo em um médico competente. O *chef* seleciona os ingredientes, higieniza, corta os legumes e as carnes. Aquece o óleo e cria um prato delicioso. Ele sabe que o tempo para preparar a refeição é o segredo do negócio. É o fator que proporciona o prazer da vida. Além disso, nove meses são necessários até que os pais conheçam o filhinho tão aguardado. Então, o tempo é fundamental para a vida prosseguir exatamente do jeito como a compreendemos.

Uma ação precisa ter espaço para acontecer, e depois seus efeitos serão sentidos. Os milagres, infelizmente, não impedem o fato de que o homem tem de efetuar suas tarefas, sua vocação e seu destino. Por isso a atenção àquilo que você está executando é o portal para colocá-lo além do peso que o tempo exerce sobre a sua vida.

Se o estudante em vez de se aplicar ao que precisa ser compreendido naquele exato momento ficasse revoltado com o relógio que o separa da formatura, sua agonia não iria lhe trazer o diploma, nem a carreira almejada. Ficar contando os dias, as horas e os segundos não vai fazer os milagres chegarem mais rápido. Aliás, sentir o tempo se arrastando minuto a minuto traria mais desgosto do que alegria para sua jornada. É esse sentimento de frustração que sela as portas para a realização pessoal.

E, por fim, o *chef* sabe que tentar acelerar o cozimento do alimento pode mudar o gosto e o prazer final. Pode até queimar os seus quitutes, e então tudo teria de ser refeito, demandando ainda mais tempo.

E nenhum pai no mundo deseja que seu filho nasça antes do tempo, mesmo que mal aguente esperar para segurá-lo em seus braços. É o tempo neste caso que permite à vida se desenvolver.

Compromissos são marcados com o olhar no relógio. As horas e o calendário são convenções em que a vida se desenrola. Contudo, é a sua percepção que faz o tempo acelerar ou diminuir sua cadência. E, mesmo que você se torne um Fazedor de Milagres, não vai escapar da necessidade de respeitar o tempo que a humanidade tanto considera. Você vive sob essas circunstâncias, goste disso ou não.

Porém, para encontrar a paz, a saúde, a abundância e a felicidade você pode e deve romper as barreiras do tempo. Este é, na verdade, um dos fatores preponderantes para a realização dos milagres. Porque o tempo é fixo para um relógio, mas é também flexível de acordo com a sua predisposição, então existe uma brecha por onde a consciência pode penetrar.

Quando o destino está traçado e encontra seu jeito de acontecer, cada atitude que você toma pode conduzi-lo para o lado positivo ou negativo da história. Você escolhe isso. Você escolhe a forma como o tempo vai pressionar ou impulsionar a sua vida.

Mas quando você possui o conhecimento dos Fazedores de Milagres, compreende que mesmo agora, enquanto o seu destino, os eventos e as circunstâncias lhe estão sendo revelados, existe outra história, outro caminho paralelo, repleto de possibilidades, só à sua espera. No momento em que realiza uma transformação interna e rompe com seus vícios e comportamentos condicionados, você se liberta um pouco mais das garras do seu ego, e começa a entrar na frequência em que as coisas tendem a acontecer de forma muito diversificada. Todas essas possibilidades e opções já estavam previstas pelo seu Eu Superior, fazem parte do seu destino, mas só irão acontecer se você conseguir embarcar entre a consciência humana e a consciência Divina, nessa brecha entre o que o calendário impõe e o que a felicidade pode realmente fazer por você. Deixando para trás cada pequeno gesto de desamor, caminhando em direção à própria evolução, você encontra esse *momentum*, no qual o destino parece sorrir, o tempo não mais sufoca ou se arrasta, os compromissos físicos continuam sendo respeitados, mas todas as previsões de amor, dinheiro, viagens, festas e risos podem enfim acontecer: no *momentum* presente.

Os Fazedores de Milagres não pretendem fazer as vezes dos físicos e astrônomos para explicar o mundo ao nosso redor, nem mesmo as condições da nossa realidade física diante da magnitude do Universo. Mas pretendem, sim, através do seu conhecimento de amor e luz, carimbar o seu passaporte e deixar você embarcar na viagem dos seus sonhos. Aquela viagem planejada há muito tempo e guardada no fundo do coração.

O TREM DA ESPERANÇA

Abra os olhos! Você precisa se perguntar onde está? Em que ponto da sua vida você se encontra? O que ainda resta acontecer, ou melhor, o que você deseja que aconteça daqui para a frente?

Imagine que você embarcou em um vagão de trem. Sentado sozinho você viaja por terras desconhecidas. As paisagens vão mudando, e o tempo também. Quando você olha pela janela, percebe que cada um de nós está sendo conduzido por um trem próprio. Do lado de fora, pintado em cores vibrantes está o nome de cada um: Ana, Paulo, Luísa... São bilhões, trilhões de maquinistas apitando suas locomotivas reluzentes ao sol.

Todos os trens partem de um ponto em comum e só Deus sabe o destino que cada um irá tomar dali em diante.

Percorrendo os vagões do seu trem particular, você pode decorá-los com as imagens e os símbolos que mais o agradam. As cores e a iluminação também ficam por sua conta. O som ambiente, delicado ou barulhento, é escolhido a dedo por sua pessoa. Tudo ali corresponde ao seu gosto e à sua preferência.

Existe apenas esta única condição: cada vagão tem duas portas, uma do lado esquerdo e outra do lado direito. Você não tem permissão para abrir as duas portas ao mesmo tempo. Somente uma de cada vez pode ser aberta, e você precisa, a todo instante, decidir qual delas vai ser.

Então a viagem prossegue. Você está animado e excitado. A velocidade no início é constante e você pouco se incomoda com isso. Até que vem a primeira parada. Nesse ponto, aparecem escritas no monitor instalado no alto, bem à sua frente, informações que explicam que lugar é esse ao redor, e o que está acontecendo por ali. Cuidado, podem ser coisas "boas" ou "ruins", nunca se sabe! Mas enquanto escolhe o que está sentindo em relação ao que lhe foi apresentado, uma das portas se abre automaticamente. Ela na verdade é acionada pelos seus sentimentos, então felicidade abre uma, pesar abre outra. Amor abre a primeira, enquanto o medo abre a segunda.

 Você salta na plataforma à sua frente, e não há como atravessar os trilhos para o outro lado, para a outra plataforma, aquela de que você desistiu, da qual abriu mão. Então à sua frente você encontra tudo preparado para as tarefas que lhe são pedidas. Todas as ferramentas estão colocadas à sua disposição. Se você for atento e dedicado, o trabalho se encerrará mais rápido, e você voltará ao vagão para seguir viagem. Mas se você resmungar, se ressentir-se e criticar-se, o grande relógio pendurado bem em cima da plataforma vai parecer mais lento e antagônico que qualquer coisa que você possa imaginar.

 Logo, a escolha sempre é sua. Como reagir ao que vem, como antecipar-se aos condicionamentos e padrões equivocados, que sempre acabam abrindo a porta para a dor e o sofrimento, ou aceitar o desafio, trabalhar com afinco e consciência para seguir a viajem, e neste caso a porta que se abre sempre ilumina um pouco mais a sua vida.

 Durante a jornada dessa viagem particular serão várias as paradas, várias as plataformas em que você precisará saltar. Algumas frias, impessoais, cobertas de uma neblina densa que mal lhe permite ver onde pisar. Em outras, o sol vai brilhar sobre cada trecho por onde você for descortinando um cenário fantástico.

 No entanto, nada disso realmente importa, porque, depois de um longo período nesse caminho, você começa a perceber que as aparências externas não podem mudar as tarefas que têm de ser realizadas em cada parada da viajem. Aliás, muito sol e festa pode enganar os seus sentidos e prendê-lo por muito tempo nessa fantasia.

 Conforme o tempo vai passando, você começa a se sentir um pouco incomodado, seu ânimo vai se esgotando, a viajem passa a ficar repetitiva e chata. O tempo em cada parada vai ficando maior, e a velocidade do trem diminui aos poucos. As paisagens lá fora já nem o impressionam tanto, mas eventualmente uma ou outra o deixa boquiaberto e ansioso para aproveitá-la. Mas o destino, isto é, o trem, não para quando a gente deseja; ele segue os próprios planos de viagem, traçados pelo maquinista desconhecido, cujo nome é: Eu Superior.

Até que, em uma dessas estações, uma simpática moça o espera do lado de fora do trem. Ela apenas sorri, estende o braço e lhe entrega um pedaço de papel velho e amarelado; em seguida, se retira por uma escada no final da plataforma. Parado, de pé na estação, você baixa os olhos para aquele pequeno papel. Mal é possível ver o que há naquelas linhas, mas você se esforça tanto que finalmente consegue ler: "Amor, sucesso, saúde, fartura e, na estação final, felicidade". É aí que você se dá conta de que aquilo é, na verdade, um mapa que você mesmo criou muito tempo atrás, e indicava um caminho havia muito almejado, todavia está surrado pelos anos, por ter estado esquecido em um canto qualquer. E a esperança retorna com força total...

Pouco a pouco, seu ânimo volta a se acender. São tantas possibilidades à sua frente! Então, no alto-falante, uma voz estridente explica que você precisa arrumar o trem, limpá-lo e organizar cada vagão antes de prosseguir viagem. E você se pergunta: "O que isso quer dizer? Arrumar o trem?". A explicação que vem a seguir indica que no armário localizado no canto do vagão você encontrará tudo o que precisará para realizar essa tarefa.

Lentamente e bastante desconfiado, você se desloca até o último vagão, com baldes vassouras e panos, mas a caminhada até lá foi mais difícil do que você imaginava. Muitos embrulhos, papéis e caixas espalhados pelo chão atrapalhavam seus pés. Você não se recordava do quanto havia guardado e acumulado em cada paragem de sua longa viagem, e agora precisa abrir cada caixa e observar cada papel espalhado pelo trem para decidir o que fazer, o que é descartável, o que é um peso desnecessário.

É preciso polir, varrer e pintar os vagões. Lavar as janelas, trocar cada lâmpada queimada. Cada pedacinho tem de ser limpo e ajeitado, porque tudo o que você foi acumulando acabou tornando seu trem mais lento e vagaroso.

Acontece que uns receberam a tarefa com alegria e esperança, arregaçaram as mangas e iniciaram o trabalho. Sentiram o trem começando a andar um pouco mais rápido e voltaram a se empolgar. Outros, no entanto, irritaram-se com todo o trabalho que daria encarar cada sujeirinha

A precisão por definição

espalhada pelos vagões, e desanimaram. Mas alguns correram para arrumar tudo muito rápido. Eles tinham pressa para chegar às estações, que prometiam coisas incríveis. Entretanto, conforme o trem chegava a essas estações, tão aguardadas pelas promessas de amor, fartura e saúde, somente aquela porta que rangia envelhecida continuava se abrindo diante de seus olhos, e sem compreender eles continuavam saltando na plataforma que levava às crises e dores. E tudo aquilo que prometia ser um sonho acabava se revelando mais um problema na existência desses infelizes. Por fim, não conseguiam aproveitar nenhuma dessas promessas e voltavam para o trem, prosseguindo em uma viagem de frustrações e arrependimento. Cegos diante de sua ambição, da pressa e da vontade de vencer. Aos poucos o trem voltou a diminuir sua velocidade, arrastando-se ao longo dos trilhos do próprio destino.

O trem daqueles que desanimaram também diminuiu a marcha, e quase não podia mais ser visto, ficando lá para trás na ferrovia.

Mas todos aqueles outros trens, daqueles que se prepararam devidamente... ah, esses percorriam de vento em popa cada etapa que faltava para chegar aos seus destinos, e o tempo parecia nem existir, tamanho embalo eles tomaram!

Conforme a viagem vai seguindo, cada trem irá percorrer um destino particular, isto é, eles irão parar em cada estação que foi previamente planejada antes mesmo de a viagem começar. As chances de aproveitar cada evento positivo, como a fartura, um relacionamento feliz, saúde e sucesso, fazem parte da viagem de cada um desses trens, mas elas são como promessas; o problema é que, conforme cada um desenvolve a sua velocidade, fica parecendo que somente alguns são privilegiados, sempre encontrando prazer e alegria, enquanto o restante sempre abre as portas para a plataforma onde tudo é mais difícil; ganhar dinheiro é difícil, encontrar um parceiro é complicado, manter a saúde é um dilema. Nessas plataformas, os melhores sonhos e projetos sempre encontram algum empecilho.

Se você se encaixa nesse último caso, isso significa que cada vez que seu trem para em uma estação, seus sentimentos abrem a porta que dá exatamente para as crises e para as dificuldades. Desse jeito, não consegue tirar todo o proveito de tudo de bom que foi planejado e que estava à sua disposição justo atrás da outra porta que você rejeitou. Resta agora dar um novo impulso de energia vibrante e consciente, para que a velocidade desse trem aumente e ele possa cobrir a distância que o separa da próxima estação ainda mais rápido. Até lá, se você mudar seu coração e suas ideias, certamente a porta que dá acesso à felicidade se abrirá, e você poderá aproveitar seus sonhos de maneira plena.

O destino, todos os trens terão de cumprir; ninguém pode evitar isto. Eventos felizes e eventos tristes fazem parte da viagem de cada um, e o trem vai passar por essas paragens; ninguém também pode evitar.

O trem da esperança existe dentro da consciência de todos nós. Se você sorrir e se abrir para a experiência do presente, rapidamente a tarefa acabará, e você prosseguirá para estâncias de puro prazer. Se você se fechar para a esperança, para o trabalho diante de suas mãos, então a vida vai se tornar lenta, desanimada até se apagar.

Para os Fazedores de Milagres, o combustível que faz a velocidade do trem mudar é a sua vibração tendendo para o amor ou para o medo. Vibrar no amor ou no medo é uma decisão que você precisa tomar a cada instante.

Então abra os olhos! A viajem precisa prosseguir.

NO LIMIAR DA CRIAÇÃO

Até algumas décadas atrás, o átomo era a barreira final, o ponto minúsculo e desconhecido da Criação.

Mas descobertas revolucionárias acabaram revelando um mundo ainda menor; ou será maior? Ao dividir-se o átomo, todo um mundo novo se revelou.

Atualmente a ciência nos informa que as partículas densas dentro de um átomo ocupam, na verdade, um espaço tão reduzido que chega a causar espanto. Esse espaço é tão pequeno que parece insignificante diante de todas as estruturas grandiosas que vemos e que tocamos. Porém, ao redor dessa minúscula parte densa, uma imensa nuvem de vácuo permanece rodeando esse átomo, e ali, aparecendo e desaparecendo como um pisca-pisca de Natal, os elétrons vão viajando. Quando esses elétrons encontram outros elétrons, reagem entre si, criando tudo o que conhecemos e o que não conhecemos também.

A precisão por definição

No final, você tem a sensação de que a parede é tão sólida que sustenta a sua casa ou até mesmo um arranha-céu. Mas no mundo microscópico a vida é feita de vazios intermináveis e pouca matéria densa. A ilusão acontece justamente porque, ao se combinarem, esses campos de pura energia que vibram de forma incessante vão modificando sua intensidade e a própria frequência, aos poucos se tornam mais lentos e, consequentemente, tornam a matéria mais condensada e unida. Nossa percepção capta esse movimento vibratório em uma escala muito baixa, e acreditamos ser a parede sólida, a rocha, indivisível, e o mundo ganha os contornos físicos que nossos parcos sentidos conseguem realmente captar. Todo o resto fica de fora, o que para muitos justifica que aquilo que não pode ser visto nem tocado faz parte de um mundo de fantasia.

No entanto, agora mesmo, outros níveis de energia e informação estão chegando até você sem que você os veja ou ao menos tome conhecimento deles; e ainda assim, são formados pelos mesmos átomos, elétrons e partículas que constituem o seu corpo, sua cadeira e sua casa. O pensamento, tanto quanto um armário, é uma fonte de sinais químicos e eletromagnéticos que por sua vez movimentam os átomos e suas nuvens vibrantes. Todo pensamento interfere energeticamente na composição do mundo ao seu redor. Contudo, a frequência, no caso dos pensamentos, é muito mais alta do que a frequência de um móvel, por exemplo, e por isso escapa-nos aos sentidos. Assim como acontece com os raios ultravioleta, os raios X e os raios gama, presentes em vários exames médicos da atualidade: não conseguimos vê-los atravessando a estrutura física de nossos corpos, e ainda assim eles revelam doenças, fraturas e todo o tipo de complicações.

Então, na verdade, o mundo é pura abstração. Nem tempo, nem imagem, muito menos realidade física e densa, apenas partículas minúsculas vibrando em intensidades variadas, que vão formando a vida ao nosso redor. Tudo está vibrando, inclusive cada pedacinho do nosso corpo e de nossas ideias também, entretanto não somos capazes de visualizar tal fato. Todavia, basta ter o conhecimento necessário para influenciar toda a Criação de forma mais positiva e benéfica. Aliás, o conhecimento, o pensamento e a informação fazem parte desse mundo energético do qual acreditamos que ficamos de fora, mas somente eles podem de fato penetrar o campo Divino e criativo. Você não pode tocá-lo ou caminhar até ele; apenas o pensamento tem acesso a essa usina criadora.

Por isso a força do pensamento positivo, a meditação, o silêncio e a visualização criativa são ferramentas que, unidas, podem efetivamente criar um mundo novo. Uma mente agitada e conturbada, repleta de pensamentos nocivos e obsoletos, acaba perturbando e impregnando este mundo vazio e energético que cria tudo o que conhecemos. O caos interior leva ao caos do lado de fora.

Mas quando penetramos esse campo causando o menor impacto possível, com uma mente tranquila e o coração repleto de harmonia, qualquer desejo toma vida e impulso, e nada será capaz de interromper esse processo. A não ser que você e sua mente confusa voltem a perturbar o campo criativo com todo tipo de lixo e confusão mental. Mas essa é uma questão de escolha, não é mesmo?

A partir desse mundo incrível de vazios, elétrons e pura energia, o impulso que um dia foi apenas uma ideia se transforma em um produto, em uma engenhoca, em um objeto palpável ou até mesmo em um evento, que tem a capacidade de causar um impacto na realidade física de cada um de nós. E assim, toda negatividade, todas as queixas e reclamações vibram no campo de energia pura, afastando e atrasando nossa evolução. Esse tipo de pensamento constante traduz o sentimento de insatisfação, pobreza, de descontentamento e desamor. Assim sendo, a energia trabalha nessa frequência, reagindo ao comando interno, que neste caso são apenas informações negativas. No dia a dia, o resultado prático é a repetição de todas as suas dificuldades, recriando justamente tudo aquilo que você mais gostaria de dar um fim definitivo.

E se é através da força energética do conhecimento que poderemos transformar tudo ao redor, então essa é a solução para a realização pessoal. Não esqueça que conhecimento é poder. Neste instante você pode compreender que os seus conceitos, seu comportamento, suas queixas, orações, seus desejos e suas intransigências encontram o caminho perfeito entre o seu cérebro – fonte de todos os seus pensamentos e a realidade material. Tudo se resume a combinações energéticas que vão se condensando e transformando, pouco a pouco, na realidade física. O teor dos seus pensamentos é a matéria-prima do padrão de vida que você leva aqui fora, tudo isso combinado, é claro, com o seu carma e o seu propósito pessoal.

A precisão por definição

E tudo funciona da seguinte forma: você tem um plano traçado mesmo antes de nascer, é o seu destino e ele foi escrito levando em conta tudo o que você precisava enfrentar do seu lado obscuro, na tentativa de elevar a sua consciência e evoluir a estágios mais puros. Dentro do campo das possibilidades inerentes a cada um, toda vez que você vence um desafio na vida, você libera essa parte da frequência negativa e abre espaço para o campo positivo operar no seu pensamento e no seu dia a dia. Então brota um desejo, uma vontade genuína de construir e viver uma existência de forma mais plena. Quando você está em perfeita sintonia com o seu Eu Superior, esse desejo responde a uma frequência já instalada no seu programa de vida, e ele sempre estará condicionado a levá-lo a um patamar melhor, mais elevado, seja de dinheiro, de saúde, de amor ou de tranquilidade. No mundo real, a jornada lhe apresenta as opções possíveis, atraídas justamente pela frequência que você emite ao seu redor.

Entretanto, optar por percorrer a estrada mais fácil, onde o ego murmura suas queixas o tempo todo, vai acabar levando ao sofrimento, às decepções e perdas, uma consequência natural de todos aqueles que evitam se transformar internamente.

Por outro lado, ao enfrentarmos nossos desafios, mantendo a positividade e a determinação, liberamos pequeninas doses de "boa sorte" ao longo do caminho, traduzidos como abundância, encontros perfeitos, acordos acertados, e toda forma de facilidades.

Ainda assim, nossos sentidos afirmam constantemente que as coisas acontecem comprimidas entre o tempo e o espaço, e apesar de sabermos que nem tempo ou espaço são mais tão "reais" assim, já que não passam de uma deturpada e restrita forma de observar o mundo, sofremos as consequências de experimentarmos a vida no mundo físico e denso. E aqui, "nesta realidade condicionada, temporal e espacial", simplesmente não interferimos na forma ou no momento em que as situações precisam e têm lugar para acontecer. Tudo está escrito, afirmam os Fazedores de Milagres, então tudo tem sua hora exata para nascer e vir até nós.

Por fim, nenhum sonho, desejo ou vontade pode ser controlado pelo tempo ou pelo espaço. Desse modo, qualquer expectativa ou ansiedade de nossa parte se revela a forma mais inútil e nociva de gastarmos o próprio tempo. Desejar e ficar esperando que algo aconteça no tempo e na hora em que nos for mais conveniente é simplesmente demonstrar o quanto ainda estamos distantes das Verdades Superiores.

Antes de interferirmos no campo da Criação através do poder do pensamento, devemos nos certificar de estarmos sendo guiados pelo propósito de nosso Eu Superior. Projetamos e modificamos as estruturas ao nosso redor para ver nascer o melhor. E é só isso que poderemos realmente fazer.

O tempo e o espaço em que cada pensamento ou desejo tomará forma não podem ser tocados ou revelados. Se fosse possível, o ser humano cairia na tentação do ego imediatamente após a criação de seus sonhos no campo invisível. Se não fosse preciso manter-se alerta e vigilante do próprio negativismo interno, o ego assumiria de vez o controle, certo da realização de seus caprichos, e tomaria conta de sua personalidade levando toda a evolução do seu espírito correr o risco de ficar perdida. O que nos mantém alertas e conscientes diante de um desejo, e até mesmo diante da necessidade de evoluirmos, é justamente a dúvida acerca de sua realização. Os Fazedores de Milagres reconhecem que falar desse modo parece mesmo uma tortura com nossos sonhos mais caros, entretanto, o que poderia fazer você persistir na boa conduta e nos esforços pessoais para evoluir se soubesse de antemão quando, onde e o que a vida iria lhe oferecer? No fundo, não conhecer o resultado das ações e dos pensamentos faz com que cada um de nós siga em frente almejando sempre o melhor. É a força do pensamento, nestes casos, que guia nossos passos rumo ao autoaprimoramento. A vontade de ver nossos sonhos realizados acaba gerando uma força interna capaz de nos fazer vencer qualquer obstáculo, sem esmorecer, nem desistir.

Mas ainda assim resta uma dúvida: se for possível prever que alguma coisa possa acontecer no futuro próximo, então como não se pode prever com precisão quando exatamente se dará o ocorrido? E mais: se você prevê que algo irá acontecer, qual liberdade pode haver para mudar os rumos ou alterar a história? Afinal, se uma ocorrência está sendo prevista e anunciada, significa que ela "já está lá", só esperando o tempo passar até chegar o momento preciso em que deverá se manifestar na realidade física? Sim e não! Quando uma previsão é feita, e não importa se é positiva ou negativa, ela é apenas uma estimativa daquilo que está inserido no campo das possibilidades, particular a cada indivíduo. Essa previsão é pinçada dentro das possibilidades cármicas; no entanto, o que marca

A precisão por definição

se essa possibilidade irá acontecer é a sua posição diante da vida, isto é, se você se colocar na frequência correspondente, que permite àquela energia se tornar palpável em sua vida. É exatamente aí que entra a força do pensamento, a reavaliação moral e a transformação interna dos valores e dos conceitos. Assim, você pode transformar tanto a sua frequência que evitará que uma previsão ruim aconteça, ou, se não puder impedi-la, poderá ao menos suavizá-la. Do mesmo jeito que poderá acelerar a ocorrência prevista de todas as coisas maravilhosas, desejadas e prometidas a você pelo seu Eu Superior.

Quanto ao "quando", ele jamais será revelado. Ele é oculto e misterioso. Ele é na verdade uma farsa, porque depende exclusivamente da nossa percepção sentir a velocidade e constância do tempo. Tudo pode acontecer mais rápido, de acordo com a sua disposição. Ou talvez mais devagar, com a sua recusa em enxergar a Verdade. Aliás, isso acontece o tempo todo conosco, e quando estamos de bom humor tudo flui de forma graciosa e sem contratempos. Nessas horas, entramos em uma frequência energética que derruba as fronteiras do tempo. Seguramente, essa é mais uma razão pela qual os Fazedores de Milagres alertam para que se evitem ao máximo as armadilhas do ego, ansioso, descontente e crítico, que faz a noção do tempo se voltar contra nós, tornando o momento presente insuportável e muito mais difícil do que ele realmente é.

Focar sua atenção no momento presente cria esse vácuo, e nem passado nem futuro podem atormentá-lo. É justamente a anulação do fator tempo e da matéria densa em si que abre o campo Divino e criativo dentro de nós. É nesse vácuo, livre de pensamentos e questionamentos, nesse vazio entre as partículas subatômicas que realmente se cria uma novidade ou se permite que a novidade que já estava lá, adormecida, ganhe impulso e se lance para a vida física. Manter o foco de sua atenção direcionado para o atemporal, para o vazio, elimina o sofrimento, e ainda poderá surpreendê-lo.

Mas se o tempo não pode ser previsto, de onde poderá nascer a certeza de que as coisas irão efetivamente acontecer? Se você abre espaço para a dúvida, como tranquilizar-se a respeito da concretização de seus sonhos? Simples: é o poder da fé, aliado ao conhecimento, que pode guiar um coração no caminho da evolução e da realização pessoal.

A partir do momento em que você tem o conhecimento sobre como tudo realmente funciona, neste nível energético e sutil, você tem nas mãos a chave para se colocar à disposição daquilo que o seu Eu Superior reservou para a sua jornada. Ao se colocar em perfeita sintonia com essa frequência, você não precisa da confirmação dos seus sonhos. Você sabe que irão se realizar, porque agora eles não são mais os "seus sonhos", os "seus desejos mundanos e imediatos", eles são as oportunidades oferecidas pela vida para que você as aproveite da melhor forma durante a sua experiência criativa no mundo da realidade física.

Enquanto todos aqueles que teimam em dar ouvidos aos desejos egoicos da personalidade, sempre materialista, interesseira, ambiciosa e insatisfeita, estarão fadados a viver na dúvida cruel: seus desejos e suas vontades serão ou não satisfeitos? Essa angústia leva o homem ao desespero e certamente à depressão.

É exatamente isso o que vemos acontecer no mundo atualmente, dizem os Fazedores de Milagres: uma multidão desejosa por realizar seus anseios acima de qualquer coisa, de qualquer valor e até mesmo passando por cima de seus semelhantes. O resultado são as doenças, a miséria, as catástrofes, a fome e a violência.

Transforme o seu conhecimento, os seus conceitos, e as dúvidas desaparecerão, porque elas são nascidas do temor e do medo. Transforme-se completamente, e as dificuldades irão sumir, tornando-se apenas desafios e oportunidades. Você sai do nível da personalidade mesquinha, onde a dúvida e a angústia infernizam a mente e o coração, e embarca em uma viagem sem volta rumo a um lugar chamado quietude. Ali, não há espaço para o sofrimento, apenas para a realização. Este é o caminho, esta é a Verdade à qual Jesus se referia quando disse: "Eu sou o caminho, a verdade e a vida" (João 14:6).

É somente quando a Verdade suprema encontra alicerces firmes na nossa consciência que o caminho pode se abrir e a vida se transformar. E Ele, o Mestre Jesus, termina dizendo que ninguém poderá retornar ao Pai, se não percorrer esse caminho. Portanto, siga esse conselho, para que em breve todos possamos nos reunificar ao Pai e ao seu infinito amor. Não há outro caminho, não há outra solução. E não é preciso seguir um culto ou uma religião se você não quiser, também não é preciso negar a existência do poder da oração ou da fé, basta você transformar seus pensamentos, sede da pura energia, onde o mundo atômico é capaz de realizar milagres em sua caminhada.

NÃO EXISTEM OPOSTOS NA CRIAÇÃO

Quem poderia imaginar que a física quântica se tornaria a melhor aliada da espiritualidade? Quem poderia prever que, juntas, elas trariam respostas claras para as maiores angústias da humanidade? Entretanto, isso não é novidade, porque já há algum tempo o budismo, o taoísmo, a teosofia e até mesmo o ayurveda vêm ensaiando essa dança juntinha entre a física e as religiões. Em todos os casos, é com alegria que devemos receber e saudar cada resposta, cada observação e por que não dizer? cada nova pergunta que desponta no cenário metafísico.

Aqui, os Fazedores de Milagres também não param de nos surpreender, dessa vez quando explicam um paradoxo incômodo entre os tratados científicos e a visão espiritualista da Criação: a previsibilidade do destino *versus* o princípio da incerteza.

No capítulo passado foi levantada a questão sobre a dúvida que nasce junto com os nossos sonhos. Afinal, basta concebermos uma ideia, um desejo, que imediatamente após surge também uma inquietação na mente, questionando se tudo aquilo que está sendo almejado irá de fato acontecer. Alguns conseguem superar esse primeiro momento e se mantêm firmes em busca de realizar algo maior. Muitos, entretanto, acabam fraquejando no meio da incerteza e não realizam nada. Nesse mesmo capítulo, foi comentada a razão moral/espiritual pela qual a dúvida acaba guiando e auxiliando todos aqueles que buscam evoluir.

Enquanto tem dúvidas, você na verdade permanece buscando, questionando e desejando. Você mostra que está vivo no jogo, e isso significa que está aberto, está se trabalhando internamente em prol de obter respostas e resultados. Mas é preciso dar o próximo passo, desprender-se da desconfiança e seguir adiante; caso contrário, a própria inquietação que nasce da suspeita destruiria seu ânimo. E fazer isso consiste basicamente em entregar o controle obsessivo por um resultado específico no tempo e no espaço, e aceitar o fato de que, se o desejo partiu mesmo do seu programa de vida, ele simplesmente não tem como "não acontecer". Ele é parte intrínseca da sua jornada evolutiva e precisa acontecer; a questão é você dar um salto de fé para dentro do Todo unificado.

A partir daí, permanecer duvidando da capacidade de realização do próprio desejo, ou até mesmo do Universo, é atestar que no fundo você não confia e não está vivenciando no seu dia a dia a perfeita comunhão com o seu propósito Maior. Ao contrário, quem acredita que pode controlar o bom andamento de um desejo e o consequente resultado satisfatório está se enganando e se torturando. A desconfiança nessa hora esconde apenas o medo de não obter a realização e ainda ter de encarar a frustração ao longo do caminho. Esconde o ego, que acredita na necessidade de alcançar o resultado esperado com urgência, ou algo de ruim poderá lhe acontecer. A dúvida passa a ser a sua maior inimiga, desarticulando energeticamente todos os laços criativos que você colocou em torno de seus sonhos, e que deseja tanto ver acontecer.

Mas por ora, a explicação que os Fazedores de Milagres têm a oferecer ultrapassa um pouco essa questão da dúvida em oposição à realização de um desejo, e revela que, na prática, não existem opostos no seio da Criação Divina.

Vejamos quando uma ação gera um efeito. Essa ação pode ser baseada em conceitos negativos ou positivos, mas que necessariamente levarão a uma consequência, quando é negativa, essa ação acaba criando carma. Porém, a partir do momento em que a ação foi realizada, e tomando como base o teor da qualidade energética que impulsionou todo o movimento, você poderá ter uma previsão lógica do resultado final. A previsibilidade diz exatamente que, ao fazer tal coisa, em uma determinada frequência, logo será possível reconhecer quais resultados poderão surgir dali. É como adestrar um animal de estimação: depois de certo tempo finalmente ele compreende qual o comportamento que desejamos dele, e começa a responder exatamente como queremos. Suas ações, a partir daí, se tornarão previsíveis para seu dono.

O mesmo acontece em nossas vidas porque somos criaturas de hábitos, e as repetições de determinados comportamentos nos tornam previsíveis depois de certo período. Reagimos sempre da mesma forma a tudo o que nos chega de fora, e o resultado disso também é previsível. É como alguém que deseja emagrecer, mas, por não resistir aos impulsos de comer sem controle, tudo o que consegue é acumular alguns quilinhos a mais. Neste caso, o desejo é superado pelo impulso, e sua ação previsível conduz a um resultado também previsível. Todavia, o objetivo, segundo os Fazedores de Milagres, é exatamente romper esses velhos padrões e modificá-los através do poder do conhecimento, para alcançar de forma definitiva a felicidade.

Ampliando um pouco mais nossa visão sobre esse assunto, podemos observar que em toda a Criação existe um padrão que segue se repetindo, como a partitura de uma música indicando o próximo acorde que compõe a canção. Isso nos leva a supor que tudo, de um jeito ou de outro, encerra uma possibilidade de acontecer de determinada forma, tornando-se, portanto, previsível. Mas o mistério nisso tudo é que, por mais previsível que uma circunstância possa parecer, sempre há espaço para o imprevisível surgir diante de nossos olhos, e esse é o princípio da incerteza. Assim, qual dos dois pode influenciar nossa realidade: a certeza ou a incerteza?

Na física quântica, tudo é apenas uma probabilidade, uma tendência de que poderá vir a ocorrer determinado fato. Quem define a existência ou não de algo é justamente a presença do observador. Ele é a peça fundamental e por que não dizer? determinante do experimento. Enquanto a percepção do próprio observador não decifra a mensagem do que está acontecendo em sua presença, a ocorrência em si é irrelevante. Ela nem sequer existe. Tudo depende da percepção desse observador para vir a ser um fato ou um objeto. Desse modo, experimento e observador se entrelaçam de tal forma que já se sabe não poder haver mais a visão separatista entre esses dois elementos da Criação. De fato, isso comprova que o homem é o criador de sua realidade imediata, portanto, único responsável pelos dissabores e pelas alegrias encontrados pelo caminho. É ele quem alimenta, com a própria frequência interna, as possibilidades de um evento chegar à sua jornada de forma positiva ou negativa. E se antes causa e efeito funcionavam independentemente do observador, agora, apesar da "tendência e da previsibilidade" lógica e consequente que uma ação qualquer pode tomar, existe também a possibilidade de o observador alterar completamente o desfecho de uma determinada história.

O resultado dos experimentos atômicos tem revelado que tudo depende da natureza dual da própria matéria, que pode se apresentar ora como partícula, ora como ondas.* Isto significa que apesar de as formas (resultados) parecerem se excluir mutuamente, na verdade elas são interligadas e complementares, trabalhando juntas para a unicidade se revelar, e que dependem exclusivamente desse observador para se definir no final do experimento. O que equivale dizer que as duas tendências existem como uma possibilidade, e é o observador quem vai escolher qual delas irá "existir" de fato. Para a ciência, a origem é absolutamente igual, e a diferenciação só ocorre por um desejo expresso do próprio homem. Tudo, portanto, não passa de uma mesma coisa, ou seja, as partículas são ondas, e as ondas também são partículas. Tudo depende do observador. Tudo depende de nós.

E assim, a ciência comprova que a aparente oposição dos aspectos apresentados revela-se falsa, visto que tudo se funde em uma única coisa, exatamente como a espiritualidade sempre afirmou. É o individuo e a sua predisposição que interferem e modificam as estruturas. Logo, você é o único personagem capaz de alterar o próprio caminho.

Não existem opostos no seio da Criação, dizem os Fazedores de Milagres, e acreditar que existem demonstra uma mente talhada pelo ego que insiste em separar e qualificar cada aspecto da vida ao redor. Através do pensamento linear e lógico, o homem acredita que cada parcela da natureza tem o seu oposto, e ele vê tudo aquilo que é bom como algo desejável, tanto quanto tudo o que é considerado ruim ele reprova e rejeita. Manter esta posição em constante conflito é desnecessário porque de fato, ao se colocar um aspecto diante de seu complemento, eles se entrelaçam e se fundem ao Todo.

É bastante comum, inclusive, observar nas pessoas o medo de abandonarem seus conceitos limitados justamente pela necessidade de defender o próprio espaço e seus ideais. O temor consiste na possível anulação da personalidade e dos gostos particulares no caso de serem obrigados a abrir mão desses conceitos. Entretanto, é exatamente essa postura rígida e antagônica que impede que você penetre de forma cons-

---

* N. da A. – O princípio da incerteza de Heisenberg define a fórmula da relação entre a incerteza com a posição e o *momentum* de uma partícula especifica.

ciente e efetiva no campo Divino criativo e, consequentemente, o impede de realizar milagres.

Na verdade, ao aceitar e se render ao fato de que nada precisa ser tão radical, nem para um lado, nem para o outro, brota dentro de você o respeito e a admiração pela diversidade. Você passa a compreender o valor que existe nas diferenças justamente porque só um aspecto existe, de fato, na presença de seu complemento. Se você nunca tivesse visto a claridade proporcionada pela luz, jamais perceberia a escuridão; aliás, a escuridão nem mesmo existiria para você. Sem uma pessoa alta, você não conseguiria distinguir a estatura mais baixa, porque é o complemento que garante a percepção dos opostos. Tudo é uma coisa só, tudo é Deus se experimentando, repartido-se em milhares de partículas espalhadas e diversificadas.

Abandonar o conceito dos opostos não impedirá, por exemplo, de continuar tendo suas preferências, nem o fará perder a sua individualidade no meio da multidão. Ao contrário, você terá uma posição mais abrangente e acolhedora, como é a natureza Divina mesmo. O interessante é que ao reconectar-se ao Todo, livre da obrigação de defender os opostos e seu ponto de vista, você abre os portões mágicos que conduzem ao campo Divino criativo. Este é o único jeito.

Mas certamente abrir sua consciência fará de você uma pessoa livre para experimentar a vida com mais intensidade e, é claro, o ensinará a respeitar o outro lado de cada aspecto existente ao seu redor. Agindo assim, você rompe com as fronteiras limitadoras do ego, rompe com as estruturas entre o passado e o futuro, e quebra as amarras que ainda o prendem às frustrações e às expectativas. Você apenas vivencia o presente, de forma consciente e, pronto para o próximo passo, você vivencia as experiências livre de enxergar sempre o mal, o ruim, o decepcionante.

Não há opostos, mas aspectos que se complementam, e mesmo que neste exato momento comece a surgir na sua mente coisas do tipo branco *ou* preto, quente *ou* frio, vai chegar uma hora em que você desejará se libertar ardentemente destes conceitos rígidos. Veja bem, ao aspirar e sonhar com algo, você sempre vai tender a escolher as coisas pensando exclusivamente no lado positivo, ninguém deseja para si algo ruim, certo?, da mesma forma, ao desejar tal coisa boa, no imediatamente você começa a imaginar como ou por onde essa situação poderá chegar às suas mãos; inclusive, passa a determinar um prazo, urgente na maioria das vezes, em que essa circunstância tem de acontecer. Qualquer outra forma de conceber seus desejos se torna insatisfatória, ruim. Só o seu jeito é válido, e no tempo que você estipulou. Porém, quando as coisas começam a dar errado e simplesmente não acontecem como você gostaria, você se revolta e se ressente da vida, criando ainda mais dificuldades.

Passar a vida imaginando que tudo o que existe no Universo é classificado como bom, ou ruim, fará você perder seu tempo, além de o impedir de ver algo novo nascer em sua jornada. Para a grande maioria das pessoas só um resultado importa, porque, para o ego, para a personalidade, só a própria satisfação é importante.

Para a alma encarnada, no entanto, nem o tempo nem a forma como as situações irão se desenvolver importam. Apenas a evolução e a felicidade contam; nada mais. Todavia, você precisa reconhecer que a vida funciona e acontece por meios e vias misteriosos.

Pelas demonstrações da ciência moderna está comprovado que na natureza, mesmo que um resultado seja provável, ainda assim o seu rumo pode ser alterado, abrindo espaço para a incerteza. E o que isto quer dizer na sua vida prática? Bem, mesmo que você esteja há anos experienciando uma situação difícil após a outra, e mesmo que a vida pareça estar brincando com seus sonhos, você ainda pode mudar integralmente o final de sua história, mesmo indo contra todas as probabilidades. Isso significa de fato vencer um vício, desbravar novos caminhos emocionais e, por fim, aprender a viver plenamente. Tudo isso pode acontecer agora mesmo, uma vez que a semente das mudanças inerentes à sua jornada em particular jazem adormecidas na frequência, esperando por um chamado inovador e criativo.

Abra-se às possibilidades infinitas, mas não se esqueça de que seu destino foi programado pelo seu Eu Superior muito antes de você chegar aqui. Ele é e sempre será o fio condutor de todas as experimentações e dificuldades que você encontrar no caminho. Mas se você nasceu em condições adversas, ou se a vida tem se mostrado um tanto quanto dura, a tendência natural seria esperar que tudo permanecesse do jeito que está, a não ser que você transforme seus conceitos, reavalie seu comportamento e deixe a sabedoria dos Fazedores de Milagres conduzi-lo ao berço do imprevisível, onde as mudanças ensaiam seus primeiros passos.

Pensamento positivo versus *pensamento negativo*

Nada pode ser mais enganoso em relação aos opostos de bem ou mal, do que o pensamento positivo *versus* o pensamento negativo. Lembre-se: todo pensamento é uma fonte de pura energia que impregna o campo criativo, acionando as combinações certas para que uma ideia se transforme em um evento ou em um produto, ou ainda em uma circunstância real com a qual você deverá lidar.

Tradicionalmente, fomos condicionados a pensar sempre de forma positiva. Os pais falam com seus filhos de modo a incentivá-los, as orações e crenças são passadas de geração em geração sempre esperando pelo bem. Fórmulas e rituais seguem tentando proteger os entes queridos e afastar os maus pensamentos.

Ao longo da vida, nossos conceitos vão se cristalizando, e passamos a acreditar que podemos separar tudo o que é bom de tudo o que é ruim. E na hora de desejar algo para si, o ser humano só deseja o melhor, mesmo que não sustente esses desejos por muito tempo, mas ainda assim é sempre o melhor o que ele quer. Porém, em sua psique, vários gatilhos provenientes do passado o levam a crer que muitas coisas negativas, feias e pequenas ainda residem dentro dele, seja na forma de baixa autoestima, de maldade ou depressão. Assim, fica formado o palco dessa disputa entre os pensamentos de cunho positivo, embalados por seus sonhos, e do outro lado, os pensamentos negativos sempre atrapalhando a conclusão desse conto.

E o homem passa a vida lutando contra seus pensamentos negativos e se esforçando para mantê-los sempre positivos. Todavia, quando você precisa se controlar para manter a ordem dos seus pensamentos você continua defendendo um lado da Criação e negando outro. O fato é que o lado negativo existe bem dentro de nós, exatamente para ser trabalhado, e não renegado ao esquecimento.

Para os Mestres Fazedores de Milagres, um pensamento carregado positivamente levanta o homem do desespero e do seu sofrimento; ele é a ferramenta primeira para fazer alguém desejar evoluir. Ao se perceber no meio do sofrimento, o indivíduo descobre que precisa agir, e então começa a vibrar através da força do pensamento positivo. Contudo, esse mesmo homem tem a forte tendência de buscar a dualidade em tudo ao seu redor, e para o pensamento positivo, o seu oposto é justamente a impossibilidade de que algo maravilhoso possa acontecer. Nesta hora, tudo parece ruir.

Imagine passar a vida cheio de dificuldades financeiras. Porém, você aprendeu que precisa manter a positividade para que algo incrível possa surgir em sua jornada. Você se esforça para pensar positivo, mas a cada conta que chega a dúvida e a angústia chegam logo atrás. Então, aos poucos, cada vez que você pensa em algo positivo, rapidamente aquela velha dúvida mostra a cara também, criando internamente um padrão de desconfiança e de tristeza. O pensamento é energia, e basta um segundo de negatividade para anular seus pensamentos positivos.

O mesmo se dá com as pessoas que vivem fazendo dietas e lutando para se sentirem belas. Ao se olharem no espelho, tudo o que enxergam é a própria feiúra e desequilíbrio. Neste momento, a dor e o sofrimento invadem seus pobres corações. No entanto, acreditando na força do pensamento positivo, elas desejam ardentemente emagrecer, porém, sem que haja uma transformação interna, a dieta vai representar tão somente mais uma tortura, nem sempre eficaz. E ao se olharem de novo no espelho, em vez de encontrarem a satisfação, constatam outro fracasso, e manter um pensamento positivo dali em diante vai soar como mentira. E no final será ainda mais difícil vencer as estruturas internas.

Para quem deseja encontrar um parceiro ou uma parceira, a solidão às vezes pode sufocar. E manter o pensamento positivo nessas ocasiões sempre os faz recordar que, por enquanto, aquela pessoa ainda não chegou, seus braços ainda não podem abraçá-las e permanecem vazios. Então como se manter positivo diante das dificuldades? Como se manter positivo se a negatividade vem escancarando nossos medos e nossas aflições?

Não adianta lutar. Se cada vez que você se esforçar para manter-se positivo diante das adversidades não passar para a etapa seguinte da Criação, esse pensamento positivo acabará revelando o seu "oposto", e toda a negatividade e a negação destruirão os melhores sonhos.

Fomos concebidos para reequilibrar cada um destes conceitos e assim alcançar a reunificação em Deus. Mas por enquanto ainda carregamos muitos traços negativos equivocados em nossas frequências. Eles são os equívocos passados transformados em carma. O homem carrega muitos aspectos por evoluir em seu interior, em busca exatamente de uma oportunidade para reequilibrá-los. Por isso, é bastante comum nos encontrarmos em uma maré mais depressiva e até mesmo solitária, pois carregamos literalmente esses aspectos em nosso interior, atraindo essas circunstâncias.

Entretanto, se o objetivo é evoluir, não adianta permanecer vibrando e experimentando na realidade física somente esses aspectos negativos. Nessa hora, um lampejo, um desejo de melhora abre espaço para a positividade, e isto nada mais é do que a sua frequência desequilibrada alertando-o para ir ao encontro da evolução, ao encontro de uma vida melhor.

O pensamento positivo sempre aparece para lembrá-lo de sua proposta evolucionária. Ele nasce e alimenta o desejo, mas não pode ir além. Quem precisa ir além é você, até porque, enquanto você não harmonizar esses aspectos internos, eles continuarão sendo opostos, um pensamento positivo em um mar de negatividade, sempre atrapalhando sua existência e atrasando a sua realização.

A luta acaba sendo injusta e ferrenha; você se desgasta e se decepciona ao perceber que o pensamento positivo por si só não tem capacidade de realizar nenhum milagre. Cada vez que você pensa de forma positiva, o oposto logo está à espreita, escondido na sua mente. Se você não avança na trajetória para se transformar em um verdadeiro Fazedor de Milagres, não ultrapassa esse ponto em que um pensamento positivo é apenas isso: um pensamento positivo.

Para todo pensamento positivo há um negativo por trás, e vice-versa. E isso acontece porque você ainda divide seus conceitos entre bons e ruins, e espera que a vida lhe traga somente a parte em que tudo seja bom e suave; além de afastar, é claro, tudo o que for ruim ou desequilibrado. Isso demonstra que você vive sob a influência do seu ego, de seus anseios e temores.

Agora tente imaginar tudo isso se anulando e deixando de existir, abrindo um espaço em sua mente e em seu coração. Deixe esses conceitos irem se diluindo e diminuindo até serem tão minúsculos que você não mais os vê; ao redor se forma um imenso vácuo, cheio de potencial energético para vir a ser tudo aquilo que você desejar. Assim como um pequeno átomo: puro potencial. Imagine que a vida se abre para você e nela não há nada de bom, nem de ruim, apenas experiências, e que você é forte para vivenciar cada uma delas. Porque de fato é exatamente isso que acontece na rotina de sua vida: um evento acontece, uma situação se apresenta, e isso não ocorre para que você venha a classificá-lo, mas sim para trabalhar com esse fato dando sempre o melhor de si, transformando esse evento em algo grandioso e benéfico, independente do que você sinta por ele, independente de simpatizar ou não com a situação.

Os Fazedores de Milagres encerram esta lição dizendo que você não precisa se preocupar em manter-se positivo o dia inteiro, com medo de falhar no processo criativo. Primeiro porque este processo continua muito além de um simples pensamento positivo; segundo porque enquanto você estiver dividido entre o bem e o mal, entre a luz e a sombra, entre o amor e o ódio, será impossível manter-se constantemente em uma frequência unificada. E sejamos honestos, ninguém mantém a positividade vinte e quatro horas por dia, não é mesmo? E se por acaso você esbarrasse em alguém que estivesse "positivamente feliz" o tempo todo, isto lhe soaria profundamente falso.

A Criação não é positiva ou negativa, compreenda isso. Ela de fato acontece no silêncio, no vazio e na entrega. A Criação está revestida de bom humor, de confiança, de aceitação e criatividade. Mergulhe na imensidão do desconhecido. Solte-se.

III

O nascimento de um milagre

Quando o ciclo se completa está na hora de nascer.

Sônia Café

O IMPULSO PARA SUBIR ESTÁ NO FUNDO DO POÇO

Você certamente já ouviu aquela expressão que diz que antes que as coisas possam melhorar elas ainda vão piorar? Isto parece um tanto funesto, mas na verdade chegar ao fundo é algo bastante propício para um estado de consciência novo. Para romper com o padrão envelhecido muitas vezes é preciso radicalizar, neutralizar e ir bem lá no fundo.

Se você traz em si algum tipo de vício ou pensamento equivocado, sabe muito bem que a força de vontade às vezes fraqueja e vacila ao longo do processo, e, em vez de vencer essa frequência negativa, você vai aos poucos reforçando-a mais e mais em sua realidade. Porém, quando é chegada a hora de transformar realmente esses padrões nocivos, e ainda encontrar a chance de ver algo maravilhoso surgir em sua vida, nada poderá ficar no caminho, nada poderá atrapalhá-lo.

A pessoa pode perceber tudo aquilo que precisa ser transformado e então dar uma mãozinha para acelerar o trabalho. Outros indivíduos, no entanto, não despertam, nem colaboram com a própria evolução. Eles insistem tanto em manter um vício ou um comportamento inadequado que só há um jeito de fazê-los enxergar essa bagunça em que se transformaram suas vidas: fazendo ainda mais bagunça, levando bastante confusão e desencontro para dentro da sua jornada. Se um padrão equivocado vem sustentando a sua existência, então ele precisará ruir estrondosamente. E eis que surgem as crises.

Os Fazedores de Milagres lembram que esse momento de se libertar de padrões nocivos é bastante particular para cada indivíduo, e você pode levar uma existência inteira até se dobrar à evidência de que está sofrendo e precisa com urgência de um estado novo de Ser.

E um padrão pode se repetir de forma violenta e constante ou pode aparentar ser inofensivo, mas se você não está feliz, nem sua vida está plena e realizada, isto é um sinal claro de que ainda há trabalho a fazer. Segundo os Fazedores de Milagres, a crise é a maior oportunidade de transformação que o indivíduo pode encontrar ao longo do caminho. E quando você chega a esse ponto é como se a vida o acuasse contra a parede e dissesse: "E aí, vai aceitar se transformar ou vai insistir em ficar choramingando pelos cantos?".

As crises são normalmente encaradas como um momento de profundo sofrimento. Elas costumam se evidenciar através das perdas, traições, violências, doenças e pelo desânimo. Muitas vezes a situação chega a ficar tão crítica que a pessoa mergulha em um nível de desespero que pode beirar a loucura. Ela passa a querer revidar toda "agressão" que a vida parece estar lhe impondo justamente sendo rude, deselegante, intransigente, e todo o seu caráter pode se quebrar em mil pedaços.

Mas de fato a crise é um dos aspectos permanentes da vida tridimensional. O sujeito cai e se machuca, uma civilização emerge e em seguida tem seu declínio, e esperar que a vida seja estática e livre de dificuldades é uma ilusão desconcertante, visto que o final da trajetória de cada partícula que vive e respira neste planeta é entrar em colapso e encontrar a morte para poder renascer em um estado de consciência mais elevado. Sendo assim, como poderíamos passar para os estágios seguintes sem traumas? Isso é possível?

Na verdade, vivemos um momento histórico bastante intrigante. O planeta onde nascemos e vivemos caminha a passos largos para uma crise tão séria que o seu desfecho pode ser catastrófico para a sobrevivência do homem. Apesar da contribuição contínua do ser humano em destruir e

O nascimento de um milagre

desrespeitar a própria casa, as crises são movimentos cíclicos, e no passado a Terra foi um planeta inóspito e agressivo para a delicada vida física.

A vida no Universo acontece em ciclos, períodos de relativa calmaria interrompidos por períodos de intensa atividade, e, visto de longe, estes eventos parecem um balé cósmico de pura beleza. Porém, neste exato momento estrelas morrem em explosões colossais, mas a vida persiste, e novas estrelas nascem no lugar da primeira para dar continuidade ao espetáculo. E o Universo, que parece ser um espaço vazio e silencioso, existe e resiste exatamente porque, período após período, uma crise chega e se instala varrendo tudo o que nós conhecemos. O novo só consegue emergir quando aquilo que perdurou finalmente se apaga e cede lugar.

De volta aqui na Terra, os cientistas conseguiram mapear, através de longos estudos, alguns impressionantes ciclos nos quais as nossas vidas fazem fronteiras com o caos e a destruição. O perigo neste vasto Universo ronda nossas existências, lembrando-nos da fragilidade e da importância que as mudanças têm na existência de cada partícula durante essa dança Divina.

Cometas em suas trajetórias passam, de tempos em tempos, muito perto da órbita terrestre, podendo facilmente se chocar conosco. O próprio Sol, que nos ilumina e aquece, tão fundamental para a vida e evolução das espécies, passa por períodos de erupções solares, que são tempestades cíclicas nas quais toda a descarga eletromagnética que se desprende dele viaja até nós e nos atinge em cheio, e segue irradiando por todo o sistema solar.

Vulcões adormecem silenciosos esperando pelo próximo momento de atividade destruidora e magnífica.

Um colapso global parece nos esperar; cada religião, cada profeta e adivinho falam constantemente do apocalipse, o fim dos tempos. Até mesmo os maias já previam, mais de cinco mil anos atrás, que o ciclo da Terra chegaria ao final em 2012. Mas talvez esses alertas não sejam para nos contar dos colapsos ou do fim da era humana. Para os Fazedores de Milagres, esta é uma crise muito séria, mas é também a grande oportunidade, talvez a mais aguardada por todos os níveis sutis de consciência, para que a humanidade, o planeta inteiro, consiga submergir de sua insanidade, de sua cegueira e, depois de tocar o fundo do poço, tenha finalmente condições de existir em sua perfeição e abundância.

E tudo "parece" seguir um Plano Maior, que tece essa trama emaranhada e confusa em que figuramos como seres sombrios e pequenos, porque o mais esquisito nisso tudo é constatar que o homem tem conhecimento de seu potencial destrutivo, mas segue em sua ambição, devastando o único lugar que ele pode chamar de lar.

Agora o tempo insiste em andar mais rápido e nos cobrando também soluções mais rápidas. Mas não adianta organizar e ajustar a vida do lado de fora, se continuamos em crise, doentes do coração e da consciência.

Uma crise existe, e é preciso encontrar a solução para seu desfecho. Esta solução, para os Mestres Fazedores de Milagres, está no conhecimento. O conhecimento da medicina encontra vacinas que curam e previnem doenças. O conhecimento dos engenheiros lança os prédios cada vez mais altos, quase tocando as nuvens em torres gigantescas. O conhecimento da matemática possibilitou ao homem viajar até a Lua, e um dia talvez até Marte, quem sabe? E todo o conhecimento dos sábios, profetas, profissionais, anciões, pais, professores e filósofos é vital para a sociedade, é vital para a humanidade. Todo o conhecimento é a descoberta de um mundo novo, mas seus efeitos só serão realmente fantásticos quando aplicados para o bem de todos, quando aplicado para o Bem Maior.

Assim também é o conhecimento dos Fazedores de Milagres. Se você não o utiliza para a transformação pessoal, será arrastado pela confusão interna que o ego impõe no seu desespero em alcançar a felicidade. Olhando desse jeito, as crises deixam de ser tão ameaçadoras; elas perdem um pouco a sua dramática importância e passam a ser episódios que chegam e evidenciam uma problemática à espera de uma solução da nossa parte. Algumas vezes basta esperar que o período mais conturbado passe para finalmente perceber que nem mesmo há muito que se fazer. Outras vezes você precisará abraçar esse período e enfrentar o desafio com coragem, com destemor.

Mas o que os Fazedores de Milagres gostariam que todos nós compreendêssemos é o quanto as crises são na verdade fundamentais para que uma reviravolta aconteça e um milagre se realize. Utilizando-se do conhecimento desses Mestres, você supera a surpresa inicial que uma crise desperta, ou até mesmo a angústia de se ver atrelado a alguma dificuldade, e passa a enxergar a oportunidade que vem logo atrás, de poder se revelar uma pessoa muito melhor diante da vida.

O nascimento de um milagre

Se as crises existem com o objetivo claro de nos forçar a sair de nossas zonas de conforto, para que no embate dessas dificuldades algo maravilhoso possa brotar, então de fato as crises estão planejadas o tempo todo para acontecer durante a jornada pessoal. Mas elas não chegam de forma avassaladora, nem com o intuito de nos derrubar. O abalo acontece tão somente porque a personalidade teima em sobreviver aos próprios dramas, buscando uma solução através do raciocínio lógico para voltar a brilhar e reluzir diante dos olhos curiosos da sociedade. Infelizmente, ao lutar contra as crises, você no fundo está alimentando ainda mais esse vórtice energético, dando-lhe atenção, direcionando seus esforços, e é assim que o homem tenta resolver suas dificuldades: colocando ainda mais lenha na fogueira. Mas, para toda crise, toda perda, toda confusão já existe uma resposta, a ação correta, capaz de alavancar toda a sua vida; no entanto, ela permanece quieta no profundo silêncio da Criação. A própria crise já traz inserida a sua solução perfeita do outro lado do espectro emocional, e é exatamente por isso que sofrer, desesperar-se e relutar só farão com que você continue atrelado à crise e não encontre a verdadeira resposta.

O ego adora se justificar. Ele cria histórias, diálogos, desfechos mirabolantes para suas situações. Mas elas não passam de fantasias, contos de fadas criados na mente e muito longe da realidade. Enquanto o ego se justifica, criticando as condições ao redor, ele está alimentando ainda mais esse monólogo interior e segue reforçando um padrão que acaba por criar e atrair ainda mais desgosto. Ele busca tudo o que não lhe agrada, em seguida faz desse fato, dessa circunstância um verdadeiro monstro e se coloca na posição de vítima, de injustiçado, buscando um jeito de encontrar uma reparação qualquer. Esse ego que vive ressentido e amargurado só enxerga a vida através das crises.

E mesmo aqueles que travam uma batalha constante para se manterem no caminho da luz, no caminho da evolução, uma vez ou outra são atropelados por uma crise que chega para quebrar padrões, derrubar falsos conceitos, revelar o caos interior e abrir espaço para o novo.

E por falar em novo, lembremo-nos de que o início do nosso Universo se deu através de uma grande explosão que gerou um caos inicial entre as partículas, mas estas, guiadas pela Criação Divina, encontraram meios de fazer brotar o novo, a vida como nós a entendemos atualmente.

Portanto, se olharmos mais a fundo, iremos compreender que no momento em que Deus, o Todo Unificado, se destacou em milhares de partículas, com intenção de se perceber e de recriar-se, Ele saiu do seu instante de equilíbrio e harmonia e precisou de um pano de fundo caótico e diversificado para poder abranger tudo o que Ele é de fato. Sem esse pano de fundo, sem que tivesse se fragmentado, a visão do que Ele é e do que Ele pode jamais teriam existido. A crise inicial, a ruptura em milhares de partículas Divinas se deu para que a Criação se diversificasse, se experimentasse e pudesse se reunificar no futuro.

Portanto, as nossas crises individuais são pontos de grande importância na trajetória pessoal, elas são o pano de fundo para que, ao percebermos nossos aspectos nocivos, nossos vícios e comportamentos condicionados, para que ao derrubarmos o ego, possamos dar início à criação do melhor que existe em essência dentro de cada um de nós.

Na prática, quando a crise financeira derruba o homem, força-o a encontrar opções criativas para retomar o seu sustento, e, quando isso é feito de forma equilibrada e sábia, esse homem encontra uma riqueza tão grande que não é apenas material: é também, e acima de tudo, riqueza interior.

Quando um relacionamento falha, não é para humilhar, desrespeitar ou violar a sagrada parcela Divina, mas tão somente para permitir que os laços se rompam e o novo possa surgir. Seja na forma de um novo parceiro que chega, de um novo relacionamento que nasce, ou de um mesmo relacionamento que precisou descer ao fundo do poço para renascer com mais amor e entendimento.

A solidão é o pano de fundo para quem deseja uma história de amor. É a oportunidade de reavaliar o próprio comportamento crítico, exasperado, sem autoestima ou sem respeito pelo próximo, por exemplo. Ao efetuar a tarefa de transmutar cada pensamento, comportamento e cada emoção desequilibrada, o indivíduo percebe que sempre teve amor dentro de si, que sempre esteve pronto para encontrar alguém, mas estava cego, entorpecido pela personalidade. E então, finalmente alguém chega e o amor tem sua chance outra vez.

As doenças talvez sejam os momentos mais críticos da vida de cada um de nós. Por trás de cada enfermidade, de cada dorzinha reclamando escondida, de cada acidente que atropela a vida, o corpo revela os pensamentos arraigados e que maltrataram esse organismo silenciosamente

O nascimento de um milagre

por longos anos. Na maior parte das vezes, as doenças são também a porta para o mundo físico, por onde a ação do carma traz os aspectos negativos do passado para bem diante dos olhos, para serem lavados e reescritos pelo indivíduo. Aceitar esse período de crise mostra o real valor da parcela Divina, redimindo-se e evoluindo.

Cada pequena célula do organismo humano está interligada energeticamente ao Todo e reflete os padrões internos que precisam ser revistos, trazendo à tona toda a maldade, toda a negligência, todo o descontrole do homem.

A saúde física é um bem Maior, um tesouro sagrado, já que o corpo físico "não nos pertence". Segundo os Fazedores de Milagres, a centelha Divina recebe este corpo como uma ferramenta de seu árduo trabalho evolutivo, e cada ato praticado contra este verdadeiro patrimônio da Criação deverá ser revisto mais tarde, seja na forma de uma doença ou de uma crise qualquer. Mas o fato é que ao término do trabalho este corpo descansa, e a alma, fonte da divindade, agora livre, segue em sua trajetória contínua.

Entretanto, a doença também é o pano de fundo da criatura que busca a saúde. Ali, no meio da crise, ela tem a oportunidade de encontrar a cura do físico, mas, muito mais do que isto, ela pode alcançar a cura da alma. Por trás de cada doença está sendo revelado um padrão que precisa ser cuidado. Esse padrão pode ter se formado no passado, e então a culpa, a ambição ou o excesso de vaidade se juntam para mostrar no corpo do homem o que a mente traz de pior. E mesmo que no estado de consciência superior não existam opostos, pois que eles são o complemento do Todo, para o homem em sua trajetória terrestre essa ambiguidade ora uma situação, ora outra, ora luz, ora escuridão faz com que a crise exista na posição oposta ao sucesso, à alegria e à exaltação da própria vida.

Mas, em um contexto energético, se você deseja que algo incrível possa acontecer na sua jornada, essa circunstância precisa ser atraída para o seu caminho. Se ela existe na forma de uma frequência, planejada para o seu destino através das escolhas do Eu Superior, isto significa que esse evento vai chegar até você. No entanto, uma força catalisadora precisa criar as condições para a realização do seu desejo. Muitas vezes a crise funciona exatamente assim, porque ao se instalar uma força qualquer em nossas vidas logo o seu oposto precisa chegar e neutralizar esses aspectos. Durante as crises, a solução criativa nasce para mudar os rumos de uma existência, por isso, nem crise, nem solução devem ser temidos ou buscados: ambos coexistem como complementos, e, onde existe uma crise, basta que você se sintonize corretamente e será capaz de enxergar a solução perfeita. Na verdade, a crise e a solução são apenas os meios para que você se expresse, evidenciando aquilo que precisa ser trabalhado, e assim colocar os seus recursos internos à disposição do Todo. Quem escuta este chamado consegue se reerguer com vitória; quem resiste à própria crise afunda ainda mais em seus braços.

Cada crise revela a lição que o homem precisa aprender de imediato. Quanto maior a crise, maior é a urgência que a parcela Divina tem em se observar e se tratar. Se você for honesto, vai descobrir por trás das próprias confusões ao longo da jornada tudo aquilo que precisa ser transformado internamente. Talvez seja o seu ciúme, a sua prepotência, sua péssima relação com o dinheiro ou com o próprio corpo físico, porque se assim não for feito a crise externa poderá até ser superada no primeiro momento, mas a frequência interna, desequilibrada e em colapso, não tardará a atrair um novo conflito para você, colocando-o de volta no ponto em que a dor exige sua atenção.

O sofrimento, as decepções e frustrações são, na verdade, oriundos da dificuldade que o homem encontra para se libertar da influência nociva exercida por seu ego e pela personalidade inferior. Acreditando sempre que durante o desenrolar da vida ele é o ator principal no roteiro Divino, e todo o resto existe apenas para satisfazê-lo, e como seu objetivo sempre foi encontrar o estado de plenitude e sucesso, qualquer movimento externo que o leve a perder esse falso *status* é encarado como uma derrota, uma crise despropositada que merece ser sufocada e esquecida.

Mas tudo na vida é transitório, impermanente. Os ciclos de vida, do embrião até o homem formado, responde ao projeto Divino. Ao nascer, a árvore que cresce poderá dar frutos saborosos, poderá ter galhos e raízes fortes, sua sombra poderá ser refrescante em um dia de sol, mas esta mesma árvore um dia foi uma pequenina semente que trazia dentro de si os planos traçados para sua vida inteira. Como iria crescer, que frutos iria produzir, tudo já estava planejado em seu DNA Divino, como um verdadeiro guia, somente esperando para se desenvolver.

A pequena semente, no entanto, precisou se sacrificar e entrar em colapso, rasgando a própria pele para deixar o broto escapar para a luz do mundo. Do caos à vida, o momento presente é substituído pelo seguinte, e o que percebemos é que conforme o tempo passa tudo sofre alguma transformação em seu íntimo. A energia transcende a forma atual e retorna para se apresentar diferente.

O caos é o pano de fundo para os milagres acontecerem. Já que cada partícula precisará voltar a se reunificar no futuro, então é preciso voltar ao estado de pureza, é preciso se libertar do desequilíbrio conquistado por éons de existência. O caos e os milagres são como as frequências negativas do carma encontrando ocasião para se fundir ao lado criativo e amoroso da Criação; um chega e anula a frequência do outro, e então nesse aparente vazio o Todo reunificado surge em sua perfeição.

Enquanto o homem não compreende isso e segue tentando se agarrar aos momentos de fartura, de sucesso, de juventude, de beleza e poder, ele se ilude, porque não enxerga que na Criação tudo o que existe tem imediatamente o seu complemento vindo à tona também, e os movimentos de construção e destruição seguem renovando a própria vida. Resistir ao fluxo desse movimento Divino, e desejar permanecer apegado às formas fixas, torna o homem um ser isolado, à parte da Criação.

O homem, parcela Divina, criador e criatura, tem nas mãos um poder tão magnífico e ao mesmo tempo tão perigoso que poderia levá-lo a evoluir rapidamente, que poderia interromper todo e qualquer sofrimento aqui e agora. Esse poder mal utilizado, porém, pode levá-lo a encarar as situações com muita dor, com crises e ressentimentos. Todavia, é esse mesmo poder que tem a capacidade de lhe trazer o amor, a fartura, a saúde e a paz.

Você, neste exato momento, detém esse poder: é o seu livre-arbítrio. Mas ele não o ajudará a escolher a próxima aventura de sua vida, porque esta, meu caro, segundo os Fazedores de Milagres, já está marcada no tempo e no espaço. Entretanto, esse poder lhe concede a oportunidade de escolher encarar a jornada com consciência e responsabilidade, ou com infantilidade e contratempos.

O seu livre-arbítrio é, neste exato instante, o maior poder que você jamais imaginou encontrar. Por intermédio dele você poderá, a partir de agora, decidir se deseja utilizar o conhecimento dos Fazedores de Milagres para encontrar uma frequência interna capaz de atrair tudo de maravilhoso para seu caminho.

Por pior que sejam as crises, elas não podem impedi-lo de encontrar a plenitude, mas podem talvez retardá-lo, atrasá-lo. No fundo, elas podem ser as grandes catapultas de sua existência; da dor à alegria, da tristeza à felicidade. Alguns irão compreender a urgência dessas palavras e se tornarão os novos Fazedores de Milagres de amanhã, e, quando assim eles escolherem, você, eu e toda a Criação poderemos sentir o impacto dessa partícula evoluindo e rumando para a Origem Divina. Quando essas partículas alcançarem um patamar de luz e de amor, servirão como pano de fundo, espelhando nossa pequenez e maldade, que irão se destacar de forma vergonhosa, mas imediatamente desejaremos ir ao encontro desses pequenos pontos brilhantes no céu.

Abrace a sua crise e as suas dificuldades aqui e agora, pois é por meio delas, agindo sempre como um cenário ideal por onde você poderá se destacar, que a evolução enfim chegará para você e toda a Criação.

Ser um Fazedor de Milagres para ter um milagre em sua vida

De todas as lições que os Fazedores de Milagres nos transmitem com amorosa dedicação, certamente nada é mais difícil de compreender ou até mesmo assimilar para colocar em prática na vida diária do que a afirmação de que todo o potencial já está inserido em nós, e que podemos alcançar a plenitude aqui e agora.

No fundo, quase todo o mundo já se pegou vezes sem conta cometendo o clássico engano de acreditar que precisa tudo possuir na escalada rumo à felicidade. Isso acontece devido a uma confusão na semântica entre "ter para ser" e "ser para ter". Vários textos tentam explicar a importância da forma correta de se pensar para estar apto a criar um mundo de felicidade; afinal, é o teor de seus pensamentos que de forma literal e implacável escreve e molda o roteiro da sua história. Todavia, após fechar o livro e prosseguir com a jornada cotidiana, a grande maioria da população esquece certos fatores inseparáveis da Criação, e nem tanto por desleixo, por descuido, mas porque simplesmente ainda não compreendeu a sua verdadeira natureza: todos nós somos deuses criando ininterruptamente, mesmo quando achamos que não estamos criando nada. O sentimento de vazio, de dúvida, de negação e de dor em relação à realidade, quando retornam ao coração, acaba apagando qualquer rastro de fé e realização, e já não é mais possível enxergar nada de bom chegando para transformar as situações à sua volta. O desfecho dessa triste condição humana é que, apesar do imenso esforço dedicado à tentativa de ser feliz, o homem encerra o seu capítulo de vida sem alcançar os seus sonhos, sem encontrar o amor sincero, a liberdade e a paz.

Todas as religiões, todos os credos e cultos vão lhe assegurar que você é filho de Deus; assim sendo, está destinado em algum ponto no futuro a alcançar a plenitude e a felicidade. Algumas vezes essa é uma promessa que você só comprovará do outro lado da vida, afirmam os fiéis; quando chegar ao céu ou ao paraíso. Porém, nos últimos anos, vários seguimentos despertaram para o fato de que essa promessa não se refere tanto ao futuro longínquo, mas que ela é passível de acontecer aqui mesmo, no momento presente. Isso significa que cada um neste imenso planeta poderia encontrar a fartura, o sucesso, a beleza, o amor, a saúde e, é claro, a felicidade.

Poderia inclusive modificar o panorama inteiro das vidas de seus vizinhos, parentes e compatriotas. Contudo, se voltarmos alguns capítulos, entenderemos que, apesar de ser uma promessa incrível e até mesmo fantástica, ela não tem fundamentos tão realistas assim.

A ideia por trás da lei da atração seduz a todos nós com infinitas possibilidades de sucesso. Entretanto, esta não é a realidade atual. Quem define os contornos do nosso destino é o carma pessoal. E todos desejamos algum nível de felicidade, mas temos também um destino a cumprir, e inserido nele estão as verdadeiras possibilidades de realizar e experimentar ao máximo cada ítem almejado. A grande questão é aceitar que a forma, o volume e até mesmo o jeito como esses ítens se apresentam são tão diferentes quanto cada indivíduo existente pelos confins da Terra.

Você, eu e o planeta inteiro poderíamos estar vivendo neste exato instante em uma frequência do destino na qual as experiências seriam mais ricas e saudáveis, porém, nunca encontraríamos as mesmas possibilidades e oportunidades; e por fim, as nossas histórias, mesmo tocadas e modificadas pela realização pessoal, seguramente ainda seriam diferentes.

Assim sendo, se o destino traz codificado tudo o que podemos experimentar nesta curta etapa da existência, é preciso aguçar os ouvidos e a sensibilidade, de uma forma geral, para poder escutar e perceber quais são as possibilidades reais e inerentes a cada um, e até onde elas poderiam nos levar. Em seguida, devemos nos colocar no padrão vibratório exato que permite a esses eventos promissores acontecer aqui e agora.

Observando tudo isso, fica muito mais fácil compreender onde temos falhado insistentemente, e onde a mente sagaz e criativa ainda trapaceia na realização dos nossos sonhos.

Quando você tem um desejo, sonha, cria imagens e situações futuras nas quais a realização já se deu e você está feliz e seguro, curtindo suas conquistas e suas ambições. Fica bastante claro na sua consciência o quanto você hoje se sente frustrado e o quanto o futuro é promissor. Mas quando age assim, você está direcionando a energia da sua atenção (sua frequência) para um ponto que não existe, isto é, para o futuro. O fato é que neste exato momento de sua criação mental você começou a negar o tempo presente, o tempo de crise, o tempo de dor e o tempo de depurar o sofrimento; segue criticando, recriminando sua atual circunstância de vida, justamente porque deseja e espera que tudo lá na frente seja completamente diferente, e melhor. Você se pega muito rápido buscando culpados e se espremendo por encontrar soluções constrangedoras para sair do drama em que se colocou. Sem nem mesmo perceber, foi aí que você rompeu sua conexão com o propósito de sua alma, e consequentemente rompeu também a ligação com o próprio destino. Tudo fica mais difícil, mais lento e complicado de se resolver. Vale lembrar que sua vida só irá se realizar com plenitude quando cumprir os planos traçados pelo Eu Superior, incluindo a superação de cada crise e de cada queda. Do contrário você só irá se debater até cansar, sendo arrastado pelas dificuldades.

O que você faz nessas ocasiões em que a dúvida, o negativismo e a descrença aparecem é dar vazão ao ego insatisfeito, e por fim ir de encontro à frustração e à decepção. Você sente como se tivesse voltado léguas e léguas na própria evolução. Você se desliga de sua natureza Divina quando se recusa a honrar o que o momento presente lhe oferece, e pode perceber isso no exato instante em que começa a ver surgir um certo incômodo, uma certa dose de ansiedade, insatisfação ou frustração. Percebe também quando se fecha e se vê tomado pelo mau-humor, pelo rancor, pela tristeza. Quando começa a reclamar de tudo e de todos, levando essas questões para o lado pessoal (vitimando-se), ou ainda pela necessidade quase opressiva de defender seu *status*, sua condição de sofredor injustiçado, tudo isso se resume ao medo tentando voltar e se tornar presente mais uma vez. Sussurrando-lhe que nada está dando certo, ele vai aos poucos se aproximando e criando ainda mais instabilidade, ainda mais conflito em seu interior.

Essa tentativa quase constante de negar o presente e almejar um futuro melhor cria em sua mente a ilusão de que para ser feliz você primeiro terá de conquistar algumas coisas pelo caminho, e assim lá na frente a vida poderá se mostrar incrível e satisfatória. Você começa a acreditar que precisa conquistar um parceiro, mais dinheiro, recuperar a juventude, arranjar mais títulos, mais bens, mais amigos e mais tempo para aproveitar a vida e ser realmente feliz. Você empurra todos esses eventos lá para a frente, e não há nada mais desastroso para o destino do que quando você luta contra a própria vida, quando exige e especifica situações, mas continua renegando as oportunidades que surgem no presente exatamente para que através da quietude, da aceitação, do silêncio e da transformação interna um mundo maravilhoso, aquele mundo maravilhoso que existe dentro de você, tenha a chance de pular aqui para fora na forma de encontros, acertos, precisão e realização.

Ao negar as suas crises e permitir conectar-se ao ego infeliz, você rompe as tênues possibilidades de sentir a satisfação, a alegria e a própria felicidade aqui e agora. São esses os ingredientes que atraem as incríveis maravilhas do Universo até você, e nada mais.

Permanecer irritado ou frustrado porque as coisas não acontecem do jeito que você quer, na hora em que você quer, é um ato bastante negativo no seio da Criação, é um ato que afirma sua carência e sua pobreza; o resultado disto é obvio: a não satisfação dos próprios sonhos a médio e longo prazo.

Na verdade, a energia pura e simples, capaz de criar absolutamente tudo o que existe, aquela energia contida no mundo subatômico, que reage e volta até nós revelando nossa criação interior, não reconhece o passado, o presente ou o futuro, ela de fato é atemporal. Também não reconhece se você está negando ou almejando uma situação, ela é pura e traz exatamente aquilo que existia em você em primeiro lugar. Por isso, negar as dificuldades ou tentar escapar delas sem o correto enfrentamento irá enviar o sinal de que você cria e está pronto para mais dessas situações que considera nocivas em seu caminho.

Atente aos momentos em que você se pega dizendo: "Não quero isto, não quero aquilo, não aguento mais esta situação, não sou assim, não tolero daquele jeito...". Para a energia, a palavra não é um conceito abstrato, desconhecido, ou seja, para o mundo subatômico criativo quando você diz *não* é o mesmo que estivesse dizendo *sim*: "Mande mais desta situação, por favor, eu estou pronto". Negar não é a solução; transformar é o caminho. Negar uma situação e jogá-la lá para a frente através de uma declaração afirmativa de que não é capaz hoje de realizar aquilo que está em você implica perpetuar a condição negativa em seu dia a dia. Quando diz "não quero tal situação" você tenta negar a existência dela em sua vida, e ainda empurra a realização do que espera encontrar para bem distante, para o futuro.

Em vez de repetir seguidamente "não quero mais fumar", você diz: "Eu escolho parar agora, porque é agora, neste ponto da minha história, que o cigarro me faz mal e que precisa ser retirado da minha vida". "Não quero comer muito, não quero ficar sozinho, não quero falhar, não quero ficar devendo, não quero favores, não quero ser traído, não quero, não quero e não quero", mostra o seu sentimento de insatisfação e esconde o medo em suas entranhas, esconde a dúvida sobre como resolver cada uma destas situações.

Assim como imaginar um futuro melhor que o presente só demonstra que você continua aqui no único momento que realmente existe sentindo-se infeliz. E o Universo lhe trará mais infelicidade, não há como evitar.

A própria física, por meio de suas leis fundamentais, mostra que não há distinção entre as etapas da vida como nós as reconhecemos. O tempo é fugaz e ilusório porque ele muda drasticamente de acordo com o ponto analisado no espaço. Contamos a passagem do tempo através dos dias que se passam, e estes representam as voltas que o planeta descreve ao redor do Sol. Mas vá para Urano ou para Saturno e verá que o tempo descrito pela trajetória destes planetas ao redor do Sol muda de forma radical; e, quando retornasse à Terra, iria constatar que a passagem do tempo para você seria completamente diversa daquela que sentimos, e entenderia que passado, presente e futuro não são fixos, não interferem na Criação. O tempo se embaralha confundindo o viajante, mas deixan-

O nascimento de um milagre

do claro que o que emite agora, neste instante, é tudo o que você vai ter em suas mãos.

Se você deseja realizar o destino e tudo de maravilhoso que ele contém, será preciso sair do fator tempo, da negação de sua atual situação e de toda carga emocional viciosa. Será preciso ser imparcial com a vida e com tudo o que ela apresenta para não mais se condicionar a esperar que alguém ou que algo aconteça no futuro; só então você poderá ser feliz. Mas e hoje, o que você sente? Preste atenção ao que você sente neste exato momento, porque esta é sua criação. Desta forma, toda a estrutura do "ter" para "ser" deve ruir para dar lugar ao entendimento verdadeiro.

Seu destino já está programado, e isso significa dizer que cada evento, cada circunstância está codificada para acontecer somente no instante em que você decidir abrir as portas para cada uma delas. É sua escolha viver à míngua ou em meio à plenitude. Tudo o que você precisa para se realizar já existe em você aqui e agora, porque, como parcela Divina, você é tudo o que há desde os primórdios do tempo em que o Todo ainda se encontrava unificado, e nada além existia. Você tem de compreender isso; as circunstâncias "futuras" já são presentes, mesmo que você não possa tocá-las ou vê-las ainda.

Enquanto você sonha e espera por algo, seu foco e sua vibração não estão voltados para o seu interior e muito menos para aquilo que já existe em você. É como se ficasse parado na frente de uma vitrine sonhando, desejando e até sofrendo angustiado, esperando pelo dia em que teria recursos para entrar e comprar aquele carro reluzente, e sem nem saber já está de posse da chave que se encontra em seu bolso. Entretanto, sua recusa em olhar o aqui e agora e até mesmo em assumir suas dificuldades financeiras, em observar sua falta de fé e de compreensão, acaba torturando-o, porque você vive sem conseguir expressar os seus dons, seus talentos, que lhe trariam justamente o dinheiro e as condições certas para você comprar e fazer o que quisesse.

É provavelmente neste exato ponto que você diria que quando se entrelaçam um mero conceito espiritual com aquilo que é material, físico e palpável, tudo fica confuso e sem sentido. Na prática, a sua vida continua complicada e cheia de atribulações, porém na sua cabeça e no seu coração ela deve estar no ponto preciso em que tudo poderá vir a se tornar realidade. É ou não é difícil chegar a esse ponto de mestria? E mais ainda manter-se compenetrado o tempo todo. No entanto, essa é a meta.

Os Fazedores de Milagres não escondem que esta etapa é crucial para realizar milagres, contudo, sabem também o quanto esses conceitos são complicados para a mente humana limitada e para o ego impaciente e exigente. Por isso recomendam bastante paciência com o aprendizado; afinal, você só irá compreender e executar esses preceitos quando sentir em seu íntimo quem você é de fato: uma pessoa abundante, puro amor e sabedoria.

Quando sonha e quer algo para si, você tem consciência de que a falta daquilo o está incomodando. É exatamente por isso que deseja ver tudo realizado, e rápido. Infelizmente, não importa muito o que você deseja ou espera obter no futuro; o importante é o teor dos seus pensamentos agora. Então, a tristeza, a frustração e a confirmação de não ter o que tanto almeja acabam com todas as possibilidades de ver em sua vida a realização plena daquela parte do seu destino que contém maravilhas. A resposta que você obtém ao longo da jornada está sempre vinculada ao que você sente, corresponde ao seu entendimento e à sua aceitação ou negação da própria vida.

Repare nestas frases: "Eu quero algo, então é sinal de que hoje eu não o tenho. Acredito que se o alcançar, então poderei ser feliz"; "Eu não quero mais disto em minha vida. Acredito que se conseguir tirar este fator, então poderei ser feliz". Acontece que o "não ter", "o desejar", "o querer lá na frente" escondem apenas o sentimento de inadequação com o momento presente. Esses são conceitos subjetivos porque, como já foi explicado pelos Mestres Fazedores de Milagres, jamais chegaremos "lá na frente" para ver essas situações acontecendo. Estamos sempre vivenciando o momento presente, e ele é o responsável pela Criação. Descobrir a forma justa de planejar o futuro é um passo importantíssimo de um Ser em plena evolução, mas a ação correta, aquela que produz frutos verdadeiros, acontece no momento atual.

Confirme com qualquer produtor rural ou qualquer jardineiro: o cultivo em solo fértil prova exatamente que se você não deitar a semente na terra hoje poderá esperar o quanto quiser, e até mesmo pelo resto da vida, para ver os frutos e colhê-los; no entanto, eles jamais existirão. O trabalho realizado no "agora" é o trabalho capaz de render frutos e traz consequências reais, porque este é o único momento em que você pode penetrar o campo das possibilidades e impregnar a energia contida ali, para tornar real aquilo que você escolhe vivenciar em seguida. Você não faz isso relembrando o passado, nem se lançando ou imaginando um futuro que ainda não chegou. A energia está aqui, agora, à sua disposição.

E quantas pessoas não perambulam por aí vibrando a carência, mas juram que o objetivo era justamente outro? Se você está doente, seu corpo enfrenta uma crise para que você interrompa a correria diária e observe os próprios equívocos, fazendo disso uma grande catapulta para a transformação dos valores internos. Mesmo que a doença ou a debilidade física mais pareçam um ataque injusto do Universo desferido contra você, eles não passam de uma oportunidade projetada com muito zelo pelo seu destino, e atraída por você para que possa evoluir finalmente, em conceitos e em vibração.

Entretanto, a essência da partícula Divina é a saúde e a vitalidade; isto significa que mesmo adoentado e sofrendo, este padrão perfeito permanece sendo você. O problema todo é que a personalidade escolhe e mergulha em uma vibração inferior e passa a se identificar com o estágio "doente" da crise pessoal. Ela começa a se identificar com o diagnóstico e com os prognósticos, depois se debate planejando como reencontrar em algum ponto do futuro a saúde e a jovialidade. Pensando assim, fica estabelecida uma verdadeira confusão na mente linear e lógica dos homens, porque ele se prontifica a buscar algo que acredita ter perdido, e não percebe que não só não perdeu esse padrão saudável como ele está no seu interior, em silêncio e em expectativa. Mas agora, correndo e desejando restabelecer a cura "lá na frente", a doença se torna tão real e solidificada que de fato o doente precisará cada vez mais de cuidados, e enquanto isso se debilita cada vez mais no corpo, na fé, e na alma.

Acontece que você é essa parcela Divina, então a saúde é seu estado permanente. Você não pode desejar alcançá-la, você não pode desejar conquistá-la, o que você pode é aceitar a crise e as lições apresentadas, que no fundo são passageiras, e aproveitá-las para modificar todos os padrões interiores, reencontrando tudo aquilo que sempre esteve dentro de você: a cura e a perfeição.

Mas a mente vai argumentar que você está doente, que você sente dores, que precisa ir ao médico para tomar remédios e que talvez um dia encontre a cura. A mente está errada e enganando-o profundamente, porque você não vai ter de conseguir algo externo a você para ser uma pessoa melhor. Tudo de melhor já está codificado internamente, faz parte do seu destino e da sua essência Divina. Se você consegue expressar no seu dia a dia toda essa parcela melhor, apesar de qualquer dificuldade, então a vida passa de forma automática a responder do mesmo jeito. E mesmo que precise recorrer aos cuidados da medicina tradicional, você estará apenas lidando fisicamente com os aspectos da crise que foi instaurada, mas não pode se esquecer de que se não modificar o seu padrão interno a frequência equivocada que desestabilizou o corpo físico nem a medicina, nem a religião, nem o seu desejo serão fortes o suficiente ou capazes de curá-lo. Se você não acordar a frequência Divina que adormeceu em você, ela vai continuar quieta e escondida. Isso é sua escolha, sua responsabilidade.

Você vai precisar mostrar que é uma pessoa melhorada a cada etapa do caminho, para ter tudo de melhor que a vida puder lhe oferecer. Independente da crise financeira, da solidão, das doenças e de todas as circunstâncias conturbadas, agora você começa a perceber que de fato precisa ser algo para finalmente obter algo. Ser abundante para encontrar e ter abundância. Ser amoroso para encontrar e ter amor. Ser sábio, saudável, belo, inteligente, solidário e feliz para encontrar e ter tudo isto em sua vida.

Isto funciona exatamente deste jeito mesmo quando o assunto é dinheiro, relacionamento, trabalho, não importa; você não vai alcançar nenhum destes aspectos externos para ser feliz. Felicidade, abundância, saúde, amor e sabedoria são essências da partícula Divina, basta você expressá-los e a vida atrai tudo isto de volta para você, na medida exata em que o seu destino prescreveu.

É por isso que você não precisa correr atrás dos sonhos e muito menos se angustiar com a espera por eles. Quando você sabe que é tudo isso e que seu destino repleto de aspectos maravilhosos já está escrito, então só o que você precisa fazer é ser essa pessoa incrível, e tudo se transforma em milagres à sua volta. Cada ocasião que você encontra pelo caminho é uma oportunidade para mostrar a evolução da sua alma, através de gestos, palavras e pensamentos que demonstrem sua responsabilidade, amorosidade, paciência, tolerância... E realização.

Por que você iria se desesperar por algo que você já tem? Por que iria se angustiar por algo que sabe que está ali, à sua disposição? Somente alguém que desconhece a própria natureza Divina vai buscar do lado de fora a realização que já existe em seu íntimo. É uma condição infantil esperar ver tudo realizado primeiro no nível físico, quando ele de fato é o último elo da cadeia. A mente precisa estar clara e o sentimento vibrando as características Divinas para que um milagre se materialize no mundo físico. Lembre, este é o caminho que toda partícula de energia percorre. Infelizmente, a maioria das pessoas faz justo o contrário e, enquanto se sentam a reclamar da vida, exigem que as mudanças venham para resgatar a própria felicidade.

Porém, no nosso dia a dia a vida parece apagar todas essas promessas e nos mostra uma realidade bastante cruel. Como você poderia acreditar que já tem um grande parceiro se na prática a única companhia que você tem é a própria solidão? Como poderia acreditar que tem todos os recursos financeiros à sua disposição se as contas estão atrasadas e o emprego por um fio? Como acreditar que a felicidade é a sua natureza se aqui do lado de fora a tristeza, a decepção e as crises estão sempre boicotando as suas esperanças? Como afinal de contas é possível ser cada um destes atributos Divinos, enquanto ao longo da vida cotidiana todos os fatores lhe asseguram que você não está satisfeito e muito menos feliz?

E todos nós em um momento ou outro da jornada pessoal enfrentamos esse período de crise e até de desânimo. Será possível então enganar a mente para só observarmos o que desejamos e em contrapartida ignorarmos a realidade ao redor? Como sentir que tudo de maravilhoso já existe se nada realmente mudou? O que pode ser decisivo para modificarmos este padrão, esta crença tão limitante?

Os Fazedores de Milagres não nos dão outra opção a não ser absorver integralmente o conhecimento e fazer dele parte da nossa experiência diária. Quando você sabe que algo é real, então ele se torna real para você. Quando o conhecimento interior encontra espaço para operar em sua vida, ele se transforma em sabedoria e opera milagres. Quando finalmente descobre quem você é, a sua origem, as suas qualidades e os seus potenciais, então você relaxa e não precisa mais se angustiar com eventos e circunstâncias desagradáveis. Você sabe que vai superá-los e pronto.

E, para ser mais precisa, segundo os Fazedores de Milagres, existem dois tipos de querer. Um deles, o querer que nasce do ego, sempre deseja tudo de maravilhoso e exuberante, todavia, ele sempre coloca seu alvo externamente, como sendo algo que precisa ser conquistado, comprado ou adquirido para gerar felicidade. Mas existe um segundo tipo de querer. Este nasce da alma e, apesar de algumas vezes traçar uma caminhada tortuosa, tem sempre como meta enaltecer-nos e expandir-nos como Divinos que somos.

A maior parte das pessoas segue na vida deixando-se guiar unicamente pelo querer do ego. Elas se afobam, se estressam para ver seus objetivos conquistados, e isso sempre tem um preço alto a se pagar. Comprimidos entre a vaidade e a obsessão, muitas vezes este preço acaba custando a saúde, outras vezes custa a tranquilidade, e por fim a própria sanidade mental e emocional. Quando o tempo passa para esses indivíduos, ele sempre pesa e pressiona o coração de cada um. A culpa, o arrependimento, a vergonha e a amargura revelam um triste final quando você vive sobrepujado pelo "querer" do ego.

Talvez você consiga até se sentir exultante porque esta é a intenção do ego; sobressair-se. Porém, em outras ocasiões ele vai desejar coisas e situações que simplesmente não combinam, nem fazem parte dos planos traçados pelo Eu Superior. Nestes casos, o fracasso parece consumado e o desânimo corrompe as forças necessárias para continuar a empreender a caminhada. Nasce a depressão.

Quando você está ciente de que é Divino, e consequentemente tem sua parcela do amor incondicional, da abundância infinita e da sabedoria completa à sua disposição, você se permite guiar pelo Propósito Maior, pois sabe que tudo de melhor, uma hora ou outra, vai encontrar a forma precisa, vai se aproximar e lhe será oferecido. Agarrar essa oportunidade é o único trabalho exigido. E você só consegue de fato compreender quando uma dessas oportunidades bate à sua porta quando rompe a barreira do tempo, quando abandona o querer do ego, e finalmente flutua no campo infinito das possibilidades.

Dentro de cada um de nós já existe o potencial para experienciarmos a fartura, o amor, a saúde e a felicidade. Ir atrás destas circunstâncias externas é pura ingenuidade. Elas não estarão na sua realidade enquanto não acessá-las no seu interior, e só depois que surgirem as primeiras evidências de que o Universo está conspirando ao seu favor é que você deverá tomar algumas medidas aqui do lado de fora, como executar alguma tarefa, ir a algum lugar, apresentar-se para algum evento. Mas até

O nascimento de um milagre

lá, o que realmente tem o poder de criar está aí, bem guardado dentro de você, dentro de mim e de cada Ser experienciando a vida por toda parte.

Lembre-se de que aquilo que você sente no íntimo pode lhe dizer muito sobre a forma como suas ideias e conceitos conduzem a frequência interna, e se você se pegar ansioso e frustrado, esperando que algo incrível venha a acontecer para salvá-lo da própria tristeza, é porque houve um rompimento nesse estado pleno e natural do Ser. Assim, volte ao ponto exato dessa fissura e corrija tudo a tempo, porque a menor fissura na estrutura é capaz de romper a maior das barragens.

No exato instante em que você absorver esse conhecimento, vai perceber que não precisa temer a realização de seus sonhos e nem mesmo a incompatibilidade entre a sua atual situação e os seus sonhos. Cada circunstância do presente, mesmo que aparente ser nociva e injusta, traz a oportunidade perfeita colocada diante de você para que perceba e mergulhe na própria divindade, e revele uma resposta criativa, uma solução acertada para seus dilemas.

Tendo em mente que você é tudo isso, não precisará buscar lá fora nada para realizá-lo. Tendo em mente quem você realmente é, tudo poderá começar a vir até você com naturalidade. Mas é claro também que por enquanto tudo parece muito teórico, muito longe da realidade. Por isso, no próximo capítulo os Fazedores de Milagres irão traçar um guia, um mapa para auxiliá-lo. Nele vão estar traçados os passos e as etapas corretas onde você, parcela Divina, poderá finalmente se transformar no Fazedor de Milagres que sempre foi, mas não teve a oportunidade de experienciar ainda.

Então aproveite essa chance do seu destino. Mas antes faça uma coisa inesperada, surpreendente e mágica... Tome uma atitude confiante e destemida. Pegue aquela lista de milagres que você fez com tanto carinho, que descreve de forma minuciosa tudo o que você gostaria de ver realizado em sua jornada. Agora, por favor, não abra nem leia essa lista novamente. Ao contrário, respire bem fundo e com um sorriso nos lábios rasgue-a, pique em milhares de pedacinhos e em seguida queime liberando a energia. Repare que enquanto você era uma pessoa com mente e coração conturbados tornou-se necessário direcionar a meta e manter o foco através de uma lista. Já um Fazedor de Milagres verdadeiro sabe no íntimo qual o propósito da sua existência, e não precisa de um pedaço de papel para lembrá-lo de seus objetivos; até porque a vida é surpreendente e irá presenteá-lo de um modo que você nunca imaginou. Limitar seus sonhos na forma e no jeito que você quer que aconteçam é perigoso por duas razões: a primeira sugere que o ego ainda pode estar escondido nas entrelinhas do papel, desejando e cobiçando despropositadamente; e a segunda razão é que você pode alcançar os seus sonhos de forma tão diversa daquela pela qual aguardava ansioso que isso poderá lhe causar um grande incômodo, o que também sugere que você ainda está sob a influência da personalidade inferior, ditando regras e imposições. Não se esqueça de que o Universo gosta de surpreendê-lo. Então, seja livre, seja ousado, seja Divino.

O FAZEDOR DE MILAGRES

Para ser um Fazedor de Milagres, alguns requisitos são fundamentais. Este é um guia por meio do qual você poderá compreender e seguir os passos de muitos Mestres maravilhosos que o antecederam nessa jornada.

Romper o eu que idealizamos

Para a parcela Divina que chega ao planeta na expectativa de uma existência física, o ego e a personalidade ainda não existem. Nos primeiros meses de vida, o bebê experimenta o Eu Verdadeiro sob uma carcaça física. Ali, todos os seus talentos e aspectos Divinos ainda estão bastante despertos, e não existe nenhuma forma de limitação a não ser a própria condição infantil. Mas, sabendo ser a sua Origem Divina e ilimitada, a busca pela perfeição e realização se transformam em uma força muito poderosa na consciência que se manifesta.

Conforme vai crescendo, a criança continua nessa busca, mas agora seu ego e sua personalidade começam a tomar forma e a ganhar espaço. Então, pouco a pouco, vai ficando a descoberto esse equívoco da condição humana, que corre atrás e luta incessantemente para ver essa perfeição, o prazer e a realização como fatos em sua vida diária. No entanto, de forma bastante distorcida, essa perfeição que antes era Divina logo se transforma em uma corrida vaidosa e obsessiva pela onipotência, e o prazer Divino passa a ser um prazer exclusivista e egoísta; a realização plena deixa de ser uma etapa evolutiva da alma e passa a ser a busca quase incontrolável pela realização imediata, tanto física quanto emocional.

Entretanto, o ego é fundamental para que o indivíduo possa também (eventualmente) perceber e aceitar suas limitações diante das circunstâncias. Essas constatações feitas pelo ego revelam as imperfeições e o abismo entre esse mesmo indivíduo e o seu Eu Verdadeiro, aquele abandonado ainda na infância.

O homem, com vergonha e se sentindo menosprezado, cria então um modelo virtual da própria personalidade, escondendo essas limitações dos olhares vizinhos. Ele se esforça para tentar exibir somente a sua parte interessante e vivaz, muitas vezes até exagerando nos fatores que faz questão de evidenciar. Contudo, segue constrangido entre o que ele constata sobre si e o que ele tenta desesperadamente mostrar ao mundo, mas a frustração crescente encontra lacunas cada vez maiores para se expandir.

Quando esse padrão da autoimagem começa a se formar nos primeiros anos de vida, a criança está apenas reagindo às respostas que ela obtém do mundo à sua volta. Quando chora e é ignorada e deixada de lado, ou quando chora e imediatamente obtém o que deseja. Quando sorri graciosa e é elogiada, ou quando se impõe intransigente e conquista seu espaço. Assim, pouco a pouco, ela vai moldando o padrão e a frequência que conduzirá seus passos pelo resto da vida. O eu idealizado, criado justamente para obter respostas positivas, assume a versão desse homem encarnado.

Mas o que é exatamente esse eu idealizado e para que ele serve? Existe um "eu" guardado e escondido dentro da sua consciência; ele é a sua parte Divina, responsável único pela sua realização pessoal. De forma humilde e silenciosa ele se recolhe e deixa o cenário para que as experiências físicas enriquecedoras se apresentem e possam revelar quem é essa pessoa encarnada, afinal de contas. Alguém sábio, evoluído, tranquilo, ou alguém maldoso, medroso e egoísta.

Entretanto, existe outro "eu", criado basicamente para sufocar e afastar toda a ideia de infelicidade e insatisfação com a vida, e como você deve ter percebido, essa é uma armadilha do ego. Essa solução encontrada por ele permite que a personalidade caminhe tateando aqui e ali na própria autoconfiança. Todavia, depois de certo período, as condições externas adversas terminam por minar essa confiança. Repare que nos momentos em que você percebe que está infeliz ou insatisfeito, você está tão conectado ao seu ego que chega a sentir uma angústia, como se tivessem lhe roubado também a fé e a confiança de que tudo irá terminar bem. Depois disso, chega o desespero, que expõe um ego fragilizado. Mas o ego definitivamente não gosta de se sentir descontente ou fragilizado, porque ele acredita que se sentir assim é o fim. Então ele cria essa armadura destinada a afastar a infelicidade e a falta de segurança interior. Assim surge a autoimagem idealizada, com a qual a pessoa pode seguir pela vida tentando conquistar seus sonhos. Mas o que acontece afinal é o afastamento cada vez maior dessa parcela interna, fonte de todo amor e realização. O indivíduo finge ser poderoso, mas o irônico disso tudo é que ele revela tantos buracos nessa falsa armadura quanto uma peneira pode ter.

Vivenciar o Eu Verdadeiro implica necessariamente vivenciar a autoconfiança genuína, a segurança verdadeira, a paz e a tranquilidade, oriundos da própria Divindade, o que garante ao indivíduo o poder incomensurável de realizar milagres, e, por conseguinte, rumar para a realização pessoal.

O eu idealizado foi criado justamente para esconder estas fissuras da personalidade. A pessoa percebe a própria inadequação e busca esconder seus fracassos, brechas, carências, temores, insatisfação e infelicidade. O eu idealizado de forma alguma pode levar um indivíduo a experimentar a realização e a plenitude, visto que está longe de ser o Eu Verdadeiro, e longe do poder que dele emana.

Então, durante a caminhada busque identificar essa autoimagem, criada para mostrar uma pessoa idealizada sob falsos padrões de felicidade, de amor e abundância, cheia de conceitos e ideais desencontrados. Um dos exemplos mais bobos e fáceis de detectar essa figura criada pelo ego é observar quando alguém se sente tão desconcertado com quem é de fato, ou com o momento de sua vida, que chega a esconder ou mentir a própria idade. Você é quem você é, e precisa honrar isso.

Ao detectar esse padrão, o ideal é que a pessoa possa romper, quebrar esse pacto criado por ela, com o qual se esconde e a partir do qual passa a viver um personagem. Por fim, que demonstre a coragem de expressar o seu Eu Verdadeiro, independente de quaisquer fatores externos, independente da crítica, da malícia e da fofoca. Independente até da incompreensão que por ventura encontre ao longo da jornada.

Costuma-se repetir a frase "sair do armário" para todo aquele que ainda se sente desconfortável com quem de fato é, sejam características físicas, morais ou até mesmo sexuais, mas a verdade é que a pessoa continua se escondendo, fingindo e aparentando ser alguém para agradar ao mundo, cheio de temores e tristezas. No que se refere ao âmbito espiritual, quase a humanidade inteira precisará sair do armário e deixar cair suas máscaras se quiser evoluir e ser um Fazedor de Milagres.

No entanto, a consciência vigente, arraigada por anos de condicionamentos equivocados, vai lhe dizer que seus "altos" padrões morais, espirituais e intelectuais são válidos e que qualquer tentativa de sufocar essa imagem criada é apenas um conformismo com as dificuldades da vida. Na verdade, ao romper esse padrão você verá a vida com outros olhos, muito mais calmos e alertas, mas nem um pouco conformados. Este eu idealizado criou uma imagem fantasiosa, uma construção mental sobre o que é a felicidade e sobre quem você é para o mundo. Conquistar e vivenciar aspectos físicos e emocionais é sempre o seu objetivo primeiro. Para isto, a pessoa cria uma série de desejos e ambições, e a maior parte deles nasce a partir de um ego superinflado ou completamente desequilibrado.

Transformar-se em um Fazedor de Milagres requer a coragem de observar a própria imagem idealizada, com falsos atributos, pretensões desmedidas e carências gigantescas. E mesmo que a princípio sua primeira reação seja a negação de que tem essa imagem idealizada, ou que esteja sob a influência do ego, não há evidência maior do seu engano do que a infelicidade que vem sentindo em seu íntimo. Essa tristeza que insiste em aparecer esconde a frustração com a não realização dos desejos e das vontades, e até mesmo com os caprichos desse eu imaginário que o ego forjou.

No Eu Verdadeiro, a partícula Divina possui o conhecimento e a sabedoria que lhe garantem que tudo, absolutamente tudo irá terminar bem.

Sem sofrimento, todos estes sonhos nascidos desta falsa personalidade precisam ser anulados. Do contrário, você estará perseguindo uma ilusão e, mesmo que a alcance, de forma alguma ela poderá lhe proporcionar paz, amor, segurança, satisfação, prazer, felicidade, plenitude, saúde... Permanecendo nesse estado pobre de ser, após qualquer pequena conquista a pessoa imediatamente começa a se sentir acomodada, e a necessidade de buscar novas satisfações a impulsiona em uma correria sem freios, sem respeito e sem felicidade.

O Eu Verdadeiro, sob essa máscara, sabe exatamente quais são os seus objetivos em cada etapa da jornada. Sabe o que precisa ajustar dos aspectos negativos que vêm à tona sob a ação cármica, mesmo que eles sejam revelados através de crises aparentemente monumentais. E o mais importante é que ele planejou tudo isso com perfeição e amor. Agora, dar crédito à fatalidade quando determinadas circunstâncias são apresentas é uma forma muito pobre e de poucos argumentos diante da grandiosidade dos planos do Eu Superior para você.

Conformar-se ou ter uma meta?

Quando você se vê diante de uma situação agradável é muito fácil aceitá-la e aproveitá-la para o seu desenvolvimento. Entretanto, ninguém está isento dos altos e baixos da existência. Mas quando por ventura você se vê às voltas com algum episódio sinistro, aceitar esse período de sua vida parece inimaginável, e muitas vezes até insuportável. Porém, o fato é que a última coisa que você irá encontrar nessa longa jornada é a estabilidade. Chegar a esse estágio implicaria a paralisação da energia primordial que origina, alimenta e se funde a tudo o que existe, e esta é inquieta por natureza, é inquieta por descobrir e desvendar novos patamares, por desbravar novas fronteiras. Ela não para nunca.

Algumas vezes você sentirá que está caindo; é inevitável. A vida irá lhe apresentar situações em que as dificuldades surgirão para que você se revele Divino ao superá-las. Em seguida, a vida voltará a um nível mais satisfatório e elevado. Pelo menos até o próximo ponto crítico ou até que você tenha expurgado todo resquício do medo dentro do seu coração e da sua consciência. Mas o que o sustenta e lhe assegura as condições certas para prosseguir é justamente a conexão com a sua parcela Divina,

O mais fácil seria acreditar que, retirados esses eventos ou essas circunstâncias dolorosas, o prazer e a alegria poderiam retornar. Pensando assim, as pessoas lutam desesperadamente para encontrar uma solução qualquer e resolver os seus problemas, e até mesmo para encontrar essa tal estabilidade. Todavia, tentar encontrar essa solução é um movimento que o indivíduo faz usando uma mente já sobrecarregada pelos eventos traumáticos, que está sempre voltada e espreitando o futuro. Assim, acaba fatalmente se sentindo frustrado e ansioso, o que atesta que se desconectou do momento presente e da própria Criação Divina. Por fim, o sentimento será de que não há solução além do sofrimento e do desespero que o ego lhes apresenta.

Qualquer movimento direcionado para fora ou para um tempo que não o presente é um movimento perdido, visto que é a parcela Divina quem detém as chaves do seu sucesso. Enquanto se debate nesse conflito entre a realidade conturbada e a necessidade opressiva de encontrar um resultado, você segue vivendo em uma verdadeira lacuna entre o potencial Divino e as agruras do seu carma, e pode apostar que nessa hora ele mais se assemelha a um monstro feio e vil saído dos contos infantis.

O que resta diante dessas pessoas parece vir com o sabor amargo da derrota, do fracasso. Se você não se sente capaz de encontrar uma solução para suas dificuldades, nem para alcançar a realização dos seus mais íntimos desejos, a opção que se abre é se conformar com o que a vida lhe apresenta. Mas isso também é uma ilusão. Veja bem, ninguém pode de fato se conformar, pois isso significaria um gesto claro da falta de confiança, da falta de metas, da falta de vontade de evoluir e se sentir pleno. Ao tentar se conformar com a vida você retorna ao estágio de seguir apenas sobrevivendo, sempre temeroso e infeliz. Sempre sentindo-se à parte da Criação Divina.

Alguns indivíduos chegam até a tomar uma atitude que, segundo os Fazedores de Milagres, se mostra infantil e contraditória: eles se frustram tanto com a vida que chegam ao ponto de alegar desistir de sonhar e almejar algo melhor. O cansaço de não ver a realização chegar na hora que estipularam faz com que esses indivíduos desanimem e comecem a fazer o movimento oposto à evolução da alma. E mesmo que ninguém possa chegar a "involuir", o que eles fazem é tomar uma atitude típica de quem se sente contrariado e resolve mostrar através do comportamento a insatisfação que sente com tudo ao redor. Eles fingem que estão parando a luta interna e que aceitam a vida com todas as suas atribulações; entretanto, a própria desistência dos sonhos é revestida do sentimento incômodo da tristeza ou do fracasso. Então, quando exatamente parar de sonhar e almejar uma vida melhor pode fazê-los evoluir ou se transformar?

A atitude de não desejar, sonhar ou almejar mais nada é pura quimera. Você vive em função de tudo o que a sua consciência vai pouco a pouco impregnando na sua vibração interna. E a vida, independente da sua instabilidade emocional e da sua relutância, vai continuar a trazer os eventos e as circunstâncias correspondentes ao teor do que existe em você.

Observe que nós, seres humanos, não "desligamos" em momento algum, nem mesmo durante o sono; portanto, estamos emanando energia e criando o mundo que escolhemos viver ininterruptamente. Ao tentar desistir de sonhar, a única frequência que resiste em nosso íntimo é a frequência do medo.

A recusa em sonhar está intimamente ligada ao medo e à angústia de ter de fazer sacrifícios, de ter de se transformar, de ter de abrir mão de algo e depois de tanto esforço não ter a menor ideia acerca da realização dos sonhos. Não há garantias, então, por medo, desinformação e uma alta dose de egoísmo a pessoa continua sua caminhada carregando para cima e para baixo uma frequência interna nociva que não constroi nada de valor, nada relevante para a evolução do Todo.

E não existe uma única pessoa neste lindo planeta que não deseje alcançar a felicidade. Talvez sem saber como, com objetivos diversos e por vias duvidosas, mas o certo é que todos, sem exceção, buscam um meio de trazer à tona cada um de seus sonhos mais mirabolantes, com a promessa embutida de encontrar a realização e, por fim, a felicidade.

Esse desejo, na verdade, é fruto da própria essência Divina, que nos impulsiona a estar em contato constante com essa semente da plenitude interior. Infelizmente, por falta de conhecimento, a população se esquece de olhar para dentro e focar em sua consciência para ver ali que os valores de que tanto corre atrás permanecem adormecidos e esquecidos em um canto da alma.

Para todos aqueles a quem o ego se sobrepõe à própria Divindade, esse contato com a parcela Divina, sussurrando as maravilhas da plenitude, acaba refletido na busca incessante pela conquista e pelas aparências. Enquanto para todos aqueles que já compreenderam que toda plenitude, abundância, amor e sabedoria se encontram no interior da alma essa correria pode finalmente cessar. Ao compreender e sentir em seu íntimo que antes de exigir uma vida perfeita aqui no mundo físico você precisa encontrá-la e demonstrá-la nas suas atitudes, nos seus gestos, nos seus pensamentos, nas suas palavras e no seu comportamento, e que só depois disso a vida terá os meios precisos para trazer essa perfeição até você, a paz irá invadir sua alma.

Assim, em vez de você se sentir derrotado, vencido ou conformado, o Eu Verdadeiro assume seu posto e garante uma clareza de objetivos, uma confiança plena na realização, e uma verdadeira tranquilidade capaz de acalmar o coração e silenciar a mente. A pessoa consegue perceber que o encontro aqui fora com a realização acontece através da felicidade interior, acontece através da atenção dedicada às pequenas coisas do cotidiano, da satisfação de realizar um trabalho benfeito e que ainda possa ser oferecido ao próximo. Essa felicidade se encontra na dedicação desprendida através do cuidado e do tratamento a cada um que cruza o seu caminho, bem como no foco aplicado ao momento que passa diante dos sentidos aguçados.

Independente das circunstâncias externas e da aparente confusão, os desejos que antes vinham carregados de tensão agora vão silenciando um a um, e em seu lugar o que brota no fundo do coração são as metas. Primeira meta: experienciar a vida com abundância, demonstrando e compartilhando abundância, para que ela volte, venha de onde vier. Segunda meta: experienciar a vida com amor, demonstrando e compartilhando a amorosidade, para que o amor retorne, venha ele quando vier. Terceira meta: viver com sabedoria, sucesso, saúde e felicidade, demonstrando e compartilhando cada um desses aspectos ao longo do caminho, para que mais de tudo isso chegue, se espalhe e transforme a vida inteiramente.

Então você não mais se sente com a necessidade de desejar algo específico, comprimido pelo tempo e pelo espaço. Em vez disso, amplifica seus desejos e se funde às metas da parcela Divina que você é. Ao contrário "daquela promoção" concorrida, você percebe que a vida pode levá-lo a outros cargos, a outro emprego muito melhor. Ao contrário "daquela namorada" específica, a vida pode fazê-lo esbarrar com alguém ainda mais interessante.

Agora você não precisa mais querer ou esperar que nada específico venha a acontecer no futuro para que tenha uma chance de experimentar a felicidade. Em lugar disso, você escolhe conscientemente que aspectos Divinos quer expressar, como se sente com eles aqui e agora enquanto realiza as tarefas diárias, e em seguida, pode escolher qual experiência você está pronto para receber em sua vida. Você se sente pronto para escolher quais metas quer experimentar no mundo físico?

Atenção ao ponto interno

Você certamente já ouviu dizer que a Criação se dá através de um movimento interno, e que ela começa pelo simples gesto de direcionar a atenção para aquilo que acontece em seu íntimo. Ao percorrer esse longo caminho para se transformar em um Fazedor de Milagres você já deparou com vários aspectos negativos e imaturos da personalidade. Corrigi--los e aprimorar-se é sempre uma escolha da personalidade. Mas se o seu foco é realmente transformar-se em alguém pleno e realizado, então serão esses padrões internos e agora evoluídos que precisarão estar em evidência para atrair aspectos evoluídos para você.

A vida e o Universo existem porque repetem constantemente a frequência da energia primordial. É esse pulsar energético que cria um padrão e permite que todas as coisas existam e tomem forma. Se um padrão específico está vibrando, ele permanece se repetindo continuamente e trazendo também as mesmas consequências, até que uma força ainda maior possa modificar essa constante. Na física, a lei de Newton comprova que qualquer movimento realizado por um corpo vai se perpetuar até que algo se interponha e transforme os fatores envolvidos.[*]

Na vida prática, você emite uma frequência, e o Universo funciona como uma gigantesca máquina copiadora que pega essa frequência e a decodifica em eventos e situações reais para o seu prazer ou sofrimento. Se a sua frequência ainda contém traços de uma personalidade inferior, é a essa vibração que a vida irá responder continuamente, sem parar, a menos que você tome uma atitude.

O doente atrai a doença. A carência atrai a falta e a necessidade. A solidão atrai ainda mais solidão e descrença. E você podia jurar que era

---

* N. da A. – MRU – Movimento retilíneo uniforme.

justo o contrário, não é mesmo? Mas, apesar de o processo cármico ser implacável quando apresenta os episódios dramáticos, ainda assim foi a sua frequência que permaneceu estagnada na ignorância e no sofrimento, que preparou as condições, catalisou e atraiu tudo isso para sua jornada.

Agora, do mesmo jeito que um Fazedor de Milagres, você busca esses padrões equivocados e, como se estivesse em um rodeio, laça cada um deles para serem expostos e transmutados. Afinal, o interesse de deixar para trás aquela parcela pequena, mesquinha e sem brilho para se transformar em um Ser Iluminado e Divino é sempre pessoal. E quando consegue anular a frequência do medo substituindo-a pela frequência do amor (entendimento/sabedoria/conhecimento/compaixão/aceitação/simplicidade...), pouco a pouco o seu padrão vibratório se transforma, podendo atrair toda sorte de novidades. Esse novo padrão vibratório agora evoluído e altruísta passa a interagir com todo o Universo.

A atenção focada é uma simples, porém muito eficaz ferramenta para a sua evolução e consequente realização dos sonhos e das metas. Quando direciona a energia concentrada em seus pensamentos para seu interior, você desmancha um dos prazeres do ego, que consiste em reparar em tudo à sua volta e fazer comparações, fazendo com que isso se transforme em uma espécie de tortura pessoal, recordando a todo instante o quanto lá fora a vida dos outros sempre aparenta estar perfeita enquanto na sua vida tudo fica estagnado e esquecido.

Uma coisa que não pode parar nunca no processo criativo é a energia que você coloca para impulsionar e transformar a vida ao redor. Essa energia só é eficaz quando jogada para dentro, de forma saudável e consciente. Imagine ler estas palavras e ficar pensando na pilha de louça suja que restou do jantar. Sua atenção saiu daqui, viajou até a tarefa deixada de lado, e, no entanto, você não realizou nem uma leitura satisfatória – provavelmente ficou lendo as palavras sem nexo e sem sentido, mas também não limpou a cozinha. Ao tirar o foco da tarefa que executava, a única coisa que conseguiu ao se dividir foi a preocupação com a tarefa a seguir, e a insatisfação com a tarefa que estava realizando. Agora, volte e leia novamente.

Um padrão se rompe quando você rompe a necessidade de mantê-lo. Isso só acontece através do conhecimento e da vontade sincera de transformar a própria existência. Uma frase anônima reflete bem isto: "Deus só fará alguma coisa por mim se eu mesmo o fizer"; porque, afinal de contas, Ele age por seu intermédio. Portanto, é preciso coragem ao observar-se para rever cada atitude, gesto, palavra, pensamento e comportamento. Tudo isso é fundamental se você quiser detectar seus pontos fracos e transformá-los imediatamente.

A única coisa que você conquista quando quer obter algo para ser feliz é exatamente a repetição de sua atual condição, das circunstâncias à sua volta. O seu alvo, isto é, o seu desejo, permanece distante e longe do alcance de suas mãos. Se você não se observar cuidadosamente, irá impregnar o Universo com o seu padrão de falta, de carência, de ansiedade, de pobreza, de medo etc., pois é isso que você está vibrando; e é isso que o Universo enviará de volta para você, mais e mais.

Uma das piores formas de extravasar esse comportamento equivocado é a reclamação constante de sua situação. Constatar fatos e relatar eventos acontece sempre livre do conteúdo emocional ou de sua visão particular. No momento em que você adicionar esses ingredientes terá emitido uma opinião. Todavia, no meio de uma vida confusa e atribulada, as opiniões logo se transformam em críticas e em desabafos. Ao reclamar, você afirma o lado negativo da vida e constroi ainda mais dificuldades.

As reclamações são perigosas porque, embora você possa simplesmente verbalizá-las para um colega ou parente, existem aquelas que residem na memória e ficam repetindo a história dramática que o ego quer contar. Esse ir e vir vezes sem conta no mundo das reclamações faz seus sonhos se desintegrarem completamente. Seu poder acaba quando as reclamações começam, pois sua frequência volta a operar no nível da personalidade inferior.

O poder que existe no conhecimento da condição Divina, e de seus atributos Divinos, é a única força capaz de atrair tudo de maravilhoso que o seu destino lhe reservou. É essa frequência que você deve emitir para ver acontecer aqui fora tudo aquilo que sabe que já existe lá dentro, no incrível e infinitesimal mundo energético.

Jogar o foco e a atenção para o ponto interno é reconhecer esse poder extraordinário armazenado na frequência pessoal. Então coloque já essa frequência Divina para brilhar e reluzir a incrível pessoa que você é, e em seguida a vida irá colocar bem diante do seu caminho cada um dos desejos, das metas e dos milagres para sua evolução plena.

O nascimento de um milagre

Mergulhando no silêncio para encontrar o espaço vazio

No exato instante em que você compreende de forma definitiva que é uma parte essencial de Deus, que carrega em si toda a natureza Divina, então imediatamente um alívio invade o seu coração. Constatar que seu destino, cheio de possibilidades reais de experienciar a fartura, o amor e a plenitude, já está escrito e costurado através de uma frequência interna permite que a tranquilidade preencha de vez a sua consciência. Observar com imparcialidade cada crise e cada evento externo que chega e se abre em forma de oportunidades para que seu carma possa ser transmutado faz nascer a quietude em sua vida. Você não precisa lutar com a existência, mas é aconselhável acolher as dificuldades e transformá-las em virtudes, em vez de tentar escondê-las ou simplesmente fingir que não as tem. Você também não precisa correr em busca de seus sonhos, pois compreende que você é o sonho do seu Eu Superior, e à medida que segue evoluindo deixa o pesadelo para trás. Neste caso não há o que temer; o medo perde o sentido e a função. Se você coloca de lado toda a necessidade de manter a autoimagem ou os desígnios do ego, de manter sua posição cheia de conceitos equivocados, então está livre para experienciar as metas da sua alma.

E eis que você descobre que não há mais nenhuma necessidade de todo aquele falatório de fundo na sua mente. Porque, para a pessoa comum, do momento em que acorda até a hora de dormir a cabeça pode se transformar no pior inimigo que ela já teve. A cabeça não se cala, e, no meio de vícios e imperfeições, pode levar o homem a agir de forma negativa e até irracional. É esse discurso interno permanente que denota o ego presente em sua vida. Esse diálogo constante com as lembranças, os conceitos, anseios e questionamentos que denotam a conexão viva com o ego. A essência Divina não precisa desse recurso para reafirmar quem ela é ou o que deseja experimentar. Essa é a grande diferença entre alguém consciente e alguém distante dos valores da alma: o silêncio interior.

Discussões e lembranças de diálogos perdidos caem por terra. Argumentações e soluções mirabolantes são desnecessárias. Tentativas de reviver momentos passados são inúteis. E finalmente você se dá conta de que nada disso é real para a essência Divina. Apenas o instante sagrado do aqui e agora é autêntico. Esse momento é feito de puro silêncio, de pura magia.

Os Fazedores de Milagres

É claro que você vai se manter consciente e interagir com o mundo à sua volta. E se estiver no meio de uma conversa, sua mente irá funcionar perfeitamente para articular e estabelecer um diálogo saudável e produtivo. Ao ver televisão, ir ao cinema, ler um livro ou se conectar à internet, suas funções cerebrais serão as mesmas e irão agir e raciocinar para que você tenha êxito. Mas, quando você compreende quem é de fato, o barulho pode acabar para deixar o silêncio entrar e tomar conta de tudo.

Todo esse falatório se manteve ativo na sua mente em parte porque você vivia com medo de descobrir e revelar suas falhas, suas intransigências, e em parte porque se recusava a olhar para dentro e de repente descobrir um imenso vazio. Mas o vazio que surge da personalidade frustrada é só mais um dos aspectos negativos daquele que tenta evoluir. Esse vazio nada tem a ver com o silêncio da alma satisfeita e plena, que não precisa convencer ninguém, que não precisa se vender para ninguém e, por fim, que não precisa gritar para conseguir absolutamente nada.

O silêncio pode chegar porque você é a própria partícula Divina, puro amor, abundância e sabedoria. E mesmo que a sua vida lhe apresente vários aspectos confusos, ainda assim você permanece sendo essa partícula. Aonde quer que você vá, sempre será uma parte de Deus presente e consciente.

Ao manter o foco no momento presente para realizar a tarefa que está sendo solicitada com total atenção e dedicação, você estará honrando aquilo que sua frequência interna está lhe apresentando para a evolução do Todo. Ao manter essa conexão saudável, você não precisa discutir, argumentar, ansiar e, principalmente, não precisa se sentir insatisfeito ou infeliz com essas circunstâncias. Nada disso é mais necessário, então o ego pode ser definitivamente calado. Aliás, você vai desejar o silêncio cada vez mais presente em sua jornada para que possa estar sempre atento ao que seu Eu Superior lhe diz.

Um dos métodos mais eficazes para silenciar a mente e manter o foco constante na tarefa presente é a meditação. Entretanto, segundo os Fazedores de Milagres, não é necessário que você se converta a esta ou àquela religião para se encontrar com o seu lado Divino. Entretanto, se você for aplicado, busque alguma terapia, ioga ou curso que possa lhe ensinar métodos capazes de levá-lo a um profundo estado de relaxamento e conexão com o Alto.

O nascimento de um milagre

De todo modo, para encontrar esse silêncio basta que você aceite e compreenda os princípios aqui descritos, e rompa com o ego infantil; então você estará pronto para experienciar a quietude.

Agora, procure reservar um tempo, a princípio bastante curto, apenas o suficiente para que você possa se habituar ao silêncio. Não se esqueça de que o ego vai tentar retomar o fio da conversa mental, e caberá a você ser firme em seu desejo e escolher constantemente quebrar esse círculo vicioso. Cada vez que ele tentar, chame a atenção para o que está fazendo no momento.

Então, reserve cinco minutos todos os dias e sente-se confortavelmente. É preferível manter-se sentado para evitar que o cansaço ou a personalidade inferior o façam adormecer e desperdiçar o exercício. Sente-se de forma confortável e, se quiser, diminua a luminosidade, depois coloque uma música suave, e feche seus olhos. Comece então a prestar atenção à sua respiração. Como é ela? É ofegante? Cansada? Curta e esporádica? Pois bem, vamos modificar isso. Coloque suas mãos espalmadas abaixo do umbigo e em seguida dê uma profunda inspiração. Experimente fazer isso pelo nariz. Puxe o ar, sinta-o inflando seu tórax e indo de forma suave e consciente até a sua mão. Sinta que toda a sua barriga começa a se expandir, e então, segure um pouco a respiração. Faça essa conexão com sua parte puramente Divina e deixe a quietude brotar bem dentro de você. Agora, bem devagarzinho, comece a soltar o ar. Lentamente empurre esse ar para fora e perceba sua mão e todo o seu tórax se contraindo. Deixe que os seus ombros e o peso de seu corpo terminem de expulsar o resto do ar que ficou em seus pulmões. Sinta-se murchando aos poucos e fique um tempinho assim, parado, vazio.

Repita essa operação algumas vezes e repare que, enquanto manteve a atenção nesse movimento, nenhum pensamento furtivo, nenhum diálogo mental, nenhuma reclamação surgiu em sua mente. Enquanto você esteve com o foco direcionado nesse simples ato de respirar profundamente, sua atenção fugiu do conturbado plano terrestre, repleto de preocupações, anseios e expectativas. Você deixou tudo isso para trás e mergulhou no seu Eu mais profundo. E isso aconteceu porque você, parcela Divina, assumiu momentaneamente o controle dos seus três veículos: físico, mental e emocional. Nenhum diálogo, nenhum sentimento, nenhuma frustração... Nada, apenas o silêncio.

Ao adentrar a quietude, você depara com o estado de consciência expandida, onde o manifesto e o não manifesto se encontram no seio da Criação Divina. Todas as respostas, todas as soluções e toda a criatividade surgem nesse espaço entre o silêncio e a atividade mental conturbada da consciência humana.

Com o tempo, vá ampliando esses períodos dedicados ao profundo vazio interior. Habitue-se a reservar alguns minutos do seu dia para se conectar ao silêncio e expulsar da mente todo o peso das mazelas diárias. Esse alívio para a sua mente fará com que ela se torne mais atenta, aguçada e viva. E toda vez que você estiver diante de um dilema ou de um evento conflitante, lembre-se de que o ego ou o próprio campo mental se esgotam na falta de criatividade; então busque esse intervalo entre as crises para se reconectar à paz, à clareza e à orientação Divina. A atitude certa aparece como mágica, e assim você *saberá* exatamente qual o próximo passo da jornada.

Querer ou escolher?

Existe um evento programado para acontecer em sua vida. Quando ele se traduz em uma crise, basta você estar conectado ao Eu Superior para que ela se apresente e seja rápida e superficial. Mas se estiver conectado à personalidade inferior, então a crise se estenderá, podendo até mesmo ser desastrosa para a sua jornada. É a sua escolha, a sua postura que irá conduzir e apresentar um desfecho condizente para esses fatos.

Agora, se o evento é positivo, como por exemplo, arranjar um novo emprego, ainda assim você pode optar por se angustiar e se desesperar, e a busca vai se tornar longa e difícil, repleta de portas fechadas e muito desgaste emocional. Por fim, quando você encontra esse emprego, percebe que o ambiente não o agrada e o salário é insatisfatório. A vida lhe trouxe o emprego que já havia em seu destino, e este era um episódio que tinha tudo para ser feliz, mas sua pressa, sua angústia e sua escolha equivocada o colocaram diante de uma experiência muito aquém das possibilidades que estavam reservadas. Entretanto, se estivesse conectado e *sentindo* a vibração interna, você teria sabido dizer *não* à pressa e se colocaria na frequência exata que o conduziria direto ao emprego perfeito.

O nascimento de um milagre

Na vida, o potencial que jaz em seu destino pode se revelar de forma exuberante ou de forma bastante precária e insignificante. Assim, um namoro pode ser uma grande experiência afetiva quando o indivíduo encontra alguém especial, ou pode ser mais uma experiência traumática se ele se envolver com alguém que ainda não despertou o Divino interior. A promoção pode ser uma excelente oportunidade para mostrar seus talentos, mas pode também ser deprimente e desgastante. Sua postura vai determinar o que acontecerá em seguida, e isso é razão mais do que suficiente para que você fique atento.

O objetivo dos Fazedores de Milagres é lhe apresentar as ferramentas certas para que de agora em diante você experiencie sua jornada sempre vibrando e encontrando a plenitude aonde quer que você vá.

Repare que, ao pensar em uma partícula Divina, atributos bastante evoluídos logo vêm à mente: abundância, compreensão, fartura, liberdade, saúde, amor... Então você é tudo isso e muito mais. Cada partícula expelida e existente pelo Universo é tudo isso também. Entretanto, esse padrão está adormecido e até sufocado no meio de suas confusões egoicas e imaginárias. Reluzir esse padrão evoluído, essa frequência Divina é a solução para os milagres acontecerem.

Neste ponto da caminhada, quando você já se abriu ao silêncio, compreendeu qual sua origem e se libertou do medo, não há mais nenhum desejo para ser conquistado. Mas espere um pouco; eu não disse que seus sonhos morreram ou se perderam para sempre, eu disse que os desejos, aqueles que vêm à tona buscando realizar os caprichos da personalidade, não podem e não vão se realizar. Deixe-os ir para abrir espaço e lhe trazer ainda mais tranquilidade.

Anteriormente os Fazedores de Milagres explicaram que o padrão interno que você emite é o padrão que se conecta à vida, apresentando-lhe eventos, circunstâncias, encontros e acertos. Sua frequência, portanto, é determinante na qualidade da vida que você leva, isto é, seus sentimentos e suas ideias sobre algo estão o tempo todo construindo cada etapa do seu caminho; tudo isto dentro do destino que lhe foi reservado, é claro.

Ao tomar consciência de quem você é e das infinitas possibilidades maravilhosas que existem para evoluir, você não precisa querer algo e assim atestar que não o tem. Em vez disso você passa a escolher o que deseja experimentar. Você escolhe se deseja experimentar uma vida farta, feliz, saudável... Escolhe se deseja ser uma pessoa solidária, abundante, inteligente. Escolhe se deseja ser alguém violento, desumano, vil. Escolhe se deseja relacionar-se com os outros expressando-se com respeito ou com desrespeito. Enfim, você escolhe a próxima experiência ao se colocar em concordância com a frequência certa.

E se antes você desejava uma namorada para preencher o vazio de sua vida e lhe trazer alegria, felicidade e prazer, agora você escolhe experienciar o amor, o respeito e o prazer que já existem em você, e assim essa frequência se expande e retorna na sua forma mais perfeita, trazendo-lhe um relacionamento baseado nos mesmos princípios, na mesma vibração. E mesmo que essa relação chegue ao fim, nem o amor, nem o respeito ou o prazer podem ser tirados de você e levados embora porque eles constituem a sua parcela Divina. A dor, o sofrimento, a saudade descontrolada, todos são aspectos da personalidade inferior que precisam ser cuidados para que você volte a vibrar o amor, e então reencontre alguém amoroso mais uma vez.

Além disso, você queria um emprego novo ou talvez aquela promoção específica. Você queria o salário X e ansiava por conseguir o dinheiro para saldar suas dívidas. Infelizmente, o que você sempre encontrava? O estresse e a frustração. Hoje, já consciente, você escolhe experienciar a abundância, ou um trabalho estimulante, ou quem sabe ainda um ganho extra de dinheiro; então em seguida você se abre para as possibilidades positivas inseridas no seu destino, para que elas possam chegar até você tranquilamente. Você aceita os desafios que podem e certamente irão levá-lo muito longe, rendendo liberdade financeira e conforto. Mas se a vida o colocar novamente diante de alguma dificuldade você a enfrentará com sabedoria, livre de todo e qualquer sentimento de insatisfação, já que esta é a armadilha favorita do ego, que ao reclamar o coloca de volta preso na angústia e no medo em relação ao futuro. Quando se afasta dessa frequência nociva, você compreende que em essência é abundante e nunca deixou de ser, e então se abre para os milagres que chegam trazendo-lhe oportunidades de fechar o negócio exato, de agarrar a promoção perfeita, de encontrar o trabalho preciso.

Se antes você queria e buscava a saúde física, emocional e até mental, agora você escolhe de forma consciente vivenciá-las em seu dia a dia. Segue firme no autoaprimoramento, transformando suas ideias e

O nascimento de um milagre

seus condicionamentos. Passa a ter um comportamento alegre, gentil, seguro, no qual impera o respeito e a amorosidade por todas as outras formas de vida. Você cuida do corpo físico aproveitando cada chance oferecida pela medicina tradicional, mas agora aliada aos cuidados que os tratamentos holísticos também oferecem. Ao renovar com carinho seus conceitos equivocados e deixar transparecer nas atitudes quem você é, ou seja, uma pessoa saudável, o único resultado possível é transformar e eliminar toda doença, dor, angústia, depressão, mania e obsessão.

Antes você queria isto ou aquilo, na hora em que lhe fosse mais conveniente. No entanto, agora finalmente compreende que talvez nem isto nem aquilo venha a acontecer dessa forma. Substituindo o *querer*, você passa a escolher com sabedoria, pois está pronto para expressar o seu melhor e, assim, experimentar certos eventos, encontros e situações.

Você pode escolher que está pronto para experimentar a maternidade/paternidade porque é repleto de amor e dedicação, e na hora certa o filho vem. Você pode escolher que está pronto para experienciar um relacionamento saudável porque é repleto de amor, alegria, bom humor e respeito, e então a vida o surpreende com um encontro ou um reencontro incrível. Você pode escolher que está pronto para viver a saúde perfeita porque já pode sentir o seu corpo mudando, a cura se instalando, os hormônios se reequilibrando, os órgãos se recuperando, e logo o corpo físico responde a esse comando. Você pode escolher que está pronto para se harmonizar com a abundância porque é paciente, honesto e sabe que tudo vai surgir em seu caminho para que as contas sejam pagas, a vida se enriqueça e você cresça ainda mais. Você pode também escolher neste instante largar um vício qualquer porque sabe que já é livre e está pronto para encontrar o profissional certo que irá apoiá-lo e conduzi-lo à liberdade que você sente. Você pode escolher aproveitar uma viagem, uma casa nova, um carro novo, um trabalho, porque está pronto e é responsável para compartilhar tudo o que a vida lhe oferece.

Querer algo atesta a falta desse mesmo objeto em seu caminho, e seu sofrimento faz com que a vida continue repetindo esta mesma falta, e você segue querendo algo. Entretanto, escolhendo viver uma experiência, você abre mão da necessidade de conquistar aquilo que não tem. Você não mais "precisa" daquilo ou "quer" aquilo, você escolhe ser de um jeito, escolhe ser diferente, viver uma história diferente, escolhe como se sente aqui e agora e respeita as formas inusitadas que o próprio Universo tem em presenteá-lo. Se você escolhe uma condição de vida é porque intimamente sabe que é capaz de experimentá-la, e sabe que essas condições estão em você. Comece a vibrá-las desde já e siga espalhando a felicidade que invadiu seu coração neste exato instante. Acredite, experimente!

O verdadeiro atestado de abundância é se doar

Quando você escolhe por esta ou aquela experiência, você está afirmando no íntimo que acredita que essa possibilidade já está ali, no seu destino. Do contrário, não escolheria nada. Como seria possível chegar a uma loja e escolher comprar uma televisão se você entrou em uma boutique de roupas femininas? Quando você chega e escolhe tal coisa é porque acredita que ela possa estar ali. Isso é o oposto de querer obter algo, desejar alcançar algo, porque neste caso você afirma que não tem o que quer ou deseja, mas espera que talvez, quem sabe um dia, você possa vir a alcançar essa alegria. Então você continua se sentindo triste e fracassado.

Escolher implica também além de acreditar na possibilidade a confiança que você deposita na capacidade do Universo em fazer chegar, através dos milagres, tudo o que você precisa para transformar sua vida. Sem o medo rondando seus sonhos, a escolha pode ser praticada de forma consciente e livre do ego.

Entretanto, seja escolhendo, desejando ou querendo, você deve estar se perguntando como é possível manter a crença de que algo já está ali, se ele não está. E nessa hora bate um desespero por sentir-se enganado e novamente frustrado. É como ver seus sonhos se apagando um a um. Você pensa até em desistir e não sonhar nunca mais. Mas tudo bem, isso é apenas o seu medo de que seus sonhos nunca venham a se concretizar; então você finge que está tudo bem em não sonhar com mais nada. Para quem está conectado ao Eu Verdadeiro, esse medo já foi vencido e substituído pela compreensão de que se tem tudo, e de que se é tudo.

Porém, não existe um tempo em que você diz: "Ok, agora vou criar", e outro em que você desliga o interruptor para encerrar o processo de Criação. E esse acaba sendo um dos maiores empecilhos da Criação consciente, porque você escolhe e cria situações lindas e maravilhosas, mas no instante seguinte derrapa e escorrega para fora do padrão Divino, e volta para as velhas emoções distorcidas que se baseiam em ideias limitadas e conceitos ainda desequilibrados. E como tudo isso parece jogar contra o pobre sonhador. Sendo assim, como vencer essa barreira? Como convencer-se de que você tem aqui e agora tudo aquilo que escolhe experienciar? E veja bem: você não pode, nem vai conseguir enganar a própria mente.

Transpor essa barreira se resume a dois pontos: o primeiro é a confiança em seu Eu Superior que é uma versão muito melhor de você mesmo. Se você compreende seus atributos e o objetivo do seu destino, então você *sabe* de antemão tudo aquilo que pode alcançar na sua trajetória. O segundo ponto se baseia no conhecimento das Verdades Superiores e, ao colocá-lo em prática, você faz a mente trabalhar a seu favor, sem esquecer, no entanto, que ela trabalha o tempo todo ligada ao ego, e este vai a todo instante tentar convencê-lo de que tudo isso não passa de uma mera brincadeira.

A chave para sair desse drama é atestar a própria abundância, o próprio amor e a própria sabedoria, e esta é a melhor solução para o impasse da mente. Todavia, a primeira coisa que a mente vai argumentar quando alguém lhe disser "Dê isto ou dê aquilo para seus semelhantes" é que você só poderia tomar essa atitude de forma desprendida se tivesse de fato algo para dar. Se as contas vão mal, o emprego está por um fio, o relacionamento chegou ao fim, e tudo o que você quer é um pouco mais desses aspectos em sua vida, então como expressar justamente o amor, a abundância, a saúde e a sabedoria?

Mas você pode começar a perceber as distorções na frequência que atrai essas situações complicadas quando presta atenção ao próprio comportamento. Um exemplo clássico de um comportamento desequilibrado é o exagero das pessoas. Abra seus armários e seja honesto em avaliar tudo aquilo que é supérfluo; agora, saiba que isso pode ser o melhor presente que outra partícula Divina poderia receber em toda a sua vida. Ou talvez a sua sobra alimente várias pessoas. Repare no seu desperdício e no quanto ele custa para o meio ambiente cada vez que troca o celular, o computador, o carro e o sapato de couro.

Transforme seu excesso em boa ação, compartilhe o que você tem. Se você deseja ser presenteado pelo Universo, então comece presenteando seus semelhantes. E isso não tem absolutamente nada a ver com a sua situação financeira. Estamos tratando aqui de uma mudança na frequência interna e nos sentimentos causados por uma boa ação. A informação clara para sua mente e para a frequência interna é a seguinte; "Veja só, eu sou tão rico e abundante, tão amoroso e solidário, que tenho tudo aquilo que gosto e ainda posso auxiliar meu semelhante a conquistar o que ele necessita". Sabe o que a vida vai fazer em seguida? Ela vai reparar na sua frequência mudada, contente e altruísta, e vai lhe trazer ainda mais saúde, amor, trabalho, dinheiro, objetos, recursos...

Ok, isto pode ser muito fácil de fazer quando se compreende que todos somos Um, mas e quando de fato não temos dinheiro nem para comprar a comida do mês, imagine então compartilhá-la com algum infeliz. O que fazer nesta situação? A verdade é que você não precisa ser imprudente e atrasar seus compromissos financeiros para enviar ao Universo a mensagem de abundância compartilhada. Até porque, suas ações seriam tomadas por aflição e temor, escondendo um objetivo maquiavélico e ganancioso de conquistar favores do Universo em troca de sua falsa boa ação. Em primeiro lugar, honre seus compromissos, honre sua família, e se lhe falta dinheiro, então pode estar lhe sobrando cultura, educação, tempo... Adicione a tudo isso um pouco da sua disposição e você poderá auxiliar alguém a melhorar a própria condição de vida. Algum talento você tem de sobra, e isso é abundância. Então compartilhe seu dom transformando a vida de outra partícula Divina. Assim você estará transformando a sua frequência e atestando que você já é abundante e amoroso, ou seja, já é um Ser Divino.

Quando você expressa o amor verdadeiro e fraterno, ele encontra espaço para fluir e voltar até você, trazendo-lhe romance e parcerias saudáveis. Mesmo que na noite anterior você tenha vivido na mais completa solidão, ao demonstrar amor você modifica o padrão interno, você modifica a sua vida.

Observe que não é preciso demonstrar esse amor unicamente na relação entre os parceiros. Isso pode ser feito ao tomar uma atitude amorosa, como por exemplo, auxiliar um cego a atravessar a rua, ou ceder seu lugar a um idoso. Quando você deixa alguém necessitado passar à sua frente em uma fila ou quando abre mão de estar entre os amigos e decide compartilhar algumas horas de seu dia dando alento a quem está doente e debilitado.

O nascimento de um milagre

Como os Fazedores de Milagres disseram antes, várias são as formas de expressar o amor a ponto de modificar a raiva, a mágoa e a desconfiança dentro do seu coração. Quando você, de forma consciente, se dedica a transformar os seus equívocos porque sabe que internamente existe alguém muito melhor do que essa pobre parcela que vem demonstrando, você já está expressando o amor por si e o amor pelo Todo. Afinal, se você melhora, o Todo melhora junto com você, e ao auxiliar outra partícula Divina a melhorar, terá demonstrado que é sábio, amoroso e abundante.

No entanto, existe outra forma de expressar esses atributos, e se você achar que não tem muito o que oferecer, basta ser solidário e ter compaixão para se dispor a ouvir e ajudar todos aqueles que vêm em busca de socorro seja para chorar pelo amor não correspondido, para se lamentar do ente que perdeu e até para reclamar de não acreditar em milagres. Alimente a autoestima, seque as lágrimas e volte a semear a esperança para essas pessoas, e você estará espalhando mais amor do que pode imaginar. E assim, o amor retorna a você.

Você escolhe quais situações experimentar; um grande amor, saúde, beleza, filhos, uma colocação melhor de trabalho, fartura etc. porque sabe que, seja o que for, já está ali. Então pode praticar à vontade essa mesma frequência direcionada ao próximo, usando palavras carinhosas, gestos incentivadores e um comportamento que espelhe sempre o melhor.

O que acontece no seu interior é fantástico; além de praticar a bondade, você começa a sentir-se bem fazendo o bem. Ao sentir-se assim, você contagia todos ao redor, além, é claro, de perceber que pode melhorar ainda mais. E a mensagem que você envia para sua mente é que tem plena consciência de que todos esses atributos Divinos estão presentes, vivos e pulsando em você, tanto é assim que compartilha um a um com todas as outras formas de vida.

Expresse e compartilhe seus dons. Se seu objetivo é melhorar financeiramente, então ajude as pessoas à sua volta, para que elas também consigam isso. É esse o atestado que você dá ao Universo de que é abundante em recursos. Se desejar restabelecer a saúde, experimente fazer isso por alguém que já perdeu as esperanças ou que não tem recursos para comprar um remédio. Se desejar encontrar um amor, ajude a pessoa que está ao seu lado a voltar a enxergar a vida com amor. Porque é dando que se recebe, e um milagre acontece quando você estende a mão para outra partícula Divina.

Uma série de acontecimentos e milagres começam a se aproximar; entretanto, o primeiro milagre que chega quando você se dispõe a compartilhar sua vida com o próximo é o milagre do bom humor, que vem trazendo novidades e alegrias.

O bom humor que quebra a rotina

Sorria, você tem muitos motivos para sorrir! Todavia, é claro que eventualmente alguns percalços o farão chorar e sofrer. Nessas ocasiões, dê a vez ao pesar. Encare o pesar e depure o pesar. Em seguida, espante-o para bem longe, descartando-o de vez da sua vida. No lugar, deixe o bom humor brotar e encontrar espaço para fincar raízes fortes e profundas.

Todos nós conhecemos aqueles tipos de indivíduos que gostam de chamar a atenção por necessidades egoicas, e para isso se reafirmam através da ironia, das piadas pejorativas e das brincadeiras sem graça e sem hora. Eles realmente se consideram engraçados, mas escondem essa insegurança atroz que para ser amenizada é logo substituída por essa nota fora do tom. Tentam chamar a atenção e agradar ao mesmo tempo, e haja paciência da nossa parte, não é?

Quando você debocha e critica com zombaria, ou quando é sarcástico, isso nada tem a ver com o bom humor, porque o ato de ofender e incomodar outra partícula Divina de forma alguma pode ser visto como um gesto evoluído ou inteligente.

Já o riso tem poderes mágicos. Ele é comprovadamente um aliado nos processos de cura dos enfermos hospitalizados. Crianças internadas que conseguem se distrair e sorrir com a ajuda de voluntários que levam o riso até elas recuperam-se muito mais rápido. Hunter "Patch" Adams, um médico norte-americano, revolucionou o tratamento dos enfermos quando em 1972 fundou o Instituto Gesundheit, que visava levar o riso como remédio para todos os necessitados.

Tudo isso é muito fácil de se entender, porque, quando você sorri ou dá uma forte gargalhada, o tempo e as dificuldades saem de cena e, por instantes que seja, você se vê livre, bem diante do campo das possibilidades onde tudo é perfeito aqui e agora.

Pairando sobre as dificuldades, o riso faz você reativar o seu organismo, que passa a funcionar em uma frequência Divina, e é por isso que a cura e a solução de todos os seus problemas podem chegar mais rápido. Se você vibra nessa escala superior, isso significa que seu entendimento e sua compreensão sobre a doença em si e sobre a crise de modo geral deixa de ser sombrio e angustiado, e passa a ser de total entrega e aceitação. Nesse estado, as emoções, que são expressões do homem encarnado, dão lugar ao sentimento nobre do amor e da fé. Você se torna complacente com a vida, com as pessoas e com as dificuldades justamente por entender as razões pelas quais a ação cármica deve ser depurada, e sabe também que a cura já existe em seu interior. Você permite que a vida flua com naturalidade.

Portanto, o riso e o bom humor curam. Eles curam o corpo, e, talvez mais importante do que isso, eles podem curar a alma. Repare que o bom humor genuíno e não aquela expressão desdenhosa é uma afirmação da própria plenitude.

Somente pessoas inteligentes e isso não tem absolutamente ligação nenhuma com o grau de escolaridade, mas sim com as condições e a evolução dessas almas, seguras e confiantes são capazes de expressar o bom humor, de quebrar o gelo e romper barreiras, abrindo as portas da diplomacia entre os ânimos agitados. Esta é, talvez, a melhor razão para a prática do bom humor diário; afinal, vivemos em um período ainda assolado pela fome, pela miséria, pela violência e pelo sofrimento. A maior parte da população mundial sofre alguma crise neste exato minuto. Sem o devido esclarecimento, esse sofrimento, que nasce da falta de consciência e de um exagero do ego ressentido, pode facilmente se tornar mau humor, que leva a pessoa a considerar tudo de forma pessoal, e então, ela parte para o ataque, para a agressão, acreditando o tempo todo que está apenas se defendendo, defendendo sua posição diante da vida.

E você deve estar pensando que, para lidar com pessoas que chegaram a esse nível insuportável da escuridão da alma, talvez elas precisassem muito mais de uma bronca do que de uma piada. Mas o fato é que se você chega a uma discussão e se permite vibrar em uma frequência nociva, então de um momento para o outro estará defendendo seu ponto de vista também, estará defendendo seu *status* e sua posição, de forma pessoal e afrontada igualmente. E quem realmente se ofendeu? Seu ego pequeno ou sua parcela Divina?

Em contrapartida, se você for capaz de fazer esse indivíduo em desequilíbrio parar por um instante e sorrir, então você terá desarmado seu espírito bélico e criado um laço energético com ele. Um diálogo mais produtivo só poderá surgir quando as partes envolvidas se desarmarem e deixarem o mau humor de lado.

O restante da transformação e até mesmo desta história vai depender da sua forma de amar e sorrir, de mostrar-se caridoso para com o próximo e para consigo, ao demonstrar-se caridoso inclusive com aqueles que se consideram seus oponentes. Mostre a sua melhor parte através do bom humor e estará espelhando um modo de ser evoluído, despertando naqueles que antes eram antagônicos essa verdadeira comichão pela mudança interior. A partir daí, uma história completamente diferente poderá ser escrita.

Toda pessoa nascida com o dom da verdadeira diplomacia tem um arsenal de bom humor, porque não é fácil estar no meio de um conflito, testemunhando atrocidades e atos de extrema violência, e ainda assim ter forças para resistir ao revide fácil e rápido. É preciso ser sábio o suficiente para manter-se distante e consciente de que mergulhar na confusão o levará a tomar partido e a se dividir entre o bem e o mal. Logo, estará se apartando também da Criação e dos milagres.

Para transformar os ânimos, nada é mais eficaz do que o bom humor. Na guerra, entre um ataque e um revide, o riso poderia curar e interromper a insanidade temporária dos homens.

Sorrir não depende de raça, cor ou credo. Não depende de hierarquia, nem de religião. As boas recordações que guardamos de um pôr do sol na praia, os primeiros flocos de neve que caem no inverno, uma festa entre os amigos da época da escola constituem momentos em que o seu êxtase reinava através do bom humor. E nesse exato momento você está construindo as memórias e recordações que o farão sorrir ou chorar daqui a dez anos ou mais. Então, o que você está construindo? O que realmente vale: permanecer atrelado às crises ou ser imparcial e aceitar as condições da vida para poder transformá-las? Neste caso, o melhor remédio é não levar as situações e nenhuma dificuldade tão a sério assim;

então ria, ria de si, da sua situação. Solte uma gostosa gargalhada para cada peça que o destino lhe pregar.

Evidente que seus compromissos você precisa levar a sério, as leis você precisa levar a sério, o respeito pela existência e por outras formas de vida você também precisa levar a sério. Entretanto, não precisa levar a sério a ofensa no trânsito ou na fila do banco, não precisa levar tão a sério o fora do namorado ou a crítica da melhor amiga. Você nem mesmo precisa levar a sério seus dramas emocionais, porque nada está de fato atingindo a sua parcela Divina. Qualquer ofensa, crítica, dor e descaso acontece e é sentido somente no nível do ego. Se você consegue suplantar esse nível, então nada disso pode ser levado para o lado pessoal. A partir daí, ninguém o está ofendendo, apenas demonstrando ser atrasado e pequeno. Ninguém o está criticando, apenas atestando um ponto de vista, e cabe a você acatar para depois se transformar ou não. Ninguém termina uma relação e o coloca em uma posição humilhante, apenas está exercendo o direito de ir embora, e você passa a exercer o seu, para recriar uma nova oportunidade de se relacionar de forma muito melhor. Portanto, compreenda que ao Divino ninguém pode magoar, ofender, criticar, machucar, ou discutir com Ele. Estas são formas e expressões emocionais unicamente do ego.

E ainda que perca o emprego, que levem seu carro embora, ainda que o casamento acabe ou a namorada o traia, se você conseguir entender que não houve fracasso, então não haverá por que levar nada para o lado pessoal, e consequentemente se aborrecer e se perder nesse emaranhado emocional.

Um time perde a partida e não houve fracasso. Acontece que naquele momento era a vez de o outro time ganhar. Pode ser que leve um tempo e que seja difícil aceitar, mas é simples assim. As falhas que ficaram evidentes podem ser corrigidas para vencer o campeonato amanhã. Não passou no vestibular, não houve fracasso, e o seu aprendizado ao longo do próximo ano que se inicia poderá ser valiosíssimo na construção do seu caráter e de uma carreira responsável, contanto que você se dedique e corrija seus pontos fracos. Um relacionamento acaba e também não houve fracasso. Muito pelo contrário, houve sucesso até onde ele poderia ir. Muito foi aprendido, muito foi doado e muito também recebido. Uma história foi escrita e chegou ao fim; dela você pode tirar vários ensinamentos para o próximo encontro. Você foi demitido e não houve fracasso, mas o interresse da empresa mudou e agora você tem a chance de mudar também, então aproveite as oportunidades com bom humor. Pode parecer difícil, mas assim é apenas para quem ainda não compreendeu o que exatamente estamos fazendo aqui.

Se não há fracasso, o bom humor pode arrancá-lo dos braços da tristeza. Compreendendo que nada do que lhe acontece é aleatório, e, ao contrário, tudo tem um propósito para que você aprenda, corrija e supere as situações, então o bom humor poderá ser seu forte aliado na batalha de vencer o ego e a personalidade inferior para viver a Divindade aqui e agora.

Por fim, entenda que todos nós enfrentamos dificuldades ao longo da jornada. Às vezes, para quem tem pouco dinheiro fazer as compras do mês é um "problema", enfrentar um engarrafamento e chegar atrasado ao novo emprego pode ser encarado como um "problema". Para muitos pais levar o filho ao médico é "problemático". Descobrir que está doente certamente parece ser um "problema". Desejar uma nova namorada e não encontrar ninguém faz você jurar que tudo é um "problemão"; ficar sem dinheiro, então, pode ser o pior dos "problemas".

Mas então os Fazedores de Milagres surpreendem mais uma vez e lançam a seguinte questão: "Você está com algum problema agora? Neste exato minuto?" Se a sua resposta for "Sim, tenho um problema agora", observe que você não tem problema algum, e não tem uma crise também. Perceba que, se de fato essas situações confusas fossem um problema isso significaria que o Eu Superior falhou em seus planos e demonstrou uma grande incompetência, porque não previu essas dificuldades e muito menos as soluções devidas. Será que a partícula Divina, parte do Todo, poderia ser capaz de criar algo com o qual nem ela mesma soubesse lidar? É claro que não! Porque ela é tudo o que existe, guarda todas as soluções para suas incríveis criações. Então, essas dificuldades não só foram previstas por Ele (o Eu Superior) como foram colocadas com muito cuidado em seu caminho. Se o objetivo da alma é evoluir e retornar ao Todo unificado, para cada dificuldade existe uma resposta precisa.

Logo, você precisa admitir que não existem problemas. Existem episódios que requerem o máximo do conhecimento espiritual para superá-los e transmutá-los. Os problemas não existem, o que existe é o

O nascimento de um milagre

incômodo em ter de lidar com uma situação muitas vezes desagradável. Esse incômodo é fruto do ego, que não quer ter de sair de cena para deixar a genialidade da alma assumir. Isso significa que neste exato momento você não tem problema algum. Aceite isso e sorria.

A conta está atrasada, mas ela não ficou atrasada *neste exato minuto*, isto já se deu e ela já estava atrasada, não está acontecendo *agora*. A doença assusta, mas não *neste exato instante*. O marido a traiu, mas não *neste exato momento*. Neste exato minuto você está confortavelmente lendo este livro; sua atenção deve estar concentrada no aqui e agora, e todas essas situações só estão aí para que você apresente uma resposta saudável, libertando-se de forma definitiva de cada uma delas. Mas agora, neste exato instante, você não precisa ficar pensando que lá na frente terá de enfrentar todos esses "problemas" da vida; perceba que eles não são problemas aqui, nem serão em nenhuma outra hora. Só assim a solução poderá encontrar espaço para aparecer. Mantenha o foco no presente, no que está realizando, e unicamente nisso. Mesmo que os fatores externos necessitem de uma resolução, agindo assim você perceberá que *neste minuto* não há problema algum, apenas tarefas a serem cumpridas quando chegar o momento exato.

Esses episódios são grandes aprendizados, verdadeiras lições de vida; entretanto, se deixaram de ser um "problema", então você não mais precisa correr atrás de uma solução, de uma resposta. Observando esses eventos como eles realmente são, isto é, situações projetadas pelo Eu Superior na busca da evolução de suas parcelas, então para cada evento já existe e está prevista uma solução perfeita, a medida exata, a ideia precisa, o resultado benéfico que o fará ter contato com os milagres, transformando sua vida inteiramente.

Assim, você não precisa se preocupar, nem levar a vida tão a sério. Nada é pessoal ou ofensivo; tudo é uma simples oportunidade de revelar sua melhor parte, agora evoluída e bem-humorada. E se não há problemas, então você pode relaxar e sorrir à vontade. Vamos lá, confie. Experimente!

Um grande Mestre Fazedor de Milagres me ensinou um dos mais surpreendentes mecanismos de se detectar e identificar quando alguém está obtendo sucesso no caminho rumo ao Todo unificado: é quando esse indivíduo consegue se libertar do ego e da sua insegurança, abrindo mão do sarcasmo e da ironia, e descobre o humor inteligente e refinado, capaz de alertar, educar e descontrair. Essas pessoas têm um dom mágico de fazer os que estão sofrendo à sua volta se esquecerem das próprias mazelas, se esquecerem de suas dificuldades e se abrirem em um largo sorriso, adentrando as portas da cura e da felicidade.

Esse Mestre querido jamais deixou seu sorriso se apagar mesmo quando enfrentou os seus dilemas. E a lição aqui é que não há fracassos ou problemas, há episódios de intenso aprendizado seguido da evolução. Essa é razão mais que suficiente para você se abrir em um imenso sorriso neste exato instante, mesmo que seja de alívio.

A gratidão que gera entusiasmo

Agora você já relaxou, já está mais tranquilo e à vontade com todas as informações obtidas até aqui. Já está respirando melhor, e seu ânimo voltou a ficar alerta. Você até já se pegou rindo um pouco, e isso é ótimo! Você está sentindo uma das experiências mais almejadas de todo o planeta e – por que não dizer, até pelos confins do Cosmos? Você está se sentindo abençoado. Aproveite isso e, se quiser, abra suas mãos, mexa seus dedos, sinta a energia fluindo por você, sinta a energia da bênção invadindo seu corpo. Flutue nela.

Para algumas religiões ser abençoado é o equivalente a ser santificado. Mas aqui, qualquer um, partícula do Todo, é abençoado o tempo inteiro, exatamente porque é Divino desde o momento de sua origem até o seu destino final. Contudo, experienciar e tomar consciência disso enquanto encarnado, e em meio ao carma e todos os seus processos dolorosos, é quase como ganhar na loteria.

Entretanto, ser abençoado não significa de forma alguma que você é um sortudo ou que ganhou alguma coisa. Ser abençoado é alcançar um nível tal de conhecimento que a pessoa chega a um patamar em que a liberdade é pura alegria. A pessoa se sente mais feliz, confiante, tranquila, mesmo que enfrente alguma adversidade. Ser abençoado é justamente ter todos os atributos Divinos despertos para enfrentar qualquer situação e sair rápido do período difícil. Ser abençoado é não mais encarar nenhuma dificuldade como um problema, e nem mesmo se confundir emocionalmente com os eventos, para não ficar pelos cantos sofrendo. A exultação que cresce no íntimo e leva o indivíduo a acreditar que o impossível é possível, que o mundo inteiro é seu aliado e que a vida vai se realizar plenamente é o ponto máximo de quem se sente abençoado.

A bênção, a graça pode ser encarada como os milagres que chegam e batem à sua porta. Ao se abrir e recebê-los, sua vida se transforma. Certamente alguém pressionado pelo ego e pelos anseios não consegue nem mesmo imaginar o que é se sentir abençoado. Portanto, podemos concluir que, para alcançar esse estágio, muito você já deve ter transformado internamente, e muito também já deve ter deixado para trás.

Seus conceitos equivocados e sua visão limitada da vida o prejudicavam tanto que o cegavam, e as bênçãos passavam quase despercebidas. Apenas uma vez ou outra é que você sentia algo próximo dessa exultação, mas, entre medos, aflições e angústias, como você poderia acreditar que é Divino e que tudo está preparado para que você seja abundante, amoroso e sábio? Vivendo comprimido pelo ego você nem mesmo acreditaria se alguém lhe dissesse que um milagre o espera.

Agora, para todos aqueles que se libertaram e buscam uma forma de ser baseada em padrões elevados espiritualmente, as primeiras coisas que mudam em seu íntimo são esses conceitos errôneos de que há problemas e crises para todo lado, ou que inimigos o espreitam a todo momento. Observando a vida e o mundo inteiro com mais doçura, você se rende e renuncia à necessidade de resolver e solucionar tudo. Você silencia e permite que a paz o preencha, deixando transparecer essa sensação profunda de gratidão pela vida, pela existência, pelos planos do seu Eu Superior, que o farão retornar ao Todo unificado.

Você se sente grato pelo seu corpo, independente das doenças, das cicatrizes ou das limitações, mas reverencia esse veículo único e perfeito e a importância que ele tem na sua jornada. Você se sente grato pelos seus familiares e amigos de longa data, mesmo que de vez em quando eles o testem até o limite da paciência; entretanto, são eles os melhores professores que a vida poderia lhe oferecer, justamente por exercerem funções tão presentes para você. Você se sente grato por todos os desconhecidos que cruzam o seu caminho, por serem eles os espelhos mais reluzentes para que o seu ego possa ser desnudado e transmutado. Você se sente grato por poder ser também esse espelho brilhante que ajuda os seus semelhantes a encarar suas dificuldades e tentar, por sua vez, melhorar. E você se sente grato pelos animais, pelas plantas, pela chuva abundante, pelas ondas do mar e pelo imenso poder da natureza. Em um segundo ela pode lhe dar a vida, alimentá-lo, acolhê-lo, protegê-lo, e no segundo seguinte ela pode tirar sua vida, revirar as estruturas e destruir tudo ao redor. Tamanho poder precisa ser respeitado e admirado; seja grato.

Por fim, você se sente grato por toda e qualquer dificuldade que a vida coloca em seu caminho, porque agora já sabe que no momento em que trabalha esses fatores você está se libertando deles, e se tornando ainda mais leve e iluminado.

A gratidão invade a sua vida porque, como parcela Divina, que tudo é e tudo abrange, você sabe de antemão que dentro de seu destino as possibilidades e opções que podem levá-lo a experimentar coisas incríveis já estão vivas e presentes, aqui e agora.

O parceiro ou parceira que chega e encerra o período de solidão já está previsto; sinta-se grato por essa bênção, e agora escolha e coloque-se nessa frequência. O novo emprego, o posto de trabalho, o contrato certo que impulsiona a carreira já estão previstos; sinta-se profundamente grato, escolha e coloque-se nessa frequência. A regeneração de todos os males, de todas as dores e de todo o envelhecimento, tudo isto já está programado, então, por favor, sinta-se grato e escolha colocar-se nessa frequência. Os recursos financeiros que lhe possibilitam reequilibrar suas contas, viajar, comprar uma casa já estão previstos, logo, sinta-se grato, escolha e coloque-se nessa frequência.

Tudo já está previsto em seu destino; você só precisa se transformar para chegar ao ponto mágico em que compreende e sente que tudo já está aqui e agora, bastando apenas escolher colocar-se na frequência exata. E então você se sente entusiasmado pela vida, você se revitaliza, e todo esse entusiasmo o faz sentir-se pronto para experienciar tudo de melhor, independente de como estejam as coisas aqui fora.

Entusiasmado e exultante, finalmente depois de uma longa jornada você percebe que é e sempre foi feliz. Percebe que não é possível correr atrás da felicidade porque ela é o seu estado natural e Divino de ser. E somente quando sente isso de forma verdadeira é que a vida começa definitivamente a acionar seus mecanismos e acionar os milagres à sua volta. Portanto, você é um Fazedor de Milagres também, pois ser feliz significa que nada que venha de fora, nada do que lhe aconteça pode perturbá-lo ou oferecer mais do que aquilo que você realmente é. Parabéns! Agora você está pronto para criar seus sonhos.

É chegado o momento de orar

Dizem por aí que Deus escuta todas as nossas orações, e que aquelas que são feitas com todo o fervor são atendidas. Mas se você levar em consideração o que os Fazedores de Milagres explicaram ao longo deste livro, se cada um de nós é o próprio Deus partilhado e vivenciando por todo o cosmos, então é bastante justo dizer que Ele escuta, sim, cada prece feita; afinal, estamos em contato direto com sua energia o tempo todo. E fica fácil entender também que aquelas preces nas quais o fervor, a dedicação e a intensidade são maiores chegam a se tornar realidade, pois já foi dito também que a energia flui para onde a atenção é destacada.

Todavia, será que tudo é tão simples assim? Será que basta rezar e tudo se transforma? Porque, no fundo, a oração tem sempre por trás o teor daquele que ora, e isso pode tanto alçá-lo para a grandiosidade como pode revelar você como miserável e carente. E a maior parte da população ora pedindo por algo, implorando que suas preces sejam atendidas, que seus sonhos se tornem realidade. No entanto, quando você faz uma suplica a Deus está cometendo dois enganos muito sérios. O primeiro é acreditar que Deus está fora, em algum ponto "lá no alto", e que Ele generosamente vai escutá-lo, avaliar e realizar os seus pedidos; e já que nem todos os sonhos se realizam fica fácil pressupor que nem todas as pessoas parecem receber a atenção de forma imparcial de Deus, visto que há quem viva experiências bastante dolorosas. Então, será que Deus virou as costas e não quer mais nos escutar? O segundo engano, que a súplica deixa bem claro, é que você nem mesmo acredita que tudo já existe e que já está pronto. A súplica atesta que você não tem o que deseja, e se não o tem, a mente não é capaz de colocar em prática a lei da atração. Com a mente certa de que não tem o objeto do seu desejo estabelecido, você pode continuar procurando por Deus e suplicando aos céus, pode fazer sacrifícios rituais e promessas, mas de nada vai adiantar. Deus não barganha, Ele nos dá a oportunidade de compreender seus mecanismos e trabalharmos em prol da nossa evolução. Ah, e Deus está sim em nós e é por nós, o tempo todo; não adianta procurá-lo lá fora.

Então perguntei aos Fazedores de Milagres qual é a oração eficaz. Eles afirmaram que é a oração que agradece pelo fato ocorrido. Essa é a única oração que efetivamente funciona. Quando você é grato, você está feliz, está exultante, você entra na frequência Divina de forma rápida e segura. Nessa frequência a pessoa pode se surpreender como a vida se torna fácil e suave, tudo se encaixa com perfeição e a pessoa tem cada vez mais oportunidades de experienciar o amor, a saúde e a fartura. Enquanto isso, cada um que reza e implora porque se sente empobrecido, amargurado e sofredor continua a suplicar e orar esperando pelas bênçãos Divinas.

A gratidão é uma das formas de se atestar algo que existe em seu íntimo. A outra forma é se doar. Nas duas ocasiões, isto é, quando se doa ou quando agradece, o indivíduo tem absoluta certeza de que já tem tudo o que precisa, e tem em abundância; tanto é assim que pode até compartilhar. O Universo não tem outro jeito a não ser ler a sua frequência e lhe enviar mais e mais para que você continue nessa corrente do bem. Você se transforma de uma hora para outra em um veículo por onde a saúde, o amor, o dinheiro, o poder e a sabedoria podem fluir entre você e todos aqueles com quem se relaciona. E esse é o objetivo da realização pessoal; é quando você se dispõe a compartilhar a própria existência com seus semelhantes, partes de você mesmo.

E se por ventura você se nega a compartilhar e se doar ao próximo em uma escala vibratória alta, saiba que estará negando a si mesmo. Negando um sorriso, um bom dia, um ombro amigo, um prato de comida, um agasalho ou um copo de água para aliviar a sede você estará negando o respeito e a felicidade, impedindo que eles possam retornar até você.

A oração da gratidão é eficaz porque contém a frequência exata que pode levar a energia a se revelar na realidade física. Isso significa que, quando você é grato, o mundo inteiro se abre para você. E quando você é grato, você é bem-humorado e são; ninguém pode resistir a isso.

Entretanto, como você pode orar e ser grato por algo que deseja e ainda não tem em suas mãos? É verdade que não existe uma fórmula para enganar a mente, e ela é a usina criadora. Se por acaso a mente perceber, por um minuto que seja, que entre suas ideias há exatamente a constatação

O nascimento de um milagre

da falta, da carência, do desejo por algo que não está ali, ela assumirá essa frequência como verdadeira. Se ela não sente a veracidade dos fatos e se convence com ideias e com conceitos equivocados, é a isso que sua vida irá reagir. E não há como mudar isso, a não ser mudando você.

Ao se purificar de todo teor nocivo, desequilibrado, você finalmente chega a um ponto em que se enxerga como Divino. Ali, tudo é possível, mas a essa altura você também já não quer, nem anseia por "tudo"; você se rende ao que o seu Eu Superior lhe reservou. Aceita a vida e as oportunidades transformadoras. Compreende também que o tempo é uma convenção e que não passa de uma fantasia da nossa percepção, então, tudo o que existe está aqui e agora, na forma de puro potencial e à sua disposição. Você se rende ao fato de que essa energia não se encontra lá atrás, no passado remoto, e muito menos lá na frente, no futuro que nunca chega. Ela está aqui, porque simplesmente é. Logo, tudo o que você precisa experienciar na jornada pessoal já é, já está pronto, bastando estar consciente para escolher essa frequência, assim como você sempre escolhe a roupa ao abrir o armário. Você se coloca nessa posição, abre-se e ponto.

E agora sim, você está pronto para praticar a visualização criativa. Agora sim você vai começar a praticar a prece de forma eficaz, porque é chegado o momento de orar.

Algumas páginas atrás, os Fazedores de Milagres lembraram a importância que a respiração consciente tem na vida de cada um de nós, e também o quanto é relevante manter-se conectado por alguns minutos do seu dia ao silêncio interior. Então agora que você já está familiarizado com esse exercício, certifique-se de que já consegue se manter pairando sobre a retórica mental e em profundo estado de contemplação. O ideal, inclusive, é que você vá aumentando pouco a pouco esses períodos dedicados ao encontro com sua parcela Divina. Quando conseguir permanecer por cerca de vinte minutos em profundo silêncio, em total paz e harmonia, será sinal de que você está pronto para a próxima etapa.

Vamos agora adicionar um ingrediente a esse momento de pura conexão. Vamos ativar a lei da atração. Sente-se confortavelmente e deixe o ambiente à sua volta de um jeito que facilite a sua tranquilidade. Coloque uma música suave, e garanta que não será interrompido. Escolha como você se sente mais confortável para penetrar nesse celeiro da Criação, e mãos à obra.

Inicie a respiração consciente já ensinada pelos Fazedores de Milagres. Mantenha o foco da atenção no movimento de inspirar e expirar, sempre sentindo o ar expandindo até o seu ventre e depois lentamente sendo expulso. Continue com os olhos fechados.

Então faça uma singela prece, sincera e verdadeira, na qual você expõe sua gratidão ao Universo inteiro por tudo o que você é neste exato momento. Agradeça por estar aqui, neste lindo planeta, por sentir o calor do sol batendo em seu rosto, por sentir o frescor da brisa que corre ao entardecer; agradeça pelas montanhas geladas e pelos campos floridos. Pelas florestas tropicais e pelas praias paradisíacas.

Agradeça pelo privilégio de ter a companhia dos animais, que muitas vezes auxiliam nas tarefas de uma fazenda ou que polinizam uma plantação. Muitos se deixam abater com humildade para nos alimentar, então agradeça por isso. Agradeça pelo alimento que nasce farto no solo e pela água límpida que mata a sua sede.

Agradeça por seu corpo físico. Seus pés, que caminham firmes; agradeça por eles. As pernas, que o sustentam e o levam pelas trilhas da vida; agradeça por elas também. Todos os seus órgãos, trabalhando juntos para servir-lhe de morada e de veículo; agradeça por cada um deles. Agradeça por seus ossos, músculos e tendões; eles sustentam seu peso e o resguardam integralmente. Agradeça por seus braços e suas mãos; elas trabalham firmes e ainda podem ser gentis e solidárias para com o próximo. Agradeça por seus olhos, que enxergam a vida, as cores, as formas e agora enxergam a Verdade. Agradeça por sua boca; ela o alimenta e fala ao mundo, e a partir de agora poderá ser o instrumento que prega a Verdade. Agradeça por seus ouvidos, que escutam os sons que chegam do mundo, e agora são capazes de ouvir também o chamado daqueles que necessitam. Agradeça por sua integridade física, mental e emocional, porque muitos à sua volta carregam no corpo e na alma as marcas de uma existência longe do estado Divino e pleno de ser.

Agradeça por seu trabalho e pela oportunidade de servir. Agradeça inclusive por sua dignidade ao enfrentar os períodos sem um emprego. Seja grato por sua casa, que o abriga e aconchega, pela cama onde repousa, pelo banho que limpa o corpo. Agradeça por todos os companheiros, amigos, parceiros e familiares. Agradeça mais ainda por todos aqueles que se revelarem um teste de paciência, de solidariedade e de compaixão. Porque muitos passam a vida em branco, sentindo-se vazios, e mais destroem do que são capazes de construir.

Agradeça pelas oportunidades que cruzaram o seu caminho e forjaram quem você é neste exato instante; agradeça também pelas oportunidades que ainda virão e lhe darão a chance de ser melhor. Agradeça inclusive pela crise que pode ter surgido. Ela é a porta de entrada para um mundo onde você poderá ser alguém melhor. Seja grato porque através dessa crise a oportunidade de revelar os seus traços negativos, seus equívocos e medos finalmente veio à tona, e você sairá disso descobrindo que é Divino.

Continue com sua respiração tranquila e suave, mantenha a mente em repouso absoluto e pouco a pouco começe a visualizar cada evento, circunstância e objetivo que você escolheu experimentar daqui para diante. Veja-os acontecendo através de seus olhos fechados. Entretanto, algumas regras precisam ser estabelecidas aqui. Uma delas é que você não pode, enquanto observa esses cenários, especificar ou almejar nada que diga respeito a outra pessoa. Nem mesmo seu filho, sua esposa ou amigo. Parece triste, mas a responsabilidade e a liberdade de escolha é vital e inerente a cada um.

Repare que se você escolheu e está pronto para se comprometer respeitosamente com outra pessoa, você poderá visualizar esse momento com requinte de detalhes, isto é, como deseja ser tratado, como escolhe tratar essa pessoa, os momentos íntimos, a intensidade e o nível do relacionamento, mas de jeito nenhum poderá estipular a hora em que isso deverá acontecer, e muito menos querer estipular quem será seu parceiro. Muita coisa pode acontecer, a vida poderá surpreendê-lo e, nesse ponto, a única certeza que você vai ter será de que está pronto para essa experiência. Todo o resto é uma incógnita. Respeite isso; nós não podemos interferir nas opções que o destino nos traz. Não podemos interferir na escolha do caminho de nenhum outro indivíduo, nem mesmo por amor.

Portanto, visualize, sinta-se feliz, contente e até exultante por saber que tudo está programado com carinho para você. Guarde esse sentimento em seu íntimo, vibre essa frequência interna ao longo de seus dias, certo de que tudo já está providenciado. Visualize as questões materiais, o trabalho, os amigos, os relacionamentos, seu conforto, sua saúde, sua vitalidade. Visualize tudo nos mínimos detalhes e depois coloque-se à disposição da vida para que ela lhe apresente os meios de concretizar os seus sonhos; mas não interfira, force ou especifique ninguém em seu caminho.

Você pode visualizar cada evento ou circunstância que escolhe vivenciar, e tudo isso dependerá dos seus conceitos renovados e dos valores nobres que você conquistar. Por isso, é importante compreender que durante a Criação Divina você pode escolher experiências que representem tudo de melhor que o seu destino traz reservado para você, ou pode escolher ter uma vida superficial, voltada para as aparências e para os desejos mundanos.

Observe seus dons sendo aproveitados pelo mundo. Visualize cada escolha que você fez referente aos seus projetos particulares, como trabalho, saúde, regeneração celular, relacionamentos; até o tão sonhado rejuvenescimento você pode visualizar. A energia flui para onde você dirige seus pensamentos; então, tudo responde a essa ordem da sua consciência, da sua criação. Veja cada uma dessas situações acontecendo no momento presente e perceba o seu nível de felicidade. Experimente a sensação de estar realizando e experimentando todas essas situações, aqui e agora.

Toda a sua visualização precisa ser feita no tempo presente, não condicione a realização a nada como dinheiro, diploma, títulos, namorado, tempo, juventude. Simplesmente não condicione os fatos porque, ao fazer isso, você, de forma quase imediata, estará atestando que não confia que seu desejo seja possível a menos que essas mesmas condições contribuam para a realização dele. E por acaso você saberia como, ou teria condições físicas para espremer o Universo como se fosse uma laranja só para tirar dele a sua satisfação? E se fosse o caso, essa não seria uma atitude profundamente egoica?

Escolha a saúde e a regeneração de alguma doença, e então visualize tudo perfeito, isto é, visualize o médico dedicado que irá atendê-lo, visualize que todos os exames, medicamentos e todas as terapias estarão disponíveis para o seu benefício. Visualize também que você encontra a terapia perfeita dentro da medicina holística, que combina com suas necessidades, além de lhe trazer paz e harmonia. Visualize, com muita calma, o quanto você é abundante, e que tem à sua disposição todos os recursos para honrar o pagamento de cada tratamento. Observe que tudo acontece sem dor, sem sofrimento. Por fim, visualize que a área afetada

O nascimento de um milagre

já está curada e sadia. Sinta-se feliz e satisfeito por isso. Guarde esse sentimento, sorria e cuide de cada etapa à medida que for surgindo, sabendo que a cura já está acionada.

Agora faça o mesmo exercício com a sua regeneração celular, com o condicionamento de seu corpo, com uma gravidez há muito desejada e até o emagrecimento que outrora já foi tão sofrido. Repita para você que essas são escolhas conscientes e que já está pronto para vivenciá-las. Visualize cada etapa acontecendo de dentro para fora. Coloque o foco da sua atenção na área onde deseja que mudanças importantes aconteçam. Sinta-se agradecido e envie esse comando sutil, mas poderoso, que ativa a lei da atração e opera milagres, e saiba em seu íntimo e sinta no coração que tudo já está acontecendo neste exato minuto.

Visualize suas relações sociais e como você escolhe se expressar daqui para a frente. Observe suas amizades se fortalecendo e se renovando. Sinta-se rodeado por amigos sinceros, por muito riso, passeios e festas. Perceba como se sente aqui e agora ao vivenciar essas circunstâncias. Vibre essa energia de contentamento e alegria o tempo todo e você se tornará um poderoso ímã que atrai pessoas incríveis para sua jornada. Siga confiante por saber, desde já, que a vida irá aos poucos apresentando as ocasiões precisas, exatas para realizar suas escolhas conscientes.

Veja agora o tipo de relacionamento que escolhe experimentar. Seja objetivo em relação ao caráter dessa relação. Visualize de forma bastante clara o tipo de envolvimento, o nível e a profundidade dessa relação. Fique atento ao respeito, à fidelidade, à cumplicidade, e sem se esquecer da sexualidade. Deixe bem claro qual a personalidade que o atrai.

E então, o que você escolhe? Mas saiba que, ao escolher determinada situação, isso significa que você deve estar pronto para oferecê-la também. Você está pronto? Observe cada detalhe e mergulhe fundo nessa criação. Por fim, guarde esse sentimento acolhedor que brota no seu coração ao ver essa relação tão harmônica, tão equilibrada e tão pacificadora. Vibre essa energia, e a vida se encarregará do resto. Siga alegre e alerta no seu dia a dia, ciente de que essa pessoa já foi acionada e está a caminho. Entretanto, se você for comprometido, e sua relação andou um pouco fora do compasso, isso pode significar que muito em breve oportunidades irão surgir para que tudo fique esclarecido, e de acordo com suas escolhas.

Agora, dê atenção às suas relações familiares já existentes. Observe a interação que você escolhe manter com todos daqui em diante. Visualize seus gestos, suas palavras e pensamentos fraternos que direciona para cada um. Sinta-os em profundidade e seja claro, tanto no perdão que alguns necessitam, na paciência que alguns exigem, no bom humor sempre presente, no diálogo e na compaixão que tem com seus familiares. Sinta a paz inundando todo o seu corpo, e saiba que, antes de exigir qualquer mudança nos outros só para satisfazê-lo, é você em primeiro lugar quem escolhe fazer uma transformação no comportamento e na consciência. Portanto, observe essa área de sua vida com muito cuidado e sinta-se abençoado pelo amor que retorna às suas relações diárias.

Chegamos à situação financeira. Assim, visualize como você escolhe que seja sua relação com as questões materiais daqui em adiante. Não confunda a sua liberdade de escolha com os vícios e delírios do ego ainda em evolução. Observe quem você deseja ser, o que escolhe oferecer ao mundo. O seu sucesso está estritamente ligado a isso, portanto, a sua atenção, dedicação e o seu desprendimento ao realizar suas tarefas poderão enriquecê-lo de mil formas. Visualize agora as suas conquistas, o seu espaço de trabalho harmonizado, sua casa confortável, a viagem dos seus sonhos, o carro novo planejado, enfim, visualize tudo o que escolhe experimentar, mas indique ao Universo que você está pronto, aqui e agora, para receber ainda mais recursos financeiros, e, consequentemente, novos trabalhos, contratos e oportunidades. Visualize-se praticando boas ações, nas quais você atesta sua abundância, sua generosidade e o dom da partilha. Sinta essa alegria invadi-lo integralmente, e siga dando atenção ao momento presente, consciente de que não deve exigir nada, porque tudo já está pronto.

O que você escolher experimentar sinta em seu coração. Depois, sente-se tranquilamente e perceba a sua vida feliz e harmônica com essa condição. Visualize tudo isso acontecendo agora, sinta a alegria agora, e o contentamento de já estar vivenciando essas situações hoje. Dê atenção total a este sentimento radiante e feliz, pois ele indica que você está diante do campo das possibilidades, e aí, nesse local, seu desejo é uma ordem.

Não condicione a sua criação com questões do tipo "como?", "o quê?", "quando?", "de que forma?". Todas elas quebram a estrutura tênue da energia primordial. Não especifique exigindo altos padrões ou que as coisas aconteçam unicamente do seu jeito. Portanto, cuidado com atitudes do tipo "quero esta", "tem de ser assim", "é deste jeito", "só serve assim". Todas, sem exceção, fazem parte do seu ego, da personalidade inferior. Tenha em mente que, quanto mais livres e soltas forem as possibilidades criadas em suas preces, mais impacto e rapidez a vida terá para lhe oferecer as condições perfeitas.

    E não se esqueça de dois fatores importantes. Primeiro: não concentre a sua atenção nas vantagens ou no reconhecimento de suas conquistas, pois, ao fazer isso, você estará revelando que por trás dos seus objetivos ainda se esconde a sua necessidade de sobressair-se. Liberte-se o quanto antes desse vício, porque qualquer vantagem, qualquer reconhecimento que você venha a desfrutar, será consequência de um trabalho bem feito, de sua dedicação e maturidade. Até porque uma parcela Divina desperta e consciente de forma alguma busca a evidência só para se exibir aos olhos dos outros, pois ela sabe que todos somos Um, todos somos iguais, e todos dependemos uns dos outros para evoluir. Ela não se preocupa em tirar vantagens, e muito menos em ser melhor do que quem quer que seja; ela sabe que isso não existe, que é uma fantasia pueril da personalidade.

    Outro fator importante e que não deve ser olvidado é que a realização da sua vida consiste no momento presente. Apenas isso. Portanto, preste atenção ao que o momento lhe mostra, seja sincero ao executar o que a vida lhe pede; afinal, qualquer coisa além disso só irá acontecer quando chegar a hora certa. Até lá serão só você, suas escolhas e quem você mostra ao mundo. Não espere por nada mais. Esperar que algo aconteça significa condicionar a vida dizendo: "Só estarei em paz e feliz quando isto ou aquilo finalmente chegar". Compreenda que no fundo a vida não tem obrigação alguma de lhe trazer nada. É você e sua postura, e não a vida, quem deve acordar cedo e bem-humorado para sair para o trabalho ou para os estudos. É você, e não a vida, quem deve se comportar com dignidade e caráter para criar relações amorosas e harmoniosas em seu caminho. É você quem paga as contas, compra comida, vai ao cinema, namora, tem filhos. Fique atento ao que lhe cabe no momento presente, e só quando o próximo momento se apresentar a tarefa mudará, exigindo algo diferente. Até lá, desfrute a vida demonstrando o seu melhor para que ela responda com seu melhor também.

Não fique esperando por uma melhora. Claro que, quando escolhemos uma situação diferente daquela que vínhamos experimentando, isso acontece porque esse é o nosso sonho, nossa paixão, nosso motor propulsor; entretanto, ao esperar por algo ele simplesmente não chega, e a única coisa que você vai conseguir é sentir-se angustiado, frustrado e infeliz. As reclamações tomam conta de sua rotina, e nesse instante a vida entende que essa é a sua nova frequência, e passa a responder com mais situações desafiadoras.

Os Fazedores de Milagres explicam que a entrega é o momento sublime da Criação. Você segue seu caminho sem esperar por nada, exatamente porque sabe que está tudo pronto, que está tudo perfeito. Mantenha-se focado no Divino que habita em você, seja alguém melhor em cada etapa do caminho, aqui e agora também. Curiosamente é só isso que a vida precisa para começar a trazer os milagres até você. Portanto, termine as suas visualizações com a sensação de um trabalho realizado, e com a gratidão invadindo a sua alma. Declare ao Universo que você está pronto, que está tudo bem.

A lei da atração não falha. Ela não falha com quem está buscando se iluminar, mas também não falha com aqueles que ainda se encontram se debatendo em meio à própria ignorância. Logo, fique atento e vigilante; qual é o seu objetivo neste exato momento? O que você pretende fazer? O que precisa realizar? O que pode fazer em prol da humanidade, da família, dos amigos? O que você pode realmente fazer que irá transformar a vida de seus semelhantes? Visualize essas ocorrências e mantenha-se conectado ao sentimento que essas imagens deixam em seu íntimo. Veja-se praticando cada gesto, cada ato, verbalizando cada palavra que permita realizar esses objetivos. Não se preocupe nem se martirize tentando entender ou vislumbrar como essas ocorrências irão acontecer. Tudo isso cabe ao Universo resolver e apresentar. Então entregue tudo a Deus.

Entregue tudo nas mãos de Deus

Os "encantadores de abelhas" pessoas que são reconhecidamente habilidosas em chegar perto de imensas colmeias sem a necessidade de usar os típicos trajes dos apicultores conseguem entrar na frequências certa de milhares de abelhas, e elas nem se incomodam com a mão intru-

O nascimento de um milagre

sa que lhes rouba o mel. Não há perturbação negativa quando essas duas energias se encontram. O indivíduo pega o mel que o alimenta e respeita a condição da colmeia. E a colmeia compreende que nada a está ameaçando e permite compartilhar seu alimento com o homem.

Talvez esta seja a expressão mais pura da interação entre dar e receber, entre respeitar e compartilhar. E tudo só aconteceu porque o silêncio e a quietude permitiram que todo o corpo daquele encantador vibrasse na frequência do amor que entrelaça e permeia toda a Criação. Do contrário, bastaria que uma única abelha sentisse a ameaça iminente vinda desse intruso, para transmitir essa vibração a todas as suas irmãs, e o final dessa história seria outro, sem dúvida dramático.

No processo de Criação, o segredo é sentir que tudo aquilo que você escolhe experimentar já é seu neste exato instante. Só assim a vida reunirá as condições para que a energia chegue até a realidade física. Por isso, ao manter-se tranquilo, com a mente em silêncio, você estará impregnando o campo criativo somente com a vibração amorosa.

As dúvidas, os condicionamentos, os anseios e as reclamações têm o poder de cortar essa frequência, substituindo-a por uma vibração comprimida. Isso interrompe todo o fluxo criativo a seu favor, deixando o caminho livre para as situações difíceis e confusas. Acreditar que algo já existe não é ingenuidade, mas, ao contrário, é a sabedoria espiritual colocada em prática. Ao sentir no âmago que tudo aquilo que escolheu já existe você automaticamente se tranquiliza e entrega tudo nas mãos de Deus.

Contudo, a entrega para muitas pessoas é vista com extrema desconfiança. Por não compreenderem os mecanismos Divinos da Criação, elas pensam que entregar algo aos desígnios de Deus significa simplesmente desistir dos próprios sonhos. Mas a entrega é bem diferente desse sentimento ruim que nos invade no instante em que nos desiludimos da vida; ela é, de fato, revestida de uma intensa alegria.

Quem entrega renuncia à luta, renuncia às dúvidas, renuncia às expectativas e aos sofrimentos. Ao renunciar, você não está desistindo de ver seus sonhos realizados; você só estará renunciando de fato às reclamações, às angústias e ao mau humor. Estará renunciando principalmente ao medo que espreita seus sonhos com a possibilidade de fracasso e da não realização desses mesmos sonhos. Entretanto, todos eles, os seus sonhos e desejos, permanecem intactos, mas você se torna consciente de que não há nada que possa fazer para apressar ou até mesmo para conseguir algumas garantias de que tudo irá se desenrolar exatamente do jeito que você quer.

Garantias só existem para as mercadorias que você compra no comércio. Todo o, resto as relações humanas, o princípio da fé e os mecanismos da Criação Divina se equilibra nas bases da confiança, da certeza e da entrega. Então, por que quando se trata dos seus sonhos você exige garantias? Exige pressa? Passa a vida correndo atrás de respostas, ou atrás do tempo?

Segundo os Fazedores de Milagres, no cerne da Criação Divina, a segurança, a confiança e a tranquilidade se transformam em conhecimento, e isso é tudo o que impulsiona a lei da atração para iniciar o processo de realização pessoal. A sua impaciência ironicamente retarda ainda mais a construção dos seus sonhos.

Um dos relatos mais comuns nesta reta final é o daqueles que já vêm de longa data se familliarizando com as filosofias espiritualistas e percebem, todavia, que, apesar do esforço constante e da dedicação em transformar as condições de suas vidas, a única coisa com a qual deparam é a lentidão de todo esse processo da Criação.

É verdade que o processo de transformação na esfera física é bem mais lento e demorado do que nos outros níveis em que a energia Divina se apresenta. É mais lento inclusive do que gostaríamos que fosse. Isso acaba causando certo descontentamento, que pode ser traduzido como insatisfação. É preciso manter-se firme dentro do espaço criativo para não se permitir ser tragado novamente pelas conjecturas do ego. Nada pode ser interrompido de um jeito automático e intempestivo, nem mesmo as condições de sua vida.

Do momento em que você escolhe uma experiência, transforma-se e aguarda o seu acontecimento no mundo físico, muito tempo pode se passar. Estamos falando até mesmo de anos. Por isso, sentar-se e colocar-se em espera é um engano do ser humano que joga toda a responsabilidade da transformação e da própria vida sob os ombros de Deus. E o indivíduo espera, espera...

Mas esse tempo também pode ser rápido. Na verdade, não há como prever. A única coisa certa, é que cada coisa cada encontro, cada evento ou circunstância tem o seu momento para nascer. Tudo na vida responde a esse momento preciso. A flor tem o seu momento de desabrochar, o bebê espera o tempo perfeito para chegar ao mundo, a fruta que amadurece no pé, no tempo justo, é mais doce e saborosa. Ninguém se apaixona a menos que a pessoa certa apareça na hora exata, nem antes, nem depois, ou então o casal teria se desencontrado. Isso porque nada nesta vida acontece por acaso. Cada pequena mudança que você está executando, qualquer coisa que esteja escolhendo já esteve florescendo e maturando há algum tempo. Precisamos respeitar o tempo de cada um, de cada pequena transformação, de cada botão da floreira que deseja se abrir, pois muita coisa pode estar em jogo.

Então a ação correta é não esperar. Não esperar que alguém o trate com deferência, não esperar pelo perdão, não esperar pela promoção, não esperar pelo prêmio da loteria, nem pelo resultado de suas ações. Se você tem plena consciência de quem realmente é, então simplesmente não pode *esperar* que algo aconteça. Esperar por algo deixa um rastro de angústia, porque tanto as situações podem vir até você como podem não vir. O sofrimento surge por causa dessa dúvida constante de todos aqueles que passam o tempo sempre esperando.

Como todos que se encontram conectados ao Eu Superior e às metas traçadas por Ele, você não espera por uma determinada situação; ao contrário, você sabe que tudo vai se resolver do jeito e no tempo que tem de ser.

No entanto, como chegar a esse ponto de contemplação profunda? Como não esperar que seus sonhos se realizem? Afinal, não é exatamente isso o que tanto perseguimos? É bom que fique claro que os Fazedores de Milagres insistem que a espera é pura e simplesmente mais uma das formas pelas quais a personalidade inferior coloca em xeque sua dedicação para com a transformação de todas as estruturas de sua vida. Ela se coloca em uma posição em que exige que todo o movimento realizado pela pessoa leve necessariamente a um resultado satisfatório. Essa exigência revela, muitas vezes, a pressa que o indivíduo tem em ver seus sonhos realizados, a doença curada, as dificuldades contornadas. Entretanto, não podemos esquecer que o próprio carma, a frequência que resguarda todo o nosso aprendizado ainda por fazer, leva em consideração a veracidade de nossos sentimentos.

Se você realmente aceitou as condições de sua vida, transformou-se e segue focado em fazer sempre o seu melhor, não pode demonstrar justamente a sua impaciência latente, a sua pressa incontrolável, nem a prepotência de esperar que tudo se resolva na hora em que lhe for mais conveniente.

A vida se renova, sim, no exato momento em que você se transforma. Porém, na esfera física o tempo é um fator que precisa ser considerado. Por mais evoluído que você seja, se sair na hora do *rush* das grandes cidades, ainda assim terá de enfrentar os engarrafamentos que paralisam avenidas. Ir de um lado para o outro demanda tempo, e, para o sábio, demanda também paciência e entrega.

É o único jeito de não tornar o tempo seu inimigo número um, pelo menos no que diz respeito ao processo criativo. Nada de contar os dias, as horas, os meses ou os anos entre o momento em que a crise foi deflagrada até o instante em que uma solução chega com um resultado profícuo. Manter-se conectado ao momento presente, àquilo que lhe está sendo solicitado imediatamente, esse é o método eficaz para fugir do desespero que uma espera infrutífera pode causar ao homem.

A finalidade de se render aos desígnios de Deus é impedir o seu apego a um resultado específico. Quando um desejo nasce, optamos por esperar sempre por um resultado específico e vantajoso. No entanto, a vida tem um leque de opções, todas já previstas no destino de cada um, em que os objetivos podem se apresentar tanto de um jeito quanto de outro. Enquanto você permanece parado, vibrando e exigindo que as coisas aconteçam de um único jeito, a vida tenta entrar pela outra porta. Ao reconhecermos que esse apego ao resultado, a expectativa que criamos em torno da realização é muito mais maléfico do que benéfico, poderemos de forma segura abrir mão dessa ânsia.

Ao renunciar, você se liberta da importância que o futuro exerce em sua vida. Um Fazedor de Milagres sabe que o ponto em que a vida acontece é no momento presente; assim, você deixa de impor as vontades do ego e, por fim, percebe que a magia de seu Eu Superior trabalha a seu favor, e não contra.

A expectativa gera sofrimento, e este elimina a harmonia necessária para penetrar no campo criativo. Portanto, da mesma forma que um humilde encantador de abelhas, impregne sua energia só com os fatores que escolheu vivenciar.

Você não precisa se preocupar com os resultados quando conhece seus atributos. Quando sabe quem é, você não se importa se as situações irão

O nascimento de um milagre

se desenrolar deste ou de outro jeito; você apenas cumpre sua parte com disciplina e dignidade, compreendendo que na hora certa tudo se resolve.

O ato da entrega pode ser feito durante uma oração, por exemplo, ou quem sabe no meio de suas meditações, mas certamente ela é o despertar da consciência Divina, que interrompe os mecanismos do homem em se debater no sofrimento e na angústia. Mas quando estiver pronto para se entregar à solução de quaisquer dificuldades e a colocar a realização de seus mais caros sonhos nas mãos de seu Eu Superior, você só precisará fazer isso uma única vez. Até porque essa não pode ser uma atitude calculada para ver brotar mais rápido a realização pessoal, e tampouco um movimento calculado para se mostrar cordeiro na esperança de obter algo em troca. A entrega é um gesto nobre, Divino, e acima de tudo leva paz ao seu coração. Estando certo de que se transformou internamente e de que pratica o seu melhor a cada instante do caminho, que preocupação poderia perturbar-lhe o sono? A saúde só se restabelece quando você está em paz. O relacionamento só cresce quando você está em paz. O dinheiro, o emprego e os acordos financeiros só acontecem quando você está em paz.

A resposta surge quando você está em paz, surge somente quando você se rende e rompe com as tentativas do ego de alcançar a solução que lhe agrada, ou que lhe salva. É por isso que "se render" todo dia seria na verdade um ato desesperado, uma forma de tentar enganar a si e ao Universo. Render-se uma única vez é o suficiente para que a frequência passe a atrair tudo o que você mais deseja. Observe o seguinte: ao entrar em um ambiente, quantas vezes você precisa acender a luz para ver o espaço se abrir diante de seus olhos? A entrega é bem parecida; basta acionar esse sentimento uma vez para que o Universo faça a leitura de sua parcela Divina.

Mas preste atenção: os Fazedores de Milagres alertam que a entrega não é uma desculpa para a sua preguiça ou sua relutância em fazer a sua parte na transformação interna. Sem isso, não há realização, não há encontro com a paz ou a tranquilidade. Sem isso, não há milagres que o salvem de seus "problemas". Assim, se você tem de se dedicar aos estudos, faça-o; se precisa manter o emprego atual até que um novo surja, honre-o; se precisa equilibrar suas contas, sua saúde, seus relacionamentos até que a cura, a fartura e a diversão se apresentem com força total, cumpra a sua parte com respeito e dignidade.

Por que deixar a felicidade em estado de espera, aguardando tão somente que chegue um dia no futuro em que algo surpreendente aconteça e possibilite que ela saia desse torpor, que *você* saia desse torpor? Por que esperar até o final desse longo processo criativo para sentir-se feliz? Lembre-se que a felicidade não é uma conveniência embutida em suas conquistas. Ela é o estado sublime da partícula Divina que realiza a trajetória evolutiva. Portanto, apesar das dificuldades aparentes, sinta a felicidade neste exato momento, sinta a exultação de estar cumprindo a sua evolução. Sinta tudo isso, porque ela, a felicidade, se encontra aí dentro, escondida e sufocada. Sacuda a poeira da estagnação mental e emocional. Revolucione o seu comportamento vicioso, passando a atrair tudo o que você mais deseja, tudo o que você escolheu experimentar.

Neste jogo, você faz a sua parte e não tem como adivinhar "como?", "quando?" ou "de que forma?" alguma coisa vai acontecer. Esperar então se transforma em pura ingenuidade. Você sabe quem é e tudo o que isso representa para sua realização. Agora, permita que a felicidade volte a se expandir no interior do seu espírito, deixe que ela atraia um milagre para você. E não se preocupe em "ter" algo para "ser" feliz, mas faça um favor a si mesmo e "seja" feliz se "quiser ter" algo em sua vida. *Seja* radiante, bem-humorado, compassivo, solidário, paciente, digno, sábio... E a vida se abrirá diante de seus olhos.

De jeito algum você poderá modificar o que já se foi. Aquilo que passou marcou a sua história de forma definitiva. Porém, com certeza você pode modificar tudo o que está para acontecer. Portanto, escolha com consciência e entregue tudo a Deus, mas ao Deus que habita dentro de você e de cada um de nós e sabe exatamente quais são os seus sonhos e como transformá-los em realidade aqui e agora.

O TRIUNFO DO AMOR

Números 1, 2, 3 ... 8, 9, dígitos, cifras, contas, sequências numéricas, alfanuméricas. Aquisições, frações, equações, milhagens, quilometragens, quilates. Pontos, *pixels*, *bites*, *megabites*, *frames*. Juros, moratórias,

O nascimento de um milagre

dívidas, dividendos, taxas, cotas, múltiplos. Letras A, Y, L, DNA, www, ip, vip, PhD, códigos, siglas, apelidos, codinomes. CIC, RG, identidade.

Afinal, quem somos nós? O futuro indica-nos claramente que dentro em breve seremos reduzidos a números, letras e símbolos. A tecnologia que facilita nossas vidas, resolve crimes e revela predisposições genéticas é a mesma que dá um contorno futurista e impessoal às relações humanas. Nós nos identificamos através dos dígitos que pretendem revelar o quanto possuímos e quem somos. Aqueles que não foram absorvidos por esse mundo virtual são como párias desta sociedade. Infelizmente, apesar de todo o fascínio, quando se vive exclusivamente para sustentar este mundo fictício o indivíduo começa pouco a pouco a perder sua humanidade.

A fome, a violência, a miséria, a destruição da natureza, a matança indiscriminada dos animais podem ser traduzidos por meio dos números e dos gráficos, mas eles acontecem aqui, no mundo real. Assim como o toque da mãe no rosto do recém-nascido ou o abraço apertado dos companheiros há muito separados, tudo isso, sem exceção, é praticado e sentido aqui, fora do mundo digital.

O ser humano reclama e sente-se indignado quando é abalado por um crime, por uma maldade ou por uma situação desastrosa. Ninguém gosta mesmo de sofrer, mas você já imaginou se o planeta pudesse gritar cada vez que um de seus rios é manchado com a poluição? Ou quando uma de suas árvores é arrancada à força? E os animais? Já imaginou se eles pudessem demonstrar sua insatisfação para com o ser humano que se diz superior, todavia, mata por puro prazer, destroi por escolha? Agora pense em todos os indivíduos vivendo pelos cantos sofrendo, chorando, reduzidos a alguns números perdidos da economia, e que estão aos poucos desistindo da luta, derrotados pela tristeza. Pense que cada um deles gostaria de poder gritar, berrar por socorro, e imagine que ao socorrer, auxiliar ou até incentivar essas pessoas, você estará deixando para trás sua pequenez. Então, será verdade que uma só pessoa pode mudar o mundo? Pode causar uma onda gigantesca de transformações números e cifras, que derrube códigos e dívidas, trazendo de volta apenas o amor?

Quanto de toda essa carga você ainda quer carregar consigo? Quanto você ainda pode aguentar? Ao limitar a vida e reduzir as pessoas a números, *pixels* e siglas, delas o que há de mais puro e verdadeiro, você retira a possibilidade de se expressarem e sentirem o amor Divino.

E o amor Divino, assim como toda a Criação Divina, é infinito, e tentar limitar Deus a simples conceitos, equações numéricas e medições seria um absurdo inconcebível. Se você tentar limitar Deus e Sua Criação enquadrando-o em cálculos, será fácil supor que Ele começou em um determinado ponto e que termina em algum outro. Será fácil pressupor que Ele termina em alguma conclusão ou resultado. E depois, o que viria?

Consequentemente, poderíamos deduzir que se Deus possui esse limite, algo além Dele deve existir e se perpetuar até o infinito. Mas então, se isso fosse verídico, isto é, se existisse algo além Dele, o que seria? Quem seria? Será possível que exista algo maior que Deus, com mais poderes, atributos e amor? Por certo que não! Deus é, Ele é pura energia, espalhado por toda a sua Criação, e exatamente por isso não pode ser classificado sob nossos conceitos dualistas e pobres. Deus é Absoluto e, felizmente para nós, Infinito.

Segundo os Fazedores de Milagres, a vida também não pode ser medida ou calculada. Ela não pode ser comprimida em conceitos que a validem ou a desqualifiquem. No entanto, algumas coisas podem nos dar uma noção do valor que uma vida tem. Por exemplo, o altruísmo, o caráter e a dignidade. Em nossas vidas esse valor pode ser avaliado através do bem-estar que proporcionamos ao nosso próximo e em seguida a nós mesmos.

E engana-se quem pensa que só cifras, saldos, códigos e siglas podem causar algum impacto. Aliás, a sutileza de um sorriso franco e de uma mão estendida em um gesto de apoio são muito mais marcantes e decisivos em nossas vidas. Para comprovar isso, basta recordar o momento mais feliz de sua existência e você perceberá que ele envolve os sentimentos muito mais do que a realidade física ao seu redor, ou o saldo bancário.

O filósofo Edmund Burke nos deixou uma enigmática sentença muito tempo atrás. "Para o triunfo do mal basta que os homens bons não façam nada". Pode haver algo mais a ser dito? Parece que não; afinal, aquilo que você fizer reverberará por toda a Criação, tocará em muitos pontos até finalmente fazer uma curva e retornar a você. E assim podemos modificar os corações embrutecidos, podemos fazer o amor triunfar. Ao opor-se à mudança, você perpetua o mal em você.

Os Fazedores de Milagres fazem um alerta: muito cuidado com tudo aquilo que você escolher experimentar daqui para a frente. Você é livre, e a lei da atração é implacável. Portanto, se você inadvertidamente insistir em uma frequência que abra as portas para eventos realmente poderosos, mas equivocados, saiba que terá sempre de arcar com as consequências disso. E nem sempre gostamos dessa parte da Criação, quer dizer, nossos sonhos e desejos sempre encontram um jeito inusitado para se realizarem em nossas vidas, mas nem sempre estamos preparados ou à altura para enfrentarmos o desafio. Nessa hora, somos tentados a dar um jeitinho, contornando essas consequências aqui e ali, mas é impossível esconder da própria consciência tudo aquilo em que ela falhou.

Ser um Fazedor de Milagre é, antes de tudo, ser alguém humilde, consciente de que é parte do Todo, e que por isso mesmo compreende que tudo possui, já neste instante. Com tamanho poder e influência, um verdadeiro Fazedor de Milagres deseja transformar o mundo, interromper as guerras, reflorestar as terras, educar os presos, os analfabetos e os corruptos. Deseja também saciar a sede, compartilhar o pão e, quando nada mais puder ser feito, deseja apenas estender a mão e reerguer seu irmão. Não se importa de ser um em um milhão, porque ele sabe que, com o tempo, tudo se transforma.

Você pode realizar seus sonhos. Todos nós podemos, e podemos inclusive nos tornar pessoas melhores. Podemos contagiar o mundo inteiro a mudar também. Tudo o que escolhermos, fazendo parte do Plano Maior, para cada um de nós, irá se realizar. Nossa parte é sermos apenas felizes, é nos abrirmos para abraçar o presente aqui e agora, e depois entregarmos tudo nas mãos desse incrível Universo do Pai, e seguirmos certos de que Ele está entre nós.

Permita que esse imenso milagre chamado conhecimento, que invadiu o seu dia de hoje, o leve finalmente a alcançar a grande promessa da vida, realizando tudo o que você deseja, tudo o que planeja, exatamente como escolhe.

A vida é a renovação constante, por isso resista às palavras que o atingem com o peso de toneladas.

Durante o caminho, muitos são os passos que se afastam, as mãos que se fecham, e muitos são aqueles que lhe viram o rosto. Tenha coragem, porque muitos sentirão indiferença por você ou até mesmo inveja e ciúme. Talvez até a ambição desmedida que você impôs à jornada tenha tentado apagar essa chama que arde, forte e vibrante, aí dentro do seu peito. Lute e não deixe que ela morra, levando todos os seus sonhos e seu ânimo, deixando-o no meio da escuridão.

Essa luz sempre guiou seus passos, então, levante a cabeça e prossiga com passos firmes. Siga o seu sonho de ser feliz, de ter uma vida saudável, abundante, repleta de amor e alegria – uma existência plena. Esse sonho, acalentado por milhares de indivíduos, é a melhor coisa que já lhe ocorreu, e esteve só esperando o seu convite para se aproximar.

Agora, receba o sonho em sua vida, assuma o compromisso e acredite que ele é completamente possível. Você já poderá senti-lo se quiser, pois ele é totalmente real. Nada poderá impedi-lo de chegar às suas mãos, pois ele já está pronto. Ele é inteiramente seu e de mais ninguém, portanto, preste atenção. Ele está invadindo sua vida, rasgando o véu do desconhecido só para nascer. Ele está em suspenso, pronto para acontecer neste exato instante. É um milagre que se espalha pelos quatro cantos do Universo, em um silêncio profundo.

Nada mudou, exceto você. Ao entardecer, o sol ainda se põe no horizonte pontualmente. E nasce preciso, nem um minuto a mais, nem um minuto a menos. O mar continua recebendo as águas das nascentes que correm para seu encontro. Nenhuma folha se mexe. O vento está parado. O milagre chegou.

Uma prece...

Um dos maiores Fazedores de Milagres que já passaram por este planeta foi, indiscutivelmente, nosso querido Mestre Sananda, ou Jesus, o Cristo.

No entanto, ao longo dos anos, percebi que nenhum Fazedor de Milagres deixou mais exemplificado o amor ao próximo do que o grande Francisco, nascido em Assis. Nada mais justo, portanto, do que encerrarmos este nosso primeiro encontro com a incrível oração que lhe é atribuída. Em cada frase, em cada verso está a receita de um bom Fazedor de Milagres.

SENHOR, FAZEI-ME INSTRUMENTO DE VOSSA PAZ.
ONDE HOUVER ÓDIO QUE EU LEVE O AMOR.
ONDE HOUVER OFENSA QUE EU LEVE O PERDÃO.
ONDE HOUVER DISCÓRDIA QUE EU LEVE A UNIÃO.
ONDE HOUVER DÚVIDA QUE EU LEVE A FÉ.
ONDE HOUVER ERRO QUE EU LEVE A VERDADE.
ONDE HOUVER DESESPERO QUE EU LEVE A ESPERANÇA.
ONDE HOUVER TRISTEZA QUE EU LEVE A ALEGRIA.
ONDE HOUVER TREVAS QUE EU LEVE A LUZ.

Ó MESTRE, FAZEI QUE EU PROCURE MAIS
CONSOLAR QUE SER CONSOLADO,
COMPREENDER QUE SER COMPREENDIDO,
AMAR QUE SER AMADO,
POIS É DANDO QUE SE RECEBE,
É PERDOANDO QUE SE É PERDOADO
E É MORRENDO QUE SE VIVE
PARA A VIDA ETERNA.

Apêndice

É de extrema importância para quem deseja continuar aprendendo e compreendendo os estágios que levam o homem a se tornar um Fazedor de Milagres conhecer todo o processo da energia primordial que vai se dividindo em partículas menores, sempre impulsionadas pela centelha Divina.

Imagine um círculo. Ele é o Todo. Tudo abrange. Fora dele não existe nada. Nem mesmo o vazio existe do lado de fora, porque o vazio significaria apenas a ausência de alguma outra coisa no lugar. Neste caso, o espaço em volta do círculo que aparenta estar vazio, na verdade nem mesmo existe. Apenas o círculo e tudo em seu interior são reais.

Além do círculo, nunca houve nada, absolutamente nada, portanto, ele não consegue experienciar a si, já que é absoluto e tudo contém. Ele simplesmente não tem como se observar. Ele apenas existe. Ele é tudo. Para se perceber e se olhar, ele precisaria criar uma condição na qual uma parcela de si conseguisse observar a outra. Então, Ele precisaria se dividir.

Logo, uma partícula se desprendeu do Todo, e nesse mesmo instante ela pode se virar e olhar para o Absoluto. Imagine esse cenário Divino como um bolo de onde uma fatia foi retirada. Assim nasceu a consciência exata do Todo primordial. Essa compreensão só foi possível estando afastada do Todo. No entanto, mesmo afastada, mesmo descobrindo o que é ser uma partícula separada do Todo, sua consciência lhe garante que ela ainda faz parte desse Todo.

De repente milhões, bilhões, trilhões de outras parcelas começam a pipocar aqui e ali, todas se desprendendo e iniciando a própria jornada de experimentações. Agora esse bolo, que um dia se encontrava intacto, está tão repartido que é impossível enumerar cada fração. E cada uma delas é uma parte desse Todo, e traz em si o DNA desse Todo. Da mesma forma que qualquer fatia ou migalha desse bolo ainda vai ser bolo, com o mesmo sabor e aroma delicioso.

Esse é Deus, experienciando-Se através das inúmeras partículas que se desprenderam do Todo inicial. Todo o amor, todo o conhecimento, toda a abundância que é Deus está presente em cada uma dessas partes. Inclusive, toda a força criadora de Deus está presente nelas também.

Deus como força unificada e centralizada deu lugar a milhões de partículas provenientes de si. Então em vez de um Deus controlador de tudo, há agora várias parcelas de Deus, livres para se experienciarem até o momento de voltarem a se reunificar.

Ao inspirar, Deus se dilatou, se multiplicou, e agora se experiencia. Suas partículas se desprendem e empreendem uma viagem por dimensões e estados variados de energia. Quanto mais distante da partícula original, mais confusa, escura, lenta e conflitante será a experiência. Para se libertar desses resquícios é necessário tempo e disposição.

E tudo isso nos deixa algumas conclusões notáveis:

* Deus é. Ele é o Absoluto que se experiencia através da própria Criação.
* Tudo o que Ele criou tem origem Nele (Deus), e isso significa dizer que é uma parte dele.
* Sendo uma parte Dele, Deus está presente em Toda a sua Criação.
* Se somos Sua criação e não poderia ser diferente, então Deus está presente em cada um de nós.
* Mas, na verdade, Ele não está apenas presente em todos nós. De fato, nós somos uma dessas inúmeras partículas, uma centelha Divina, uma parte de Deus experimentando a vida na realidade tridimensional.
* Você e eu somos Deus, e tudo o que falamos, pensamos ou executamos representa uma parte da criação Dele. Exatamente por isso a importância de se manter um padrão elevado em nossas vidas, um padrão digno de Deus.
* Se você e eu somos partículas Divinas, então todas as outras pessoas e tudo ao nosso redor também são partículas Divinas expelidas com o intuito de experimentar a vida.

Apêndice

* Todos nós formamos o Um primordial. Formamos o Todo, que é Deus.
* Não importa o quão distantes ou o quão perdidos estejamos no nosso atual caminho pessoal. Chegará o momento em que nós, centelhas Divinas, vamos sentir o chamado de volta ao Pai.
* Você é uma parte de Deus, então todo aquele potencial maravilhoso que atribuímos a Ele está contido em você; todo o amor, conhecimento, abundância, poder, sabedoria, criatividade, tudo isso está dentro de você. Tudo isso é você.

Este livro foi redigido com o intuito de compartilhar o conhecimento com todo aquele que se encontre aberto para que ocorra a realização pessoal.

Assim, todas as informações aqui descritas foram supervisionadas pela Mestra Ayranah.

Leia da Editora Ground

ALQUIMIA INTERIOR
Zulma Reyo

O propósito da Alquimia Interior é elevar o nível vibracional da matéria ao nível do espírito ou da luz, criando uma ponte com o Eu individualizado entre os seus aspectos humano e divino, a matéria e o espírito, a mente e a Mente Superior. Neste trajeto a autora explica a verdadeira função dos chacras, dos sete raios e dos sete corpos, e propõe numerosos exercícios e técnicas como visualização, equilíbrio energético, intuição dirigida, proteção psíquica e cura alquímica para conseguir o domínio dos centros energéticos sutis, das forças e das conexões dos campos vibratórios.

OS CÓDIGOS DA ALMA
Filomena Amoroso / Simone Galib

Para a mente não há limites de tempo e espaço. Os sinais, intuições e lembranças são códigos que despertam sentimentos, tristezas, alegrias, dores e amores, um mundo de polaridades que pode ser a base do entendimento. A obra foi elaborada por três mulheres e inspirada pelo filósofo Pascoal Hernandez, que conjugaram seus esforços num processo intenso de buscas pessoais, desafios e transformações para mostrar como atingir o autoconhecimento e a vontade de vencer.

A CASA TERAPÊUTICA
Kathryn L. Robin / Dawn Ritchie

Você já ouviu falar em Casa Terapêutica? Ela é construída de forma a equilibrar as emoções, as suas e de toda a sua família, mas também em perfeita sintonia com seu espaço interior. *A Casa Terapêutica* tem uma cozinha que faz pensar em comidas reconfortantes; um quarto de casal que desperta a intimidade e exala segurança; uma sala de visitas que estimula a convivência, etc. Assim, mais do que apenas um lugar para viver, a casa pode alimentar o seu espírito e dar-lhe a força que precisa para fazer as mudanças necessárias em sua vida.

O TAO DA CURA
Achim Eckert

Os Cinco Elementos do Taoísmo – Madeira, Fogo, Terra, Metal e Água – são forças cósmicas cuja ação pode ser percebida tanto na natureza quanto no ser humano. Quando estão em equilíbrio, o ser humano encontra-se em estado de saúde e harmonia; desequilíbrio manifesta-se como debilidade e fraqueza. Para estes, o leitor vai encontrar uma série de exercícios físicos simples, emprestados da medicina chinesa tradicional, cuja realização restaura o equilíbrio Yin/Yang de cada pessoa.

ANATOMIA DA CURA
Christine R. Page

Honesto, corajoso e estimulante, este é um livro que nos leva a pensar melhor na cura em todos os níveis (corpo, mente e espírito) compreendendo o significado profundo da doença. Traz diagramas, exercícios e reflexões que apontam os passos necessários para conduzir a pessoa da cura à totalidade, tornando-se leitura indispensável e de longo alcance em seu ramo, não só para a saúde como para a consciência humana já que explora e amplia a visão das doenças e de sua função, cujo objetivo é o nosso crescimento.

O QUE A DOENÇA QUER DIZER
Kurt Tepperwein

Entender as mensagem do corpo e ativar as forças curativas da mente e da alma é o objetivo deste livro. A doença convida-nos a agir, torna-nos responsáveis pela nossa cura, ilustrando assim a relação entre psique e soma, alma e corpo. Não interessa aonde chegaremos no mundo; só podemos nos encontrar quando empreendermos o caminho para o nosso interior. Essa porta está sempre aberta e lá dentro espera-nos o Eu. Os primeiros passos nesse caminho podem ser encontrados neste livro.

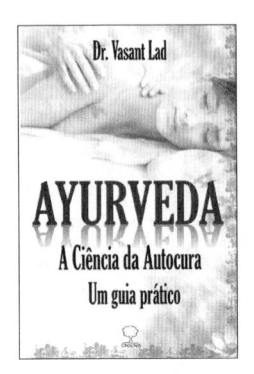

AYURVEDA, A CIÊNCIA DA AUTOCURA
Dr. Vasant Lad

Este livro explica claramente os princípios e aplicações práticas da Ayurveda, o mais antigo sistema de cura do mundo. Nele são abordados minuciosamente a história e a filosofia ayurvédica, seus princípios básicos, técnicas de diagnóstico, primeiros socorros, tratamento e dieta, e o uso medicinal das ervas e temperos da culinária. Gráficos concisos, diagramas, tabelas, glossário e índice acompanham todo o texto esclarecendo-o e tornando-o particularmente prático.

MANUAL DE MASSAGEM AYURVÉDICA
Harish Johari

A massagem ayurvédica é parte integrante da Ayurveda e age nos níveis mental e físico, transmitindo uma energia vitalizadora que ajuda na recuperação e renovação de todos os sistemas do corpo. Numa linguagem clara e acessível, o autor conduz o leitor por cada passo da massagem no corpo inteiro. Inclui uma ampla variedade de receitas preparadas com ervas e substâncias aromáticas rejuvenescedoras, fórmulas para cremes e máscaras faciais nutritivas e banhos com argila.

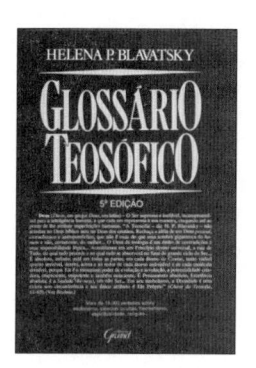

GLOSSÁRIO TEOSÓFICO
Helena P. Blavatsky

Madame Blavatsky foi a mensageira que transmitiu à cultura ocidental doutrinas esotéricas orientais quase desconhecidas até então. Hoje, o estudo da sua obra é indispensável para a melhor compreensão do Oriente e do Ocidente e o surgir de uma postura filosófica unificadora e sistêmica. Nesse sentido, esta publicação é ferramenta imprescindível para agilizar a leitura dos textos de Blavatsky, muitas vezes escritos numa linguagem e com terminologias complexas para o leitor ocidental.

MAGIA PRÁTICA, O CAMINHO DO ADEPTO
Franz Bardon

Não é fácil expressar em palavras simples um assunto tão elevado como a magia, que na realidade é uma ciência divina, mas o autor conseguiu fazer isso com maestria. O sistema construído com muito cuidado é o resultado de trinta anos de experiência e pesquisa próprias, exercícios práticos e comparações com muitos outros sistemas de diversas irmandades, sociedades secretas e da sabedoria oriental. Esta obra pode ser considerada a "porta de entrada" à verdadeira iniciação; ela é a primeira chave para a aplicação das leis universais!

Impresso por :

Graphium
gráfica e editora
Tel.:11 2769-9056